राजेन्द्र यादव

राजेन्द्र यादव का जन्म 28 अगस्त, 1929 को आगरा में हुआ। उन्होंने आगरा विश्वविद्यालय से एम.ए. (हिन्दी) किया। उनकी प्रमुख पुस्तकें हैं—'देवताओं की मूर्तियाँ', 'खेल-खिलौने', 'जहाँ लक्ष्मी कैद है', 'अभिमन्यु की आत्महत्या', 'छोटे-छोटे ताजमहल', 'किनारे से किनारे तक', 'टूटना', 'चौखटे तोड़ते त्रिकोण', 'अनदेखे अनजाने पुल', 'प्रतिनिधि कहानियाँ' (कहानी-संग्रह); 'सारा आकाश', 'उखड़े हुए लोग', 'शह और मात', 'एक इंच मुस्कान' (मन्नू भंडारी के साथ), 'मंत्र-विद्ध और कुलटा' (उपन्यास); 'आवाज तेरी है' (कविता-संग्रह); 'कहानी : स्वरूप और संवेदना', 'प्रेमचन्द की विरासत', 'अठारह उपन्यास', 'काँटे की बात' (बारह खंड), (समीक्षा-निबन्ध-विमर्श); 'एक दुनिया : समानान्तर', 'कथा जगत की बाग़ी मुस्लिम औरतें', 'वक़्त है एक ब्रेक का', 'औरत : उत्तरकथा', 'मुबारक पहला क़दम' (सम्पादन); 'मुड़-मुड़के देखता हूँ...' (आत्मकथा); 'राजेन्द्र यादव रचनावली' (15 खंड)। अगस्त, 1986 से 27 अक्टूबर, 2013 तक प्रेमचन्द द्वारा स्थापित कथा-मासिक 'हंस' का सम्पादन।

निधन : 28 अक्टूबर, 2013

प्रभा खेतान

प्रभा खेतान का जन्म 1 नवम्बर, 1942 को कोलकाता में हुआ था। उन्होंने दर्शनशास्त्र में एम.ए., पी-एच.डी. की उपाधि प्राप्त की। उनकी प्रमुख पुस्तकें हैं—'छिन्नमस्ता', 'पीली आँधी', 'अग्निसंभवा', 'अपने-अपने चेहरे' (उपन्यास); 'अपरिचित उजाले', 'सीढ़ियाँ चढ़ती हुई मैं', 'हुस्न बानो और अन्य कविताएँ', 'अहल्या' (कविता); 'अन्या से अनन्या' (आत्मकथा); 'उपनिवेश में स्त्री', 'सार्त्र का अस्तित्ववाद', 'शब्दों का मसीहा : सार्त्र', 'अल्बेयर कामू : वह पहला आदमी' (चिन्तन); 'स्त्री : उपेक्षिता' (अनुवाद)।

निधन : 20 सितम्बर, 2008

अभय कुमार दुबे

लम्बे समय तक विकासशील समाज अध्ययन पीठ (सीएसडीएस) में फ़ैलो और भारतीय भाषा कार्यक्रम के निदेशक रहे। वे समाज-विज्ञान और मानविकी की पत्रिका 'प्रतिमान : समय समाज संस्कृति' के सम्पादक रहे। उनकी प्रमुख पुस्तकें हैं—'क्रांति का आत्मसंघर्ष : नक्सलवादी आंदोलन के बदलते चेहरे का अध्ययन'; 'लोकतंत्र के सात अध्याय', 'आधुनिकता के आईने में दलित' (सम्पादन)।

फ़िलहाल डॉ. बी.आर. अम्बेडकर विश्वविद्यालय, दिल्ली के सेंटर फ़ॉर रिसर्च एंड अर्काइविंग इन इंडिया एंड इंडिजेनस लैंग्वेज एंड नॉलेज सिस्टम (CRA-IILKS) में निदेशक।

ई-मेल : abhaydubey@aud.ac.in

पितृसत्ता के नए रूप

स्त्री और भूमंडलीकरण

राजेन्द्र यादव, प्रभा खेतान
अभय कुमार दुबे

राजकमल पेपरबैक्स

पहला पुस्तकालय संस्करण
राजकमल प्रकाशन प्राइवेट लिमिटेड द्वारा
2003 में प्रकाशित

राजकमल पेपरबैक्स में
पहला संस्करण : 2010
तीसरा संस्करण : 2023

राजकमल पेपरबैक्स : उत्कृष्ट साहित्य के जनसुलभ संस्करण

राजकमल प्रकाशन प्रा.लि.
1-बी, नेताजी सुभाष मार्ग, दरियागंज
नई दिल्ली-110 002
द्वारा प्रकाशित

शाखाएँ : अशोक राजपथ, साइंस कॉलेज के सामने, पटना-800 006
पहली मंजिल, दरबारी बिल्डिंग, महात्मा गांधी मार्ग, प्रयागराज-211 001
वेबसाइट : www.rajkamalprakashan.com
ई-मेल : info@rajkamalprakashan.com

बी.के. ऑफसेट
नवीन शाहदरा, दिल्ली-110 032
द्वारा मुद्रित

मूल्य : ₹299

PITRISATTA KE NAYE ROOP
Stree Aur Bhumandalikaran
Edited by Rajendra Yadav, Prabha Khetan, Abhay Kumar Dube

ISBN : 978-81-267-1967-9

बहसें चलती रहेंगी...

अभी जुलाई में *हंस* के पन्द्रह वर्ष (इस पुस्तक के आने तक अठारह वर्ष) पूरे हो रहे हैं. एक अंक का काम पूरा नहीं होता था कि दूसरे की तैयारी शुरू हो जाती. यहाँ तक कि पिछले दिनों दो-ढाई महीने जब अस्पताल में रहने की मजबूरी आई तब भी *हंस* का काम चलता रहा. हाँ, कुछ साँस लेने की फुरसत मिली तब जब किसी विशेषांक की योजना बनी. पहला विशेषांक निकाला 'राम-कथा' पर, दूसरा 'औरत : उत्तरकथा', फिर 'अर्द्धशती', 'उपन्यास', 'अतीत होती सदी और स्त्री का भविष्य', 'नई सदी का पहला वसंत' और अब फिर यह 'स्त्री-भूमंडलीकरण' पर. अगस्त 2003 का विशेषांक 'भारतीय मुसलमान : वर्तमान और भविष्य' है. यूँ तो अर्चना वर्मा का सहयोग हर अंक में रहा, मगर महिलाओं वाले विशेषांक सिर्फ़ उसने ही निकाले. उपन्यास वाला पंकज बिष्ट ने, वसंत वाला गौरीनाथ ने और यह प्रभा खेतान और अभय कुमार दुबे ने. मैंने घोषित कर दिया था कि न बीच में मैं रचनाओं के चुनाव में दखल दूँगा, न रूपरेखा को लेकर बात करूँगा—छपा हुआ अंक ही देखूँगा.

'स्त्री-भूमंडलीकरण' की योजना अनायास ही बनी थी. प्रभा के अलावा अभयकुमार दुबे और अरविन्द जैन से विस्तार से विचार-विमर्श हुए. अंत में जिम्मेदारी दी गई प्रभा और अभय को. यह अंक भी प्रभा और अभयकुमार दुबे के परिश्रम का ही परिणाम है. श्रेय या कमियाँ भी उन्हीं की हैं.

यहाँ एक बात की सफ़ाई फिर ज़रूरी है. जिन्होंने कभी अपने साधनों से कोई पत्रिका नहीं निकाली और हमेशा सेठों या सरकार के सहारे 'क्रांतिकारी पत्रकारिता' करते रहे, उन्हें ही *हंस* को लेकर बड़ी चिंता है, उन्हें यहाँ की अंदरूनी जानकारियाँ या बैलेन्सशीट के आँकड़े मुझसे कहीं अधिक पता हैं. उनकी सबसे बड़ी बेचैनी तो यही है कि *हंस* निर्बाध रूप से कैसे अठारह सालों से निकलता चला आ रहा है? या सम्पादक के खाने-कपड़े-गाड़ी-घर के स्रोत कहाँ हैं? इस बारे में मैने कभी कोई बात नहीं छिपाई. मित्रों और सहयोगियों का सहारा न होता तो मेरे अपने साधनों से शायद दो अंक ही निकल पाते. आज तक दुनिया में कभी कोई साहित्यिक या वैचारिक पत्रिका सिर्फ़ सर्कुलेशन के बल पर आत्मनिर्भर नहीं हुई. *हंस* भी नहीं है, क्योंकि एक अंक का मूल्य 40 या 50 रुपये नहीं रखा जा सकता. अपने बूते पर उसे कभी विज्ञापन नहीं मिल सकते. सारा कुछ सहयोग द्वारा ही संभव होता है—कभी विज्ञापन के रूप में तो कभी ग्राहकों, आजीवन सदस्यों के रूप में या 'शुभकामनाओं के साथ' की कृतज्ञता के रूप में. हर जगह यही प्रक्रिया रही है. इस विशेषांक में भी प्रभा खेतान का सहयोग है. *हंस* के साथ प्रभा शुरू से ही जुड़ी रही है—उस समय भी वही साथ थीं जब *हंस* को बंद

करने के सिवा कोई विकल्प नहीं दिखाई दे रहा था. लेखकों के पारिश्रमिक का प्रावधान तो बरसों रहा है. इधर कुछ 'खोजी श्वान' दूर की कौड़ी पकड़ लाये हैं कि अशोक वाजपेयी *हंस* की लाखों रुपयों की प्रतियाँ खरीद रहे हैं. वैसे इस तरह की चण्डूखानी पहली बार नहीं सुनाई पड़ रही. जितनी प्रतियाँ गांधी विश्वविद्यालय ले रहा है उनसे दुगुनी-तिगुनी संख्या में भाजपा सरकार से पहले हिंदी निदेशालय, उत्तर प्रदेश, राजस्थान इत्यादि में जाती रही हैं. जिस पत्रिका की चार हजार प्रतियाँ विभिन्न स्टालों के माध्यम से सिर्फ़ बिहार में जा रही हों, वहाँ सौ-डेढ़ सौ प्रतियाँ खरीदकर कोई सारे *हंस* को खरीद रहा है—यह बात सिर्फ मूर्ख और पागल ही कह सकता है. हो सकता है उन्हें इस बात का भी सुराग मिल गया हो कि मेज़ के नीचे कितना रुपया मिलता है! श्मशान में बैठे गिद्ध भूख से व्याकुल हैं कि अभी तक *हंस* की लाश क्यों नहीं आ रही...

ज़ाहिर है कि *हंस* के पास न कोई गड़ा खजाना है, न कौन बनेगा करोड़पति की लॉटरी, दाउद इब्राहीम से भी संपर्क नहीं हो पाया है. जो भी कुछ है वह मित्रों का है और इसीलिए *हंस* सहयोगी प्रयास है. यहाँ सवाल यह है कि क्या इस आधार पर कभी विचारों से समझौता किया? कभी वह लिखा या छापा जो वैसे नहीं छापते? बल्कि हुआ यह है कि सौदे के रूप में विज्ञापन और रचना दोनों आने पर कमज़ोर रचना लौटा दी है और अनेक अफ़सर लेखकों को *हंस* का स्थायी शत्रु बना लिया है. बड़बोली बात लग सकती है कि *हंस* के शत्रु और मित्र विचारों के आधार पर ही बनते-बिगड़ते रहे हैं. कुछ रचनाकारों को अपनी लौटी हुई महान रचना के मुकाबले पत्रिका में छपी रचनाएँ घटिया और स्तरहीन लगी हैं. ऐसा लगना उनका अधिकार है. मगर शायद ही *हंस* में कोई रचना ऐसी छपी हो जिसे कोई भी अन्य पत्रिका न छापना चाहती.

सचमुच अश्लील लगता है जब गुजरात के भूकम्प में (इधर भारतीय जनता पार्टी प्रायोजित अल्पसंख्यकों के नरसंहार में) लाखों लोग तबाह हो गए हों, शहर और बस्तियाँ श्मशान बन गई हों और पूरा प्रदेश खुले आसमान के नीचे रोटी और छत पाने को हाथ-पाँव मार रहा हो, तो हम साहित्य और संस्कृति के इन टुच्चे पक्षों को लेकर सिर फोड़ रहे हैं. शायद ताज़े इतिहास में इतनी बड़ी दुर्घटनाएँ कभी नहीं हुई. यह भी सच है कि देश-विदेश से लोगों ने खुले दिल से सब तरह की सहायता भिजवाई है. मगर शंका यही होती है कि रुपया वहाँ वास्तव में कितना और किस तरह पहुँच भी रहा है या बीच वाले अफ़सर और दलाल अपनी जेबें भर रहे हैं? अकाल, भूकम्प, बाढ़ या कोई भी प्राकृतिक-अप्राकृतिक आपदा अफ़सरों, नेताओं, दलालों और शायद कवियों के लिए 'छप्पर फाड़ के' बरसने वाला वरदान है.

बहरहाल ज़िंदगी चलती रहती है और साथ ही कभी बंद नहीं होती दूसरी गतिविधियाँ भी. संस्कृति और साहित्य की बहसें भी चलती रहेंगी. जीवन के उसी अभिषेक रूप में *हंस* का यह विशेषांक अब पुस्तकाकार पाठकों के सामने है.

हाँ, पिछले विशेषांकों के पुस्तक रूप की तरह इस पुस्तक की रायल्टी भी *हंस* को 'साभार-सहयोग' के रूप में ही जा रही है, इसके लिए हम संबद्ध लेखकों के प्रति आभारी हैं.

31 जुलाई, 2003

—राजेन्द्र यादव

अनुक्रम

वामपन्थी आलोचना का समय

आजकल भूमंडलीकरण पर सवाल पूछना घुमा-फिरा कर अपने आप से सवाल पूछने जैसा हो गया है। मानव-प्रगति की जो धारणा यूरोपीय पुनर्जागरण और ज्ञानोदय के दौरान सूत्रबद्ध हुई थी, मोटे तौर पर भूमंडलीकरण उसी का चरम शिखर होने का दावा करता है। पिछली दो सदियों तक इन विचारों की वकालत करने के बाद आज हम जैसे ही भूमंडलीकरण के विभिन्न पहलुओं पर आपत्ति करते हैं, वैसे ही वामपन्थी होते हुए भी कई मामलों में दक्षिणपन्थियों की बगल में खड़े दिखने लगते हैं और जब हमसे भूमंडलीकरण का विकल्प पूछा जाता है तो हम ज्यादा से ज्यादा स्थानीय संस्कृतियों को पश्चिमीकरण (जो मूलतः अमेरिकीकरण है) के पाटे से बचाने के आग्रह के अलावा किसी और तर्क की जुगाड़ नहीं कर पाते। हमारा मौन और ऊहापोह परम्परानिष्ठ तत्त्वों के संस्कृतिवादी विकल्पों द्वारा हड़प लिया जाता है। इस बिडंबनापूर्ण स्थिति की सबसे ज्यादा पुनरावृत्ति स्त्री के प्रसंग में होती है। स्त्री की दुनिया में भूमंडलीकरण और भूमंडलीकरण की दुनिया में स्त्री की अवस्थिति कुछ ऐसे प्रश्नों, कुछ ऐसी दुविधाओं और कुछ ऐसे संघर्षों की जमीन पर बदल गई है जिनकी शिकायत करना आज की सबसे बड़ी जरूरत है। *हंस* ने औरत की उत्तरकथा रचते हुए अतीत होती हुई सदी में स्त्री के भविष्य को टटोलने का जोखिम उठाया था। उसी प्रक्रिया ने स्त्री-भूमंडलीकरण और पितृसत्ता के नए आयामों की तलाश करते हुए इस अंक में कुछ-कुछ ठोस शक्ल अख्तियार की है। इसका परिणाम दक्षिणपन्थी भटकाव से बचते हुए स्त्री-पुरुष के दृष्टिकोण से भूमंडलीकरण की वामपन्थी आलोचना के रूप में निकला है।

भूमंडलीकरण कहता है कि उसके तहत हुआ बाजारों का एकीकरण लैंगिक रूप से तटस्थ है अर्थात वह मर्दवादी नहीं है। यह एक ऐसा दावा है जो कभी पुनर्जागरण के मनीषियों ने भी नहीं किया था। भूमंडलीकरण इससे भी एक कदम आगे जा कर कहता है कि नारीवाद की किसी किस्म से कोई ताल्लुक न रखते हुए भी उसने स्त्री के शक्तीकरण के क्षेत्र में अन्यतम उपलब्धियाँ की हैं। सवाल यह है कि परिवार, विवाह की संस्था, धर्म और परम्परा को कोई क्षति पहुँचाने का कार्यक्रम अपनाये बिना यह चमत्कार कैसे हुआ? स्त्री को प्रजनन करने या न करने का अधिकार नहीं मिला, न

ही। उसके प्रति लैंगिक पूर्वग्रहों का शमन हुआ, न ही उसे इतरलिंगी सहवास की अनिवार्यताओं से मुक्ति मिली और न ही उसकी देह का शोषण खत्म हुआ– फिर बाजार ने यह सबलीकरण कैसे कर दिखाया? खास बात यह है कि भूमंडलीकरण खुद को लोकतन्त्र का पैरोकार बताता है और बाजार की चौधराहट का कट्टर समर्थक होते हुए भी एक सीमा तक राज्य के हस्तक्षेप के लिए गुंजाइश छोड़ता है; लेकिन आधुनिकतावाद के गर्भ से निकली अधिकतर संस्थाओं और विचारों को पुष्ट करने वाला यह भूमंडलीकरण नारीवाद की उपेक्षा करता है। दरअसल इसका सूत्रीकरण अस्सी और नब्बे के उन दशकों में हुआ है जिनमें नारीवाद अपने ही गतिरोधों से जूझ रहा था। इसी जमाने में भूमंडलीकरण ने आधुनिक विचारधाराओं में सिर्फ नारीवाद को ही असफल घोषित किया और इस तरह पूँजीवादी आधुनिकता ने पहली बार पितृसत्ता के खिलाफ संघर्ष का दायित्व पूरी तरह त्याग दिया। यह अंक अपनी आवरण कथा के माध्यम से शिनाख्त करता है कि श्रमिकों की एक विशाल फौज के रूप में स्त्री को आत्मसात करने वाले भूमंडलीकरण में नर-नारी सम्बन्धों के विभिन्न समीकरण क्या हैं और उसके तत्वावधान में स्त्री कितने प्रतिशत व्यक्ति बनी है और कितने प्रतिशत वस्तु। सुधीश पचौरी के सुचिन्तित और विचारोत्तेजक प्रबन्ध ने पूँजीवादी आधुनिकता के नए संस्करण की एशियाई और तीसरी दुनिया के अन्य समाजों के लिए उपयोगिता पर भी बहस उठायी है। यूरोपीय और अमेरिकी समाज में नारीवाद पुनः शक्तिमंत होने के लिए जिस सैद्धान्तिक और कार्यनीतिक जद्दोजहद से गुजर रहा है, उसकी एक झलक 'ब्यूटी मिथ' जैसी विख्यात पुस्तक लिखने वाली नाओमी वुल्फ की नई रचना के सार-संक्षेप में मिल सकती है।

रोमिला थापर और जान स्टुअर्ट मिल की रचनाएँ बताती हैं कि आधुनिकता और पश्चिम की अन्य वैचारिक-व्यावहारिक संरचनाओं का नारी-मुक्ति के प्रति क्या रवैया रहा है। नक्सलवादी आन्दोलन में जूझने वाली नारियों के आत्मकथ्य और उनके बारे में विश्लेषण आमतौर पर समतामूलक लगने वाली संरचनाओं में पितृसत्ता के छिपे हुए रूपों का पता देते हैं। तमिल दलित लेखिका बामा का जीवन-संघर्ष मर्दवाद और वर्णवाद की मार एक साथ झेल रही दलित स्त्रियों की विशिष्ट समस्या उभार कर नारीवाद के दलित संस्करण के महत्त्व पर रोशनी डालता है। क्षमा शर्मा, अलका आर्य और विजय शर्मा के सर्वेक्षणात्मक आलेखों में नारी-सबलीकरण से जुड़ी विभिन्न बहसें बोलती हैं।

हंस का पिछला महिला विशेषांक विमर्श, आत्म-कथ्य और सृजनात्मक साहित्य के अलग-अलग खंडों में विभक्त होते हुए भी सम्पूर्ण सावयवी था, लेकिन यह अंक उन विविध आयामों की परस्पर निर्भरता के जरिये रचा गया है। अर्चना वर्मा की कहानी को रोमिला थापर के आलेख के साथ पढ़ने पर अलग-अलग विधाओं का युग्म उभरता है। एक जगह साहित्य में से इतिहास उकेरा गया है और दूसरी जगह साहित्य की विमर्शी गुंजाइशों का कलात्मक दोहन दिखता है। एक दूसरी तरह का युग्म मृणाल पांडे की साहित्यालोचना सम्बन्धी टिप्पणी और ईसप के लिए नई बोधकथा के रूप में

उपलब्ध है। तीसरा युग्म अनामिका की कविताओं और भूमंडलीकरण पर संक्षिप्त आलेख में मौजूद है। इसी तरह बाजार के लैंगिक-पूर्वग्रहों को आवरण कथा और सुधीश पचौरी के प्रति-विचार से लेकर उर्मिला पवार की कहानी तक देखा जा सकता है। इस अंक में मात्रा की दृष्टि से विचार-साहित्य कथा-साहित्य पर भारी बैठता है और हंस के चर्चित उपेक्षाभाव के विपरीत इसमें आधुनिक कविता अपने पूरे वैभव के साथ मौजूद है। इन दोनों दुरभिसन्धियों में कामयाबी मिलने के पीछे राजेन्द्र यादव द्वारा दी गई छूट ही है।

हंस की यह तीसरी नारीवादी उड़ान है जिसे सम्भव बनाने का श्रेय मूलतः प्रभा खेतान को जाता है। सम्पादन की प्रक्रिया में मेरे मित्र और इस वर्ष के साहित्य अकादेमी पुरस्कार विजेता मंगलेश डबराल के सुझावों और सहयोग का मैं हमेशा आभारी रहूँगा। विख्यात चित्रकार अर्पिता सिंह, नारीवादी प्रकाशक-बुद्धिजीवी उर्वशी बुटालिया और समाजशास्त्री वासंती रमन ने अपनी व्यस्तता में से समय निकाल कर इस अंक को समृद्ध बनाने में योगदान दिया। सभी लेखिकाओं, रचनाकारों, अनुवादकों और कलाकारों का भी मैं ऋणी हूँ कि उन्होंने अपने वायदे और मेरे अनुरोध पर अपनी कृतियाँ दे कर बहुत कम समय में इतने बृहद अंक को सम्भव बनाया। तीन पुस्तकों का सार-संक्षेप करने का दुष्कर कार्य सम्पन्न करने वाली प्रगति सक्सेना भी मेरे धन्यवाद की पात्र हैं। इसी तरह अंक की गुणवत्ता आर. चेतनक्रान्ति के परिश्रम और देख-रेख के बिना सुनिश्चित नहीं की जा सकती थी। फिल्म और अन्य कला विधाओं में नारी हस्तक्षेप की सामग्री उपलब्ध होते हुए भी कलेवर और समय की अल्पता के कारण अंक में स्थान नहीं प्राप्त कर सकी। लीला दुबे का आत्मकथ्य और अरुंधती राय द्वारा उठाये गए भूमंडलीकरण से सम्बन्धित प्रश्नों को भी अगले अंक के लिए सुरक्षित रख लेना पड़ा। अंक में इनके अलावा भी कई कमियाँ हैं। कुछ तो मेरी निगाह में हैं और बाकी पाठक / पाठिकाओं की पैनी गवेषणात्मक निगाह के जरिये पता चलेंगी। आलोचनात्मक टिप्पणियों का स्वागत है क्योंकि उनके बिना *हंस* की अगली नारीवादी उड़ान और बेहतर नहीं हो सकेगी।

—अभय कुमार दुबे

'हंस' की नारीवादी उड़ान

प्रिय पाठक,

हंस के अत्यन्त सफल स्त्री अंकों के सिलसिले में हर वर्ष नए महिला विशेषांकों की शृंखला जोड़ते हुए मुझे इस पत्रिका के साथ अपने सम्बन्धों का निकट इतिहास याद आ रहा है। इस नितान्त निजी वृत्तान्त में सार्वजनिकता की वही धारा व्याप्त है जो स्त्री-अनुभव के वाचिक इतिहास का नैसर्गिक अंग होती है। सभी दलित और वंचित वर्गों को अपना अतीत दर्ज करने का उद्यम स्वयं ही करना पड़ता है। व्यवस्थित रूप से इतिहास रचने की मंजिल पर पहुँचने से पहले ऐसे सभी समुदाय पहले चरण में आत्मगत ब्योरों का इस्तेमाल करते हैं ताकि उसकी बुनियाद पर सामान्यीकृत और वस्तुनिष्ठ इतिहास-लेखन की इमारत खड़ी की जा सके। मुझे नहीं पता कि मेरे इस आख्यान का हश्र क्या होगा लेकिन मैं इसके प्रस्तुतिकरण के लिए खुद को आभिशप्त महसूस करती हूँ। हम स्त्रियों के पास इसके सिवा चारा ही क्या है! हम अपने आपको उघाड़ कर ही यथास्थिति के खिलाफ विद्रोह कर पाती हैं। हमारा अपना अन्तरंग अनुभव ही हमारा पहला अस्त्र है। वही हमारी बौद्धिकता का प्रस्थान बिन्दु है जो आगे जा कर अपनी प्रामाणिकता के जरिए इतिहास बनता है।

आपसे मेरा परिचय एक रचनाकार के रूप में रहा है। जो बीच-बीच में नारी-मुक्ति के विमर्श से जुड़े सवाल उठाता रहा है। मेरी पढ़ाई-लिखाई के दिनों से ही राजेन्द्र यादव और मन्नू भंडारी ने मेरे बौद्धिक व्यक्तित्व को सँवारने में उल्लेखनीय भूमिका निभाई है। छात्र-जीवन के उस सम्पर्क की स्मृति को कुरेदना आज इसलिए भी जरूरी है कि उसके बिना न तो मेरी नारीवादी बौद्धिकता और न ही *हंस* और मेरी यह संयुक्त परियोजना सम्भव थी।

मन्नू बहनजी यानी मन्नूबाईसा ने चौथी कक्षा से ग्यारहवीं कक्षा तक मुझे हिन्दी पढ़ाई है। वे मेरे जीवन की मूल प्रेरणाओं में से एक हैं। मैं जो कुछ भी आज हूँ उसकी नींव-भराई में मन्नूबाईसा का योगदान रहा है। मेरी इसी प्रिय बहनजी ने जब यादवजी से अपना विवाह रचाया तब मुझे भी कुंकुम पत्रिका मिली थी। लेकिन मैं मन्नू बाईसा के चुनाव पर बहुत रोयी। आखिर चुनाव भी किया तो किसका? बिल्कुल ही बेमेल

विवाह था। कहाँ तो हमारी बाईसा का घराना, अफसरी रौबदाब वाला। बालीगंज शिक्षा सदन की सबसे प्यारी टीचर और कहाँ बैसाखियों पर चलता हुआ यह इंसान जो हमारे कलकतिया मारवाड़ियों के बीच बिल्कुल ही अजनबी था।

फिर सुना कि राजेन्द्र यादव बड़े मार्क्सवादी खयालों के हैं। अरे बाप रे, ऐसे आदमी से तो बच कर रहना चाहिए। यह साठ का दशक था यानी ज्योति बसु के बिल्कुल शुरुआती दिन थे। उनके बड़े भाई का परिवार हमारे खेतान हाउस से बिल्कुल सटा हुआ था। ज्योति बाबू के पैरों में एक बार पुलिस की गोली लगी थी। उनका पीछा करती हुई पुलिस हमारे घर तक आई थी। मगर तब तक हमारे नथुनी सिंह दरबान की सहायता से ज्योति बाबू पिछवाड़े की दीवार फाँद कर अपने भाई के अहाते में कूद चुके थे। इस जमाने में जब छात्र संघ द्वारा बात की बात में आठ-दस सरकारी बसों और ट्रामों में आग लगाया जाना आम था; पुलिस चौकियों पर हमले किए जाते और बूर्जुआओं की दुकानें जला दी जाती थीं या फिर उनकी गाड़ियों पर पथराव किया जाता था। यह पचास और साठ के दशक का बंगाल था। शहर में कहीं आग लगती और अपने-अपने मकान की छतों पर लोग खड़े हो जाते। धुएँ का वैसा काला गुबार मैंने पिछले बीस सालों में भी कभी नहीं देखा और न ही शहर में रहते हुए वैसा आतंक झेला है। लोग खबरें लाते और हम लोग दूसरे दिन बंगाल बन्द देखने निकलते। अखबारों में पढ़ते कि पुलिस की गोलियों से इतने घायल हुए, इतने मरे।

कम्युनिस्टों के उत्पात से हम जैसे मारवाड़ी बूर्जुआ परिवार तो और भी अधिक आतंकित रहते। हमारे पारिवारिक और सामाजिक क्षेत्र में तो क्रान्ति और विद्रोह का एक शब्द भी उच्चरित करना भयानक अपराध था। श्रेष्ठि-सम्प्रदाय में ऐसे व्यक्ति को बड़ी अजीब निगाहों से देखा जाता और बड़ी जल्दी उसे हाशिये पर ढकेल दिया जाता। क्रान्ति पर लिखने वाले कवि या साहित्यिक को सामाजिक मंचों पर जगह नहीं मिलती थी और न ही वे किसी की घरेलू पार्टियों में बुलाए जाते थे। साहित्यकार जब तक अंग्रेजों के खिलाफ बोल रहा था, उसकी भूमिका स्पष्ट थी मगर अब तो बात केवल वहीं तक ही सीमित नहीं थी, अब तो सर्वहारा की लड़ाई शुरू हो चुकी थी। किसी भी जागरूक लेखक के लिए जरूरी था कि वह इस लड़ाई में शामिल हो, मगर बूर्जुआ वर्ग को यह बिल्कुल मान्य नहीं था। उनके लिए महादेवी वर्मा की वे छायावादी कविताएँ ही ठीक थीं यानी 'मैं पीड़ा में और मुझमें पीड़ा का संसार'। इन्हें कलकत्ता में संसद और कलामन्दिर के प्रांगण में बड़ी उत्सुकता के साथ सुना जाता। लेकिन अस्वीकृति में उठा हुआ हाथ बड़ा नागवार गुजरता। अतीत की वह सामन्ती मनोवृत्ति व्यवसायी घरानों में ज्यों की त्यों विद्यमान थी। सत्ता के प्रति आलोचनात्मक तेवर, वह चाहे उनकी ही बहू-बेटियाँ क्यों न हों, उन्हें स्वीकृत नहीं था। किसी भी प्रतिरोध को जड़ से उखाड़ फेंकने के लिए धनिक समाज झट पैंतरा बदल कर खड़ा हो जाता था। पहले-पहल जिस दिन महादेवीजी ने कलामन्दिर के अपने एक साहित्यिक भाषण में कहा था, "न जाने इन महलों की नींव में कितनी मीराएँ सोई पड़ी हैं। उनसे यदि कोई

एक भी अंगारा दहक उठे तो आप समझिए, स्त्री-समाज आमूल रूप से परिवर्तित हो जाएगा। राख के ढेर में यदि एक अंगारा ही बचा हो तो वह सौ दीयों को जलाने की क्षमता रखता है।" समारोह के बाद आपसी बातचीत में एक रसिक व्यापारी ने अपने चमचों से कहा, "महादेवी कुछ ज्यादा ही बोलने लगी हैं। लगता है उनकी तो उमर हो गई है। कहाँ से कहाँ बातों को ले जाती हैं। हमारी लुगाइयों को तो हवा लगती है। उन पर तो गलत असर पड़ेगा।"

महादेवीजी के ये शब्द मेरे ज़ेहन में आज भी गूँजते रहते हैं। हवा तो हम स्त्रियों को लग ही रही थी। स्त्री के प्रसंग में परिवर्तन तो दुनिया-भर में घट रहा था। स्त्री अपने अधिकारों के लिए हर कहीं, दुनिया के हर कोने में संघर्षरत थी। अब वह सुभद्रा कुमारी चौहान की झाँसी वाली रानी नहीं थी कि सामन्ती सत्ता को बचाने में अपनी जान गँवा बैठे। न ही वह जनानखाने में बन्द घूँघट की आड़ में दुनिया देखने की कोशिश कर रही थी। अब तो वह शहरी मध्यवर्ग से उभरती हुई स्त्री थी जो केवल वोट के अधिकार से ही खुश नहीं थी। उसकी कामना में वैयक्तिक पहचान भी शामिल थी। बहरहाल यादवजी के लिए मैंने यही सुना कि वे कम्युनिस्ट भी हैं। प्रगतिशील लेखक संघ के जरिए मुहिम भी छेड़े हुए हैं। हो सकता है कि शायद इसीलिए यादवजी नामक इस इंसान से मैं कतराती रहती थी। मगर मन्नुबाईसा के सीआईटी वाले छोटे से फ्लैट में यदा-कदा उनसे मुठभेड़ हो ही जाया करती थी।

मेरी तहेदिल से यही इच्छा रहती कि मुझे बांईसा अकेली मिलें ताकि मैं उनकी सोहबत में कुछ और नया सीख सकूँ। उन दिनों मैं प्रेसीडेंसी कॉलेज में बीए की छात्रा थी। जम कर दर्शन की पढ़ाई कर रही थी और एक दिन बाईसा ने मुझे यादवजी के बारे में ऐसा कुछ बताया जिसे सुन कर मैं भी उनके साथ रोती रही थी। मुझे उस दिन पूरी पुरुष-जाति पर गुस्सा आया था। मुझे यही लगा कि ये किसी के नहीं हो सकते। ठीक ही कहती थीं मेरी अम्मा कि इन मर्दों पर कभी विश्वास नहीं करना चाहिए। तभी यादव जी आ गए। माहौल से वे समझ गए थे कि बात क्या है। बौखला कर उन्होंने कहा कि यार मन्नू, तुम भी इन लड़कियों को मेरे खिलाफ भड़काती रहती हो। लेकिन अब तक तो मैं यादवजी से एकदम ही उखड़ चुकी थी। जल्लाद कहीं के! हमारी माँ जैसी बाईसा को रुलाते हैं!

यादवजी उस दिन बस-स्टाप पर मुझे छोड़ने आए। फिर बस में ही मेरे साथ गरियाहाट तक गए। उनके चेहरे पर ग्लानि का कुहासा था। बोले, देखो प्रभा, मन्नू ने जो कुछ भी तुमसे कहा, वह सब सच नहीं है। इस वक्त वह पत्नी है और पत्नी की शिकायतों को गम्भीरता से नहीं लिया करते। बेकार में तुम लड़कियाँ मेरे बारे में गलत धारणा बनाओगी। मैंने कहा कि मैं आपसे इसलिए चिढ़ती रही हूँ क्योंकि आपने बाईसा को रुलाया। जवाब मिला कि तो क्या करूँ, मेरा सारा विद्रोह पत्नीत्व नामक इस संस्था से है। हमें साथ रहना चाहिए था मगर शादी नहीं करनी चाहिए थी। और मैं खामोश हो गई। मगर मेरी आँखें बहुत कुछ कह रही थीं और यादवजी सहमे हुए थे। मैं हर

तरह से बाईसा के लिए थी। उनका लिखा हुआ एक-एक अक्षर पढ़ती और राजेन्द्र यादव का यदि कभी कुछ पढ़ा भी तो काट-पीट कर फेंक दिया। फिर एक दिन यादवजी ने कहा : सीमोन द बुइवार का 'सेकेंड सेक्स' पढ़ कर देखो, सुधर जाओगी और मुझसे नफरत करना बन्द कर दोगी। और सच ही बाद में मैं यादवजी की सबसे घनिष्ठ मित्र हो गई।

❑❑❑

मैंने 'सेकेंड सेक्स' का अध्ययन किया। साथ ही साहित्य-रचना भी चलती रही। बहुत डरते-डरते साहित्य की दुनिया में कदम रखा था। वह सत्तर का दशक था। स्त्री के उत्पीड़न और शोषण पर मैं भी बहुत कुछ लिखना चाहती थी और यह भी समझ रही थी कि यह खतरे से खाली नहीं है। मैं पुरुषवादी मूल्यों से आक्रान्त थी। मेरे अपने जीवन के संघर्ष भी थे। लकीर से हट कर चलने के कारण सामाजिक अस्वीकृति और ताने मुझे दिन-रात झेलने पड़ते थे। हालाँकि शादी न करना मेरा अपना व्यक्तिगत निर्णय था पर सम्पर्क में आने वाले प्रत्येक व्यक्ति के मन में मुझसे पहला सवाल शायद यही रहता कि मैंने आखिर शादी क्यों नहीं की! फिकरे भी कसे गए और स्कैंडल भी बना। समाज जितनी जल्दी एक अविवाहिता स्त्री को शक की निगाह से देखता है उतना शक विवाहिता पर नहीं करता। मेरी माँ कहा करती थी कि मेरी बेटी, ब्याह कर ले, लाल घाघरे में सारे दाग छुप जाते हैं। मगर सफेद आँचल में एक भी दाग बड़ा भद्दा लगता है।

खैर पहले-पहल बहुत कुछ मेरी कविताओं में अभिव्यक्त हुआ। 'कृष्णधर्मा' और 'अहल्या' जैसी लम्बी कविताएँ भी लिखीं। मगर बड़ी जल्दी मुझे समझ में आ गया कि कविता के माध्यम से मैं अपनी बात नहीं कह पाऊँगी। इस विधा की अपनी सीमा है। अतः मुझे कविता नहीं बल्कि उपन्यास का सहारा लेना चाहिए। यहाँ तक कि कहानी भी मुझे अपनी परिधि में छोटी लगी। इसके बाद मैंने 'सेकेंड सेक्स' का अनुवाद किया। अनुवाद सच में बेहद कठिन था और अनुवाद का मुझे कोई विशेष अनुभव भी नहीं था। फिर महीनों प्रकाशक महोदय के चक्कर लगाए। वे बार-बार पूछते, "प्रभाजी, यह किताब बिकेगी तो?" मैंने तो इस पुस्तक को एक मिशन की तरह ही लिया था। मेरी नजर में सार्त्र से अधिक सिमोन की इस पुस्तक का महत्त्व था। मगर उनकी आँखों से टपकती हुई आशंका से मैं भी डर जाती। यदि यह किताब नहीं बिकी तो? इसके अनुवाद में जितनी मेहनत मैंने की है, क्या वह सब व्यर्थ हो जाएगा? मैं तहेदिल से चाहती थी कि हिन्दी का प्रत्येक पाठक इसे पढ़े। मेरी मेज पर गीता के साथ यह किताब पड़ी रहती। सीमोन से बड़ा बौद्धिक मित्र मुझे आज तक नहीं मिला और कलकत्ता पुस्तक मेले में भी यह पुस्तक आई। बड़ी सजधज के साथ निकली। प्रकाशक महोदय ने मुझसे कहा कि पुस्तक के बारे में प्रेस विज्ञप्ति दी जा सके तो अच्छा रहेगा और यदि वह सम्भव हो तो क्यों न सीधे-सीधे एक विज्ञापन ही दे दिया

जाए? चलो यह भी कर लेते हैं। मैंने अपने निजी सचिव मोहन कुमार से कहा कि किसी महत्त्वपूर्ण हिन्दी दैनिक में इसकी सूचना आनी चाहिए। लेकिन, उफ! दूसरे दिन यह कैसा विज्ञापन निकला और वह भी कहाँ पर। भय से मेरा चेहरा सफेद था। मोहन ने पूछा : क्या हुआ दीदी? यह देखो यह सूचना कहाँ छपी है, "यौन रोगों के लिए सुप्रसिद्ध यौन विशेषज्ञ.... से मिलिए और जीवन का भरपूर आनन्द उठाइए" और ठीक इसी विज्ञापन से सट कर खड़ी थी मेरी 'स्त्री-उपेक्षिता : विश्व प्रसिद्ध पुस्तक' 'सेकेंड सेक्स' : अनुवादक : डॉ. प्रभा खेतान।

मैंने अखबार वालों की नासमझी पर अपना सर पीट लिया। वैसे ही 'छिन्नमस्ता' के कारण कलकत्ते में लोग मुझसे चिढ़े हुए थे। किसी साहित्यिक महिला की टिप्पणी थी कि यह उपन्यास लिखते हुए प्रभा को मर्यादा का ध्यान रखना चाहिए था। और इस विज्ञापन ने तो मेरे सारे उत्साह पर ही पानी फेर दिया। मेरी तो पुस्तक मेले में जाने की हिम्मत नहीं पड़ रही थी। साथ ही यह भी समझ में आया कि 'सेकेंड सेक्स' नाम के कारण लोग इसे एक घटिया कृति समझ रहे हैं।

दरअसल, ज्यादातर लोगों की नजर में स्त्री महज एक देह है। लेकिन स्त्री केवल देह तो होती नहीं और न ही स्त्री की यौनिकता को हम देह और उसके उपभोग तक सीमित कर सकते हैं। सेक्स और जेंडर दो अलग-अलग चीजें हैं। सेक्स का अर्थ हुआ स्त्री की जैविकता और जेंडर का अर्थ हुआ लैंगीकरण की वह सामाजिक प्रक्रिया जिसके कारण स्त्री का अस्तित्व उसकी विभिन्न भूमिकाएँ और पुरुष वर्ग के साथ उसका सम्बन्ध निर्धारित होता है। स्त्री का अपना होना और उस होने की प्रक्रिया की सारी अर्थवत्ता अब तक पितृसत्ता निर्धारित करती आई है। चूँकि कोई 'दूसरा' यानी पुरुष जाति उसका निर्धारण करती है इसलिए स्त्री की अपनी स्वायत्तता नहीं रहती। उसका वस्तुकरण हो जाता है। स्त्री के सन्दर्भ में यह एक ऐतिहासिक सच है। अधिकतर लोग स्त्री-स्वतन्त्रता को यौन-उच्छृंखलता का ही पर्याय मानते हैं। जबकि ऐसा है नहीं। नारीवाद केवल नर-मादा के आन्तरिक सम्बन्धों का ही उल्लेख नहीं करता। यह स्त्री की यौनिकता को स्थापित जरूर करना चाहता है मगर सबसे अधिक नारीवाद स्त्री की यौनिकता के प्रति उस समझ को अभिव्यक्त करना चाहता है और उस बोध को हासिल करना चाहता है जिसके बारे में अब तक स्त्री खामोश रहती आई है।

स्त्री-आन्दोलन का पहला पक्ष है वर्चस्वविहीन समाज की स्थापना। यहाँ स्त्री-आन्दोलन को मार्क्सवाद से बहुत कुछ सीखना है क्योंकि स्त्री-पुरुष का सम्बन्ध भी उत्पादन और पुनरुत्पादन की प्रक्रिया से प्रभावित होता रहा है। इसका अर्थ यह नहीं कि यह सम्बन्ध केवल अपनी भौतिकता में ही कैद रहना चाहेगा। यही कारण है कि आज नारीवाद परिवार में श्रम के विभाजन और कौटुम्बिक सम्बन्धों में सत्ता के नेटवर्क की ऐतिहासिक खोजबीन में भी लगा हुआ है।

यही वह क्षण है जब स्त्री-आन्दोलन का पुनर्मूल्यांकन जरूरी हो गया है ताकि मुक्ति की सामाजिक परम्परा में एक और नया अध्याय जोड़ा जा सके। एक ओर जहाँ

मार्क्सवाद के प्रति हमारे मन में शक और शिकायतें हैं, वहीं दूसरी ओर इसकी मुक्तिकामी अन्तर्धारा के प्रति हमारे मन में गहरा लगाव भी है। कम से कम वामपन्थी लेखक हमारे साथ तो हैं। हम स्त्रियों के बारे में चर्चा तो कर रहे हैं। हाँ, जिस पितृसत्ता से हम युद्धरत हैं, उसके खिलाफ इन लोगों ने संघर्ष किया है। मानव-मुक्ति के सिद्धान्तों को संवर्धित और व्यवस्थित किया है, हमारे अनगढ़ लेखन पर मेहनत तो की है, हमारे आन्दोलन और अलग विचारधारा को स्वीकारने की उदारता दिखाई है। हमें उनसे बहुत कुछ सीखना है। उनसे विचार लेने हैं। मैंने भी मार्क्सवाद से बहुत-कुछ सीखा है।

स्त्री-आन्दोलन जीवन के उन पक्षों पर प्रकाश डालता है जहाँ स्त्री अब तक उपेक्षिता और वंचिता की हैसियत में रहती आई है। समाजवादी स्त्रियाँ वामपन्थी खेमे में पुरुष-सत्ता को चुनौती दे रही हैं क्योंकि मार्क्सवादी पुरुषों ने भी स्त्रियों को पितृसत्तात्मक मूल्यों के अनुसार ही ढालने की चेष्टा की। किसी भी नारीवादी निर्देशन की पहली शर्त यह होगी कि मार्क्सवाद के नए पक्षों को उद्घाटित करे। लिंग के आधार पर स्त्री एक विशिष्ट प्रकार का दमन झेलती है और नारीवाद इसी दमन से स्त्री की मुक्ति एवं उसकी सामूहिक चेतना के विकास के लिए प्रयत्नशील है। अब इसे चाहे कोई अलगाववाद कहे या फिर अराजकता या स्वायत्तता। जहाँ तक स्वायत्तता का सवाल है आदिकाल से इसे पुरुष की स्वायत्तता का ही पर्याय माना जाता रहा है। स्त्री-जाति के लिए स्वायत्तता और स्वतन्त्रता की कोई जरूरत ही नहीं समझी गई। हालाँकि लैंगीकरण की प्रक्रिया द्वारा स्त्री एवं पुरुष दोनों ही एक सामाजिक संरचना बन कर रह जाते हैं, पर इस संरचना में भी एक विभेद है जो अन्त तक बना रहता है। भेदक रेखा को मिटा देने से भी दोनों जातियाँ समान नहीं हो जातीं। दोनों का स्तर और स्थिति समान नहीं है। एक संरचना के रूप में जहाँ पुरुष में स्वायत्तता का बोध है, वहीं स्त्री में यह बोध शुरू से ही नहीं है। कारण, स्त्री की सामाजिक संरचना पुरुष ने ही तो की है। पुरुष ने ही उसे परिभाषित भी किया है। अतः यह एक राजनीतिक समस्या है। यानी इतिहास में जब भी किसी एक जाति ने दूसरी जाति को अधिकृत एवं नियन्त्रित करने की कोशिश की है तो इसके परिणाम से हम सभी वाकिफ हैं। ऐसी वर्चस्वशाली व्यवस्था में देर-सबेर विद्रोह और उत्पात तो होना ही है। आखिर किस आधार पर एक जाति दूसरी जाति को इतने लम्बे समय तक शोषित करती रही? आखिर पुरुष को स्त्री की तुलना में श्रेष्ठ किसने कहा? कम से कम स्त्री ने तो ऐसी व्यवस्था नहीं चाही।

ऐसे हजारों सवाल हैं और उनके लाखों उत्तर हैं। मगर पुरुषों की यह कैसी राजनीति, जहाँ स्त्री को क्रान्तिचेता के रूप में व्यक्ति न समझ कर केवल एक माध्यम भर माना जाए? रणनीति का केन्द्रीय मुद्दा होना चाहिए था कि स्त्री की अधीनस्थता के जीवित सम्बन्धों की व्याख्या की जाए। जरूरी नहीं कि वर्गहीन समाज में जाति और वर्ण-भेद भी खत्म हो जाएं। सवाल है कि जाति के प्रसंग में हमें किन-किन फासीवादी ताकतों से लड़ना होगा। यदि यह एक जातीय संघर्ष है तो स्त्री और पुरुष दो जाति हुए

या वर्ग? और इस वर्गीय एवं जातीय शोषण को जितना नारीवाद समझने का प्रयास करता है उतना ही मार्क्सवादी विचारधारा पर नारीवाद की निर्भरता बढ़ती जाती है। अतः फिलहाल राजनैतिक और सामाजिक मंचों पर नारीवाद मार्क्सवाद से पूरा सहयोग लेना चाहेगा, खास कर ऐसे वक्त में जब आरक्षण का मुद्दा अपने पूरे उछाल पर हो।

लेकिन मुहिम छेड़ेगा कौन? यदि कुछ लेना है तो लड़ना होगा। मगर हममें से अधिकतर औरतें लड़ाई, संघर्ष, हिंसा के नाम से कतराती हैं। तब क्या किया जाए? क्या स्त्री लौट जाए परम्परा की उन्हीं आदिम गुफाओं में जहाँ न खिड़की, न दरवाजे, न रोशनी और न हवा। गाहे-बगाहे यदि कभी किसी महापुरुष ने माचिस की तीलियाँ जलायीं भी तो उसका असर कितनों के जीवन पर पड़ा होगा? कभी-कभी तो दुनिया के तमाम विचारकों की नीयत पर शक होने लगता है, क्या सच में उन्होंने कभी हम स्त्रियों की मुक्ति चाही थी? आखिर स्त्री कहाँ से प्रेरणा ले? स्त्री तो अभी-अभी दुनिया के बाजार में घूमने निकली है। वह हर कहीं, हर जगह जा रही है। अब उसका अपने घर जैसा कुछ भी नहीं रहा क्योंकि भूमंडलीकरण के दौर में बाजार घर में घुस आया है, और बाजार में घर बिकते हैं। पिछली शताब्दी में स्त्री ने पुरुषों के बराबर हक माँगा था और आज मिले हुए अधिकारों के सबलीकरण का सवाल है। जो मिल चुका है उसे सँभालने की जरूरत है। अच्छा हो कि अब हम किसी से कुछ माँगे नहीं। जो है, जितना उपलब्ध है, जितना भी माल-मसाला है उससे कम से कम हम अपने आपको मजबूत तो करें ताकि इक्कीसवीं शताब्दी में फिर कोई नया परिधिकरण न हो। फिर कोई हमारे साथ खिलवाड़ न करे। यही सवाल उठ सकता है, केन्द्र और परिधि के द्वित्व का क्यों नहीं विलयन कर दिया जाए? क्यों नहीं इन्हें महज एक सांस्कृतिक संरचना यानी कंस्ट्रक्ट ही मान लिया जाए? दरिदा कहते हैं कि एक बार इस परस्पर विपक्ष को जाम ही कर दिया जाए। लेकिन रणनीति के तहत इतिहास, भूगोल और संस्कृति के उन तत्त्वों को पहचानना तो होगा जिनका उपयोग अब तक केन्द्रीय सत्ता अपने स्वार्थ में करती रही है। साथ ही हमें उन्हें भी पहचानना होगा जो आज हमारे साथ दोस्ती का हाथ बढ़ा कर चल रहे हैं। हमारे बारे में लिख रहे हैं। उनसे भी अनुरोध करना होगा कि हमारे बारे में लिखें जरूर मगर हमारी समस्याओं का न तो अतिबौद्धिकीकरण किया जाए और न ही राजनीतिकरण।

आखिर स्त्री-समाज में आपसी गठबन्धन कैसे किया जाए ताकि राजनीतिक-सामाजिक और आर्थिक संस्थाएँ ज्यादा तरल, ज्यादा लचीली और अपने प्रभाव में ज्यादा व्यापक हो सकें। स्त्री को अपनी परम्परा का इतिहास लिखना होगा। कैसे अपनी परम्परा का ज्यादा सदुपयोग किया जाए, यह भी तो सीखना होगा। विरासत में मिले हुए विचारों को रूपान्तरित भी करना होगा। सत्ता के मद का स्त्री-समूह ने सदा विरोध किया है। स्त्रियों के ऐसे कई समूह हैं जो एक दूसरे को न जानते हुए भी मंजिल की ओर अग्रसर हैं। जो बिखरे इतिहास और उसके ध्वंसावशेषों पर भी नए सपनों को

सँजोना चाहते हैं, उत्पादन और उपभोग में संतुलन बैठाना चाहते हैं। स्त्री जानती है कि भिन्न-भिन्न वर्गों एवं वर्णों तथा जातियों के बीच नए-नए समीकरणों से चाहे कुछ भी न मिला हो लेकिन सारे सन्देह और विरोधों के बीच व्यक्ति-स्त्री का निरंतर विकास होता जा रहा है। अपनी क्षमता और कौशल को वह और अधिक तराश पा रही है। वह समझ रही है कि व्यर्थ के विलाप और प्रलाप से कुछ नहीं होने वाला। इस अमानवीय परंपरा का प्रतिरोध जरूरी है। यह पूँजीवादी पितृसत्ता ऊपर से चाहे जितनी उदार और सरल लगे पर भीतर से यह बड़ी जटिल है क्योंकि दोष इसकी संरचना में ही है। हमें इस संरचना से ही अलग होना होगा। किन्तु इसके लिए व्यक्ति-स्त्री नहीं बल्कि स्त्री समूह की जरूरत है। ऐसा नहीं कि हम स्त्रियाँ कोई पुरुषविहीन समाज चाह रही हैं। हम किसी व्यक्ति-पुरुष के खिलाफ नहीं बल्कि इस पुरुष-सत्ता के खिलाफ़ हैं। होल्डरनीन के शब्दों को यदि उधार लूँ तो कहना चाहूँगी कि इस भयानक समय में प्रतिरोध का यह आखिरी क्षण है। यदि अभी नहीं तो कभी नहीं। खामोशी का अर्थ हुआ हमेशा के लिए चूक जाना। मुझे एक कहानी याद आ रही है।

एक नाव में दो पुतले सवार हुए। उन्हें कहीं जाना था। इनमें से एक पुतला नमक का बना हुआ था और दूसरा चीनी का। बीच समंदर में जोरों की बरसात हुई। नमक के पुतले ने सोचा कि मैं तो इस बरसात में गल ही जाऊँगा। क्यों नहीं इससे पहले समंदर की भी गहराई नाप ली जाए और वह पुतला लहरों में कूद गया। वह समन्दर में घुला और लहरों का झाग बन किनारे आ लगा। धूप में तप कर वापस नमक की चट्टान बना। मगर चीनी की गुड़िया नौका में बैठी हुई मंद-मंद मुस्कराती रही और धीरे-धीरे गलती रही। वक्त के साथ पिघल कर वह भी समंदर में ही जा मिली मगर अब सागर की लहरों में उसके लिए कहीं कोई स्थान नहीं बचा था। हर ओर केवल नमक ही नमक था। वह पुनर्जीवन के लिए वापस अपनी मिठास नहीं पा सकी। पूछा तो उससे भी गया था कि क्या तुम भी समंदर में कूदोगी? जोखिम लेने का यह आखिरी मौका है पर उसने कहा था, न बाबा ना, मैं तो पानी में डूब जाऊँगी, निःशेष हो जाऊँगी, रीत जाऊँगी।

❑ ❑ ❑

मुझे रेबेका वेस्ट का एक संस्मरण याद आता है। उन्होंने एक बूढ़ी औरत को स्कॉटलैंड की पहाड़ियों में भटकते हुए पाया। तुम कहाँ जा रही हो? पागलों-सी क्यों भटक रही हो? उसने बताया कि मेरे पति को गोली मार दी गई और मेरी बेटी के साथ बलात्कार हुआ है। फिर मेरी बच्ची ने आत्महत्या कर ली। मगर तुम जा कहाँ रही हो? मैं कहीं नहीं जा रही, मैं तो बस घूम-फिर कर यह देखना चाहती हूँ कि यह सब कैसे घटा और क्यों घटा! रेबेका वेस्ट की वह बूढ़ी औरत अपनी उस चिर-जिज्ञासा में स्त्री की उस खामोशी को टटोलती है जिसे अब तक इतिहास में अभिव्यक्त नहीं किया गया है। मेरी भी शंकाओं के मूल में वह बूढ़ी औरत है। मैं भी उस अनन्त काल को देखना और

समझना चाहती हूँ। चाहे कोई समाधान या निष्कर्ष न मिले मगर एक बार स्त्री की समस्या के मूल में जाकर तो देखूँ कि आखिर क्या कारण है कि इतना शोषण और दमन सहकर भी स्त्री अपने जीवन-मूल्यों को कैसे बचाए हुए है। हम स्त्रियाँ अपने आपको छूकर देखें तो सही कि हम सब किस प्रजाति की वनस्पति हैं जिसकी छाया तले आदमी को आज भी धूप और बारिश से राहत मिलती है।

मगर क्या स्त्री होने का बस इतना-भर ही महत्त्व है? क्या स्त्री होने की सारी अर्थवत्ता बस इतनी-भर है? न शान्ति, न यश, बस एक सतत उर्वरता! सम्पर्क में आने वाले हर आदमी से साझा। अपने दुख से ऊपर उठ कर औरों के दुख को टटोलना! कभी सोचती हूँ कि शाखा-प्रशाखाओं में फूटती-लरजती हुई हम स्त्रियाँ भी तो मानवी हैं। हमें किस समग्रता में समेटा जाएगा? क्या हम स्त्रियों की आपसी भिन्नता का कोई सही प्रतिनिधित्व सम्भव है? हमारे लिए कौन सा लेबल उचित होगा। मगर हमारी भिन्नताओं पर लेबल लगाने वाले ये पुरुष कौन हैं? जीवन जीने की चेष्टा में लगी स्त्री का भी तो कोई संघर्ष है। उस संघर्ष का कोई तो नाम होगा। कोई तो अर्थ होना चाहिए। कोई रूप, कोई पहचान? स्त्री द्वारा उच्चरित विद्रोह को भी अलग से क्यों नहीं पहचाना जाता? वह कौन सी नई संस्कृति और कौन सा नया नाम होगा जो हमारे संघर्षों को निर्धारित स्थान और काल से परे अन्य किसी बृहत्तर संघर्ष से जुड़ने की क्षमता प्रदान करने में समर्थ है। आज जब संघर्ष शब्द के उच्चारण मात्र से ही लोग हमें शक की निगाहों से देखने लगे हैं तब कैसे कहूँ अपने संघर्ष के बारे में कि मैं परम्परा की किन-किन धाराओं के विरुद्ध तैरते-तैरते यहाँ तक पहुँची हूँ। तीन सौ रुपये के वेतन से जिन्दगी शुरू की थी। इस बड़े घर की बेटी के पास अपना कहने को न एक भरी सोना था और न कोई बैंक बैलेंस। हाँ, एक अंधी जिद जरूर हमेशा से मेरा साथ देती रही कि आर्थिक स्वतन्त्रता स्त्री स्वतन्त्रता की पहली शर्त है। बीज-मन्त्र की तरह सीमोन के इन्हीं शब्दों को अपने जीवन में मैंने स्वीकार रखा है और शायद इसी कारण दो बिल्कुल असम्बन्धित जिन्दगियाँ जीती रही हूँ। लोग पूछते हैं कि आप लिखती कब हैं? मैं तो हमेशा लिखती रही हूँ। दौड़ते-भागते, दफ्तर की भीड़ में, तो कभी अकेली शामों को, अकेली रातों को। सारी सामाजिकता, मौज-शौक से कट कर। तीन सौ रुपये की एक अदना नौकरी से जिन्दगी शुरू कर मैं एक-एक सीढ़ियाँ चढ़ती चली गई। यह जानते हुए भी कि बड़ी फिसलन-भरी होती है व्यावसायिक सफलता की दुनिया। निर्यात के इस व्यापार में कहीं जरा सी चूक हुई कि वह पश्चिमी श्वेत पुरुष लाखों का माल बेहिचक वापस फेंक जाएगा। कैसे चुकाऊँगी उधारी-देनदारी, तनख्वाह, बिजली का बिल, बैंक के पैसे, बैलेन्स शीट, सभी कुछ तो वक्त पर बन जाना चाहिए। सारे भुगतान बिल्कुल ठीक वक्त पर होने चाहिए। नहीं तो झमेले ही झमेले। बस कंपनी का चक्का चलते रहना चाहिए! एक बड़े व्यापारी ने कभी मुझसे यही कहा था। आजकल और लोग भी ऐसा कहने लगे हैं। अर्थ की निर्मम दुनिया में हर क्षण स्त्री होने की सीमा को झेलना पड़ता है, जहाँ साहित्य के लिए वक्त बचाना बड़ा कठिन होता है।

मैंने बड़े उत्साह से चहकते हुए किसी श्वेत व्यापारी से पूछा था कि सुना है, स्वीडन की संसद में पुरुषों की तुलना में स्त्रियों की संख्या अधिक है, और तब तो आपके देश में स्त्रियाँ खूब पैसे कमाती होंगी? उनका साफ उत्तर था– भला तिजोरी की चाभी हम औरतों के हाथ में क्योंकर देने लगे! उस दिन मुझे सीमोन के शब्द याद आए थे। 'सेकेंड सेक्स' में ठीक ही लिखा है कि औरत की पहली लड़ाई अर्थ की दुनिया से शुरू होती है। मैंने भी जीवन जीते हुए यही सीखा है कि पैसे कमाने से स्त्री निर्णय लेना सीखती है और निर्णय की क्षमता उसके संघर्ष को मजबूत करती है। आज भी अधिकतर व्यापारिक प्रतिष्ठानों में नीचे के सारे काम लड़कियाँ करती हैं मगर बॉस पुरुष ही रहता है। किसे दोष दिया जाए? ऐसा क्यों? दुनिया घूमते हुए मैंने यही पाया कि औरत के काम के घंटे पुरुष की तुलना में ज्यादा हैं। दुनिया में दो–तिहाई काम औरतें करती हैं लेकिन दुनिया की सबसे गरीब कौम औरत ही है। पूँजी के प्रभुत्व का शिखर होने के बाद भी भूमंडलीकरण इस नारी-विरोधी यथास्थिति को बदल नहीं पाया है। दरअसल, वह तो इस स्थिति का लाभ ही उठाता दिख रहा है।

लोग कभी एकदम सीधे-सीधे, कभी घुमा-फिरा कर पूछ ही लेते हैं कि आखिर आप अकेले कैसे रह लेती हैं और इतना रुपया कमा कर क्या करेंगी? यह सवाल किसी अकेले पुरुष से नहीं किया जाता। तमाम इतिहास और भूगोल की सीमाओं से परे कहीं हम स्त्रियों का दर्द एक ही है। स्त्री के जीवन में दर्द के प्रसंग में एक बड़ी ठोस सार्विकता है जिसकी उपेक्षा नहीं की जानी चाहिए। यह हाशिये पर पड़े हुए लोगों का दर्द है। यह उनकी सार्विकता है, उनकी समग्रता है।

आज बहुतेरे लोग यह कहते हुए भी सुने जा रहे हैं कि आप महिलाओं को आरक्षण की जरूरत ही क्या है? कितना गैरजरूरी है आरक्षण का मसला कि संसद के आखिरी सत्र में ही इस बिल को पेश किए जाने की कोशिश की गई! यह कहा गया कि पहले सत्र में तो और भी जरूरी मसले थे। बात यह है कि सत्ता अपनी नीयत में बिल्कुल पाक-साफ दिखना चाहती थी, यह तो विरोधी पक्ष की गलती थी कि उन्होंने वक्त ज़ाया किया। कोई पूछे उनसे कि इतिहास में यह किस वर्ग और जाति का निर्णय रहा है कि परिवार में जब सब लोग खा चुकें तभी औरत को थाली पर बैठने का हक है! आखिर और कितनी शताब्दियाँ औरत अपने पेट पर कपड़ा बाँध कर काम करती रहेगी? क्या पेट भरने का पहला अधिकार पिता को ही है? क्या माँ अधिक मेहनत नहीं करती और क्या ऐसा कह कर संस्कृति और परम्परा की नजर में हम गलत नहीं हो जाएँगे यदि हम यह पूछें कि आखिर मुफ्त के श्रम की अपेक्षा स्त्री से ही क्यों?

यादवजी से कलकत्ता का मेरा सम्पर्क 'सेकेंड सेक्स' पढ़ने के सुझाव पर खत्म हो गया था। मन्नू बाईसा और वे दिल्ली चले गए। मैं जब भी दिल्ली आती तो इन लोगों से मिलना होता। अक्षर प्रकाशन शुरू हो चुका था। फिर *हंस* की उड़ान शुरू हुई।

कौन लेखक नहीं चाहता कि वह पत्रिका निकाले। आए दिन पत्रिकाएँ निकलतीं

और जितनी जल्दी प्रकाशित होतीं उतनी ही जल्दी बन्द भी हो जातीं। मैंने भी सोचा कि चलो कुछ दिनों की बात है *हंस* को तो बन्द होना ही है। अर्थ का अभाव तो *हंस* में लगा ही रहता और यादवजी किसी न किसी को बलि का बकरा बना ही डालते। मैं भी उनमें से एक रही हूँ। मन्नूबाईसा का कहना था कि इनकी किसी से नहीं पटती। पहले किसी को सर पर बैठाएँगे फिर नीचे गिराएँगे। झगड़ा-झमेला। बाईसा की ममता नहीं चाहती थी कि मुझे कहीं खरोंच लगे। लेकिन मेरी ममता *हंस* के प्रति बढ़ती जा रही थी। हम महिला लेखिकाओं को *हंस* में सबसे अधिक स्थान मिल रहा था। खासकर नब्बे के दशक से तो स्त्री मुक्ति से सम्बन्धित सामग्री *हंस* में बढ़ने लगी।

यही वह समय था जब अधिकांश पत्रिकाएँ स्त्री-स्वतन्त्रता को एक सामाजिक मुहावरे से अधिक महत्त्व देने से इनकार कर रही थीं। स्त्री के प्रसंग में अधिकतर लेखिकाएँ ज्यादा कुछ बोलने से संकोच करती थीं। ऐसे कई सम्पादक हैं जिन्होंने आदमी की समस्या पर तो ढेरों सम्पादकीय लिखे मगर स्त्री समस्या पर खामोश रहे। उनके अनुसार नारीवाद और कुछ नहीं, बस एक पश्चिमी मुहावरा और कुछ महिलाओं की अपनी कैरियरपरस्ती ही था।

लंबे अरसे से मैं चाहती रही हूँ कि अपनी निजी विचार-यात्रा और जीवन को अपनी कहानी, कविता और उपन्यास के दायरे से निकाल कर विमर्शी धरातल पर परखूँ। देखा जाए तो मेरी इस इच्छा का उत्स राजेंद्र यादव के उस सुझाव में ही निहित है जो उन्होंने कभी आत्मरक्षात्मक शैली में दिया था और जिसके कारण मुझे सीमोन को पढ़ने की प्रेरणा मिली। साहित्य की दुनिया से समाजविज्ञान के जगत में कदम रखना आसान नहीं है। आत्मगत और वस्तुगत के समीकरण में यहाँ जोर वस्तुगत पर रहता है और प्रायः साहित्यकार इस दायरे में आकर स्तब्ध रह जाते हैं। सिर्फ संवेदना और अनुभूति से यहाँ काम नहीं चलता। न ही मात्र भाषा का खेल बहुत दूर तक मदद कर पाता है। मुझे यह स्वीकार करने में कोई संकोच नहीं कि *हंस* द्वारा स्त्री-प्रसंग को अपनाते हुए देखना मेरे लिए एक राह खुलने के समान था। *हंस* के साल-भर में निकलने वाले तीन महिला विशेषांक इसी विकास-क्रम का फलितार्थ हैं। इन प्रकाशनों को काम की सुविधा के लिए एक संस्थागत रूप भी दिया गया है और इस प्रक्रिया में अरविन्द जैन का योगदान भुलाया नहीं जा सकता। अंक के सम्पादन और इसकी डिजाइन में मुख्य भूमिका अभय कुमार दुबे ने निभाई है। मैं इस अंक की रचना में सहयोग देने वाले सभी साथियों की आभारी हूँ जिनके अध्यवसाय और समर्पण के बिना यह इस रूप में सामने नहीं आ सकता था। मुझे उम्मीद है कि आप लोग इस प्रथम प्रयास पर खुल कर प्रतिक्रिया व्यक्त करेंगे ताकि अगले अंकों को उसी के अनुसार बेहतर बनाया जा सके।

—आपकी

प्रभा खेतान

पूँजी की ललमुनिया

अनामिका

वैसे तो सत्तर के दशक में ही न सिर्फ 'श्रम' के अध्येताओं का बल्कि विश्व-बैंक आदि संस्थाओं का भी ध्यान श्रमिकों के तथाकथित सुविधाभोगी तबके के समान्तर पनपे अकुशल और असंगठित कामगारों के वृहदाकार अनौपचारिक क्षेत्र की ओर जा चुका था, पर भूमंडलीकरण के बाद 'हायर एण्ड फायर' की व्यवस्थात्मक नीतियों के महत्तम प्रसार के कारण शहरों में, खदानों-मिलों-कारखानों के हाशिये पर न सिर्फ उसका अमीबा-पिंड बढ़ा है, बल्कि उसकी समस्याएँ भी गहनतर हुईं और जैसा कि हर नव-विस्थापित समूह के साथ होता है– यहाँ भी आर्थिक-भावनात्मक असुरक्षाओं से उद्भूत बहुस्तरीय दोहन का सबसे स्पष्ट शिकार उसकी महिलाएँ हुईं। कम पगार और उपभोक्तावाद के आग्रह से क्षण-क्षण आर्थिक महत्त्वाकांक्षाओं का समाधान 'अनौपचारिक' सेक्टर के मजदूर दो-दो पालियों का काम ढूँढ़कर करते हैं जिसके कारण उनका मन-शरीर थक कर ढूह हुआ रहता है, कहीं भी लुढ़क जाने को तत्पर– प्लेटफॉर्म, फुटपाथों पर, वेश्यालयों में, ठर्रे की दुकानों पर। समय की भी इतनी कमी रहती है कि 'थकान' उतारने के नाम पर ज्यादातर तो इतना ही हो पाता है कि प्याली की चाय तश्तरी में डालकर सुर्र-सुर्र पी गए या इसी लय में मिनट-दो मिनट अपनी या परायी किसी औरत का शरीर सुड़का और अगले ही क्षण उसे परे धकेलकर, मार-पीटकर, 'पंचिंग बैग' के रूप में उस पर अपनी खुदरा खुंदकें निकाल कर भाग गए काम पर वापस। कमाई का दूसरा आसान स्रोत मोटे आसामियों के हाथ नन्ही-नन्ही बच्चियों को बेच डालना भी है ही– नन्ही बच्चियाँ इसलिए कि उनके साथ मनमानी 'एड्स' के खतरों से उबारे रखती है।

भूमंडलीकरण ने दूसरा बड़ा बखेड़ा उठाया है 'उत्पादन' को 'बाजार' से काटकर– पण्यों का उत्पादन कहीं और होता है और उपभोग कहीं और, जिसका नतीजा यह है कि 'उत्पादकों' और 'उपभोक्ताओं' में नाम का भी सम्बन्ध नहीं रहता– कई बार तो उपभोक्ताओं की कल्पना में भी नहीं समाता कि 'उत्पादक' उनके उपभोग की चीजें

तैयार करते हुए कैसी मारक स्थितियों से गुजरे हैं। एक प्रसिद्ध विज्ञापन के अनुसार 'हीरा है सदा के लिए' किन्तु हीरा पॉलिश करनेवालियों का जीवन सूरत की तंग कोठरियों में तिल-तिलकर गलता हुआ उन मालिकों को भी नहीं दीखता जो वातानुकूलित कमरों में बैठे-बैठे वीडियो कैमरे की आँखें लगातार इन्हीं पर टिकाए रखते हैं, कि काम करते हुए हीरे की एक कणिका भी मार तो नहीं ली गई।

वैसे तो 1860 के दशक से ही 'सोशल डार्विनिज़्म' का 'सर्वाइवल ऑफ द फिटेस्ट' वाला नारा अपने रंग दिखा रहा है, इस क्रूर स्थापना द्वारा कि जो भी हाशिए पर हैं, किसी कारण जिनका आर्थिक-नैतिक-सांस्कृतिक-शैक्षिक विकास नहीं हो पाया– वे 'अनफिट' और फालतू हैं– पर भूमंडलीकरण के बाद तो इसके विद्रूपीकरण का कोई हद-हिसाब ही नहीं रहा। एक विडंबनापूर्ण बात इस सन्दर्भ में यह भी हुई कि भूमंडलीकरण ने पूँजी के पाँव में पंख बाँध दिए, वह तो लोकगीत की 'ललमुनिया' की तरह विश्व-भर में फुदकने-चहकने को स्वतन्त्र हो गई, 'उड़ि-उड़ि बैठि हलवैया दुकनिया' और 'बर्फी के सब रस ले लिया रे–' पर बर्फी तो दूर, सूखी रोटी के लिए भी तरस गए मजदूर। आर्थिक और भावनात्मक– दोनों संरक्षणों के लिए अधिक से अधिक 'स्थानीय' वे होते चले गए। उनकी ओर उनकी हेल्पमेट्स की स्थिति खूँटे में बँधी गाय-गोरू की ही हो गई– एक निश्चित ही वृत्त में घूम-टहलकर वे चर सकते थे। कोल्हू का बैल बन गए वे और 'मोबिलिटी' उनके लिए आँख का धोखा हो गई।

'पूँजी' की तरह 'मजदूरों' को तो अन्तर्राष्ट्रीय क्षितिज का फ्री वीजा मिला नहीं...पर हाँ, उनकी औरतें और लड़कियाँ अरब शेखों और दूसरे अन्तर्राष्ट्रीय गिरोहों के हाथ बिकती चली जाने को स्वतन्त्र हो गयीं। उपभोक्तावाद क्षणवाद को बढ़ावा देता गया– 'टू मिनट्स प्लीज', 'फिल इट, शट इट, फॉर्गेट इट' आदि के कैप्शन अन्तरंग मानवीय सम्बन्धों पर भी घटित होते दीखने लगे। यह उस हृदयहीन उपयोगितावाद का ही नया रूप था जो औरत को 'पानी के एक गिलास' और 'लदे हुए एक गर्भ' के सिवा कुछ मानता ही नहीं था। और दलित कवयित्री सरूपारानी की पंक्ति नए-नए सन्दर्भों में खुलती चली गई–

घर में पुरुष-अहंकार एक गाल पर थप्पड़ मारता है
तो गली में वर्ण-आधिपत्य दूसरे गाल पर।

आज भी ईंट-पर-ईंट-पर-ईंट सिर पर और नौ महीने का बच्चा गर्भ में लादे बीच सड़क खड़ी मजदूर औरत का बिम्ब 'उत्पादन' और 'प्रजनन' का एक आदिम घाल-मेल हमारे सामने जगह-जगह खड़ा करता है– चूँकि पगार की दर प्रति ईंट के हिसाब से तय होती है, इसलिए मजदूर औरतों का जोर रहता है कि एक बार में ही अधिक से अधिक ईंटें उठा लें और कभी-कभी तो उनका यह सिर का बोझा 30 किलोग्राम तक हो जाता है। उनके लिए कौन-सी सदी बदली, कौन-सा नया विज्ञान आया– यह सोचने की बात है।

मध्यवर्गीय सन्दर्भ में 'भूमंडलीकरण' कहते ही स्त्री के तीन रूप सामने उभरते हैं–

(क) तरह-तरह के मेक-अप से दबी-ढँकी, बेहद दुबली, अक्षतयौवना बार्बी गुड़िया का; (ख) हॉर्लिक्स, मैगी, सॉस, तरह-तरह के साबुनों और शैम्पू, खिलौने, बिस्किट, फैंसी ड्रेस की टिकटें खरीदती सुपरबॉयर, सुपरममी का; (ग) कंप्यूटर ऑपरेटर, रिसेप्शनिस्ट, विमान परिचारिका, सेल्सगर्ल, मॉडेल, दूसरी हॉस्पिटैलिटी सर्विसेज में नियुक्त लड़कियों या लोअर डिविजिनल क्लर्क, टाइपिस्ट, स्टेनो आदि का जिनके सिर ठुंकी पड़ी है बस की धक्का-मुक्की, सुबह से शाम, शाम से सुबह तक एक नए तरह की, पर उतनी ही नीरस अरचनात्मक कार्यावलि; तरह-तरह की डाँट-फटकार या बॉस/ग्रॉडफादर का यौन-दोहन, तज्जन्य अपराध-बोध, कुठाएँ, अन्य विकृतियाँ, गृह-कलह, खंडित मातृत्व, आदि कलंक।

उत्तर-फोर्ड समाज के दहरे श्रम बाजार का ही यह कमाल है कि एंड्रोजेनी की आदर्श स्थिति की अवहेलना करते हुए लड़के अति-मर्द होते जा रहे हैं, लड़कियाँ अति-नारी। लड़कों का आदर्श हिंसा के प्रति इम्युनिटी जगाते डब्ल्यू.डब्ल्यू.एफ. के मुस्टंडे खिलाड़ी, दूसरे क्रिकेट स्टार या लड़ाकू फिल्म स्टार, स्पाइडरमैन, मैचो मैन, सुपरमैन, ही-मैन हैं, लड़कियों का आदर्श सिगरेट-सी टाँगों, मुट्ठी-भर कमर और मटकती आँखों वाली बार्बी गुड़िया! वैविध्य का, अपनी खास वैयक्तिक आभा का तो कहीं कोई स्कोप ही नहीं दिखता। जैसे चॉकलेट के किसी ब्रांड के पचास स्लैब्स एक रंग-ढंग, एक पैकिंग के– वैसे ही पचास आदमी भी एकदम एक-से– एक जैसी भाषा, एक जैसा हाव-भाव, एक-जैसी सोच-समझ– जैसे आदमी न हुए, टॉफियाँ ही हो गए– लेकिन याद रहे जो आदमी की अस्मिता टॉफी-चॉकलेट में तब्दील हुई तो उसकी भी नियति होगी– या तो किसी दुकान के एयर-टाइट मर्तबानों में सज जाना या किसी धृष्ट, अधीर, लोलुप मुख में तिल-तिल कर घुलते चले जाना।

और घुल ही रही हैं लड़कियाँ : क्रैश डायटिंग और दूसरे स्लिमिंग कोर्सेज़ का बढ़ता बाजार डराता है कि अपनी लम्बाई-चौडाई घटाते-घटाते धरती की सतह से लुप्तोपमा अलंकार की तरह गायब ही न हो जाएँ कहीं ये बेचारियाँ!

अमिनोसिन्थेसिस जाँचें इन्हें धरती पर आने से रोक ही रही हैं, अतिशय धन-लोलुपता की आँच कभी तंदूर में, कभी चौके में इन्हें जिन्दा जलाकर मार ही डाल रही है, ऊपर से अक्षतयौवना दीखने के यत्न में ये खाना-पीना भी जो छोड़ें तो इनका तो सचमुच खुदा मालिक। रूप-यौवन और बाहरी चाकचिक्य पर जरूरत से ज्यादा बल एक तरह का पागलपन ही तो है। माँ बनने के बाद भी एक विशेष प्रकार के 'साँचे' में फिट हो पाने की सुध अक्सर बनी रहती है। ऊपर से टेलीविजन के विज्ञापन बताते हैं कि सुपरमम्मियाँ तो वही हैं जो सुपरबायर्स हों– बच्चों को तरह-तरह के उपहार खरीदकर दे सकने वाली, साफ-सुथरी, मुस्कुराती, सदाबहार। जो माँ इस कसौटी पर खरी नहीं उतरती, वह भी कोई माँ है! उसे तो कुछ भी कहा जा सकता है, कहीं भी लताड़ा जा सकता है, आँखें दिखाने पर बराबरी में आँखें भी नहीं निकालेगी वह, क्योंकि वह माँ है, पिता तो है नहीं, कमाती भी हो तो पिता से कम, और जो कमाती

है– उसे खर्च करने का अधिकार तो पिता को ही है....पिता ही है सुप्रीमो....।

तीसरी स्थिति ज्यादा विषम है– उत्तर-औद्योगिक भूमंडलीकृत समाज में लगातार निचले पायदानों पर औरतों को रोजगार सुलभ हो रहा है। अर्थशास्त्र जिसे 'फेमिनाइजेशन ऑफ सर्टेन जॉब सेग्मेंट्स' कहता है– उससे एक तरह के सारवाद के खतरे तो उभर ही रहे हैं, यह भी हो रहा है कि स्त्रियाँ पदानुक्रम में लगातार 'नीचे ही बैठी हुई' छवि के साथ रूढ़ हो रही हैं– वर्चुअली चरणों में बैठी हुई। सेकेंडरी मार्केट में जहाँ पदोन्नति के स्कोप बेहद कम होते हैं, स्त्रियाँ हर जगह मौजूद हैं– 'वह कौन-सी महफिल है जहाँ तू नहीं मौजूद' वाली स्थिति में, पर ऊपर के पदों पर वही ढाक के तीन पात, कुछ 'टोकेन वीमेन', बड़े व्यापारिक घरानों की साहबजादियाँ जिन्हें गाँव-देहात, कस्बे-शहर की साधारण स्त्रियों की तकलीफदेह जीवन-चर्या की हल्की भी समझ नहीं होती, फिर उनसे 'प्रतिनिधित्व' का सवाल सुलझेगा भी कैसे?

पर जैसे बाढ़ की विभीषिका के साथ कुछ उपजाऊ मिट्टी भी किनारे आ लगती है, भूमंडलीकरण के मूलतः विनाशकारी वशीकरण मन्त्र ने चाहते-न चाहते स्त्रियों की अस्मिता का विकास भी थोड़ा कर डाला है। निचले पदों पर ही सही, स्त्रियाँ रोजगार पा तो रही हैं, तरह-तरह की दुर्धर्ष स्थितियों से जूझने का आत्मविश्वास भी आ ही गया है, तरह-तरह के 'एक्सपोज़र' से।

यह ठीक है कि हम आज तक अतिरेकों में जी रहे हैं, लेकिन हमारा जो आने वाला कल है वह, विशेषकर स्त्रियों के सन्दर्भ में, सारे प्रचलित मिथक ऐसे तोड़ेगा जैसे कभी निराला की नायिका ने पत्थर तोड़े थे। यह कम बड़ा परिवर्तन नहीं है कि पढ़ी-लिखी तेजस्वी स्त्रियाँ आज बहुधा अकेली रह जाती हैं और खासे ठस्से के साथ। गए वे दिन जब बड़ी उम्र की कुँवारियों, परित्यक्ताओं, विधवाओं और माँ न बन पा सकने वालियों के साथ डायनपने और कटखनी कटुता का मिथ जोड़ दिया जाता था। आज तो घर के, पड़ोस के अनाहत बूढ़े और बच्चे, बेसहारा स्त्रियाँ बतरस का सुख और थोड़ा चाय-पानी भी इन अकेली स्त्रियों की गृहस्थी में ही पाते हैं। खुद अपने पैरों पर ही ये खड़ी नहीं हुईं, दूसरों के सिर साया करने की स्थिति में भी आ गई हैं। पज्रज्ञे गृहस्थों के घर तो 'हम दो, हमारे दो' की संकीर्णहृदय मतलबपरस्ती ही ज्यादा दीखती है क्योंकि 'काम-से-काम, बाकी सब हराम' वाला दर्शन उनका हो गया है। दूधवाले, सब्जीवाले, पंसारी, कबाड़ी, राह चलते परिजन-पुरजन तक जहाँ घर के सदस्य ही हों– यह अकेली स्त्रियों की गृहस्थी में आपको कहीं ज्यादा दीखेगा।

दूसरी तरफ यह हो रहा है कि बने-बनाये परिवार भी बड़ी तेजी से टूट रहे हैं– कहीं अहं के टकराव से, कहीं मन में किसी और के आ बसने की बेचारगी के वशीभूत। अभंग साहचर्य और एकनिष्ठ समर्पण बड़े मूल्य हैं, किन्तु जीवन का एकमात्र सच ये नहीं हैं। व्यक्तित्व की अनेक अन्तर्धाराएँ हो सकती हैं और उन अलग-अलग धाराओं का जुड़ाव अलग-अलग बिन्दुओं से हो सकता है। मिथकों की सारी परकीया नायिकाएँ इस बड़े सत्य का संवहन करती दीखती हैं। उनका द्वन्द्व आधुनिक जीवन का बड़ा द्वन्द्व है, और राधा के

साथ कृष्ण की पूजा भारतीय समाज की बड़ी स्थापना। राधा, अन्ना केरेनिना और चेखव की 'डार्लिंग' आदि को किस छल-छद्म और 'फ्रेल्टी' के घेरे में बाँधा जा सकता है भला? पारिवारिकता के घेरे के बाहर पड़ते प्रेम की उन एमोरल (नैतिक-अनैतिक से परे) स्थितियों का ये प्रतिनिधित्व करती हैं जिनसे विश्व-बाजार की स्त्री को बार-बार जूझना पड़ता है।

आधुनिकता के पहले दौर में संयुक्त परिवार टूटे; टूटने ही थे। आज आर्थिक कारणों से और विश्व-ग्राम की अधुनातन स्थितियों के कारण भी न्यूक्लियर परिवार के इलेक्ट्रॉन, प्रोटोन और न्यूट्रॉन (पति-पत्नी और बच्चे) अक्सर तीन दिशाओं में छिटक गए से दीखते हैं जो अपने आप में बहुत बड़ा विस्फोट है– बच्चे छात्रावासों या डे-केयर सेंटर्स में और अन्ततः सात समुंदर पार, माँ-बाप अलग-अलग नौकरियों पर, बहुधा अलग-अलग शहरों में। इससे भी जीवन की जटिलताएँ बढ़ी हैं, मानसिक बीमारियाँ और स्वार्थपरता भी! हमने ऐशो-आराम के साधन बढ़ा लिए हैं, पर कुल मिलाकर देखा जाए तो यह तकलीफ की बात है कि हम ऐसे समाज में जीने को अभिशप्त हैं जहाँ दूसरों का हक छीनकर शान से रहने में हमें शर्म नहीं आती, कभी मिनट-दो मिनट के लिए आती भी है तो रेडक्रॉस में चंदा देकर, अनाथालयों, सुधारगृहों में आमदनी का थोड़ा हिस्सा डाइवर्ट कर या थोड़े-बहुत तात्कालिक पीसमील रिफॉर्म्स द्वारा परोपकारी पन्नालाल बनकर रहे-सहे अपराध-बोध से भी उबर लेते हैं हम! किसी का हक उसे 'कृपा-भाव' से दिलाना नवधनाढ्य वर्ग की वैनिटी संतुष्ट रखने वाला ऐसा खतरनाक खेल है जिससे कम से कम हम स्त्रियों को तो उबरना ही चाहिए, क्योंकि जैसे हम स्त्रियों की कोई जात नहीं होती, हमारा कोई अलग वर्ग भी नहीं होता या कम से कम होना नहीं चाहिए। हम किसी भी समुदाय-जाति-वर्ण-नस्ल-वर्ग की हों– हमारी समस्याओं के सूत्र कहीं तो जुड़ते हैं और हमें हर सामाजिक अन्याय के बिन्दु पर सम्मिलित प्रतिकार की शक्ति यहीं से मिलती है। रत्नाकर डाकू (वाल्मीकि) की पत्नी या माँ की मनःस्थिति में रहना तो, खैर, हमें बिल्कुल छोड़ देना होगा। हमारे घर में पैसा कहाँ से आता है, किस स्रोत से आता है, अतिरिक्त पैसा आता ही क्यों है– इन प्रश्नों पर तो हमें सजग तो रहना ही होगा।

अपने 'रत्नाकर डाकुओं' से यह तो हम नहीं ही कह सकतीं कि हमारा पेट पालना तुम्हारा कर्तव्य है, तुम पैसे लूट कर लाओ या खसोटकर–इससे हमें कोई मतलब नहीं!! मतलब हमें भरपूर है, और क्यों नहीं होगा– आधे से ज्यादा तो घर और घर के बाहर का वृहत्तर परिदृश्य हमारा ही बनाया हुआ है!! न हो किसी बड़ी क्रान्ति का स्कोप कहीं लेकिन अपने छोटे-छोटे जीवन-वृत्तों में हम छोटे-छोटे सर्जनात्मक विस्फोट तो घटित कर ही सकती हैं और यह भी कम बड़ी बात नहीं होगी। उत्तर-औद्योगिक, पोस्ट-फोर्ड समाज की उठापटक में जो दो मूलमन्त्र हमने साधे हैं– 'सार्वभौम भगिनीवाद' और 'पर्सनल इज़ पोलिटिकल'– वही शायद यूनीपोलर विश्व में विकसित राष्ट्र-राज्यों के आर्थिक दोहन, उनके वैश्वीकरण / वशीकरण मन्त्र से हमें उबारे तो उबारे!!

अन्दर के पानियों का सपना

मृणाल पांडे

आज हम 2001 में हैं! बीसवीं सदी के शौक-शगल, उसके क्रांति-स्वप्न ही नहीं, उसके लड़ाई-झगड़े भी एक हद तक अप्रासंगिक हो चले हैं। फिर भी साल के आखिर में हमारे यहाँ वार्षिक साहित्य-आकलनों की जो भीड़-सी उमड़ पड़ती है, उस के शोर से गुजरते हुए हमें दीख रहा है, कि प्रगतिवाद के जिन सिद्धान्तों और विचारों के औजारों से हमारे हुनरमन्द समीक्षक महिला लेखन समेत ताजा लेखन की पड़ताल करने चले हैं, वे आज के साहित्य की समीक्षा के लिए खासे भोंथरे और पुराने पड़ चुके हैं। समीक्षक मान कर चल रहे हैं, कि साहित्य राज-समाज में क्रान्ति का परचम न सही, एक योजनाबद्ध कार्यक्रम का खाका तो होता ही है। उसके लिए जीवनपरक होना पर्याप्त नहीं। पहले उसे अपनी, अपने युग की राजनीति के सन्दर्भ में वैचारिक प्रतिबद्धता की खुली घोषणा करनी होगी।

यदि आप महिला हैं, और लिखती हैं, तब तो आपकी रचना को समीक्षकों की कसौटी पर कसे जाने के लिए खुद को या तो उनके द्वारा स्थापित अर्थ के दायरे में नारीवादी या फिर नारीवाद-विरोधी साबित करना पड़ेगा। समीक्षक अड़े हुए हैं कि नारीवाद तो एक विचार-सापेक्ष आर्थिक और राजनैतिक विचारधारा है। लिहाजा किसी अमूर्त भावना या दर्शन की बजाय रचना को चालू आर्थिक या राजनैतिक दर्शनों में से किसी का अविकल दर्पण बनना पड़ेगा। यदि नारीवादियों को समीक्षकों की समझ कई मायनों में अपर्याप्त लगती हो, या फिर समकालीन जीवन और समाज का ताना-बाना उनको अभूतपूर्व उलझाव और अनसुलझे विरोधाभासों से भरा दिखाई दे रहा हो, तो भी समीक्षकों की सराहना पाने के लिए जरूरी है कि कथावस्तु को विशेष वैचारिक खाँचों में ही तोड़-मरोड़ कर फिट किया जाए और अगर कथावस्तु नए मुहावरे की माँग कर रही हो, तो भी रचना को एक पहाड़े की तरह स्पष्ट और रहस्य से हीन बना कर उसे पुरानी भाषा में ही लगातार दोहराया जाता रहे। महिला-लेखन को अधिकतर समीक्षक मुख्यधारा के लेखन का एक किंचित् दरिद्र बिरादर ही समझते हैं। इस वजह

से इस क्षेत्र में वे बेवजह अपनी बुद्धि और साहित्यिक समझ का विस्तार करने की बजाय रचना को ही एक सीमित खाँचे में फिट होने लायक आकार में बरतना-बूझना चाहते हैं। दुःख यह नहीं कि नई नारी लेखिकाओं की रचनाओं में नए सन्दर्भ, या नई समस्याएँ या युग की नई टकराहटों की ध्वनि नहीं है, बल्कि असल त्रासदी तो यह है कि हमारी आज की समीक्षा के पास रचना में 'नए' को पकड़ पाने, और समझाने योग्य भाषा का सही समाकलन अक्सर नहीं निकलता। नए सन्दर्भों को जाँचने के मानदंड भी उसके पास प्रायः नहीं हैं। नारीवाद को लेकर जो अकादमिक-समाजशास्त्रीय शोध गए दशक में भारत से बाहर हुए हैं, उसकी जानकारी हर पढ़े-लिखे भारतीय को आज कमोबेश हो चुकी है। लेकिन पिछले चारेक बरसों में हमारे साहित्य के कई स्थापित समीक्षकों से हमें यही आक्षेप सुनने-पढ़ने को मिलता रहा है कि हमारे पूरे महिला-लेखन पर इस पश्चिमी तर्ज के नारीवाद का गहरा असर है जिससे भारतीय सन्दर्भों में उनकी रचना में कथानकों का जैविक विकास नहीं हो सका है।

पूरी तरह गलत न होते हुए भी महिला-लेखन के सन्दर्भ में भारतीय जड़ों का सवाल अक्सर बहुत गलत तरीके से समझा-समझाया जाता रहा है।

दरअसल नारीवाद को लेकर हमारे यहाँ के औसत पुरुष-पाठकों (जिसमें समीक्षक भी आते हैं) में एक खास तरह का अधैर्य है। वे न तो उसके अन्तर्राष्ट्रीय सन्दर्भों और न ही उसके भारत में जड़ पकड़ने की ऐतिहासिक वजहों में जाना चाहते हैं; भारतीय समाज और साहित्य में विकसित हो रहे उसके विशुद्ध देशी आयामों और फलादेशों की सहृदय पड़ताल करने के भी वे खास इच्छुक नहीं हैं। ज्यादा से ज्यादा उनकी समीक्षा की कमानी नारीवाद के सनसनीखेज या राजनीतिक सन्दर्भों को ही माप पाती है। और वे प्रायः नारीवादी आन्दोलन को या तो सम्पन्न सवर्ण लेखिकाओं का पीड़ा-विलास या दलित और वर्णाश्रम-विरोधी आन्दोलनों का ही एक नन्हा अनुपूरक साबित करने की हड़बड़ी में दिखाई देते हैं।

नब्बे के दशक तक महिला-लेखन और नारीवादी दर्शन के अन्तर्सम्बन्धों को लेकर कोई बहुत मौलिक चिन्तन हमारे यहाँ की समीक्षा में नहीं हुआ है। स्त्रियों से जुड़े वैचारिक संघर्ष से राष्ट्रीय सन्दर्भों को जोड़ने के बजाय महिला-लेखन विशेषांकों के समीक्षकों में समाज के शोषित सर्वहारा वर्गों के सन्दर्भ में विकसित पुरानी भाषा तथा विचारों के आधार पर ही लेखन का वर्गीकरण करने और उसे उद्धृत करने की प्रवृत्ति प्रधान बनी हुई है। सच पूछिए तो हमारे ज्यादातर समीक्षकों में नारीवाद की जो एक ठलुआ, रसहीन, संकीर्ण और अधकचरी समझ व्याप्त है, वह पूर्ववर्ती शृंगारिक रुझान के सिज़्ज़े का ही दूसरा पहलू है। इस के चलते महिला-लेखन की पड़ताल और स्थापित मानदण्ड इतने रूढ़िवादी ढंग से इस्तेमाल हो रहे हैं कि समीक्षा के अनुशासन को मान कर चलने की इच्छुक अधिसंख्य लेखिकाओं की बौद्धिक बाढ़ मारी गई है, पुरस्कृत वे भले ही हुई हों। वैसे यह कोई नई बात भी नहीं है।

साहित्य के हम सब अध्येता जानते हैं कि ताजा कच्चा माल तलाश रहे

साहित्यकार को समय-समय पर भाषाशास्त्रियों और वैयाकरणों से लेकर रससिद्धान्त और सौन्दर्यशास्त्रवादियों तक के आतंककारी जत्थों से जूझना पड़ा है। ऐसे में 'उपत्स्यति कोऽपि समानधर्मा' कह कर चंद सशक्त साहित्यकार अपनी राह न लगे होते तो साहित्य कब का मर चुका होता। और, आज अवयस्क समीक्षा की मेड़ से हट कर यदि कुछ लेखिकाएँ यह कर रही हैं तो अच्छा कर रही हैं।

❑ ❑ ❑

भारतीय स्त्रियों की आन्तरिक और बाहरी दुनिया में पिछले पचास साल में जबर्दस्त आलोड़न हुए हैं। गाँव-शहर-महानगर, हर जगह स्त्रियों के जीवन में राजनीति, अर्थनीति और सम्प्रेषण-संचार की नई प्रौद्योगिकी के असर से गहरे बदलाव आए हैं, और आ रहे हैं। लेकिन लेखन सबसे पहले रचनात्मक साहित्य है। इसलिए महिला–लेखन उन सामाजिक, राजनीतिक बदलावों को रोकने या बल देने के लिए अथवा पाठकों-समीक्षकों के बौद्धिक जगत की स्थूल जरूरतों-रूढ़ियों को साबित करने का एक थोथा जरिया बनने को बाध्य क्यों हो? समाज की जिन्दगी में आ रहे परिवर्तनों में उसकी अपनी अलग भूमिका और जगह जरूर है, लेकिन समाजसेवी संगठनों और राजनैतिक दलों के लिए प्रचारात्मक लेखन और समाजशास्त्रीय हलकों से जुड़ी खोजी स्त्री-बोधिनी पत्रकारिता से उसकी कोई होड़ नहीं हो सकती।

अलका सरावगी या तेजी ग्रोवर या गगन गिल या कात्यायनी या गीतांजलि श्री की कृतियाँ स्त्री और उससे जुड़े सन्दर्भों को लेकर हमारी प्रत्यक्ष और परोक्ष चेतना, हमारे सोच और कल्पना पर कई तरह के दबाव डालती हैं, उनमें सिर्फ. स्थूल शारीरिक सरोकार या चिन्ताएँ ही नहीं, व्यंग्य, सृजनात्मक असंतोष और विरोधाभास भी उतनी ही मात्रा में हैं, जितने कि हमारे जीवन में। और समीक्षा के परे कई बार पाठकीय सरोकार चाहे-अनचाहे इन रचनाओं से स्वतः आ जुड़ते भी हैं। खुद अपने आप और अपने युग से दोहरे संलाप की सम्भावना के चलते तमाम सशक्त महिला-लेखन से एक प्रकार की अन्तर्ध्वनि उठती हुई लगती है :

..."कोई नहीं जानता कि अन्दर के पानियों में जो सपना काँपता है, कब असलियत का रूप लेगा।" *(जया जादवानी : हंस)*

❑ ❑ ❑

यह अन्तर्ध्वनि लेखन की गहराई के साथ पाठक से भी धैर्यपूर्ण वयस्कता की माँग करती है। जीवन का मर्म समझने का जितना प्रयास यहाँ लेखिका कर रही है, उतना ही प्रयास वह पाठक से भी माँगे तो बेजा क्या है? ज्यों-ज्यों स्त्री-लेखन अधिक प्रयोगधर्मी और प्रौढ़ होता जा रहा है, जीवन को वह अपनी दृष्टि से ठिठक कर बार-बार परख रहा है। वैसे भी अपने स्वानुभूत इतिहास के आधार पर महादेवी से लेकर कृष्णा सोबती

तक, हमारे वक्त के बेहतर महिला-लेखन में लगातार कुछ नया स्फुरित होता रहा है। मनुष्य और पशु-जगत, स्त्री और प्रकृति, माँ और बेटी के रिश्तों के सन्दर्भ में बहुत सारे अनुभव, भाषा के कई प्रयोग समय-समय पर इन लेखिकाओं ने प्रचलित सन्दर्भों से तोड़ कर एकदम नए सन्दर्भों में रखे और परखे हैं। जाहिर है, भाषा और भावों के ऐसे समायोजन में बहुत सारे पुराने अनुभव और भाषा-रूप, या तो हटा दिए जाएँगे, या नए अनुभवों से जुड़ कर एकदम नई रंगत देने लगेंगे। लिहाजा समझने की जरूरत यह है कि आज साहित्य लेखिकाओं के लिए भी जीवन-अनुभव व्यक्त करने की एक राजनीतिक या व्यावसायिक कोशिश मात्र नहीं, बल्कि उनके कलापक्ष की सहज अभिव्यक्ति भी है। लेखकों की ही तरह वे समाज के प्रति अपनी जिम्मेदारी जरूर महसूस करती हैं, लेकिन अपनी निजी स्वतन्त्रता और ईमानदारी को भी वे नष्ट नहीं करना चाहतीं :

"...मगर मैं तो बस टुकड़े ही उठाती रही।... किसी भी चीज को इत्मीनान से करने का वक्त नहीं था। बस डरते-डरते इनकी कॉपी जल्दी-जल्दी करती गई थी... अधूरे टूटे, बिखरे से आखिर बचाव ही था कहाँ?..."

(हमारा शहर उस बरस : गीतांजलि श्री)

समाज की गहराई में पैठ कर भी भटकन और असम्पृक्ति महिला-लेखन की ही नहीं पूरे आधुनिक लेखन की समस्या है। इससे हर सशक्त लेखक अपनी-अपनी तरह से जूझता है। पर इसका गम्भीर आकलन करने और उसके असर को रचना के भीतर बारीकी से पकड़ने की बजाय हमारे अधिसंख्य रूढ़िवादी समीक्षक घर, परिवार या समाज को लेकर एक स्त्री की ईमानदार दुविधा या तनाव की ऐसी अभिव्यक्ति को स्त्री-जाति के बहुनिन्दित दुचित्तेपन और बौद्धिक अक्षमता का प्रमाण मान कर फौरन खारिज करने पर उतर आते हैं।

यही वजह है कि आज का दमदार महिला-लेखन पढ़ने के बाद उसके बड़बोले समीक्षक न सिर्फ दो अलग मानसिक खाँचों में बँटे हुए बल्कि शायद इतिहास के दो अलग कालखंडों में जीने वाले लगते हैं। इसका एक ही उदाहरण काफी होगा। हमारे यहाँ वनवास या वैराग्य स्त्री-पुरुष दोनों ने भोगा है। पर जहाँ पुरुष इसे प्रायः स्वेच्छा से ग्रहण करते रहे हैं, वहीं स्त्रियों को अक्सर जीवन के प्रति लगाव के बावजूद वनवास या काशीवास में बाकायदा धकेला जाता रहा है। इच्छा-विरुद्ध बार-बार दर-ब-दर होने की उस सघन भावनात्मक घड़ी से रूबरू होकर स्त्री का गद्य और पद्य एक खास उलटबाँसी-भरा मुहावरा लेकर सामने आता रहा है :

"...बात यह नहीं है कि कहीं भी मन नहीं लगता, कहीं भी जड़ महसूस नहीं होती, कहीं भी अकेलापन साथ नहीं छोड़ता। बात ठीक इससे उलट है। हर जगह मन लगता है। हर जगह जड़ महसूस होती है... आत्मीयता से भरे हुए नक्षत्र पर किससे कहूँ कि ऐसा है... कौन मेरी बात का विश्वास करेगा?...."

(तेजी ग्रोवर)

❑❑❑

जाहिर है हिन्दी के समीक्षक की राय में ऐसा लेखन... "बेचारे पाठक की निरीह जान साँसत में डालने को आमादा है..." (हेमंत शेष : तेजी ग्रोवर पर *बहुवचन* में)

ऐसी ही भाषिक, उलटबाँसियों की एक झलक 'निरीह' समीक्षकों को शायद तब भी खिन्न करेगी, जब वैराग्य के मूर्तिमंत स्वरूप, एक बौद्ध भिक्षु, से एक स्त्री टकराती है। जिसे परम्परा, स्थूल सांसारिकता, मांसल ऐन्द्रिकता और भोग का प्रतीक मानती आई है, वह स्त्री भिक्षु में देखती है ईश्वर का चेहरा, और भिक्षु :

...वह कुछ और भी देखता है
उसकी वर्जित देह।
उसका जाल।
उसका जंजाल। *(गगन गिल)*

आज स्त्रियाँ देख ही नहीं, सप्रमाण लिख भी रही हैं, कि उनकी राय में पुरुष क्या देख रहा है। साथ ही शायद पहली बार वे देख और लिख रही हैं, कि पुरुषों में वे खुद क्या-क्या देख रही हैं, देखती रही हैं। जाहिर है ऐसे में रचना के भीतर स्त्री की भाषा और उसके द्वारा जिया गया इतिहास और समय, अपनी परिचित पारम्परिक चाल छोड़ कर गुम्फित और पेचीदा राह पकड़ेंगे ही। और 'निरीह' समीक्षक कह रहे हैं कि हाय साहित्य जो है वह आज ढलान से उतर रहा है। उनसे यही कहा जा सकता है—केशव कहि न जाय का कहिए!

आज का बेहतर महिला-लेखन पुरुषार्थवादी या पिटी-पिटाई समीक्षा का निरीह अनुगामी नहीं रहा। वह हर नए और परती जमीन तोड़ने वाले लेखन जैसा आक्रामक और सतर्क है। लिहाजा उसको पढ़ने के मामले में पाठक-समीक्षक को भी सतर्क बनना होगा। सोबती की 'ऐ लड़की' या सरावगी की 'कलिकथा'... या गीतांजलि श्री की 'माई' जैसी कृतियाँ हमारे सामने आसान विकल्प नहीं रखतीं, न ही वे हमें आसान और सार्वजनिक किस्म के नायक-खलनायक देकर व्यक्तिगत जिम्मेदारियों से बरी करती हैं। ये लेखिकाएँ आज अक्सर हमारा सामना उस शोषक से कराती हैं, जो समाज में अन्यत्र नहीं, खुद उनके-हमारे मनों के गर्भगृह में स्थापित और पूजित रहा आया है :

...वह चिढ़ा रही है
मातृ-देवी को
वह उकसा रही है
कुल देवों को...
यह नरमुंड एक
गेंद है दुःख की
गेंद है अ-दुःख की
अटकाना चाहती है इसे वह
भूखे देवों के कंठ में। *(गगन गिल)*

एक अधखुला क्षण / सौन्दर्य मिथक की द्वन्द्वात्मकता

सुधीश पचौरी

नाओमी वुल्फ ने अपनी पुस्तक *ब्यूटी मिथ* (सौन्दर्य-मिथ) में पर्याप्त प्रमाणों के जरिए बताया है कि जब अस्सी के दशक में अमेरिकी औरत ने समाज की सत्ता के ढाँचे को थोड़ा तोड़ा तो दोनों किस्म की अर्थ-व्यवस्थाएँ एक दूसरे में समा गयीं। सौन्दर्य जो पहले 'मनी' नहीं था अब 'मनी' बन गया। शादी के बाजार की मुद्रा अब कार्य-क्षेत्र में आकर कानूनी बन गई। शादी के बाजार में अपनी यौनता की बिक्री करने की जगह औरतें जब कार्यस्थल पर गयीं तो उनकी स्वतन्त्रता को लगभग समान्तर 'वस्तु विनिमय प्रणाली' से तय किया गया। इस दौरान औरत जितना आगे गई उतना ही 'सौन्दर्य के मिथ' ने उसकी सत्ता को कमतर किया।

कामगार औरतों की संख्या बढ़ने से पहले औरतों के बीच सुन्दर औरतों का ऐसा वर्ग बन गया था जिन्हें फैशन की मॉडलों और अभिनेत्रियों के रूप में और महँगी यौनकर्मियों के रूप में जाना जाता था। स्त्री-मुक्ति के आन्दोलन के पहले तक कामकाजी औरतों की 'सुन्दरता' अज्ञात सी थी। ज्यों-ज्यों औरत ताकतवर होती गई त्यों-त्यों प्रदर्शनकारी धन्धों में ज्यादा मान और ज्यादा पैसा आया। यहीं वे अन्य महिलाओं के लिए मॉडल की तरह बनीं।

आज हर पेशे में जिसमें औरतें काम करती हैं नए सिरे से वर्गीकरण हो रहा है। तमाम पेशे जिनमें औरतें होती हैं, प्रदर्शन के पेशे में बदले जा रहे हैं। पेशों में और व्यापार में सुन्दरता को मूल पेशों से अलग श्रेणी की तरह बनाया जा रहा है। अमेरिका में सुन्दरता अब पेशेवर कामों के लिए 'बोनाफाइड अर्हता' बनायी जाती है। इंग्लैंड में तो यही सच्ची 'अर्हता' है। सुन्दरता एक पेशेवराना अर्हता है औरतों के लिए। किसी औरत का असुन्दर होना या असुन्दर हो जाना उसकी अयोग्यता मानी जाती है। इस तरह सुन्दरता को एक वैध अर्हता बनाया गया है कानूनों में। कामकाजी औरतों के लिए

ब्यूटी का मिथ उनके विकास की ठीक प्रतिक्रिया में नजर आता है। हर नारीवादी कदम के जवाब में ब्यूटी मिथ को उतना ही बढ़ाया जाता है। यह ब्यूटी मिथ दरअसल समाज के केन्द्रीय संस्थानों के इस वास्तविक डर से पैदा हुआ है कि अगर औरत ने आजाद होकर आजादी से प्रगति की तो क्या होगा?

स्त्री-पत्रिकाओं में निहित कामना की विचारधारा इस प्रकार के डर और उससे उत्पन्न ब्यूटी मिथ का परिणाम है। वे पत्रिकाएँ सुन्दरता की अर्हता प्राप्त करने के लिए और इस प्रकार सौन्दर्य की पात्रता को प्राप्त करने के लिए पूरी विचारधारा देती हैं। सौन्दर्य की पात्रता के सपने को दिखाने वाली भाषा अक्सर ही इन पत्रिकाओं में छपी होती है।

'जिस देह की आप हकदार हैं
उसे प्राप्त करें।'
'आकर्षक देह बिना
यत्न के नहीं आती।'
'अपनी प्राकृत प्रतिभूतियों(असेट्स) का लाभ उठाइए।'
'आप अपनी देह को फिर से
नया आकार दे सकती हैं।'
'आपकी झुर्रियाँ अब आपके
नियन्त्रण में हैं।'

ऐसे विज्ञापन स्त्री-पत्रिकाओं की विचारधारा हैं जो कामकाजी औरत को नए सौन्दर्य के मिथक में बन्द करती है। औरतें इन विज्ञापनों के जादू में बँध जाती हैं। उपभोक्ता समाज में वे इनके सहारे निजी बदलाव ला सकती हैं। एक ओर पत्रिकाएँ भरोसा देती हैं कि वे अपने सपने पूरे कर सकती हैं, वे निजी रूपान्तरण कर सकती हैं, और ऐसा वे अकेले कर सकती हैं। यह सब अपील करता है। खासकर उस समय यह बात ज्यादा असर करती है जब हम देखते हैं कि कल तक उन्हें कुछ भी करने योग्य नहीं माना जाता था। लेकिन यह सपना अमेरिकी समाज के सौन्दर्य-तन्त्र के अर्थशास्त्र और राजनीति के अन्दर नहीं झाँकने देता। यह सपना कहता है कि अगर व्यक्ति मेहनत करे, कोशिश करे तो कामयाब हो सकता है। इस तरह उद्यमी स्त्री के लिए बनाया गया सुन्दरता का मिथ अन्ततः उसी के विरुद्ध काम करता है। पहले शादी के बाजार में सुन्दरता का इनाम होता था, अब वह इनाम कैश में बदल गया है। धन के साथ सौन्दर्य के सम्बन्ध को गहराई से नहीं जाना गया। सुन्दरता यानी सुन्दरता का धन औरतों को वैसी ही ताकत देगा जैसी कि सचमुच का धन पुरुष को देता है, ऐसा मानकर चला गया। इस तरह सौन्दर्य की पात्रता का निर्माण होता गया। जिस तरह धन एक आदमी को हैसियत देता है वही भूमिका औरत के लिए सुन्दरता की हो गई है। सुन्दरता की स्पर्धा ने एक समान्तर स्फीति को जन्म दिया।सुंदरता ने जिन चीजों, जैसे–यौनता, प्यार, निकटता, आत्माभिव्यक्ति– का भरोसा दिया था– एक बन्द अर्थव्यवस्था में

ये सिर्फ स्वप्न-भर रह गए।

अमेरिकी समाज में साठ के दशक के बाद ज्यों-ज्यो महिलाओं में शिक्षा आई वे कामकाजी बनीं, अकेली रहने लगीं। उस दौर में सुन्दरता के मानकीकरण का परिणाम क्या हुआ? इसका आकलन करते हुए वुल्फ लिखती हैं कि एअर होस्टेस, मॉडल और किसी कंपनी की सेक्रेटरी का कमर्शियल यौनीकृत मिथक खूब बढ़ा। कामकाजी युवा औरत एक स्टीरियोटाइप में बदल दी गई जिसमें सुन्दरता का मानक अन्य मानवीय मानकों को नीचा करता था। हेलेन गर्ली ब्राउन जो 'कॉस्मोपॉलिटन' की सम्पादक बनीं ने 1962 में बहुचर्चित किताब लिखकर इस मिथक को मजबूत किया। किताब का नाम था : *सेक्स एंड सिंगल वूमन।* कामकाजी औरत अपने काम और अपनी आजादी को किस तरह प्राप्त करे, इसके नुस्खे यहाँ थे। यह एक मुहावरा बन गई। इसके अनुसार काम करने वाली लड़की को सेक्सी दिखना था ताकि उसका काम और उसका अकेला होना कहीं गम्भीर, खतरनाक और भूकंपीय न लगे। अगर काम करने वाली लड़की सुन्दर है तो उसका सेक्सीपन तो उसके काम का ही मजाक बन जाएगा; क्योंकि वह लड़की जल्दी ही माँ बन जाएगी। यह अन्तर्विरोध इस मिथ में रहता था।

जिस साल अमेरिका में औरतों का आयोग बना उसी वर्ष एक एअर होस्टेस को किसी एअरलाइन ने सिर्फ इस 'अपराध' पर नौकरी से निकाल दिया कि वह बत्तीस साल की हो गई थी और उसने शादी कर ली थी। यह दौर अमेरिकी नारीवाद का गरम दौर था। तो भी 1971 में ऐसे कानून बने जो सुन्दरता को औरत की पात्रता मानकर चलते थे। सेंट क्रॉस बरक्स *प्लेबॉय* पत्रिका का केस बताता था कि *प्लेबॉय* ने सेंट क्रॉस को इसलिए निकाला क्योंकि उस औरत की 'बन्नी-इमेज' (खरगोशनी-छवि) खत्म हो गई थी।

प्लेबॉय क्लब में नियम थे। क्लब में परिचारिका की नियुक्ति के लिए निम्नलिखित सौन्दर्य की माप के मानक-क्रम को ध्यान में रखना होगा :

1. एक दोषरहित सुन्दरता / चेहरा, देहयष्टि और पालन-पोषण सबमें यह जरूरी है।
2. बेहद सुन्दर लड़की होनी चाहिए।
3. यदि लड़की का रूप 'ठीक करने' योग्य है तो उसे हाशिए पर माना जाएगा।
4. जिसकी 'बन्नी इमेज' नहीं रह गई है यानी जिसका रूप अब ठीक नहीं किया जा सकता है। वह किसी काम की नहीं।

सुन्दरता के मानक इस तरह सजा देने वाले बने रहे और आज भी हैं। यद्यपि कानूनों ने कुछ राहत दी है। मर्द को ऐसे कायदे नहीं झेलने पड़ते जबकि औरत को हर वक्त परफेक्ट बॉडी चाहिए।

नए सौन्दर्य का यह मिथक नया पूँजीवादी मिथक है। यह मिथक तब फला-फूला जब औरतों के भौतिक बंधन भयानक रूप से ढीले कर दिए गए। औद्योगिक क्रान्ति से पहले तक की आम औरत 'सौन्दर्य' के प्रति वैसा भाव नहीं रखती थी जैसा कि

आधुनिक औरत रख सकती है, जो बड़े पैमाने पर प्रसारित दैहिक आदर्श छवि से लगातार तुलना महसूस करती है। बड़े पैमाने पर उत्पादन की तकनीक, जैसे फोटोग्राफी, आदि, के पूर्व के काल में एक औरत छवियों को सिर्फ चर्च में ही देख पाती थी। परिवार एक उत्पादक इकाई थी। वेश्याओं और उच्चवर्ग की स्त्रियों को छोड़ कर आम औरत के गुण उसके पारिवारिक कमेरेपन, औलाद पैदा करने की उसकी क्षमता और आर्थिक होशियारी में निहित माने जाते थे। दैहिक आकर्षण की भी भूमिका थी लेकिन जिस अर्थ में आज हम सौन्दर्य को समझते हैं उस अर्थ में सौन्दर्य शादी के वक्त भी उस औरत का विषय या गुण नहीं था।

आज के अर्थ में सौन्दर्य का मिथक औद्योगिक समाज की उथल-पुथल के दौर में बना है। परिवार की 'कार्य इकाई' टूट गई है। शहरीकरण बढ़ा है और फैक्टरी व्यवस्था ने औरतों के लिए घरेलूपन के एक 'अलग क्षेत्र' की माँग पैदा की है जिसमें रोटी कमाने वाला घर छोड़कर बाहर जाया करता था। इस प्रक्रिया में मध्यवर्ग बढ़ा और साक्षरता बढ़ी। जीवन-स्तर उठा। परिवार का रूप छोटा हुआ। पढ़ी-लिखी औरतों का एक निठल्ला वर्ग पैदा हुआ जिनके जबरिया घरेलूपन सहने पर ही औद्योगिक पूँजीवाद निर्भर करता था। सौन्दर्य के बारे में कोई भी विचार 1830 से पहले का नहीं है। उसके बाद घरेलूपन का फैशन चला और सौन्दर्य की पैमाइशें शुरू हुईं। नई तकनीकें पहली बार औरत की छवि का पुनरुत्पादन कर सकती थीं कि वे कैसी दिखें। 1840 में पहली बार वेश्याओं के न्यूड फोटो लिए गए। पचास के आस-पास सुन्दर स्त्रियों की छवियों वाले विज्ञापन छपे। मध्य वर्ग की स्त्री के घरेलू संसार में पहली बार सुन्दर स्त्रियों की छवियों से युक्त पोस्टकार्डों, फोटो, कलाशिल्पों, आदि का प्रवेश हुआ।

औद्योगिक क्रान्ति के जमाने से पश्चिमी दुनिया की मध्यवर्गीय औरत भौतिक नियमनों और परम्परागत आदर्शों में बँधी रही है। सुन्दरता के मिथक का उभार उन अनेक सामाजिक कल्पना-तरंगों में से एक है जो स्त्रीपन के क्षेत्र के एक हिस्सेदार के रूप में बानक धरता रहा ताकि औरतों को इस क्षेत्र में बन्द किया जा सके। बहुत-सी कल्पनाएँ स्थिर हुई : ऐसा बचपन जिसे माता के स्नेह की जरूरत रहे और स्त्री-जैविकता की ऐसी जानकारी रहे जिससे औरतें उन्माद और हाइपोकोंड्रिया यानी 'रोग भ्रम' की अवस्था में आ सकें। यह विचार कि सम्मानित औरतें सेक्स की नजर से 'अ-सुन्दर' होती हैं, और कामकाजी औरतों के दुहराव-भरे थका देने वाले काम स्वेटर बुनने जैसे होते हैं– ये तमाम विक्टोरियाई खोजें दुहरी भूमिका सम्पन्न करती थीं। एक ओर ये बिना किसी नुकसान के स्त्री की शक्ति और बुद्धि को बढ़ाने की बात करती थीं, दूसरी ओर औरतें इन अवसरों को अपनी रचनात्मकता और भावों को अभिव्यक्त करने के लिए इस्तेमाल करती थीं।

मध्यवर्गीय औरत द्वारा फैशन, कढ़ाई, सिलायी, बच्चों का लालन-पालन आदि कलाओं के विकास के बावजूद इन सामाजिक कल्पनाओं ने पिछली एक-डेढ़ सदी से अपना काम बखूबी किया है : पिछली एक-डेढ़ सदी के लम्बे नारीवादी आन्दोलन के दौरान इन कल्पनाओं ने मध्यवर्गीय औरतों के आराम, साक्षरता और भौतिक साधनों से जुड़ी आपेक्षिक स्वतन्त्रता के बोध का बड़े प्रभावशाली ढंग से मुकाबला किया है।

दूसरे विश्वयुद्ध के बाद ये कल्पनाएँ बार-बार आती रहीं। इस दौरान जब पत्रिकाओं ने 'घर बनाने' के रोमांस, विज्ञान और एडवेंचर को आदर्श बनाया तो वे बना नहीं सकीं। साथ रहने का घरेलूपन का मिथ अपना अर्थ खो बैठा और मध्यवर्गीय औरत घर के मेन गेट से बहिर्गमन कर गई! फिर एक बार इन कल्पनाओं ने खुद को दुरुस्त किया। सब छोड़कर उसने मुक्त स्त्री के चेहरे और देह की सीमाएँ बाँधनी शुरू कीं। वर्जनाएँ बतायीं। सजाएँ बनायीं। धार्मिक फतवे बनाये। पुनरुत्पादन की गुलामी दी जिसमें पर्याप्त ताकत नहीं थी। अतः घरेलू 'अनन्त काम' की जगह 'अनन्त सौन्दर्य कर्म' ने ले ली। ज्यों-ज्यों अर्थव्यवस्था, कानून, धर्म, यौनाचरण, शिक्षा, संस्कृति के क्षेत्र औरतों को शामिल करने के लिए खोले गए, एक निजी यथार्थ ने औरत की चेतना को उपनिवेश बना डाला। सौन्दर्य के विचारों का उपयोग करके इसने एक वैकल्पिक स्त्री-दुनिया बनायी जिसमें उसके अपने कानून थे, अपना अर्थशास्त्र था, यौनाचरण था, शिक्षा थी, संस्कृति थी। ये तमाम तत्त्व उतने ही दमनकारी रहे जितने कि पहले वाले थे।

पश्चिम की मध्यवर्गीय औरत को भौतिक रूप से सबल लेकिन मानसिक रूप से निर्भर बनाये रखा गया। आज का 'सौन्दर्य मिथक' तकनीकी कौशल-निर्भर एक प्रतिक्रियावादी मिथक है। यह आदर्श छवि का मिथक अनन्त छवियों के औजारों से बनाया जाता है। इस हमले को सेक्सुअल फैंटेसी कहा जाता है जिसमें सेक्सुअल कुछ नहीं होता। औरतों की आजादी से खतरा महसूस करने वाले मर्द और उनके वर्चस्व के संस्थान उसे बनाते हैं। वे स्त्री-अपराध बोध और उसके मुक्ति के स्वप्न के कल्पित डरों को इस्तेमाल करते हैं : 'कहीं हम अति तो नहीं कर रहे'– ऐसे हमारे डर वे हमारे खिलाफ इस्तेमाल करते हैं। छवि का ऐसा तीखा औसतीकरण उन मर्द-औरतों द्वारा इच्छित एक प्रतिक्रियावादी दुःस्वप्न है जो लैंगिक सम्बन्धों के तेज बदलाव द्वारा चकित और उन्मूलित महसूस करते हैं : यह बदलाव की बाढ़ के विरुद्ध एक मजबूत भरोसे की तरह है। आधुनिक औरत की छवि को सुन्दरता की मिसाल की तरह पेश करना एक अन्तर्विरोधी बात है। आधुनिक औरत जहाँ अपने व्यक्तित्व को बना रही है, अभिव्यक्त कर रही है वहाँ सुन्दरता एक आभ्यंतरीकृत तत्त्व है, कालातीत है और प्रजातीय है। इसके बरक्स सुन्दरता के मिथ के 'दुःस्वप्न' औरत की वास्तविक स्थिति के विपरीत हैं।

अवचेतनात्मक भ्रम और भी उग्र है क्योंकि बाजार अपना काम करता है। 33 करोड़ अरब डॉलर का खुराक उद्योग है। बीस अरब का कॉस्मेटिक्स उद्योग है। तीन

सौ अरब का कास्मेटिक सर्जरी उद्योग है। सात अरब का पोर्न उद्योग है। ये उद्योग उन्हीं दुःस्वप्नों से पैदा हुए हैं और वे उन्हीं मतिभ्रमों को बढ़ाने का काम करते हैं।

एक बार फिर नाओमी वुल्फ का हवाला दिया जाए। वे अपनी उक्त किताब में ही सेक्स और ब्यूटी मिथक के बारे में कहती हैं कि यौन क्रान्ति भी औरत को छू कर निकल गई। उसे उसके लाभ नहीं मिले। वह अन्ततः मर्द देह के लिए एक स्त्री देह की तरह ही रह गई। धर्म ने जो अपराध-बोध दिया था उसके चलते औरत यौन-आनन्द नहीं प्राप्त कर सकती था। यौन-क्रान्ति ने इसे अपराध से मुक्त तो किया लेकिन उसे यौन-बराबरी नहीं दी। शोधों ने बताया कि स्त्री के यौनांग अनन्त चरम सुख के काबिल होते हैं लेकिन उसे समानता नहीं मिली। नाओमी कहती हैं कि यौन-कामना दरअसल सामाजिक स्थिति से तय होती है।

नाओमी वुल्फ पश्चिमी मीडिया विज्ञापनों में औरत की बनायी गई छवि का एक छोटा सा विवरण देती हैं : 'अगले पेज पर उसका मुँह खुला है। वह अपनी जीभ से लिपिस्टिक को चूमने जा रही है। एक पेज बाद एक औरत बालू पर चौपाए की तरह उँकड़ूँ है। उसके नितम्ब हवा में है। उसके सिर पर तौलिया है। आँखें बन्द हैं। मुँह खुला है। यह एक औसत अमेरिकी पत्रिका का हवाला है। फ्रांसीसी लाँजरी यानी औरतों के अन्तर्वस्त्रों के ब्रांड 'लिली' के एक विज्ञापन में एक औरत एक नंगी स्त्री-देह को देख रही है जिसकी आँखें बन्द हैं। ओपियम नामक परफ्यूम के लिए एक नंगी औरत जिसके नितम्ब और कमर खुले हैं, बिस्तर के किनारे से चेहरे के बल जमीन पर गिरती है। टाइटन फव्वारे के लिए एक नंगी औरत जिसकी कमर धनुषाकार उठी है, अपने हाथ ऊपर फेंकती है। जॉग ब्रांड की स्पोर्ट ब्रा के लिए एक नंगी स्त्री देह गर्दन से कटी है।' यह कामुकता का निर्माण है। भावरहित कामुकता का निर्माण है। पाठक समझती है कि अगर वह वैसा महसूस करेगी तो उसे वैसा बनना होगा।

नाओमी वुल्फ का मानना है कि ये छवियाँ इतिहास में बनी हैं। फैशन के आगे यौनता आती है और यौनता के आगे उसकी राजनीति। 1960 के शुरू के वर्षों की लोकप्रिय जन-संस्कृति में 'केन्द्रीय पद' प्यार था। सेक्स उसका इजहार-भर था। तब आदमी अपने बाल लम्बे रख सकते थे। वे अपनी देह की पूजा करते थे। यह उनमें एक प्रकार का स्त्री-भाव था क्योंकि तब तक स्त्रियों ने अपनी आजादी के बारे में सोचना शुरू नहीं किया था।

तब पोर्नोग्राफी या नग्नता की कला मर्दों का इलाका थी। औरतों के लिए मर्दोंवाली पत्रिकाएँ ही नसीब थीं। लेकिन सत्तर के बाद ब्यूटी पोर्नोग्राफी अपने चरम पर पहुँच गई। औरत ज्यादा आजाद हुई तो पोर्नोग्राफी भी आजाद हुई। *प्लेबॉय* 1958 में निकला। 1960 में गर्भ-निरोधक गोली आ गई। 1969 में इंग्लैंड में और 1973 में अमेरिका में गर्भपात कानूनी हुआ। 1970 के बाद औरत का सबलीकरण बढ़ा। आन्दोलन बढ़े। इस तरह साठ के आसपास की लोकप्रिय जन-संस्कृति बदल गई क्योंकि ऐसी औरत सामने

आने लगी जो बिना किसी शर्म के 'स्वयं' हो सकती थी और बिना किसी हिंसा के अपना स्थान पा सकती थी। इससे खतरा था। जब औरत अपने बारे में राजनीतिक विमर्श करने लगी तो इस संस्कृति ने उसका रूप बदलना शुरू किया। अगर औरतें यौन-स्वतन्त्रता प्राप्त करने जा रही हैं और दुनिया की सत्ता लेने जा रही हैं तो उन्हें मर्दों की तरह 'फक करना' सीखना होगा। डिस्को ऐसी ही कला-विधा बना जिसमें 'अनजान' को पॉवर में लाना था, 'फक' करना था। आदर्श स्त्री-देह को नंगा कर दिया गया। इस एक कदम ने स्त्री को अपने सम्पूर्ण ब्योरे में पूर्णता का अहसास दिया जिसके माप से उसे बनना था। यह एक नया स्त्री-अनुभव था जिसमें अपनी देह की पूर्णता की बारीक जाँच-पड़ताल करनी थी। यह माप और जाँच-पड़ताल मानो स्त्री देह से और उसके यौनानन्द से जुड़ी हो। इस तरह स्त्री-देह की 'पूर्णता' यौन कवच बन गई। *प्लेबॉय* ने अस्सी के दशक में औरत के ऑर्गाज़्मिक चेहरे बेचने शुरू किए। किसी अन्य छवि के अभाव में औरतों के ऐसे ही ऑर्गाज्मिक चेहरे आने लगे। यह *प्लेबॉय* छाप की पोर्न फोटोग्राफी ने किया।

स्त्री-संस्कृति में दो प्रकार की चीजें पैदा हुईं। एक स्त्री देह को वस्तु की तरह दिखाती थी, दूसरी उस पर हिंसा करती थी। सारे अश्लीलता सम्बन्धी कानून इस बिना पर चलते हैं कि आप उस अश्लीलता की उपेक्षा करें। लेकिन पोर्न में अश्लीलता का मानक लागू नहीं होता। समाज में नग्नता या अश्लीलता की बहसें विज्ञापनों में, सुन्दरता के पोर्न में शामिल होने से स्त्री को हुए नुकसान के बारे में नहीं बतातीं। स्त्री-पुरुष देह की एकरूपता एक भ्रम बनाती है। वह यौन-अलगाव पैदा करती है। नाओमी वुल्फ की समस्या बाजार की शक्तियों द्वारा स्त्री-देह को एक 'आइरन केज' में बदलने से पैदा होती है। लेकिन वे जब ब्यूटी मिथ के बारे में सोचती हैं तो कहती हैं कि ब्यूटी मिथ ने औरत की आजादी को मोड़ कर उसे चेहरे और देह में बदल दिया। अब स्त्री को यह सवाल पूछना चाहिए कि क्या वह स्वयं कभी अपनी देह में होती है? युवा और सुन्दर दिखना क्यों जरूरी है? क्या हम स्त्री देह की अन्य अवधारणा और रूप की कल्पना कर सकते हैं? क्या सुन्दरता वाकई सेक्स है? क्या एक स्त्री की यौनता उसके रूप में निहित है? क्या औरत की यौनता और उसकी बनायी छवि में कोई सम्बन्ध है? क्या यौनता को किसी भी चीज की तरह खरीदा या बेचा जा सकता है? इन सवालों का उत्तर इस बात में है कि हम पहले इस ब्यूटी मिथ को तोड़ें।हम इस मिथ को तोड़ सकती हैं और यौनता पा सकती हैं। प्यार कर सकती हैं। आकर्षण पा सकती हैं। हमें उस सबको हटाना है जो हमें बुरा लगता है। जो अच्छा लगता है उसे रखना है। असल मुद्दा औरतों के लिए उपलब्ध 'चयन की क्षमता' का है, ब्यूटी के प्रसाधनों का नहीं। जब औरत को अधूरा बताया जाता है तो ब्यूटी मिथ शुरू होता है। कॉस्मेटिक्स आते हैं। कपड़े-लत्ते, फैशन उसकी पहचान के नाम पर आते हैं। ब्यूटी मिथ ने औरत को झूठी चयनशीलता दी है। 'मैं कैसी लगती हूँ' का भाव दिया है। क्या मैं सेक्सी लगती हूँ या कि 'गम्भीर लगती हूँ?' ये झूठी प्रस्तावनाएँ खारिज की जानी चाहिए। यह एक थोपी गई स्थिति है।

मर्द की यौनता को उसके 'गम्भीर' होने में नियत किया गया है। यदि वह सेक्सी भी है तो पूर्ण है। यह एक गलत सौदा है और हमें इसे पलट देना चाहिए। ऐसा नहीं होना चाहिए कि हम एक चुनें तो दूसरे को खोना पड़े।

औरत को अपने को चुनने की आजादी चाहिए। हम अपने रूप का स्वयं चयन कर सकेंगे तो ब्यूटी मिथ से निकल पाएँगे। यही ब्यूटी के नए मानी होंगे। ब्यूटी मिथ के बाहर जाना आसान नहीं है। क्या स्त्री की स्त्रीवादी सौन्दर्य की परिभाषा हो सकती है? यह पुनर्परिभाषा दरअसल सत्ता की पुनर्परिभाषा है।

नाओमी वुल्फ की स्त्री के सौन्दर्य के मिथ की अवधारणाओं की ताकत यह है कि वे ब्यूटी को एक मर्दवादी पूँजीवादी मिथ सिद्ध कर देती हैं। लेकिन उनकी समस्या यह है कि वे ब्यूटी मिथ के जरिए औरत को पुरानी परिभाषाओं से बाहर निकालने की पूँजीवाद की क्षमता और फिर औरतों के लिए नई गुंजाइश की सार्थकता को रेखांकित नहीं कर पातीं। वे पूँजीवाद की द्वन्द्वात्मकता नहीं देख पातीं। इस ब्यूटी मिथ पर पश्चिमी देशों में जो बहसें हुई हैं उनमें और सुन्दरता के मिथ में 'जाने देने' और 'न जाने देने' वाली विकासमान देशों की बहसों में जो अन्तर है उसकी समझ नाओमी के यहाँ नहीं मिलती। हालाँकि वे तीसरी दुनिया की औरतों के बारे में भी बातें करती हैं। पेइचिंग सम्मेलन में 'स्त्री की देह की वापसी', उसके अधिकार की वापसी और ब्यूटी मिथ के अर्न्तसम्बन्धों की व्याख्या सिर्फ इकहरी नहीं हो सकती। इस कॉस्मेटिक्स में आई औरत एक ओर जहाँ ब्यूटी मिथ की शिकार बनायी जाती है वहीं वह इसमें से गुजर कर अपने मानकों की तलाश भी कर सकती है। ब्यूटी मिथ में वह स्पेस बनता है जहाँ से विकल्प के असल नारी-सौन्दर्य की खोज की जा सकती है। ब्यूटी मिथ पूँजीवाद की तरह सच्ची सुन्दरता की पूर्व शर्त है। नाओमी इस मिथ की द्वन्द्वात्मकता की सम्भावना के इशारे तो देती हैं लेकिन वे उसे खारिज जैसा भी करती चलती हैं।

पूँजीवादी ब्यूटी मिथ अपने प्रकार्य में शोषक होते हुए भी कुछ नई गुंजाइशें किस तरह बनाता है, इसका उदाहरण अमेरिका की एक विश्व सुन्दरी के चयन से पैदा हुए नारीवादी विवाद से मिलता है।

एंजेला बोवन ने *टेक योर पेजेंट एंड शोव इट* नामक लेख में लिखा है कि जब 1983 में वेनेसा विलियम्स नामक एक पहली काली स्त्री को विश्व सुन्दरी चुना गया तो काले लोगों को बहुत खुशी हुई। लेकिन नारीवादी एंजेला को शिकायत रही। वे कहती हैं कि हम स्त्रियों की देह तो हमेशा से ही डिस्प्ले पर रही है, हमारी देह की परीक्षा होती रही है। सदियों से टाँग, त्वचा, छातियाँ, नितम्ब– सबकी पड़ताल होती रही है। 1922 में गोरी अमेरिकी औरतें खुशी-खुशी आया करती थीं। वह अमेरिका की औरत का पहला साल था। तब भी ऐसी प्रतियोगिताओं के लिए काली औरतें गुलाम की भूमिका करती आयीं थीं। पाँचवें दशक में काली औरतों के सौन्दर्य-प्रतियोगिता में शामिल होने पर प्रतिबंध हटा। 1970 में आयोवा की चेरिल ब्राउन पहली काली औरत

थी जो स्पर्धी के रूप में स्टेज पर आई। इस के बाद ग्यारह औरतें आयीं और इस बार यानी 1983 में पहली काली योग्य औरत उन्हें मिली। वेनेसा ने कहा कि मैं योग्य थी इसलिए चुनी गई। मेरा काला रंग कोई कारक नहीं रहा। दूसरे नंबर वाली लड़की सुजेट चार्ल्स भी काली थी। तय है कि काले को सामने लाने का निर्णय हुआ हो। एंजेला कहती है कि वेनेसा की खुशी समझ में आती है लेकिन काले वर्ग की औरतों को क्या हुआ जो उन्होंने इतनी खुशी का इजहार किया? जोसफ लारी ने कहा कि अच्छा है कि एक काली को मिला। उसने काले-गोरे के भेद को तोड़ा। शर्ली चिसोल्म, जिन्होंने यौनवाद को अच्छी तरह समझा है और जो राष्ट्रपति पद के संघर्ष में काले लोगों को अपने पक्ष में झुका पाई, भी कहती हैं : ऐसा लगता है कि अमेरिका के आन्तरिक नस्लवाद का क्षय हो रहा है। यह घटना कोई मामूली बात नहीं है, चाहे कोई भी मकसद रहा हो, यह घटना बताती है कि हमारा समाज एक अधिक समतामूलक समाज बनने की कोशिश कर रहा है। इस काली स्त्री की टीका पर एंजेला गुस्सा और आश्चर्य करती हैं लेकिन हम देखते हैं कि एक नारीवादी स्त्री ने प्रतियोगिता को निन्दित न करके उसे सबलीकरण का एक तरीका बताया है। चिसोल्म का कथन उसे बारीक द्वन्द्वात्मकता में देखता है जो पूँजीवाद की विशेषता है।

इसी प्रसंग में कालों के अधिकारों के लिए लड़ने वाली अश्वेत डोरोथी हाइट ने कहा कि यह हमारे लिए गर्व का क्षण है कि हमें बराबरी का दरजा मिल रहा है। लेकिन नस्लवाद-विरोधी संस्था में इसे 'कड़वी मिठाई' ही कहा गया। बेंजामिन हुक्स ने कहा कि विलियम्स का इनाम कालों को कानून, दवा और भौतिकी से बाहर करने की त्रासदी को बताता है। यहाँ हम नाओमी के ब्यूटी मिथ का सबलीकरण के लिए उपयोग देख सकते हैं जिसे नाओमी देखने से इनकार करती हैं।

कहने का अर्थ यह कि तब भी वही बहस उठी जो नाओमी ने उठाई थी लेकिन उसमें सौन्दर्य के खिताब को एक मूल्य भी दिया गया था। हमें पूछना चाहिए कि कालों के सन्दर्भ में मूल्यवत्ता और सबलीकरण की जो बात यहाँ है, वह क्या हमारे जैसे समाज के लिए भी लागू नहीं की जा सकती है? खासकर तब जब हम जानते हैं कि भारतीय समाज में तो औरतों का शरीर तक उनका नहीं है! एंजेला की आपत्ति अन्त में यही रह जाती है कि गोरी औरत का ताज काली को पहना दिया जाए तो क्या कुछ बदल गया? बहुत नहीं बदला लेकिन कुछ तो बदला। सब कुछ बदलने के इंतजार में कुछ का बदलना नजरंदाज नहीं किया जाना चाहिए। हिन्दी में भी इसी प्रकार का सोच प्रचलित है जो औरत को बहुराष्ट्रीय ब्यूटी मिथ में फँसा पाकर उनका 'उद्धार' करना चाहता है और सौन्दर्य से परेशान रहता है। ऐसे तत्त्ववाद को यदि सौन्दर्य तंग करता है तो सौन्दर्य का मिथ एक रेडीकल मिथ भी है। यह पश्चिमी मिथ का तीसरी दुनिया के लिए न तो हूबहू स्वीकार है, न हूबहू नकार! उसमें हमारे समाज के लिए कुछ रेडीकल तत्त्व जरूर हैं। अन्यथा काली औरतें नारीवादियों से असहमत न होतीं।

हमारे अपने समाज के सन्दर्भ में यह प्रश्न और ज्यादा महत्त्वपूर्ण है क्योंकि हम

देखते हैं कि सौन्दर्य-प्रतियोगिताओं को रोकने के फरमान जारी करने के जितने भी आदेश आते हैं वे हिन्दुत्ववादी या इस्लामिक या सिख शक्तियों से आते हैं। ब्यूटी का मिथ इन शक्तियों को परेशान करने वाला है। तब क्या हम कह सकते हैं कि ब्यूटी मिथ अपने अन्तर्विरोधी रूप में भी तत्त्ववाद को कमजोर करता है, चुनौती देता है और एक कमजोर ही सही लेकिन एक साधन समर्थित चयन का अपेक्षाकृत नया क्षेत्र बनता है और उस सामन्ती नियन्त्रण को कमजोर करता है जो स्त्री की देह को गोपन बनाये रखता है या रीतिकालीन उपमानों में कैद रखता है।

यहाँ *कॉस्मो* के साथ *फेमिना* की इस प्रसंग में चर्चा अपेक्षित है क्योंकि इस पत्रिका ने हमारे समाज में लगभग वही भूमिका पिछ्ले पच्चीस साल से निभाई है जो भूमिका सत्तर के दशक में अमेरिका में और यूरोप में *कॉस्मो* ने निभाई थी। हम कह सकते हैं कि ब्यूटी मिथ का वह विस्तार करती है और ब्यूटी के द्वन्द्व को वह आगे लाती है। इसे कई तत्त्ववादी एक सेक्सवादी अश्लील पत्रिका तक कहते हैं जो सौन्दर्य का व्यापार करती है। व्यापार वह करती है लेकिन हर व्यापार की तरह यह व्यापार भी एक प्रकार से द्वन्द्वात्मक गुंजाइश को जन्म देता है।

देह किसी शून्य में नहीं हो सकती। पूँजीवादी प्रक्रिया में देह उसकी द्वन्द्वात्मकता में ही रहती है। यौनता को उसकी इकानॉमी में न देख पाने का ही यह परिणाम है कि नाओमी वुल्फ के लेखन में एक निराशा है जो स्त्री-देह के नए स्पेस के द्वन्द्व को समझ कर भी उसकी सार्थकता को रेखांकित नहीं कर पातीं।

यौनता का सवाल देह के दमन के 'स्त्रीत्ववादी पाठ' से सम्बन्धित रहा है। स्त्रीत्ववाद के इस दमन और प्रतिरोध के इतिहास में फूकोल्डीय 'सेक्सुअलिटी' के निर्माण को भी पढ़ा जा सकता है। फूको के लिए यौनता एक विमर्श है। सेक्सुअलिटी के बारे में कई प्रकार के विमर्श उपलब्ध हैं। फूको बताते हैं कि यौनता का भेद हमेशा से एक रहस्य रखा गया है। व्यक्ति का अपने यौन से जो सम्बन्ध रहा है वह समस्याहीन कभी नहीं रहा। फूको कहते हैं कि वे 'भयानक रहस्य' जो स्त्री की प्रजननात्मक लय को प्रभावित करते हैं उतने ही पुरातन हैं जितनी कि नींद है। नई बात यह है कि कुछ सालों के भीतर स्त्री की देह उन्मद की गई है। लौंडेबाजी या उभयलिंगीपन मूलतः पतित व्यक्तित्व से जुड़ा है। बर्थ कंट्रोल और बच्चों की यौनता, बाद में जननीति की समस्या बनी जिससे प्राणियों का भविष्य तय होता है : हस्तमैथुनरत किशोर, माल्थसवादी पिता, पतित और उन्मादित माताएँ– यह सीन बना। एक बड़ी आबादी सामने आई। ये लोग इससे पहले अज्ञात ही रहे थे। दवा उद्योग, मनोविश्लेषण और मनोविज्ञान, शिक्षा, राजनीतिक आलोचना, दंड-विधान और जनसंख्या के दबाव में ये जन 'प्रत्यक्ष' हुए। इस प्रक्रिया में ही यौनता का विमर्श बना। विमर्श इन नए केन्द्रों से उपजा। इन्होंने जो अब तक अदृश्य था उसे दृश्यमान किया। अब हम जान सकते हैं कि अँधेरे में क्या-क्या हुआ होगा। इस तमाम अजनबी से लगने वाले शोर के गहन अर्थों को समझा जा

सका। ये शोर और चीत्कार जो लगातार सुनाई पड़ता था लेकिन जिसे कभी गम्भीरता से नहीं लिया जाता है। यौनता के विमर्श ने उस छिपा दिए गए को समक्ष कर दिया। फूको का एक भारी अवदान यह है कि पॉवर के विमर्श को उन्होंने एक दमनात्मक प्रक्रिया की तरह बताया। यौनता के सन्दर्भ में उन्होंने यौनता की पॉवर के पक्ष में विमर्श को शुरू किया। फूको ने पॉवर विमर्श नकारात्मक नहीं रखा, उसे 'सकारात्मक' बनाया। विक्टोरियाई समय में यौन का अध्ययन बताता है कि जिस विक्टोरियाई समय में सेक्स एक वर्जना थी, उस समय में भी सेक्स एक मुखर विषय था।

ज्ञान और सत्ता के अपने परिचित सूत्र के जरिए फूको ने यौनता के ज्ञान को उसकी सत्ता के निर्माण की क्षमता से जोड़ कर देखा। नारीवादी विमर्श में यौनता को लेकर जो बहसें हुई हैं उनमें फूको के इस विमर्श की व्यापक आवाजाही नजर आती है। सत्ता और आनन्द के सूत्र को भी फूको ने आगे बढ़ाया और उसका लाभ भी स्त्रीवादी विचार को मिला।

उत्तर-आधुनिकता के प्रभावों के सन्दर्भ में फूको एक बड़े नाम की तरह उभरते हैं जिन्होंने उत्तर-आधुनिक क्षण को प्रतिरोधी क्षण में बदलने की सम्भावनाएँ दिखाई। दमित और दलित समूहों के पक्ष में फूको अपने सूत्र चलाते हैं। हाशियों पर फेंक दिए गए लोग उनके लक्ष्य रहते हैं। समलिंगी, कैदी और मानसिक मरीज उनके लक्ष्य रहे। फूको का कहना है कि यौन-देह सत्ता के दमन का सबसे बड़ा लक्ष्य और वाहन रही है। यही सत्ता / ज्ञान का नया विमर्श है जो आगे चलकर स्त्री-देह और दिमागों पर आधुनिक पितृसत्तात्मक नियन्त्रणों और विश्लेषणों के रूप में पुनरुत्पादित हुआ है। औषधि विज्ञान, सामाजिक कार्य, मनोविज्ञान, आदि के उभार के सन्दर्भ में यह विश्लेषण आगे बढ़ा है। मानववाद में दमित स्त्री का पक्ष वही उभरा है। मुक्ति की सैद्धान्तिकियों के सार्वभौमिकतावाद और ऐसेंशियलिज्म के विरुद्ध उनके सन्देह नारीवादी सन्देहवाद से मेल खाते हैं।

नारीवादी सैद्धान्तिकी ने फूको के सत्ता / ज्ञान की आनुवंशिक सैद्धान्तिकी को मददगार पाया है। सत्तर के दशक में फूको का असर बढ़ा। कुछ नारीवादी विचारों पर अनुशासन पैदा करने वाली उन तकनीकों को फूकोवादी ढंग से अलग करके देखने का असर हुआ है जो स्त्रियों को ज्ञान की वस्तु और कर्ता के रूप में अधीन करने वाली रही हैं। यह एक दिलचस्प बहस है जिससे हमें स्त्री-देह और मन के अनुशासन के चिह्नों का पता चलता है।

इस क्रम में सान्द्रा बार्कले का 'फैशन / ब्यूटी कांप्लेक्स' नामक अध्ययन स्त्री के नए अधीनीकरण का अध्ययन है।ये नाओमी के 'ब्यूटी मिथ' की कैद को तोड़ते हैं। फैशन में पहचान के स्त्रीमूलक चिह्नों को बनाने में निहित अनुशासन को सान्द्रा ने अच्छी तरह दिखाया है। खुराक, फिटनैस के तरीके, चाल-ढाल के तरीके, बालों की शैली, मेकअप का सामान, आदि नई तकनीक है।ये तकनीकें सौन्दर्य के नए नियम बनाती हैं।सान्द्रा कहती हैं कि अनेक स्त्रियों ने नारीवादी आलोचना की ओर इस प्रसंग

में ध्यान नहीं दिया है, क्योंकि इस सौन्दर्य के चिह्नों को चुनौती देने का मतलब 'अपनी पहचान के बोध' को खो देने जैसा है।

यहाँ पहचान के बोध के प्रश्न को ध्यान से देखें : सच ही सौन्दर्य का प्रश्न अन्ततः मर्दवादी अनुशासनात्मकता का ही है लेकिन जब-जब उसने स्त्री-सौन्दर्य को बदलने की कोशिश की है उसमें स्त्री को नई गुंजाइशें मिली हैं। यहीं से फूको का 'आनशिक प्रतिरोध विचार' यानी सत्ता और ज्ञान के प्रतिरोधात्मक तरीके का विचार खुलता है। सूज़न बोर्डो ने इस मामले में फूकोल्डीय विमर्श को बढ़ाया है कि किस तरह ब्यूटी और पतलेपन का आदर्श देह को 'आदर्श' बनाता है। देह यहाँ तक सांस्कृतिक व्यवहार का उत्पाद है जो न केवल देह को अनुशासित करता है बल्कि उसके अनुभव को भी नियन्त्रित करता है। सत्ता को बनाये रखने में स्त्री-देह का यह मेनीपुलेशन मददगार रहा है। 'एरोरक्सिया नर्वासा' उसका दिया नया रोग है। बोर्डो की नजर में यह सब मर्दवादी साजिश नहीं है। सान्द्रा का कहना है कि एक स्थिति में फैशन-तकनीक इस प्रतिरोध को पैदा कर सकती है। वह कहती है कि औरत की मांसपेशियों वाली ताकतवर छवि स्त्रीपन की पहचान को देह के स्तर पर उन तरीकों से 'अस्थिर' कर सकती है और लिंगभेद को भ्रम में डाल सकती है जो विकल्प की लिंग-व्यवस्था के लिए जगह बनाते हैं। फिटनैस का देहानुभव उठे हुए स्वात्मबोध को पैदा कर सकता है और व्यक्तिगत बलीकरण को बढ़ा सकता है जो अन्ततः नारीवाद को मजबूत करता है।

यहाँ से हम *फेमिना* के मिलेनियम अंक, 1 जनवरी, 2000 की बात जोड़ें जिसमें नाओमी वुल्फ का लेख छपा है। प्रसंगवश कह दें कि 'ब्यूटी मिथ' दस साल पहले छपी थी। यह नया लेख है और उनके नए सोच को बताता है। यह बताता है कि 'ब्यूटी मिथ' की लेखिका का लेख उसी पत्रिका में छपता है जो भारत में नाओमी वुल्फ के ब्यूटी मिथ को सबसे ज्यादा बनाती है।

यह *फेमिना* के आत्मसातीकरण की बात नहीं है बल्कि ब्यूटी मिथ के बदलने की बात है। केट मोस, कालिस्टा फ्लॉकहार्ट एवं ओपरा विनफ्रे के चित्रों से सजी इस टिप्पणी में एक बार फिर ब्यूटी मिथ के जमाने में नारीवाद की परिभाषा दी गई है कि नारीवाद इतिहास में अपनी अधीनस्थ भूमिका के बारे में सोचने की क्षमता का नाम है। इक्कीसवीं सदी इस असमानता को दूर हुआ देखेगी। यह तभी होगा जब औरत अपनी ऐतिहासिक आत्मसजगता को पाएगी। यहाँ एक आशा के साथ हल्की-सी निराशा दिखती है लेकिन यह ब्यूटी मिथ से अलग किस्म का आकलन है। वे मानती हैं कि बैकलैश के बावजूद फेमिनिज्म मुख्यधारा बना है। विज्ञापन बदले हैं। ओपरा बताती हैं कि 'अब एक गलत शादी से बाहर कैसे आना चाहिए', ओरी ओमोस और फन डैस्चर जैसी विख्यात औरतें सेक्सुअल एसॉल्ट पर मुहिम चलाती हैं।

यह एक दशक का विकास है कि अमेरिका में फेमिली और मेडिकल एक्ट औरत के पक्ष में बदला है। अमेरिका की विदेश नीति की इंचार्ज एक औरत रही है जो

क्लाइटोरिडिक्टोमी यानी शिश्न-सत्ता के विपरीत है। नाओमी मानती हैं कि मौजूदा लहर या तो टूट जाएगी या आगे बढ़ेगी। नारीवादी इतिहासकार इसे एक 'खुला क्षण' मानते हैं। इस परिवर्तन के पीछे सबसे ज्यादा कारगर चेतना नारीत्व की ऐतिहासिक चेतना ही है। ब्यूटी मिथ चार स्तरों पर काम करता है : पहला है—खबर से स्त्री को हटाना, दूसरा है संस्कृति से स्त्री को हटाना, राजनीति से हटाना। नाओमी वुल्फ कहती हैं कि *ग्लेमर* पत्रिका से राजनीतिक कालम का हट जाना और *कास्मो* में भविष्यफल का आना यही बताता है। तीसरा तत्त्व यह है कि अगर औरत खुद को गम्भीरता से लेगी तो उसका नारीत्व खत्म हो जाएगा। चौथा है कि औरत अपने रोल मॉडल के लिए अन्यों पर निर्भर रहे। लेकिन नाओमी कहती हैं कि इतना तय है कि फेमिनिज्म अब एक जीवन-शैली है, सिर्फ लेबल या बिल्ला नहीं है। 1990 में अमेरिका में औरतें अब एक बड़ा वोट बैंक हैं। यही एक खुला क्षण है। नाओमी कहती हैं कि अगर हम अब भी इस ऐतिहासिक क्षण के लिए नहीं जगे तो हम भविष्य को खो सकते हैं, पुराने बुरे दिन फिर से दरवाजा खटखटा सकते हैं। जो औरतें अपने अधिकार और अपनी सत्ता नहीं जानतीं, उनके लिए फिर दफ्तरों में परेशान करने वाले तत्त्व बढ़ सकते है।जो औरतें अपना इतिहास नहीं जानतीं वे अपने मुख्य पाठ नहीं जानतीं। आपके प्रतिनिधि तभी आपकी ओर देखते हैं जब आप अपनी धन की शक्ति, अपनी आवाज और अपने वोट का उपयोग करती हैं। करोड़ों वोट एक इच्छा-शक्ति की तरह हैं। नाओमी वुल्फ का ब्यूटी मिथ का द्वन्द्ववाद यहीं खुलता है। वे कहती हैं कि एक ग्लोरिया स्टेनम और शर्ली चिशोल्म पर डाक टिकट बन सकता है और इस तरह हमारी लड़कियाँ ऐसे वातावरण में हो सकती हैं जिसमें सबलीकरण के कुछ ऐसे चिह्न हों जिन्हें देखकर वे अपने सबलीकरण की कल्पना करें।

साफ तौर पर नाओमी का यह सन् दो हजार का 'ब्यूटी मिथ' ब्यूटी मिथ का द्वन्द्ववाद है जिसमें बाजार, जनतन्त्र और वोट की सत्ता और स्त्री-मुक्ति के तत्त्व नजर आते हैं। यह अंक बताता है कि *फेमिना* में होने वाली उपभोक्ता वस्तुओं की इनामी स्पर्धाओं में ढेर सारी औरतें *कॉस्मो* की औरतों की तरह ही हिस्सा लेती है। यहाँ हम *फेमिना* और *कॉस्मो* के एक जैसे होने या न होने के बारे में न सोचें और सिर्फ इन आँकड़ों को देखें। फिर नाओमी के ब्यूटी मिथ में निहित कमजोर के सबलीकरण की ओर जाएँ।

कोई एक दर्जन उपभोक्ता वस्तुओं के निर्माता जैसे कोहिनूर चावल, लखानी, लिबर्टी, गार्नियर लिपिस्टिक, निनोस फूड्स, मेबिलाइन, मिलांगे, मेट्रो शूज, नेम 4 स्कोर, नीना रिकी, पोस्टमैन, पिल्सबरी, राहा, रैलिस्प्रे, रैवलॉन, रिकी मार्टिन, सोहन नोज ऑन, स्पार्कल, आबाक ओरिजनल, आदि ने स्पर्धा कराई है। इन उपभोक्ता वस्तुओं के निर्माताओं द्वारा जुलायी 2000 के *फेमिना* में जो क्विज स्पर्धाएँ दीं गयीं उनमें उक्त कंपनियों के ब्रांडों के लिए कुल 1,29,029 प्रविष्टियाँ आयीं। 1,544 औरतों ने स्पर्धा जीतीं। ये औरतें महानगरों की ही नहीं, बहुत से छोटे नगरों की भी हैं।

फेमिना के उक्त अंक में कुल 436 पृष्ठ हैं जिनमें से 221 पृष्ठ विज्ञापनों से भरे हैं। उनमें दो दर्जन क्रीमों, चार दर्जन परिधानों, आधा दर्जन जूतों, डेढ़ दर्जन खुशबुओं, एक दर्जन लिपिस्टिकों, एक दर्जन शेंपुओं, आधा दर्जन साबुनों, आधा दर्जन घड़ियों, आधा दर्जन पैक्ड फूडों, दो-तीन बैंकों, दो वाशिंग मशीनों, चार इंजीनियरिंग सामानों की कंपनियों, दो स्पोर्ट वस्त्रों, दो लेंसों-चश्मों, आधा दर्जन सोने के जेवरातों, आदि के विज्ञापन हैं। कोई सौ औरतों के चित्र हैं जिनमें अगाथा क्रिस्टी, वर्जीनिया वुल्फ, जर्मेन ग्रीयर से लेकर आयन रैंड, आन्ग सू ची, बारबरा कार्टलैंड, केमिला पेग्लिया, कोक चेनल, दुर्गा खोटे, एनी बेसेंट, एलिजाबेथ टेलर, मर्लिन मुनरो, मेडोना, ग्लोरिया स्टेनेम, ग्रेटा गार्बो, हेलेन कीलर, जोन ऑफ आर्क, कस्तूरबा, जोडी फास्टर, मधुबाला से लेकर मीरा बाई, मेरी स्टॉप्स, नवरातिलोवा, माताहारी, मीना कुमारी, मोनालिसा, मदर टेरेसा, मुमताज महल, नरगिस, नाओमी कैंपबेल, वहीदा रहमान, उमराव जान, सरोजिनी नायडू, रजिया सुल्तान, प्रोतिमा बेदी, ओपरा विनफ्रै, स्टेफी ग्राफ आदि हैं। जाहिर है कि देसी-विदेशी कारपोरेट पूँजी की कमाई की इच्छा के बिना ये औरतें यहाँ जगह नहीं पा सकती थीं। बड़ी पूँजी अपनी औरत बनाती है। ये औरतें उसी का चयन हैं लेकिन आप पाएँगे कि ये औरतें खेल से लेकर लेखन-पत्रकारिता और सामाजिक कार्य, अभिनय, आदि के क्षेत्र में रही हैं और सबलीकृत औरत की एक असम्पूर्ण लेकिन महत्त्वपूर्ण मिसाल हैं। इस अंक में तमाम प्रमुख स्त्रीवादी हैं, फैशन मॉडल हैं, अभिनेत्रियाँ हैं, राजनेत्रियाँ हैं, इन्दिरा गाँधी भी हैं। हम जान सकते हैं कि औरत की जगह शून्य में तो नहीं ही बन सकती। पूँजी जब कोई जगह बनायेगी तो वह अपने निशान भी बनायेगी। लेकिन ये जो जगह बनी है, आप ध्यान दें कि एक-डेढ़ सदी की ही है। मीरा और रजिया, मुमताज, आदि को छोड़ दें, तो ज्यादातर नाम आधुनिक काल के ही हैं जो पूँजीवादी विकास के साथ ही बने हैं। जाहिर है कि आधुनिक समय में ही औरतों को ज्यादा सत्ता मिली है। लेकिन यह सत्ता शून्य में नहीं बनी है, विकास के मार्ग में बनी है। *फेमिना* की सूची के अलावा और बहुत सी स्त्री-छवियाँ हो सकती हैं जिन्हें यहाँ नहीं दिया गया है। यहाँ खास वे छवियाँ हैं जो प्रायः खबरों में रहती हैं या जो मीडिया के दैनिक पाठ में रहती हैं। इनकी छवियाँ उनकी उच्चपदस्थता और सत्ता को बताती हैं। लेकिन जितनी आधुनिक स्त्रियाँ हैं उनकी छवियाँ हर बार सेक्सी नहीं है। माताहारी और मेडोना को छोड़ कर किसी भी छवि को हम सेक्सी नहीं कह सकते। उनके छोटे-छोटे परिचय उनके अवदान को बताते चलते हैं। उनके काम बताते हैं कि वे अपने काम के बल पर यहाँ तक पहुँची हैं, चाहे वह खेल की दुनिया का हो या फैशन की या फिल्म की दुनिया का।

भारत में औरत की इस 'दृश्यमानता' का एक महत्त्वपूर्ण माध्यम *फेमिना* है। नारीवादी इतिहास में आधुनिक कैमरे और उसके दृश्यमान करने के तरीके से स्त्री की दृश्यमानता स्त्री के लिए जब से बढ़ी है, उसे एक नई गुंजाइश की जरूरत हुई है।

उसकी छवि ने एक नए दायरे की रचना की है। यह नई जगह निर्विकल्पी नहीं है। यह औरत को एक सीमित आजाद क्षेत्र देती है। *एमएस* मेगजीन जो अमेरिका में औरतों की नारीवादी पत्रिका है, के 26 जनवरी, 2000 के अंक में सूजन जेनगिलमान ने लिखा है कि 'छवियाँ लोगों के सोच-विचार का सार होती हैं। हम अपनी जिन्दगी को बेहतर बनाते हैं अगर हम खुद के देखे जाने को बेहतर बनाएँ।' *(एमएस मैगजीन / याहू डॉटकॉम पर फेमिनिज्म पेज पर उपलब्ध पत्रिका का अंश / 19 जनवरी, 2001)*

फेमिना या *कॉस्मो* या *एमएस* या ऐसी कोई भी पॉपुलर कल्चर की पत्रिका को हमें विखंडित करने के लिए कम से कम 'दिखने के शास्त्र' को सबलीकरण की प्रक्रिया से जोड़कर देखना चाहिए। यदि मीडिया में स्त्री अधिक दृश्यमान हुई है तो उसने स्त्री के लिए जगह भी बनायी है। यह कितनी जगह है और क्या इसे स्त्रियों के 'दिखने' ने बनाया है? इसे देखने के लिए हम *फेमिना* के जुलाई, 2000 अंक को देखें। इसमें एक फीचर है जिसमें उन आदमियों और औरतों की गिनती की गई है और उनके अवदान की, जिन्होंने औरतों की छवि बदली है। इनमें सेलिब्रिटी हैं, कॉस्मेटिक्स वाले हैं, फैशन वाले हैं, फोटोग्राफर हैं, मॉडल हैं, अभिनेत्रियाँ हैं, डिजाइनर हैं। वे सब हैं 'जिन्होंने अपनी जीवंत प्रतिभा से हमें छूकर बदल दिया है और जो हम आज हैं।' *(सत्या सरन, सम्पादक, फेमिना /9 / वही)*

यही सत्या ब्यूटी के साथ ग्लैमर की बात करती हैं। *फेमिना* अब एक ग्लैमर पत्रिका की तरह पढ़ी जा सकती है। क्या 'ग्लैमर' पुरुष की नई व्यवस्था नहीं है? तब क्या ग्लैमर में कोई सबलीकरण है? सत्या की मानें तो है। सुन्दरता त्वचा से कहीं गहरी होती है। और ग्लैमर अनन्त तरीकों से पैदा किया जा सकता है। सत्या कहती हैं कि अपनी इकतालीसवीं जयन्ती मनाने वाला *फेमिना* का यह अंक 'आन्तरिक सौन्दर्य' पर भी नजर डालता है।

अंक कहता है कि औरत की छवि यानी औरत का स्पेस आसानी से नहीं बदला है। उसे जिन्होंने बदला है, वे हैं ज्योर्जिया अरमानी जिसने औरतों के लिए सबसे पहले मिनिमलिस्ट ड्रैस डिजाइन की, फ्रांको माचिना है जिसने कूड़ा इकट्ठा करने के बैग से 'बॉल गाउन' रचा जो आज तक फैशन में है और जिससे औरतों का शेप बदला। आजकल की लम्बी ढीली-ढाली स्कर्ट उसी की देन है। एमिलो पुक्की ने पाजामे बनाये जो आज प्रचलन में हैं। पॉल पाइरो ने फैशन में ड्रामेटिक तत्त्व पैदा किया। टॉम फार्ड ने एम टीवी के लिए औरतों को वीडियो सितारा बनाया। उसने फैशन और संगीत को मिलाया। काल्विन क्लेन ने खुशबुएँ और कपड़ों के डिजाइन बनाये जो आज दुनिया में जाने जाते हैं। तरुण ताहिल्यानी, हेमंत त्रिवेदी, रोहित खोसला, मनीष मल्होत्रा आदि अनन्त लोगों ने औरतों के 'दिखने' को बदला है। यह उसी तरह है जिस तरह लियोनार्डो दा विंची ने मोनालिसा बना कर एक वक्त में औरतों के चेहरों को बदला था। हमारे पाठक हमारे इस कथन से चौंकें नहीं। आप *फेमिना* का अंक देखें और

मोनालिसा के नाक-नक्श को आज के किसी भी मॉडल से मिलाएँ। आपको बहुत कुछ बदला हुआ मिलेगा। छापेखाने ने, टीवी ने, वीडियोग्राफी ने, उनमें आने वाले विज्ञापनों ने स्त्री-चेहरे को जिस तरह दृश्यमान किया उसमें स्त्री का एक ऐसा चेहरा समक्ष हुआ है जो ब्यूटी मिथ ने ही गढ़ा है लेकिन जो उसका होते हुए उसके भीतर औरत के 'न्यून सबलीकरण' की ओर जाता है। *फेमिना* औरत को जिस तरह पेश करती है और जितना ज्यादा पेश करती है उसमें पुरुषवादी बाजार के लिए उसे बनाया जाता है। यह यदि सौ फीसदी सच है तो क्या हम यह मान लें कि इस नई ग्लैमर वाली औरत के पास कोई नया स्पेस नहीं है? *फेमिना* के ही क्यों *गृहशोभा* के पृष्ठ औरतों से ज्यादा भरे रहते हैं। उनका नारीवादी पाठ ठीक वही होगा जो पुरुष का स्त्री पत्रिका पढ़ते वक्त होता है? अपने को अपने से बाहर एक खास साँचे में पाकर स्त्री का स्वात्म बोध बढ़ेगा कि नहीं?

ऐसी पत्रिकाओं का पाठ भी एक बड़ी समस्या है जो हमें स्त्रीत्व के नए स्पेस को नहीं देखने देता? *फेमिना* के कोई चार सौ स्त्री-छवियों के बीच मर्द चेहरे कुल सौ के करीब हैं। यदि कुल स्पेस देखा जाए तो औरतों ने कागज का शायद तीन चौथायी स्पेस लिया हुआ है। औरतों की यह दृश्यमानता उस स्थिति से आगे की बात है जब औरतें दृश्य में इतना नहीं हैं। आज काम करने जाने वाली औरत की बाहरी दृश्यमानता ज्यादा है जो पूर्ण मुक्ति का स्पेस तो नहीं बनाती लेकिन जो अपने स्पेस को बना कर उस स्पेस की व्याख्या की समस्या तो पैदा करती ही है। इतिहास में स्त्री की जगह की व्याख्या की ऐसी समस्या कभी नहीं थी। नारीवाद ने और स्त्री की दृश्यमानता ने जो दृश्य बदला है उसने यह समस्या पैदा की है। चूँकि अभी भी ज्यादातर व्याख्या पुरुष ही करता है इसलिए इस दायरे को भी वह अपने ढंग से परिभाषित करता है। प्रसंगवश इस *फेमिना* में 33 फीसदी आरक्षण के प्रश्न को लेकर जनवादी महिला समिति द्वारा किए गए प्रदर्शन की खबर है और ग्रामीण औरतों के सबलीकरण पर एक पूरा फीचर है। इतने फैशन डिजाइनरों के बीच नारी के ये नए रूप वही बाजार का मिक्स हैं जो इकहरा नहीं है।

आउटलुक पत्रिका का स्त्री अंक इस बात को समझने में मदद करता है कि सिर्फ ब्यूटी मिथ की औरतें ही हमारी नायिकाएँ नहीं हैं बल्कि सैकड़ों राजनीतिक कार्यकर्ता भी हमारी नायिकाएँ हैं। वह औरतों के आन्दोलनों के इतिहास और मील के पत्थरों की एक झलक देता है, मसलन :

- तेलुगू लेखिका बंडारू अचम्बा का 'आबालु सचरिता रतनमाला' पहला नारीवादी इतिहास है।
- 1926 में ललिता घोष ने आइ एन ए में कर्नल का पद पाया था।
- 1961 में भारतीय औरत को मातृत्व सम्बन्धी लाभ मिले।
- 1971 में मेडिकल टर्मिनेशन ऑफ प्रेग्नेंसी यानी गर्भपात कानून बना।

- ❑ 1976 में समान वेतन का अधिकार मिला।
- ❑ 1980 में सुप्रीम कोर्ट ने हाईकोर्ट के फैसले के विपरीत बलात्कारी को कड़ी सजा दी।
- ❑ औरतों के अशोभन विज्ञापनों पर 1986 में रोक लगी।
- ❑ 1986 में ही एशियाई ईसाइयों के बीच लिंग-भेदकारी उत्तराधिकार को खारिज किया गया।
- ❑ 1992 में राष्ट्रीय महिला आयोग बना।
- ❑ 1997 में दीपा मेहता की 'फायर' में स्त्रियों के समलैंगिक सम्बन्धों को दर्शाया गया था।
- ❑ 1999 में यौन उत्पीड़न के खिलाफ एक व्यापक कानून बना।

यही अंक इस सबके साथ भारतीय किस्म के ब्यूटी मिथ के विकास के बारे में भी जानकारी देता है। यह एक प्रकार से भारतीय समाज के सौन्दर्यशास्त्र का इतिहास है। आजादी के आन्दोलन में खादी एक फैशन रही जिसमें स्त्री राष्ट्र के रूपक में बँधी रही। वह कपड़ों में लिपटी रहती थी। उसकी ब्रा ऊँची कसी होती थी। साठ के दशक में फैशन ने अपना मुहावरा बनाया। साठ के दौरान पैंट-कमीज-स्कार्फ का चलन हुआ। सत्तर के दशक में बीटल्स का असर हुआ। जींस का चलन हुआ। अस्सी के दशक में इथनिक तत्त्व बढ़ा। नब्बे के बाद टीवी ने पश्चिमी को पश्चिमी नहीं रहने दिया, उसे भारतीय में मिला दिया। केश-विन्यास क्षेत्र में पचास के आसपास सिर ढँकना जरूरी था, फिर वैजयन्ती माला और आशा पारिख के जूड़ों की बहार आई, फिर साधनाकट बाल आए। जीनत अमान और परवीन बॉबी के बाद कन्धों तक के बाल स्थायी बन गए। कल की खलनायिका हेलेन आज की नायिका बन गई। साठ के दशक में ऊँचे 'बन' वाले जूड़े थे। आँखें मछली की आकृति की थीं। याद कीजिए 'जंगली' की सायरा बानो की आँखें। देह से चिपके 'चूड़ीदार' आए। शलवार-कुर्ता आया। सत्तर के बाद में जीनत ने चेहरे को बदला। प्रोतिमा बेदी ने बदला। नीतू सिंह ने बदला। यह 'पिल' और 'परिवार नियोजन' का समय था। टाइट स्कीवी शुरू हुई। मिनी स्कर्ट चली। ऊँचे सेंडिल चले। बैल बॉटम चले। मेक्सी आई। लुंगी आई। अस्सी तक आते-आते पुपुल जयकर का इथनिक जोर बढ़ा। नब्बे के दशक में स्त्री की पूरी छवि पश्चिमी हो गई। सेक्सी-सेक्सी-सेक्सी मुझे लोग बोलें, करिश्मा ने गाया। वे पश्चिमी स्त्री के शरीर जैसी बनने लगीं। पतली, उन्नतवक्षा औरतें आयीं। अच्छी तरह बनायी गई देह का चलन बढ़ा। करिश्मा कपूर, उर्मिला हीरोइनें बनीं जो 'दिखाने' में यकीन करती थीं। टॉप-जींस चलने लगीं। मिनीज चलीं। टैंक टॉप्स चलन में आए। ब्रा अचानक विदा हो गई। वक्ष समक्ष होने लगे।

स्त्री दृश्यमानता की व्याख्या की आसन्न समस्या को *आउटलुक* के स्त्री विशेषांक में इस तरह देखा जा सकता है कि यह अंक भारतीय औरत के प्रति श्रद्धार्पण की तरह है।

मुखपृष्ठ पर ग्लैमर गर्ल, मॉडल और हीरोइन विश्व सुन्दरी ऐश्वर्य राय का चित्र पूरे पेज पर है। मुखपृष्ठ पर ही अंग्रेजी के 'ए'-कारादि क्रम से इकतालीस औरतों के नाम दिए गए हैं जो नए आइकॅन की तरह हैं। ये पत्रकार हैं, चित्रकार हैं, अभिनेत्रियाँ हैं, सामाजिक कार्यकर्ता हैं, डिजाइनर हैं, लेखिकाएँ हैं, मॉडल हैं, राजनेत्री हैं, फिल्मी नायिकाएँ हैं : अंजली इला मेनन, बाप्सी सिधवा, बेनजीर, झुंपा लाहिरी, मनीषा, पामेला, मधु किश्वर, सुषमा स्वराज, वसुन्धरा राजे, आदि तमाम तरह की महिलाएँ हैं।

'ब्यूटी बिजनेस : एक देसी बहस' में हम मधु, सुषमा और अनीता आनन्द के बीच एक दिलचस्प बातचीत पाते हैं। जो अचानक ब्यूटी मिथ की ओर मुड़ गई है। मुद्दा है रोल मॉडल बनाने का :

मधु किश्वर : मुख्य राजनीति में अभी औरत हाशिए पर ही है लेकिन सामाजिक आन्दोलनों के क्षेत्र में औरतें नेतृत्व कर रही हैं और आपकी ऐश्वर्य रायों जैसी ब्यूटीज़ और क्यूटीज़ को तगड़ी स्पर्धा दे रही है। कुपढ़ों / अर्धशिक्षितों को छोड़ कर कोई फैशन मॉडल नहीं बनना चाहती। वे मदर टेरेसा बनना चाहती हैं।

प्रश्नकर्त्री प्रोतिमा शास्त्री : औरतें अब उपलब्धिकर्त्री बनना चाहती हैं।

अनीता आनन्द : वे खुद से कुछ करना चाहती हैं, कुछ अलग चाहती हैं।

मधु किश्वर : हाँ, वे बनना चाहती हैं मसलन सुषमा स्वराज या किरन बेदी जैसी। मेरा विश्वास है कि राजस्थान में बहुतों के लिए अरुणा रॉय एक रोल मॉडल है। मेरी ज्यादातर छात्राएँ अपने लिए गम्भीर औरत का आदर्श रखती हैं; उनमें से शायद ही कभी कोई किसी ग्लैमर वाली औरत को अपना रोल मॉडल बनाये।

प्रोतिमा : इस प्रकार की इच्छाएँ कहाँ तक वास्तविक हैं? क्या यह राजनीतिक सहीपन की तरह है?

मधु : मैं ऐसा नहीं सोचती। एक बहुत छोटा हिस्सा है जो मिस इंडिया होना चाहता है। यह एक दिल्लगी-सी है। कम से कम कुछ देर के लिए। वे सोचती हैं कि आदमी बकझक करता रहेगा। आप पत्नी या बहन की हैसियत से उलगातर फेशियल या मैनीक्योर कराएँगी तो आप उसका सिरदर्द होंगी। लेकिन ऐसी हालत में आप एक आत्मरति में संलग्न होंगी और किसी के काम की नहीं रहेंगी।

प्रोतिमा : तो सपनों की दुनिया ही है....

मधु : ऐसा भी नहीं है। गलाकाट स्पर्धा है। आपकी शैल्फ लाइफ कम है। अन्य पेशों में आप आगे ग्रो करती हैं। यहाँ जिस दिन आपने दो इंच का इजाफा कर लिया, आप खत्म हो गयीं।

प्रोतिमा : लेकिन पैसे और प्रसिद्धि का आकर्षण तो है!

मधु : लेकिन हार्डवर्क? खुराक?

अनीता : जहाँ तक इच्छाओं का सवाल है, हर लड़की हीरोइन बनना चाहती है। जब मैं युवती थी तो वैजयन्ती माला बनना चाहती थी। धन कमाना और टॉप पर रहना हर पेशे में मेहनत माँगता है। चाहे वह मॉडलिंग हो या मैथेमेटिक्स हो।

प्रोतिमा : यह ब्यूटी बिजनेस भी है।

मधु : ये ब्यूटी प्रोडक्ट्स का बिजनेस है। वे हमेशा नए की तलाश में रहते हैं। उन्हें हमेशा कुछ समझदार और कुछ मूर्खा चाहिए। यह उनके अपने प्रोडक्ट बेचने के तरीके हैं।

प्रोतिमा : निजी देखभाल पर जरूरत से ज्यादा ध्यान दिया जाता है।

सुषमा : इसमें गलत क्या है? पहले इतने सारे ब्यूटी पार्लर कहाँ थे! तब हमें घर में करना पड़ता था।

सुषमा / अनीता / मधु : दूध, बेसन, मुल्तानी मिट्टी, हल्दी, चन्दन, रीठा, आँवला।

अनीता : अब किसके पास इतना समय है, इसलिए आप ब्यूटी पार्लर जाते हैं।

प्रोतिमा : एक फेशियल में दो घंटे लगते हैं। मधु किश्वर कहती हैं : चुनाव की स्वतन्त्रता होनी चाहिए। अगर औरतें अपनी निजी देखभाल करना बन्द कर देंगी तो यह दुनिया नीरस जगह हो जाएगी। अच्छी बात है कि मर्द लोग भी ऐसा करते हैं लेकिन ऐसी इच्छा की शैल्फ लाइफ इन विश्व सुन्दरियों जितनी ही होती है।

अनीता : यह सुन्दरता को पण्य में बदलने की बात है। यह औरतों के डरों पर पलती है। ऐसे विज्ञापन उन्हीं औरतों के ऊपर अपना असर ज्यादा करते हैं जो आत्मविश्वासी नहीं हैं। वे मानती हैं कि अगर वे जीवन में कुछ नहीं बन पाई हैं तो उसकी वजह उनकी फीकी त्वचा है या टेढ़ी नाक है और आपको उसे ठीक करना चाहिए।

सुषमा : पण्य के रूप में सुन्दरता निजी देखभाल से अलग है।

मधु : यह उनमें ज्यादा है जिन्हें सही शिक्षा नहीं मिल पाई है। मैंने एक बार इन ब्यूटीशियनों का साक्षात्कार लिया था। उनके लिए यह कमाई का मामला है। अगर कुछ औरतें इससे कमाती हैं तो मैं इसके विरोध में नहीं हूँ।

प्रोतिमा : तब इस क्षेत्र में नारीवाद असफल क्यों हुआ?

मधु : अगर आप यह कहती हैं तो यह बताइए कि आपके पास इसके मानक कौन-से हैं जिनसे आप मूल्यांकन कर रही हैं। अगर स्त्री-आन्दोलन, अपने अधिक अधिकारों के दावे के लिए है तो वह सही मार्ग है। *(56-58, आउटलुक का स्त्री अंक, 2000)*

आउटलुक की यह बातचीत कई अर्थ में ब्यूटी के मिथ को खोलती है। हम देख सकते हैं कि प्रोतिमा ब्यूटी मिथ के विपक्ष से सवाल करती हैं लेकिन एक बिन्दु पर आकर मधु किश्वर जो स्वयं ब्यूटी को एक मिथ-सा मानती हैं उसे एक सन्देह का लाभ जरूर देती हैं। 'अगर औरत निजी देखभाल नहीं करेगी तो यह दुनिया नीरस हो जाएगी'—यह वाक्य ब्यूटी मिथ की द्वन्द्वात्मकता और उसके भीतर खुलने वाले सीमित किन्तु उपलब्ध अवसरों के बारे में बताता है।

यह बात तब महत्त्वपूर्ण हो जाती है जब हम कस्बे-कस्बे ब्यूटी कोर्स और पार्लर खुलते देखते हैं। यह यदि एक उद्योग है तो हमारे जैसे समाज के लिए रोजगार का

कारण भी है। क्या यह नया खुला या कहें अधखुला स्पेस नहीं है?

यहाँ से हम नई इकानॉमी में औरत के निर्माण के बारे में बात करेंगे और देखेंगे कि औरत की देह की व्याख्या या पुनर्व्याख्या जब भी होती है उसे बहुत जल्द ही 'औरत के लिए नए मिथ' की तरह मान कर खारिज कर दिया जाता है। यानी सबलीकरण को सौन्दर्य के शास्त्र से मुक्त करने की माँग की जाती है। क्या यह उस पुराने रेडीकल विमर्श का हिस्सा है जो सौन्दर्य की द्वन्द्वात्मकता, या कहें, उसकी बनायी गुंजाइशों और चिह्नों को एक ही तरह से पढ़ता है? सच है कि पूँजी के पुरुषवादी स्वामित्व ने औरत के सौन्दर्य के मानक और चिह्न अपनी जरूरत से तय किए हैं लेकिन एक बार उन चिह्नों के भीतर औरत के जाने के बाद क्या यह सम्भव नहीं है कि औरत उन्हें अपने ढंग से अर्थ दे या मोड़ दे? यह सच है कि सुन्दरता का बाजार अपनी बनायी सुन्दरता को अपने लिए उपयोग में लाता है। विश्व सुन्दरियाँ किसी न किसी ब्रांड की मार्केटिंग करती फिरती हैं लेकिन इस प्रक्रिया में उनकी सेलिब्रिटी ग्लैमर की फिगर उन्हें जो 'बेगानापन' देती है, क्या उस बेगानेपन में यानी शोषण में कोई भी नई जगह नहीं बनती? यह जगह कितनी भी कमजोर हो लेकिन उसे पहचानने से मना नहीं किया जा सकता।

हमें सांस्कृतिक चिह्नों के सबलीकरण और उसमें औरत के सबलीकरण की प्रक्रिया को एक जटिल क्रमिक और धीमी प्रक्रिया के रूप में देखना चाहिए। भारत में अभी वैसा ब्यूटी मिथ नहीं बना है जैसा कि पश्चिमी दुनिया में बना है। यहाँ अभी ब्यूटी शादी के बाजार की मुख्य पण्य है। घर से बाहर काम करने वाली औरतों की संख्या काफी कम है। मध्यवर्ग में भी सभी औरतें काम नहीं करती हैं, वहाँ ज्यादातर गृहिणियाँ ही रहती हैं। क्या यह ब्यूटी मिथ या मेडिकल मिथ उन्हें कोई स्वतन्त्र क्षण देते हैं? हम देखें : यह आजादी या राहत उन्हीं चिह्नों में ज्यादा देखी जा सकती है जो सबसे ज्यादा दमित रहे हैं, मसलन मेंस्ट्रुएशन, स्तन, योनि और चेहरा, सिर, टाँगें और सर्वांग देहयष्टि। चेतना के दमन की बात तो सत्य है। देह का दमन चेतना के दमन का पूरक है।

'डिसिप्लिन एंड पनिश' में फूको का खोजा हुआ 'देह-दमन' मूलतः और अन्ततः 'ज्ञान या बोध-नियन्त्रण' ही है। ब्यूटी मिथ में सक्रिय कॉस्मेटिक्स का देह-दमन भी सत्य है लेकिन वह कुछ भिन्न किस्म का है क्योंकि उसमें निजी देखभाल यानी निजता की किसी हद तक बहाली करके उसे वापस लाने की कोशिश की जाती है। देह को जगा कर देह को बन्द करने की प्रक्रिया में देह उस तरह नहीं सो पाती जिस तरह पहले सोई दिखती थी। दृश्य में आने के बाद स्त्री-देह फिर वापस कैद नहीं हो पाती। वह एक नई कैद है जिसे रेडिकल फेमिनिस्ट बराबर कहते हैं लेकिन यह नई कैद महत्त्वपूर्ण आजादियाँ लिए हुए है। देह के चिह्न को जीवित करना ऐसा ही स्पेस बनाना है। इसे हम *फेमिना* की सौन्दर्य प्रतियोगिताओं में देख सकते हैं कि वहाँ देह लगातार विखंडित

हुई है, 'लुक्स ऑफ द ईयर' की स्पर्धाओं ने स्त्री की सम्पूर्ण देह को भी खंड-खंड करके रखना शुरू किया है। यहाँ आँखें, होंठ, त्वचा, मुख, केश, टाँगें, दाँत, आदि की स्पर्धाएँ सचमुच ही स्त्री-देह को टुकड़ों में बाँट कर चलती हैं। यह खंड-खंड भाव कॉस्मेटिक्स के उद्योग की माँग से पैदा हुआ है। यह अंग विशेष को अपने ब्रांड के चिह्न में बदल देता है। कोलगेट दाँत को, पौंड्स त्वचा को, रेवलॉन होंठों को ले लेता है। यह एक-एक अंग का एक-एक ब्रांड द्वारा बनाया जाना है। ऐसा लगता है कि स्त्री की समूची देह से आक्रान्त होकर बहुराष्ट्रीय कारपोरेशन उसे विभक्त करके ही कंट्रोल में रख सकते हैं यानी उसे अपना वाहक बना सकते हैं। इससे स्पष्ट है कि स्त्री की सम्पूर्ण देह और उसके खंडों में एक तनाव है जो मूलतः ब्यूटी मिथ के अन्तर्विरोधों का तनाव है। पूर्ण शरीर एक पहचान माँगता है। खंडित अंग अपने शरीर से ही बेगाने होकर ब्रांड में बदल जाते हैं। लेकिन यहाँ भी देह का ऐसा विखंडन जिन होंठों, त्वचाओं और केशों को प्रमुख बनाता है उनकी प्रमुखता अन्ततः स्त्री के सम्पूर्ण शरीर की तलाश को और भी तीखा कर देती है। यह तीखापन एक ओर ब्रांड की कैद में ले जाता है तो दूसरी ओर वह उस कैद से बाहर पूर्ण शरीर पाने की छटपटाहट पैदा करता है। फैशन स्पर्धाएँ और सौन्दर्य-प्रतियोगिताएँ एक ऐसा द्वन्द्वात्मक स्पेस बनाती हैं जो एकतरफा नहीं होता कि हर वक्त नियन्त्रण में रहे।

औरत की देह का यह खंडीकरण नया नहीं है। कम से कम हिन्दी के विद्यार्थी को इसे देख कर चौंकने की जरूरत नहीं है। रीतिकाल इसे बहुत पहले दरबारों के बादशाहों और दरबारियों के लिए सम्भव कर चुका है। वह भी नितान्त पुरुष वर्चस्ववादी प्रक्रिया का परिणाम है। रीतिकाल के नायिका-भेद में भी उपमानों के जरिए स्त्री-देह का विखंडन हुआ है। उपमा, रूपक, उत्प्रेक्षादि अलंकारों के जरिए स्त्री-सौन्दर्य का कथन और वर्णन शृंगार का नया रूप ही कहा जा सकता है जो उत्तर-मध्यकाल में दरबारों में सम्भव हुआ। जिसे पुरुषों ने पुरुषों के लिए रचा। आँखें, नाक, गर्दन, त्वचा, केश-राशि के लिए, चाल-ढाल के लिए, उरोजों के लिए कितने उपमान नहीं जुटाए गए? नायिकाओं की उम्र और अवस्था के अनुसार कितनी तरह के नायिका-भेद नहीं किए गए?

उपमानों में बने देह के चिह्न स्त्री को उसकी देह, उसकी चेतना किस प्रकार देते हैं यह आधुनिक साहित्यशास्त्र में सिर्फ इसलिए नहीं देखा जा सका क्योंकि आर्यसमाज के गहन प्रभाव में रहे आचार्य रामचंद्र शुक्ल, आदि के लिए स्त्री-देह का ऐसा वर्णन अश्लील था। हिन्दी साहित्य के आम पाठक के पास स्त्री-देह का यही बोध रहता है। इसीलिए हिन्दी की कविता में शृंगार की जो मनाही शुक्लजी ने की तो वह आज तक चली आती है और इस कारण भी सौन्दर्य-प्रतियोगिताओं के बारे में लोग ऐसा सोचते हैं, मानो यह सब अश्लील और फूहड़ हो जैसा कि अनेक हिंदुत्ववादी कहते पाए गए हैं। वे धर्म के लिए स्त्री-देह को कैद कर देने में यानी समर्पित कर देने में यकीन करते

हैं। नारी की झाँई परै तो अंधो होत भुजंग : इस एक पंक्ति में समूचे मध्यकाल के भीतर स्त्री-देह को समाज के दृश्य से बाहर कर दिया गया है। खजुराहो में जो स्त्री-देह है वह खजुराहो में तो ठीक है, वही अगर फिल्म में आ गई या उसी तरह का दृश्य हो गई तो उसे अश्लील कह दिया जाता है। पत्थरों पर आने के बाद यदि स्त्री-देह संचारित नहीं है तो ठीक है! उपमानों में आने के बाद वह चंद रसिकों के लिए तो उपयोगी है लेकिन जन-स्तर पर उसका कोई उपयोग नहीं है और अगर उसे लोकलुभावन बनाया जाता है तो वह अश्लीलता है। आधुनिकतावादी विमर्श इसी अर्थ में मर्दवादी हैं!

स्त्री-देह को देख कर अश्लील कहने वाले उसी भुजंग की तरह हैं जो स्त्री को देखते ही अंधा हो जाता है। स्त्री-देह का ऐसा संहार उन तमाम जगहों और वक्तों में है जहाँ उसे गोपन रखा गया है। उपमानों में आने के बाद स्त्री-देह दुहरे तरीके से काम करती है। एक ओर वह उपमान में आकर कुछ बड़े रसिक समाज के लिए बोध में आती है तो दूसरी ओर वह उपमान में बँध कर कल्पना में जीवित होती है पर भौतिक स्तर पर नहीं होती। जितना वह जीवित होती है उतना ही वह 'होती' है। लेकिन देह-विरोधी समाज में यह मानकर चला जाता है कि देह के परे जो आत्मा है, वह श्रेष्ठ है। यह देहात्म का द्वैतवाद साहित्य में 'रूप और अन्तर्वस्तु' की चक्कर मारती बहस में आता है जो सौन्दर्य के निषेध का काम करता है। नतीजा यह कि अभी तक जिस आत्मा की खातिर प्रगतिशील लोग तक देह को खत्म करना चाहते हैं, वह सौन्दर्य को कोई स्पेस बनाने वाला क्षण नहीं मानती।

अब हम इससे प्रसाधन उद्योग के ब्यूटी मिथ के द्वारा किए जाते स्त्री-देह के खंड-खंडकरण को तौलें तो पाएँगे कि एक ओर वर्तमान ब्यूटी मिथ में आकर स्त्री उपमानों की कैद से और रसिकों की कैद से बाहर निकली है और इस तरह वह मध्यकालीन पुरुष की बनायी कैद से बाहर आ गई। रीतिकालीन उपमानों से बाहर निकल कर वह अब रसिक कोटि को नष्ट कर चुकी है। रसिक अब लंपट बन गया है। अज्ञेय के शब्दों को अपना बनाकर कहें तो उसके उपमान मैले हो गए हैं, उन प्रतीकों के देवता कूच कर गए हैं। सारी हाय-हाय यहीं से उठती है कि अब स्त्री उपमानों में नहीं मिलती, विज्ञापनों में मिलती है। कॉस्मेटिक्स का वाहक होता है उसका शरीर। ब्रांड और देह एकमेक हो जाती है। लंपट हो चुके रसिक समाज की सारी लड़ाई यह है कि किसी तरह उसे ब्रांड की कैद से निकाल उपमानों की परिचित सामन्ती कैद में ले आया जाए। ब्रांड और उनमें सक्रिय धन बहुत-बहुत ज्यादा और उसका ग्लोबल बाजार अब स्त्री को किसी रसिया के उपमान में लौटने के सारे रास्ते बन्द कर चुका है। उसकी देह को ब्रांड की वाहिका बना कर वह उसे नई बना चुका है जिसमें स्त्री को अपनी देह जितनी मिलती है उससे ज्यादा कोई ब्रांड मिलता है। वह उस ब्रांड से अपनी सत्ता बनाती है और ब्रांड की सत्ता में चली जाती है। यहाँ देखना यह चाहिए कि ऐसी स्त्री-देह जो किसी ब्रांड के लिए बनी है, क्या उसका कोई अतिरिक्त दायरा भी बनता है जो

ब्रांड से बाहर निकल जाया करता है? कहने का अर्थ यह कि ब्यूटी मिथ को एक पॉपुलर कल्चर का चिह्न मानकर हम पढ़ने की कोशिश करें तो पाएँगे कि ब्यूटी मिथ का सांस्कृतिक परिवेश ही वह जगह है जो प्रसाधन उद्योग के नियन्त्रण से बाहर चला जाता है और उसमें रहने वाले को न्यूनाधिक नया स्पेस मिलता है। इसे बनायी गई सेलिब्रिटी और कई बार उनकी सामाजिक भूमिकाओं में भी पढ़ा जा सकता है। ग्लैमर एक बहुराष्ट्रीय मीडियाकृत स्पेस है जो पुराने सामन्ती रसिक-चिह्नों को अपदस्थ करता है। वह एक बड़ी पूँजी का प्रतीक हो जाता है। मसलन ऐश्वर्य राय का आँख दान करने के लिए कहना पॉपुलर कल्चर का एक द्वन्द्वात्मक क्षण ही होता है जो सन्देश पॉपुलर करने के लिए काम आता है। एशिया-पैसिफिक सुन्दरी दिया मिर्जा द्वारा पल्स पोलियो ड्राप्स देना भी ग्लैमर की दुनिया का ऐसा ही सामाजिक प्रकार्य है। यह पॉपुलर आइकॅन की भूमिका है। इसमें 'सुन्दरता' को इस तरह बनाया गया न होता तो सन्देश भी पॉपुलर नहीं हो पाता।

ऐसे अनेक उदाहरण हम देख सकते हैं। ब्यूटी मिथ में सक्रिय अतिरिक्त स्पेस वह स्पेस होता है जो हमेशा ही बहुराष्ट्रीय निगमों के नियमों से बाहर चला जाता है। यदि यह नहीं होता तो बहुराष्ट्रीय निगम अमर हो गए होते और वे पूँजीवाद के अन्तर्विरोधों से मुक्त ही कहलाते। इस जटिलता को न समझने का ही परिणाम यह होता है कि रेडिकल विमर्शकार ब्यूटी के किसी भी चिह्न को षड्यन्त्र मानते हैं और स्त्री-देह को किसी नैसर्गिक क्षण में ही पवित्र मानना चाहते हैं। देह चाहे वह स्त्री की हो या पुरुष की, वह एक 'उत्कीर्ण रूप' ही है जिस पर सत्ता के निशान होते हैं लेकिन स्त्री-देह दुहरे-तिहरे निशानों के नीचे दबी रहती है। प्रसाधन उद्योग ऐसा ही उत्कीर्णन करता है लेकिन हर उत्कीर्णन देह को कुछ खोलता भी है, स्वतन्त्र भी करता है, कुछ बन्द करता है, कुछ आजाद क्षण और नए स्पेस भी देता है। उत्तर-आधुनिक नारीवादी जो सोफिया का कहना है कि अलग-अलग किए गए बॉडी पार्ट्स एक प्रकार का 'एम्बोडीमेंट' या सम्मूर्तन हैं, इसे हम बाद के पूँजीवाद की 'नई अर्थव्यवस्था' में किसी हद तक होते देख सकते हैं। सोफिया का कहना है कि कार चलाते समय हम जब अपनी बॉडी को कार की बॉडी से तदाकार महसूस करते हैं, उसके आकार को अपने आकार से मिलाते हैं, मानो वह हमारी अपनी ही हो तो एक प्रकार का सम्मूर्तन घटित होता है। *(उद्धृत : डैड बॉडीज फ्लोटिंग इन साइबर स्पेस / रीनेट क्लीन / रेडिकली स्पीकिंग : फेमिनिज्म रिक्लेम्ड / 355)*

अब हम उन चिह्नों के बारे में सोचें जिन्होंने स्त्री को नया स्पेस दिया है। इस स्पेस को पढ़ना हो तो हम उन विज्ञापनों को पढ़ें जो *फेमिना* ही नहीं किसी भी पत्रिका में छपते हैं और जो ब्यूटी मिथ का ही निर्माण नहीं करते जो इन दिनों एडवर्टोरियल होकर पत्रकारिता का भी निर्माण करते हैं। यहाँ हम दो-तीन चिह्नों का जिक्र करना चाहेंगे जो स्त्री को उसके नए चिह्न और आजादी के कुछ नए क्षण देते हैं और जो जाहिर है कि

'लेट कैपीटल' के बाजार ने ही बनाये हैं। सूचना, संचार और मनोरंजन उद्योग ने ही बनाये हैं।

फेमिना पढ़ कर एक बात का आश्चर्य हुआ कि उसमें सेनिटरी नैपकिन के विज्ञापन अब नहीं के बराबर हैं जबकि एक जमाने में उसमें काफी होते थे। इसका अर्थ हुआ कि *फेमिना* पीढ़ी अब इतनी बदल चुकी है कि सेनिटरी नैपकिन के विज्ञापन नहीं देती, सेनिटरी नैपकिन के विज्ञापन अब चैनल देते हैं। इससे यही साफ होता है कि सेनिटरी नैपकिन एलीट क्षेत्र से निकल कर बड़े मास-मारकेट में आ चुका है। ब्रा और लाँजरी के विज्ञापन अभी काफी हैं, इससे जाहिर है कि निजी देखभाल के अवशेष अभी बचे हैं। फेमिना में सबसे ज्यादा विज्ञापन इन दिनों लिपिस्टिक और शेम्पू एवं साड़ियों के हैं। यहाँ हम सेनिटरी नैपकिन्स और ब्रा के विज्ञापनों की बात करेंगे, यहाँ हम उस स्त्री-मुद्रा की बात करेंगे जो उसके स्तनों के उभारों को दिखाने पर ज्यादा जोर देती है।

यदि हम याद करें तो सेनिटरी नैपकिंस के विज्ञापन टीवी के आने से पहले नहीं थे। स्त्रियों के मासिक धर्म के दिनों के लिए 'तकलीफ के दिनों में दर्द से निजात देने के लिए' सेरिडोन के विज्ञापन ज्यादा छपा करते थे। उसके बाद *फेमिना* जैसी पत्रिकाओं में या *स्टारडस्ट* जैसी अपमार्केट पॉपुलर पत्रिकाओं में सेनिटरी नैपकिंस के विज्ञापन देखे गए। वे कहीं आज भी दिख जाते हैं जो अब स्त्रियों की जगह किशोरियों को ज्यादा लक्षित करते हैं। वे दो सन्देश देते हैं। पहला यह कि आपको इन सेनिटरी नैपकिंस के इस्तेमाल से सुरक्षा मिलेगी। आप को शर्माना नहीं पड़ेगा। दूसरे आपको 'आजादी' मिलेगी। शर्म का जाना और आजादी का आना, ये दो सन्देश एक स्पेस बनाते हैं। आप एम टीवी या स्टार टीवी के विज्ञापन देखें। आप स्त्री सीरियलों के विज्ञापनों को देखें। वहाँ व्हिस्पर या स्टे फ्री ब्रांडों के विज्ञापन देखें। ये दोनों सन्देश एक नई स्त्री बनाते मिलेंगे—ज्यादा आजाद स्त्री, जाहिर है जो व्हिस्पर से आजाद नहीं लेकिन लज्जा से आजाद है।

लज्जा पुल्लिंगी सत्ता-विमर्श का बनाया वह बुनियादी चिह्न है जो स्त्री की देह से तय किया जाता है और जो अन्ततः उसके मन को कंट्रोल करता है। पूँजी-निर्धारित नए स्पेस में लज्जा सबसे पहले खत्म होती है। लज्जा की हानि सांस्कृतिक विमर्श में पूँजीवादी समाज का वह हस्तक्षेप और विचलन है जहाँ से औरत की आजादी का ककहरा शुरू होता है। नेपकिन के विज्ञापन इस लज्जा को अनुपस्थित करते हैं। वे उसकी जगह लड़की का अपने काम पर भरोसा और आजादी वापस लाते हैं। पत्रिकाओं और टीवी पर हजारों बार आता यह विज्ञापन एक ब्रांड का होकर लड़की को एक लज्जाविहीन ब्रांड बनाता है लेकिन जो व्हिस्पर के दायरे में नहीं भी हैं उन्हें भी लज्जित होने से मना करता है। मासिक धर्म की वजह से पुरानी औरतों को लाज और आत्मनिषेध झेलने पड़ते थे। अब यह सब नहीं होता। होता है तो लगता है नहीं होना चाहिए। एक व्हिस्पर ने मासिक धर्म का समाजशास्त्र बदल डाला है। मनोविज्ञान

बदल डाला है। क्या हम इसे स्त्रीत्व का एक नया स्पेस नहीं कह सकते? अब स्त्री उन तीन दिनों के लिए न लज्जित है, न परदे में है। वह सर्वत्र है। उसका आत्मनिषेध अब नहीं है। यह क्या समाज का पीछे जाना है? नहीं, यह आगे आना है। स्त्री को उसके पुल्लिंगी लाज-बंधन से मुक्त करना है। यही बात ब्रा के विज्ञापन करते हैं। वे देहयष्टि के प्रति स्त्रियों को अधिक सजग बनाते हैं। ब्रा पहली बार औरत को अपने आकार के प्रति सजग करती है। यह भी मनोवैज्ञानिक जाक लाकां के *(मिरर फेज आइडियल इमेज / चैनल्स ऑफ डिस्कोर्स, सम्पादक : रॉबर्ट सी एलेन में 'फेमिनिस्ट क्रिटिसिज्म एंड टेलीविजन' नामक ई.एन काप्लान का लेख / 235)* की तरह काम करता है। हम विज्ञापन में खुद को देखकर अपनी पहचान स्थापित करते हैं। विज्ञापन में आई औरत जैसी औरत बनने की कामना ही वह स्पेस है जिसमें किसी ब्रांड की पैठ तो है, लेकिन पूरा कंट्रोल नहीं है।

अब हम शेंपू और केश-राशि की औरत के बदले उस चेहरे और उन लुक्स की बात करें जो लज्जावनत नहीं है। लज्जा के पुराने आशयों और चिह्नों के अभाव में औरत का चेहरा एकदम बदल गया है। यह नया चेहरा है जिसके नाक-नक्श एक पॉपुलर मार्केट की अपील से बनते हैं। यह एक नस्ली चेहरा नहीं है। यह एक मिक्स चेहरा है। हाइब्रिड चेहरा है। इसमें उत्तर-आधुनिक 'मल्टी कल्चरिज्म' को पढ़ा जा सकता है।

हम युक्ता मुखी, लारा दत्ता, ऐश्वर्या राय या सुष्मिता का चेहरा देखें। यह आर्य स्त्री का चेहरा नहीं है जिसकी तीखी नाक है और जिसकी कुद अन्दर घुसी हुई है। नहीं, यह चेहरा लम्बा नहीं है। गोल है। अंडाकार है। यह चेहरा हाई चीक बोन्स वाला है। आँखें बड़ी हैं। लेकिन वे कुल मिलाकर मंगोल लुक देने वाली हैं। छोटी हैं जो इस चेहरे पर चलती हैं। काजल तीखा नहीं है। रदपट अपेक्षाकृत बड़े और मोटे हैं। पतली और लम्बी टाँगों वाली हैं। उनकी चितवन आत्मविश्वास से भरी है। वे कैमरे की ओर अधिक अभिमान से देखती हैं। यह अभिमान उनके दिखने लायक होने का अभिमान है। यह कुछ मेडोना की-सी 'मैटीरियल गर्ल' की छवि है जो मेडोना के वीडियो जितनी स्वतन्त्र नहीं है। वह दृश्य में अलंकार की तरह है लेकिन यह अलंकार रीतिकालीन नहीं है। उसकी चाल में एक आत्माभिमानी प्रदर्शन है।

क्या हम कह सकते हैं कि दूसरे विश्व-युद्ध के बाद जिस भूमंडलीकृत स्त्री-चेहरे को बनाया गया उसमें आर्य नस्लवादी चेहरे का स्वयमपि या जानबूझकर निषेध हो गया है? क्या हम कह सकते हैं कि यूरोप से हट कर ज्यों ही कारपोरेट कल्चर मैडीसन एवेन्यू में पहुँची और सौन्दर्य-प्रतियोगिताएँ आरम्भ हुई, उनमें एक ऐसे उत्तर-औपनिवेशिक चेहरे की जरूरत महसूस की गई जो यूरोपीय सौ फीसदी न हो और जो विश्व के संकर और मिले-जुले बाजार के लिए स्वीकार्य चेहरा हो यानी जिसमें यूरोपीय गोरापन हो, मंगोली माथा हो, यूरोपीय ब्लांड केश-राशि हो, रैंप का कैट

वॉक हो, एक कतार वाली चौड़ी रदुपट वाली धवल दंतावली हो, उठी हुई चिबुक हो, नासिका सुतवाँ, छोटी 'क्षुद्र रंध्रा' हो, नितम्ब अति पुष्ट न हों, वक्ष नितम्ब के अनुपात में समान रहें, कटि पतली हो, और पैर हल्के हों। यह औरत है जो ब्यूटी मिथ और उससे जुड़े प्रसाधन उद्योग ने बनायी है और जो अब एक मानक बन गई है। लेकिन यह स्त्री-छवि अवगुंठनवती नहीं है। लाज-लिहाज से मरने वाली नहीं है और मध्यवर्गीय औरत के लिए कामकाजी औरत की छवि है। आँखों से सीधे देखना इस औरत की विशेषता है। ब्यूटी मिथ के इस परिदृश्य में औरत की लाज का जाना उनकी उस आत्मचेतना का आना है जिसका आखेट रसिया लोग नहीं कर पाते और हाय-हाय करते हैं कि औरत बिगड़ रही है। इस रसिक का ऐसा विरोध बहुराष्ट्रीय निगमों के साथ लिंग-ईर्ष्या की तरह है जिसमें वह हार गया है। जो औरतें उसे लाजवन्ती रूप में घूँघट में उपलब्ध थीं अब बेशर्म हो गई हैं। एक सामन्ती मन की ताकत से बहुराष्ट्रीय निगमों की ताकत कहीं ज्यादा है इसलिए रीतिकालीन उपमानों में औरत को बन्द देखने के आदी लोग औरत के इस कदर 'बाजार में जाने' से परेशान रहते हैं। उनका रनिवासी बाजार उजड़ गया है और बहुराष्ट्रीय बाजार बन गया है जिसमें पहले के मुकाबले औरत के लिए ज्यादा स्पेस है। जाहिर है इससे परेशानी होती है। पुल्लिंगी विमर्श इस मैटीरियल गर्ल से हारता है क्योंकि वह उनके रूपकों से बाहर चली गई है। यह बाहर जाना एक रेडिकल क्षण है।

पिछले वर्षों में मीडिया ने और ब्यूटी मिथ ने औरत के केश-विन्यास को शायद सबसे ज्यादा बदला है। अब उसके बाल बँधे नहीं हैं। चोटी या जूड़े की जगह कन्धों तक लहराते शेम्पूकृत सीधे झूलते बाल अब मीडिया के मॉडलों में लगभग स्थायी हो चले हैं। यह एक कामकाजी औरत का चेहरा है जो अध्यापिका है, नर्स है, डॉक्टर है, वकील है, इंजीनियर है, कंप्यूटर-विशेषज्ञ है। आप देखें कि पुराने कृषि समाज में काम करती औरत के बाल अभी तक चोटी वाले हैं लेकिन शहरी कामकाजी औरत के बाल बदल गए हैं। कम से कम लड़कियों के बाल बदल चुके हैं, वे कन्धे को छूते हैं, कढ़े होते हैं, उनमें कोई रबर बैंड बँधा हो सकता है लेकिन वे प्रायः खुले होते हैं। लंबे बाल अब चलन में नहीं हैं। लम्बे बालों का रख-रखाव कठिन है। छोटे बाल कामकाजी औरत का समय बचा सकते हैं। उनके रख-रखाव में कम समय लगता है। यह काम का दबाव है। केश-विन्यास के क्षेत्र में ब्यूटी मिथ का जितना दबाव है उतना काम की शर्त का भी दबाव है। इसी तरह पहनावे में शलवार-कुर्ता और जींस-टॉप्स और अब टैंक-टॉप्स का आना बताता है कि ब्यूटी मिथ ने जितना बदला है उतना ही काम करने की शर्तों ने भी बदला है। ब्यूटी मिथ और नई अर्थव्यवस्था एक दूसरे के पूरक हैं। एक कामकाजी औरत अगर लम्बे बाल रखती है, वेणी बनाती है तो उसके पास खाली वक्त अधिक होना चाहिए। वह नहीं है, इसलिए जिन कामों में ज्यादा समय लगता है, वही कम किए गए हैं। छोटे बाल सूखने में कम समय लेते हैं। माँग निकालने में भी कम समय लेते हैं। इसका दूसरा पक्ष यह है कि छोटे बाल अधिक आकर्षक

और स्वतन्त्र स्त्री-चेहरे को बनाते हैं। चोटी 'बाँधना' स्त्री के चेहरे, या कहें, 'स्त्री को बाँधना' है। केशों का खुले रहना उसका बंधन-मुक्त होना है। अपमानित द्रौपदी अपने बाल खोल लेती है। छिन्नमस्ता के बाल खुले ही हैं। दोनों ही छवियाँ विद्रोहिणी स्त्री की छवियाँ हैं। मिथक में भी खुले बाल बंधन से परे जाने की छवि बनाते हैं। खुले बाल एक रेडिकल चेहरा बनाते हैं।

औरत का यह चेहरा पिछले दो-तीन दशकों में बना एक नया चेहरा है जो आर्य नहीं है, न जो मोनालिसा जैसा है, बल्कि जो एक अतिव्याप्त चेहरा है, संकर चेहरा है, जो अब सर्वत्र है, ग्लोबल है, ग्लोबल मार्केट के लिए ग्लोबल चिह्नों का मिक्स चाहिए। ब्यूटी मिथ भारतीय परिस्थितियों में एक सीमित किन्तु महत्त्वपूर्ण भूमिका किस प्रकार अदा करती है, इसे हम शादी के बाजार में बदसूरत काली लड़कियों की बदलती छवि से देख सकते हैं। अब ब्यूटी पार्लर जन्मना बदसूरत औरत को सुन्दर आकर्षक बना सकता है। काली लड़की का भी एक सौन्दर्य है। पेंची और चपटी नाक वाली लड़की तीखी नाक वाली पर भारी पड़ती है। ब्यूटी मिथ ने औरत को जो एक चेहरा दिया है, वह रीतिकालीन नायिका से आगे का है। प्रसंगवश कह दें कि भारतीय समाज में रीतिकालीन नायिका के निर्माण के बाद यह पहला मौका है जब एक स्त्री इतने बड़े पैमाने पर बनायी गई है। उसे बनाने वालों में फिल्मों ने और अब टीवी ने बुनियादी भूमिका निभाई है। यह नई भारतीय मैटीरियल गर्ल है जो भले मेडोना की तरह मैटीरियल गर्ल न हो लेकिन जो उस जैसी नजर आती है।

नई अर्थव्यवस्था इन दिनों नेहरूवादी दौर की स्त्री को बदल रही है। कामकाजी औरत की छवि में यह परिवर्तन ध्यान देने योग्य है जिसे ब्यूटी मिथ ने ही सम्भव किया है। नेहरूवादी दौर की युवती मीना कुमारी, वैजयन्ती माला, नरगिस, मधुबाला, वहीदा से मिल कर बनती है। परिवार में अन्ततः लौटती यह स्त्री अन्ततः एक विराट 'नर्स' है : पेशे से नर्स है, अध्यापिका है। बच्चों का उत्पादन और सेवा का उत्पादन उसका कार्य-क्षेत्र है। वह परिवाररूपी राष्ट्र को समर्पित छवि है जो अपने प्रति सचेत नहीं है, न अपनी देह के प्रति ज्यादा सचेत है। अपने को सेवा में लगाकर घुला देना अपने का निषेध है। यह हमारे औद्योगिक दौर की स्त्री-छवि है जो इस उत्तर-औद्योगिक दौर में स्थानान्तरित हो रही है। उसकी जगह आत्म-सजग, अपनी छवि के प्रति सचेत, स्त्री आ रही है। जो चीज नेहरू के जमाने में उच्च-मध्यवर्गीय स्त्रियों को नसीब थी यानी वही ब्यूटी मिथ थी। वह अब मास-स्तर पर सबको उपलब्ध है। इस तरह नई स्त्री-छवि एक रेडिकल छवि है क्योंकि वह बड़े पैमाने पर बन रही है।

नई अर्थव्यवस्था अपने लिए जिस औरत को बना रही है वह नई सूचना-क्रान्ति के क्षेत्र में बन रही है। यह साइबर स्पेस में और उसके द्वारा बनायी जा रही है। यह पोस्ट-मेडोना या कहें पोस्ट-फेमिनस्टि छवि है जो साइबर स्पेस में बन रही है। अनीता राय ने *आउटलुक* के स्त्री अंक में 'स्पेसेज ऑफ माडर्निटी' में लिखा है कि :

मॉडर्न इंडियन औरत की छवि उन छवियों से बनती है जो प्रथमतः शहरी है, जो

अंग्रेजी बोलने वाली है, काम करती है, जिसकी देखभाल अच्छी तरह हुई है जिसका चेहरा फोटोचित है, जो चालीस से कम उम्र की है। बहुतों के लिए आधुनिक भारतीय औरत सुन्दरी है जो जीन्स उसी आसानी से पहनती है जिस आसानी से साड़ी-शलवार पहनती है। उसका चेहरा अखबारों के नगर-पृष्ठों की शोभा होता है। जो डिस्को में जाती है, जिसकी कमर पतली है। अनीता का कहना है कि पढ़ी-लिखी औरत को मॉडर्निटी के साथ ट्रेडीशन से समझौता करना पड़ता है। खासकर उनके ड्रेस कोड के बारे में माडर्निटी और परम्परा का झगड़ा अच्छी तरह नजर आता है। अनीता का कहना है कि परम्परा और मॉडर्निटी का तनाव एक गतिमयता जरूर देता है। विवाह के विज्ञापन ज्यादातर 'गुड लुक्स' वाली शिक्षिता के साथ परम्परा मानने वाली दुल्हन चाहते रहते हैं। परम्परा वाली यानी परिवार को चलाने वाली। इस परम्परा और आधुनिकता के बीच असल झगड़ा आजाद क्षणों को पाने और एकान्त पाने का होता है। यह स्पेस तकनीक ने दिया है। वाशिंग मशीन औरत को गृहिणी के ढाँचे से मुक्त न करके उसी में रखती है लेकिन वाशिंग मशीन उसे एक आजादी की जगह खाली समय देती है। इसी तरह मिक्सी है जो उसे खटने से बचाती है। देखें तो उपभोक्ता क्रान्ति के अनेक उपकरण ऐसा करते हैं जो औरत को आजाद क्षण अधिक दे सकते हैं। इन आजाद क्षणों को आप हमेशा ही नियन्त्रित नहीं कर सकते।

आउटलुक का अंक 'वाई-टू-के लड़की' की पीढ़ी को भी इसी तरह से रेखांकित करता है जो किसी भी परम्परा के खूँटे से बँधी नहीं है और न उससे व्याख्यायित हो पाती है। भारतीय लड़की जो एक जमाने में मनु के क्रोध की पात्रा बनी है आज अधिक उत्तेजक और गूढ़ है। एम टीवी ने जब अपने बाजार के लिए एक सर्वे किया तो पाया कि माता-पिता इस लड़की के दोस्त हैं। विवाह-पूर्व सेक्स अब वर्जित नहीं है, वे पढ़ने पर, केरियर पर जोर देती हैं। मन्दिर जाती हैं तो सौन्दर्यशास्त्रीय कारणों से। बीस साल के आस-पास की लड़की आज ज्यादा व्यक्तिवादी है। वह आसानी से सम्बन्धों में नहीं बँधती। कैरियर का मतलब स्वाधीनता है। एक कैरियर अनेक रास्ते खोलता है। परिवार से बाहर भी आप कुछ सोच सकते हैं। यह सिर्फ वित्तीय आजादी नहीं है। शमीम अख्तर की यह टिप्पणी नई लड़की के बारे में बताती है जो ब्यूटी मिथ की निर्मिति है लेकिन उससे बाहर भी नजर आती है।

यही नहीं, साइबर स्पेस में एक और छवि बन रही है जो इंटरनेट-चतुर और कुशल औरत की है। *आउटलुक* का स्त्री अंक इस नई साइबर स्पेसी औरत की छवि को इस तरह पेश करता है। स्वयं अनीता कहती हैं कि *कॉस्मो*, *फेमिना*, 'ब्राइड एंड होम', सीता गीता डॉट कॉम, स्मार्ट बहू डॉट कॉम, आदि ऐसी बहुत सी वीमेंस वेब साइट्स के आने से सिद्ध होता है कि औरतों को थोड़ी जगह और आर्थिक सत्ता मिली है। नई अर्थव्यवस्था में औरत का चेहरा कैसा है, इसे खोजते हुए एन मारलोव का कहना है कि ऑन लाइन औरत का चेहरा नया चेहरा है जो नई इकॉनॉमी ने बनाया है। अनेक लिंगाधारी पत्रिकाएँ बन्द हुई हैं। सालोन डॉट कॉम ने इनके अन्त का जश्न

मनाया है। इंटरनेट पर आकर लिंग-भेद का महत्त्व लगभग खत्म होने लगता है। वेबसाइट हममें से हरेक को स्वात्म को अनुभव करने का अवसर देता है जो व्यक्तिगत बोध से निर्मित होता है, किसी लिंग-धर्म-जाति या राष्ट्रीयता की सामूहिकता से नहीं होता। ऑन लाइन औरत को हर वक्त उसकी 'जगह' नहीं बताई जाती और अन्ततः वह अपनी सास या माता-पिता, गुरु या मुल्ला की जासूसी से परे हो जाती है। जब तक वह न बताना चाहे, कोई उससे उसकी लिंग-स्थिति और अवस्था के बारे में नहीं जान सकता। इस प्रकार साइबर स्पेस में सक्रिय औरत दिमागों के बीच दिमाग बन जाती है आँखों के बीच आँख बन जाती है। वह सिर्फ कोख नहीं रह जाती। वह किसी भी वेब साइट पर हो सकती है। साइबर स्पेस की आजादी बेरोक है। इतिहास में पहली बार वह अपने विचारों को बिना किसी बंधन या भय के कह सकती है। यह एक प्रकार का 1928 में कल्पित वर्जीनिया वुल्फ का नितान्त निजी यानी 'अपना कमरा' है जिसे तकनीक ने सम्भव किया है। साइबर स्पेस ऐसा ही नितान्त निजी स्पेस है। विकासमान देशों में सस्ते फोन और इंटरनेट की सुविधा ज्यादा से ज्यादा लोगों को अपने साथ जोड़ रहे हैं। इस प्रक्रिया में ज्यादा लाभ औरतों को हो रहा है। साइबर स्पेस में औरत की निजता के मामले को लेकर स्वतन्त्र विचार की जरूरत है। यहाँ हम इतना ही कह सकते हैं कि इन बुर्जुआ पत्रिकाओं, मार्केट और ब्यूटी मिथ के साथ साइबर स्पेस में औरत के 'निजी कमरे' के विचार ने एक नितान्त नया स्त्री-स्पेस बनाया है जो सामन्ती स्त्री-स्पेस के मुकाबले अग्रगामी और जनतान्त्रिक स्पेस है जिसे सिर्फ इसलिए नहीं धिक्कारा जा सकता कि वह एक पूँजीवादी स्पेस है! वह अपनी द्वन्द्वात्मकता में ही खुलता है और उसे वैसे ही पढ़ना जरूरी है।

भूमंडलीकरण का प्रतिभूगोल

पितृसत्ता के नए रूप

अभय कुमार दुबे

पूँजीवाद से पहले की कालावधियों में नारी घर के भीतर बिना किसी मुआवजे और छुट्टी के आजीवन और अहर्निश श्रम करने के लिए अभिशप्त थी। पुरुष ने उसे अपना वंश चलाने के लिए एक प्रजननकारी कोख में बदल दिया था। उसकी यौनिकता को दबाने और सीमित करने के लिए तरह-तरह के सामाजिक-धार्मिक कायदे-कानून बनाए गए थे ताकि वह एक पुरुष के साथ जुड़ कर केवल इतर-लिंगी सहवास को ही नैतिक और स्वाभाविक माने। शिक्षा और अधिकारों से वंचित करके उसे अपने बजाय दूसरे का खयाल रखने के लिए निरंतर प्रेरित किया जाता था।

पूँजीवादी आधुनिकता के संसर्ग से महिलाओं के आन्दोलनों ने हजारों साल से चली आ रही इन स्त्री-विषयक धारणाओं पर प्रश्न-चिह्न लगाने में सफलता प्राप्त की। पूँजीवाद के विभिन्न चरणों में बाजार के फायदे के लिए महिला के श्रम को घर के दायरे से निकालने की शुरुआत हुई लेकिन महिला-मुक्ति अपनी सम्पूर्णता में कहीं भी उपलब्ध नहीं हो पाई। औरत की गुलामी एक बहुत बड़ा सवाल थी जिसका उत्तर दिया जाना शेष था।

मानवाधिकारों और यौनिकता के दायरे में औरत के सवाल को गहराई से उठाने वाली नारीवादियों और उनके हमदर्दों ने बाद में अन्तर्राष्ट्रीय सम्बन्धों और पूँजी के क्षेत्र में चल रही भूमंडलीकरण की प्रक्रिया पर उतनी गम्भीरता से ध्यान नहीं दिया। पूँजीवाद का रूप बदल रहा था। उसने राष्ट्र-राज्यों की सीमा लाँघ कर विश्व-भर के बाजारों का एकीकरण कर दिया। सीमाओं के आर-पार पूँजी का उन्मुक्त प्रवाह होने लगा। निर्यातोन्मुख विकास की धारणा ने जोर पकड़ लिया। सस्ते श्रम की खोज हुई और अन्तर्राष्ट्रीय वित्तीय पूँजी ने पाया कि घर के दायरे से बाहर निकलने को आतुर औरत को वह सस्ते और लचीले श्रम के रूप में इस्तेमाल कर सकती है। इसलिए भूमंडलीकरण के पहले चरण में निर्यात हेतु माल बनाने के लिए श्रम-प्रधान

प्रौद्योगिकी में गरीब महिला श्रमिकों को बड़े पैमाने पर खपाया गया।

भूमंडलीकरण का दूसरा चरण ऑटोमेशन, कंप्यूटरीकरण और संचार क्रान्ति का था जिसके लिए उच्च शिक्षित और मध्य व उच्च-मध्यवर्गीय औरतों की जरूरत पड़ी। औरत के सौन्दर्य को उपभोक्ता क्रान्ति का केन्द्र बनाने के लिए पश्चिम में पिट चुकी सौन्दर्य प्रतियोगिताओं में नई जान डाली गई और तीसरी दुनिया की औरतों को विशेष रूप से सुन्दर घोषित कर दिया गया। प्रसाधन उद्योग और सौन्दर्य उद्योग को मध्यवर्गीय लड़कियों और गृहणियों के रूप में असंख्य नए उपभोक्ता मिल गए। भूमंडलीकरण ने औरत का यह इस्तेमाल करते समय नर-नारी विषमता के सामाजिक पहलू की तरफ कोई ध्यान नहीं दिया। बाजार के पास ऐसा कोई औजार नहीं था जिसके जरिए वह इस सामाजिक शक्ति-संतुलन को प्रभावित करता। दरअसल उसका फायदा तो औरत की अधीनस्थ और परिवार के साथ बँधी हुई स्थिति कायम रखने में ही था। उसे औरत से कम वेतन के बदले अधिक श्रम जो लेना था। औरत को देह के बंधनों से निकाल कर सचेत बनाने में भी उसकी कोई दिलचस्पी नहीं थी इसलिए उसने सुन्दर औरत को विदुषी और विदुषी औरत को सुन्दर मानने से इनकार किया। कुल मिला कर भूमंडलीकरण ने औरत की पारम्परिक अधीनस्थ छवि को कायम रखते हुये उसकी सुन्दरता के संस्थागत इस्तेमाल को वैश्विक आयाम प्रदान कर दिया।

जिन-जिन देशों की अर्थव्यवस्था पर पूँजी के चंचल चरित्र के कारण दुष्प्रभाव पड़े, उन देशों को पर्यटन और मनोरंजन उद्योग के नाम पर स्त्रियों के निर्यात के लिए प्रोत्साहित किया गया। अमीर देशों में घरेलू काम के लिए और यूरोप के चकलाघरों के लिए करोड़ों स्त्रियों को अपराधी गिरोहों के जरिये सीमा पार भेजा गया। इस व्यापार में भूमंडलीकृत राष्ट्रों की छिपी और खुली सहमति शामिल थी। अजनबी धरती पर अपना श्रम और देह बेच कर इन औरतों ने बड़े पैमाने पर विदेशी मुद्रा भेजी जिससे अर्थतन्त्रों ने विदेशी कर्जा चुकाया और भूमंडलीकरण की होड़ जारी रखी। औरत की देह, उसके श्रम और उसकी छवि का भूमंडलीकरण ने अतीत के किसी भी काल के मुकाबले सर्वाधिक दोहन किया। भूमंडलीकरण ने पितृसत्ता के कुछ नए रूप रचे। उसने परम्परा और धर्म के अलावा आर्थिक आधुनिकीकरण और वैकासिक आग्रहों को भी नई पितृसत्ता का जनक बना दिया जबकि कभी इन दोनों को औरत की आजादी का सम्भावित जरिया माना जाता था। इस तरह भूमंडलीकरण के तहत पितृसत्ता और मजबूत हो गई।

नब्बे का दशक शुरू होने से ठीक पहले नारीवादी सिंथिया एनलो ने भूमंडलीकरण के समर्थकों से पूछा था कि तुम्हारी व्यवस्था में 'औरतें कहाँ हैं?'[1] अन्तर्राष्ट्रीय वित्तीय पूँजी के अलमबरदारों ने इस छोटे से सवाल का लम्बा जवाब दिया। उन्होंने तरह-तरह से कहा कि औरतें राजनीति में हैं और स्त्री-समर्थक राजनेताओं को वोट देने की तैयारी कर रही हैं। इसके अलावा वे निर्यात संवर्धन क्षेत्रों में लगी फैक्टरियों में बड़े

पैमाने पर नौकरी कर रही हैं। नई विश्व अर्थव्यवस्था ने उन्हें सबसे ज्यादा रोजगार दिया है। साथ ही वे फिल्मों में, मॉडलिंग में, टीवी सीरियलों में, पॉप संगीत में, विज्ञापनों में और सौन्दर्य प्रतियोगिताओं में छाई हुई हैं। वे धीरे-धीरे शासन में ऊँचे पदों पर पहुँचती जा रही हैं और बहुराष्ट्रीय निगमों के बीच उनकी प्रबंधन-क्षमता का इस्तेमाल करने की होड़ मची हुई है।

इस जवाब का सारतत्त्व यह था कि भूमंडलीकरण ने औरत को 'पावर वूमेन' बना दिया है। यह सब करने के लिए उसे किसी नारीवादी गोलबंदी अथवा सिद्धान्तशास्त्र की जरूरत भी नहीं पड़ी। केवल बाजार, पूँजी और संचार-क्रान्ति की ताकत के दम पर औरत की दुनिया बदल गई है। भूमंडलीकरण ने दावा किया है कि अब पहले से कहीं ज्यादा औरतें अपने लैंगिक हित को ध्यान में रखकर वोट डालती हैं और राजनीति में सीधी भागीदारी करती हैं। अब पहले से कहीं ज्यादा औरतों के पास अपनी निजी आमदनी का स्रोत है और वे आर्थिक रूप से आत्मनिर्भर हैं। सौन्दर्य-उद्योग और पॉप संस्कृति के जरिये उन्होंने अपनी यौनिकता का दोतरफा इस्तेमाल किया है अर्थात ख्याति और धन कमाने के साथ-साथ उन्होंने पुरुष को चमत्कृत कर दिया है। अब पहले से कहीं ज्यादा औरतें आर्थिक और प्रशासनिक सत्ता में निर्णयकारी हैसियत प्राप्त करती जा रही हैं। पुरुषों के हाथों का खिलौना बनने के बजाय उनके हाथ में पुरुषों को अपनी मर्जी से चलाने की ताकत आ गई है।

सिंथिया एनलो द्वारा पूछे गए सवाल के लगभग दस वर्ष बाद भूमंडलीकरण की प्रक्रिया को औरतों के 'बैकलैश' के रूप में इस प्रकार चित्रित किया जा रहा है :

> शायद औरतों के लिए इतना अच्छा और मर्दों के लिए इतना बुरा वक्त कभी नहीं आया होगा। आर्थिक आजादी ने औरतों के खयालों को मुक्त उड़ान भरने का मौका दे दिया है। घर के भीतर आजकल अघोषित नियम यह चल रहा है कि तुम्हारा पैसा तो मेरा है ही, मेरा पैसा सिर्फ मेरा है। परिवार को चलाने का दम्भ चूर-चूर हो जाने के बावजूद पुरुष को अपनी परम्परागत भूमिका पूरी तरह निभानी ही पड़ रही है। कोई और चारा न होने के कारण वह सिर झुका कर काम में लगा हुआ है। उसे परम्परागत अपेक्षाओं के बंधनों से छुटकारा पाने की कोई गुंजाइश नजर नहीं आ रही है। वे तमाम सुविधाएँ और विशेषाधिकार उससे छिन चुके हैं जिन्हें वह स्वाभाविक रूप से भोगता था। उसकी औरत न केवल सम्पूर्ण आजादी के साथ आगे निकलती जा रही है बल्कि उसने अपने सभी दायित्वों को भी त्याग दिया है।[2]

इस कथन में नारी एक ऐसे अस्तित्व की तरह उभरती है जो मुक्त होने के लिए सिर्फ आर्थिक आजादी का इंतजार कर रही थी। तस्वीर कुछ इस तरह पेश की जाती है कि जैसे ही भूमंडलीकरण के तहत श्रम का स्त्रीकरण हुआ अर्थात श्रमिकों में स्त्रियों की संख्या बढ़ी वैसे ही नर-नारी सम्बन्धों में परिवर्तन आना शुरू हो गया। एक लोकप्रिय अखबार के पन्नों पर मोटे-मोटे हरूफ में छपा हुआ यह कथन बाजार के तहत

आजाद हो रही नारी की छवि बड़े आक्रामक ढंग से परोसता है। इसी तर्ज पर, लेकिन अधिक संतुलित ढंग से, 'फोर्ड फाउंडेशन रिपोर्ट' पत्रिका का ताजा शरदकालीन अंक महिलाओं पर दी गई विशेष सामग्री के जरिए बताता है कि नई अर्थनीति और आर्थिक सुधारों के नेतत्व में नारियाँ चौतरफा प्रगति कर रही हैं। कहीं छोटे और कहीं बड़े कदम उठाते हुए वे विशेष साहस का प्रदर्शन कर रही हैं, इसलिए :

> एक के बाद एक राष्ट्रों में पहले से कहीं ज्यादा लड़कियाँ स्कूल जा रही हैं और अब वे जल्दी ही नाम कटा कर पढ़ाई नहीं छोड़तीं। नागरिक, राजनीतिक और बौद्धिक नेताओं के रूप में महिलाएँ आगे आ रही हैं। ऐसे कानून बनाए जा रहे हैं जिनसे कार्यस्थलों पर औरतों के लिए बेहतर अवसर मुहैया कराने और घरों में स्त्री-विरोधी हिंसा को रोकने की उम्मीद बंधती है।[3]

फोर्ड फाउंडेशन मुक्त बाजार का बहुत पुराना समर्थक है। उसके पास तथ्यों और आँकड़ों का एक लम्बा सिलसिला है। वह पश्चिम बंगाल की औरतों द्वारा ग्राम्य परम्पराओं का इस्तेमाल करके घरेलू हिंसा को रोकने के प्रयोग का जिक्र करता है, वह अमेरिका में महिलाओं द्वारा चलाए गए छोटे-छोटे उद्यमों के जरिए स्वरोजगार में आए उछाल का हवाला देता है, उसकी निगाह में चीनी लड़कियाँ सुन्दर भविष्य में लम्बी छलाँग लगा चुकी हैं, इंडोनेशिया में इस्लामिक धर्मशास्त्रों की शिक्षाएँ औरतों की हैसियत सुधारने में मददगार साबित हो रही हैं, पेरू की औरतें अदालतों, समाचार माध्यमों और सड़कों पर अपने हकों के लिए आन्दोलनरत हैं। फाउंडेशन का दावा है कि सारी दुनिया में विधायिकाओं में औरतों की संख्या बढ़ रही है। इस प्रकार बाजार के प्रवक्ताओं ने लगभग घोषित ही कर दिया कि अब औरत के आजाद होने में देर नहीं है। जो थोड़ी-बहुत बाधाएँ शेष हैं, वे अगले कुछ दिनों में दूर कर ली जाएँगी। लेकिन महिला सशक्तीकरण के इस भूमंडलीकृत अभियान का एक दूसरा पहलू भी है जो कहीं अधिक सटीक और विश्वसनीय ढंग से साबित करता है कि भूमंडलीकरण ने औरतों को अतीत की किसी भी कालावधि के मुकाबले अधिक निर्ममता और सम्पूर्णता से एक बिकाऊ जिंस में बदल दिया है। यहाँ औरत का बिकाऊ माल में बदलना केवल सौन्दर्य उद्योग के सन्दर्भ में या आमतौर पर बाजार की आलोचना के एक पुराने मुहावरे के तौर पर नहीं बताया जा रहा है। दास-प्रथा के दिनों से भी ज्यादा और सामंतवादी युग की व्यापकता को भी पीछे छोड़ते हुए भूमंडलीकरण के पिछले दस वर्षों में दुनिया के पैमाने पर औरतों के निर्यात के जरिए अरबों-खरबों डालर की रकम कमाई गई है। निर्यात करने वाले देशों की प्रति व्यक्ति आय से आयात करने वाले देशों में प्रति व्यक्ति आमदनी तकरीबन दुगनी है। ये गरीब देश वही हैं जिन्होंने अन्तर्राष्ट्रीय मुद्रा कोष और विश्व बैंक की सलाह पर ढाँचागत समायोजन कार्यक्रमों को अपनाया था। ये वही देश हैं जिन्होंने विदेशी पूँजी के आने-जाने पर लगी परम्परागत बन्दिशों को क्रमशः हटा लिया है। ये भूमंडलीकरण की होड़ में कूदने वाले देश हैं लेकिन इस चक्कर में वे कर्ज के बोझ तले दब गए हैं। उनकी कृषि और उद्योग

उन्हें कर्ज उतारने के लिए आवश्यक विदेशी मुद्रा नहीं दे पा रहे हैं इसलिए वे औरतों का निर्यात करके डालर और पाउंड हासिल करने में लगे हैं। औरतों के इस आयात-निर्यात को भूमंडलीकरण का प्रति-भूगोल बताते हुए सास्किया सासेन ने पर्दे के पीछे होने वाले व्यापार का इस प्रकार वर्णन किया है :

> सीमाओं के भीतर और उनके आर-पार होने वाली इस तिजारत में श्रम तथा अन्य सेवाओं के लिए औरतों की जबरिया भर्ती की जाती है। इसके लिए अपनाए जाने वाले नाना प्रकार के तरीकों में जोर-दबाव का सहारा लिया जाता है। यह व्यापार औरतों के मानवीय, राजनीतिक और नागरिक अधिकारों का हनन करके सम्पन्न होता है। यह तिजारत मुख्यतः वेश्यावृत्ति, श्रम बाजार और अवैध आव्रजन के लिए की जाती है।... यौन उद्योग के लिए औरतों की तिजारत इस व्यापार के कर्ताधर्ताओं के लिए भारी मुनाफे का स्रोत है। संयुक्त राष्ट्र का अनुमान है कि 1998 में चालीस लाख औरतों का निर्यात हुआ जिससे अपराधी गिरोहों ने सात अरब डालर का लाभ कमाया। इस रकम में वेश्याओं द्वारा भेजी जाने वाली रकमें और इस व्यापार आयोजकों और व्यवस्थापकों को किया गया भुगतान भी शामिल है। पिछले कुछ वर्षों से जापान का यौन उद्योग लगभग 4.2 खरब येन प्रति वर्ष कमा रहा है। पोलैंड में पुलिस का अनुमान है कि एक पोलिश औरत का निर्यात करने पर निर्यातकर्ता को सात सौ अमेरिकी डालर मिलते हैं। आस्ट्रेलिया में संघीय पुलिस का अंदाजा है कि दो सौ औरतों के निर्यात से नौ लाख आस्ट्रेलियाई डालर प्रति सप्ताह की आमदनी होती है। यौन बाजार में उक्रेन और रूस की औरतों की कीमत बहुत ज्यादा है। उनकी तस्करी करके अपराधी गिरोह प्रति औरत पाँच सौ से एक हजार डालर कमा लेते हैं। इन औरतों से अपेक्षा की जाती है कि वे एक दिन में 15 ग्राहकों को संतुष्ट करके अपने गिरोह के लिए 2,15,00 डालर प्रति माह कमाएँगी।[4]

सास्किया का दावा है कि यौन व्यापार का यह परिदृश्य सीधे-सीधे भूमंडलीकरण से जुड़ा है। नई अर्थनीति में विदेशी मुद्रा कमाने के मामले में पर्यटन और मनोरंजन उद्योग का बहुत बड़ा स्थान है। विभिन्न शहरों, क्षेत्रों और देशों के लिए ये दोनों उद्योग वैकासिक रणनीति में प्रमुख स्थान रखते हैं। ज्यादा गरीबी और बेरोजगारी वाले इलाकों में यौन उद्योग सरकारों की मिलीभगत से विकास का जरिया बन गया है। जैसे ही कारखाना उत्पादन और कृषि के क्षेत्र ठप्प होते हैं वैसे ही सरकारें इस क्षेत्र को आमदनी का जरिया बना लेती हैं। अन्तर्राष्ट्रीय मुद्रा कोष और विश्व बैंक की मान्यता है कि गरीब देशों को पर्यटन और मनोरंजन उद्योग पर ध्यान केन्द्रित करना चाहिए। कौन नहीं जानता कि 'सेक्स-टूरिज्म' कई एशियाई देशों के लिए आमदनी का प्रमुख स्रोत हैं! विदेशों में काम कर रही औरतें, चाहे वे यौन उद्योग में हों या घरों में नौकरी करती हों, भूमंडलीकरण के इस युग में सरकारों की विदेशी मुद्रा जरूरतें पूरा करने में मुख्य भूमिका निभाती हैं। फिलीपींस औरतों के निर्यात के मामले में सबसे आगे है। उसके

लिए इससे होने वाली आय विदेशी मुद्रा का तीसरा सबसे बड़ा स्रोत है।

बांग्लादेश, मध्य-पूर्व, जापान और यूरोपीय देशों में अपनी औरतें ले जाता है और उसके विदेशी मुद्रा भंडार का तीसरा हिस्सा इसी माध्यम से प्राप्त होता है। फिलीपींस ने अपनी नर्सों और घरेलू नौकरानियों के निर्यात का कार्यक्रम आधिकारिक रूप से चला रखा है। पिछले कई सालों से फिलीपीनी औरतें एक अरब डालर प्रति वर्ष स्वदेश भेजती हैं। यह सरकार विदेशियों को ठेके पर सीमित अवधि के लिए तैयारशुदा वधुओं की आपूर्ति का धन्धा भी करती है। फिलीपीनी औरतें अमेरिका और जापान के अमीरों के घरों में रेडीमेड वधुएँ बन कर जाती हैं और यौन-दासत्व में अपना समय गुजारती हैं। ध्यान रहे कि फिलीपीन को अमेरिका प्रशांत महासागरीय क्षेत्र में मुक्त बाजार प्रणाली का शो-केस मानता रहा है। सरकारी प्रश्रय में ही मनोरंजन करने वाली औरतों के रूप में गायिकाओं और नर्तकियों का निर्यात होता है जो वेश्यावृत्ति के ही दूसरे रूप हैं।

खास बात यह है कि एशियाई और अन्य गरीब देशों ने औरतों का निर्यात करने की वैकासिक रणनीति नब्बे के दशक में आए आर्थिक संकटों के बाद अपनाई है। पूँजी के मुक्त प्रवाह के कारण संकट में फँसी अर्थव्यवस्थाओं के लिए जरूरी हो गया कि वे कर्ज के बोझ से उबरने के लिए किसी न किसी प्रकार विदेशी मुद्रा के वैकल्पिक स्रोतों की तलाश करें! अस्सी के दशक से ही विकासशील विश्व को विदेशी कर्ज की समस्या ने परेशान करना शुरू कर दिया था। इस विषय पर पर्याप्त अनुसन्धान हो चुका है कि विदेशी कर्जे से पैदा होने वाली परेशानियों का सबसे बड़ा दुष्प्रभाव महिलाओं और बच्चों को झेलना पड़ता है। अन्तर्राष्ट्रीय वित्तीय संस्थाएँ इन सरकारों से एक खास तरह की किफायतशारी की माँग करती हैं जिससे बेरोजगारी, घटती हुई आमदनी और समाज कल्याण की योजनाओं में भारी कटौती करनी पड़ती है। ये हालात रोजगार के अनौपचारिक क्षेत्र, आव्रजन और वेश्यावृत्ति को प्रोत्साहित करते हैं क्योंकि इनके बिना दो जून की रोटी का जुगाड़ करना मुश्किल हो जाता है। आर्थिक अवसरों के घटने से व्यक्ति, उद्यम, सरकार और अपराधी गिरोह आमदनी के अवैध और अनैतिक रास्ते अपनाने को मजबूर हो जाते हैं। नब्बे के दशक में कर्जदार देशों की कतार में नए सदस्य शामिल हुए। 1992 तक गरीब देशों का कर्ज 1.4 खरब डालर हो चुका था। उन्हें कर्ज की किस्तें और ब्याज चुकाने में मूल धन से भी ज्यादा 1.6 खरब डालर का भुगतान करना पड़ रहा था। इसके बाद पूँजी के मुक्त प्रवाह और उड़न-छू पूँजी की कारिस्तानियों के कारण दक्षिण-पूर्व एशिया के देश गहन मुद्रा संकट के शिकार हो गए। एक तरह से उनके अर्थतन्त्रों का दिवाला निकल गया। इसलिए उन्हें अपनी औरतें निर्यात करके सेक्स-टूरिज्म को प्रोत्साहित करके और वधुओं का निर्यात करके, विदेशी मुद्रा कमाने का सिलसिला शुरू करना पड़ा जो आज तक जारी है। भूमंडलीकरण के नारियों पर पड़ने वाले प्रभाव का अध्ययन करने वाली जान जिंडी पेटमेन का निष्कर्ष है :

> देहाती इलाकों से कस्बों और शहरों में आने वाली औरतें और लड़कियाँ, निर्यात संवर्धन क्षेत्रों अथवा फौजी अड्डों के आस-पास विकसित सेवा क्षेत्रों में कार्यरत

महिलाएँ और काम की तलाश में राज्यों की सीमाएँ पार करती औरतें कई बार अपने परिवार की अकेली कमाने वाली होती हैं। इससे नर-नारी सम्बन्ध अस्थिर हो जाते हैं और महिलाओं को तरह-तरह के अनुभव होते हैं जिनमें मुक्तिकारक एहसास से लेकर हर दर्जे के शोषण और बेहद खतरनाक परिस्थितियों का सामना करना भी शामिल है।[6]

पेटमेन का कहना है कि किसी जमाने में विदेश जा कर नौकरी करने वाले अधिकांश श्रमिक पुरुष होते थे लेकिन भूमंडलीकरण के कारण उनमें अब महिलाओं की एक बड़ी संख्या शामिल हो गई है। इटली में 95 फीसदी आव्रजक श्रमिक फिलीपीन की औरतें हैं। इनमें से ज्यादातर घरेलू कामकाज और बच्चों की देखभाल करती हैं। श्रीलंका भी अपनी औरतों के निर्यात में लगा है। मध्य अमेरिकी देश अपनी लड़कियाँ अमेरिका भेजते हैं। खाड़ी युद्ध के समय पता चला था कि कुवैत में करीब 17 लाख दक्षिण एशियाई और दक्षिण-पूर्व एशियाई औरतें काम कर रही हैं।

औरतों के इस व्यापार से बड़े व्यापारियों, भर्ती एजेंसियों, बैंकों और एअरलाइनों को जोरदार मुनाफा मिल रहा है। निर्यात करने वाले देश जम कर विदेशी मुद्रा कमा रहे हैं ताकि कर्ज के दबाव से राहत पा सकें और घरेलू मोर्चे पर बेरोजगारी की समस्या थोड़ी-बहुत हल हो सके। औरतों का व्यापार भूमंडलीकरण के तहत दुनिया भर में शक्ति और समृद्धि का अनुपात भी बताता है। 1992 में औरतों के निर्यातक देशों की औसत वार्षिक आय 680 डालर थी जबकि आयातक देशों की 10,376 डालर। भूमंडलीकरण के इस नतीजे ने एशियाई देशों की औरतों की वही औपनिवेशिक छवि पुष्ट की है जिसके तहत उन्हें रहस्यमय और यौन क्रिया के लिए उपलब्ध समझा जाता है। यह एक तथ्य है कि डालरों और पाउंडों में बिकती औरत का यह किस्सा मीडिया में सबसे कम चर्चित है। इस पर सबसे कम अनुसन्धान हुआ है जबकि इसमें पूँजी के विभिन्न एजेंटों से लेकर राज्य की संस्था, अपराधियों के गिरोह और अन्तर्राष्ट्रीय वित्तीय संस्थाओं की मौन सहमति तक भागीदार है। यह एक ऐसी आर्थिक कार्रवाई है जिसका विरोध न के बराबर दिखता है। औरत का ऐसा जघन्य अपमान और इस कदर भीषण शोषण किसी भी युग में नहीं हुआ। इससे पहले अनगिनत बार औरत व्यभिचार की शिकार हुई, उसे मात्र एक कोख में सीमित किया गया, वह पुरुष का वंश चलाने के लिए अभिशप्त रही, उसके श्रम का मूल्य उसे नहीं मिला, उसके ऊपर भयानक और सतत हिंसा हुई, उसके यौनांगों को विकृत करके और तरह-तरह के नियम बना कर उसकी यौनिकता को काबू में करने की कोशिशें की गई, उसे मताधिकार भी सबसे ज्यादा देर से मिला, कार्यस्थल पर उसका यौन-शोषण हुआ, लेकिन ऐसा कभी नहीं हुआ कि अन्तर्राष्ट्रीय स्तर पर बड़े और छोटे देशों ने अपने-अपने स्वार्थ में करोड़ों औरतों को आयात-निर्यात की मंडी में बेचा-खरीदा हो। दास-प्रथा में औरत के साथ मर्द भी दास की तरह बिकता था लेकिन भूमंडलीकरण के इस दौर में औरत को मर्द के बिकाऊपन से अलग करके विशेष रूप

से बेचा जा रहा है। वह केवल अपने या अपने परिवार के लिए गुलामी नहीं कर रही है वरन् पूरे अर्थतन्त्र के लिए गुलामी कर रही है। वह प्रवासी मजदूर है। नाचने, गाने और मनोरंजन के नाम पर उसका यौन-दुरुपयोग होता है। वधू बनाने के नाम पर वह यौन-दास है या सीधे-सीधे कॉलगर्ल के पेशों में लगी है या चकला घरों में है। और, ये सभी भूमिकाएँ उसे विदेशी जमीन पर अजनबी आबो-हवा में पूरी तरह अरक्षित होकर निभानी पड़ रही हैं।

इस घोर अनैतिक आयात-निर्यात ने दुनिया-भर की गरीब औरतों पर क्रूरतम हिंसा का कहर बरपा किया है। यूरोप में हर वर्ष गला घोंट कर मार दी गई, पीट-पीट कर मार डाली गई अथवा गोली से उड़ा दी गई सैकड़ों औरतों की लाशें बरामद होती हैं। दूसरी नस्लों और दूसरे देशों की इन औरतों ने किसी न किसी प्रकार खुद को वेश्यावृत्ति में धकेले जाने का विरोध किया होता है। यूरोपीय पुलिस संगठन 'यूरोपोल' का दावा है कि ऐसी ही न जाने कितनी लाशें सफाई से ठिकाने लगा दी जाती हैं जिससे उनकी गिनती नहीं हो पाती। पूर्वी और मध्य यूरोप से जवान लड़कियों की तस्करी करने वाले गिरोह बेहद निर्मम और अमानवीय तरीके अपनाने के लिए बदनाम हैं। जनवरी, 2000 में बल्गारिया से यूनान ले जायी जा रही 22 औरतों को उनके तस्कर एक पर्वतमाला पर छोड़कर भाग गए क्योंकि उन्हें बर्फीले तूफान का अंदेशा था। जब तक यूनानी सीमा पर तैनात सैनिक उन औरतों को बचाने पहुँचते, दो औरतें ठंड से मर चुकी थीं। आँकड़ों के लिहाज से यूरोपीय संघ और मध्य यूरोप के समृद्ध देशों में तस्करी के जरिए लायी जाने वाली औरतों की सालाना संख्या करीब तीन लाख मानी जाती है। जरूरी नहीं कि इनमें से हर औरत यौन-व्यापार के लिए ही इस्तेमाल होती हो पर ज्यादातर का हश्र यही होता है। महिलाओं के हकों के लिए संघर्षरत संस्थाओं का दावा है कि यह आँकड़ा वस्तुतः दुगुना है। चेक गणराज्य के छः सौ चकलों में विदेशों से लायीं गई बीस हजार औरतें पेशा कर रही हैं। उक्रेन के गृह मन्त्रालय की मान्यता है कि स्वतन्त्र देश बनने के बाद से उनकी लगभग चार लाख औरतें यौन-व्यापार के लिए विदेश ले जायी जा चुकी हैं। साम्यवादी राज्य-संरचना के बिखरने के बाद पूर्व से पश्चिम की तरफ चलने वाली यह प्रक्रिया इस तरह चलती है: पहले चरण में रूसी, उक्रेन, मोल्दोनिया और बेलारूस की औरतें मध्य यूरोप में वेश्यावृत्ति के लिए भेजी जाती हैं। फिर दूसरे चरण में इन औरतों को मध्य यूरोप की औरतों के साथ मिला कर पश्चिमी यूरोप भेजा जाता है। यूरोप के चकलों में स्लाव नस्ल की औरतों, फिलीपीनी और थाई औरतों की बहुतायत देखी जा सकती है।

किसी भी 22-23 वर्ष से कम की गरीब औरत को घरेलू कामकाज या होटल में वेटर की नौकरी दिलवाने का झाँसा देकर फँसाया जाता है। फिर उसकी गैरकानूनी यात्रा शुरू होती है और किसी मुकाम पर अचानक उसका पासपोर्ट तथा अन्य कागजात चोरी हो जाते हैं। फिर उस मजबूर, अकेली और अरक्षित लड़की को कोई चकला मालिक कुछ हजार डालर में मवेशी की तरह खरीद लेता है। विरोध करने पर

उसकी जम कर पिटाई होती है और बार-बार बलात्कार होता है। इसके बाद शुरू होती है उसकी यौन-दासता जिसमें उसे रोज दस से पंद्रह ग्राहकों को निपटाना पड़ता है।

औरतों के इस कारोबार को भूमंडलीकरण की प्रक्रिया से काट कर सिर्फ एक अनैतिक व्यापार के रूप में देखने वाले लोग अक्सर इसे कानून और व्यवस्था की समस्या की तरह चिह्नित करते हैं।लेकिन असली कारण घूम-फिर कर सामने आ ही जाता है। और तब मुक्त व्यापार और भूमंडलीकरण के सबसे मशहूर समर्थक 'द इकनॉमिस्ट' को भी लिखना पड़ता है :

> औरतों की सप्लायी को जारी रखने से जुड़ी व्यापकतर समस्या का सामना किए बिना किसी नैतिक उपदेश का कोई लाभ नहीं होने वाला है। और, वह समस्या है पूर्वी यूरोप में गरीबी का स्त्रीकरण। साम्यवाद के खात्मे के बाद औरतों के हिस्से में सबसे ज्यादा मुश्किलें आई हैं। बेरोजगार रूसियों का दो-तिहाई हिस्सा स्त्रियाँ हैं। अपने शराबी अथवा गैरहाजिर पतियों के कारण पहले से कहीं ज्यादा औरतों को घर चलाने के लिए काम करना पड़ रहा है लेकिन आर्थिक सुधारों के कारण उन्हें बेरोजगारी का सामना करना पड़ता है।[7]

जब यूरोप के कमोबेश उद्योगीकृत देशों का भूमंडलीकरण की प्रक्रिया ने यह हाल कर दिया है तो एशियाई देशों का क्या हाल होगा—यह अंदाजा लगाना कठिन नहीं है। दरअसल, भूमंडलीकरण की प्रक्रिया में कमजोरों के लिए सिर्फ एक ही जगह है—उसे उत्तरोत्तर हाशिये पर सिमटते चले जाना है और वह मनुष्य से मवेशी में बदल दिये जाने के लिए अभिशप्त है। चूँकि औरत परम्परागत रूप से कमजोर है इसलिए भूमंडलीकरण का कहर सबसे ज्यादा उसी को झेलना पड़ रहा है।

सन्दर्भ :

1. *सिंथिया एनलो, बनानाज़, बेसिज़ एंड बीचिज़ः मेकिंग फेमिनिस्ट सेंस ऑव इंटरनेशनल पालिटिक्स (लंदन, पिंटर, 1989)।*
2. *राणा नायर, द बैकलैश, द संडे ट्रिब्यून, 12 नवंबर, 2000*
3. *सूसन वी. बरसफर्ड, वूमेंस राइट्स, वूमेन लाइव्ज़, फोर्ड फाउंडेशन रिपोर्ट, शरद अंक, 2000*
4. *सास्किया सासेन, वूमेंस बर्डनः काउंटर ज्योग्राफीज़ ऑव ग्लोबलाइजेशन एंड फेमिनाइजेशन ऑव सरवाइवल, जरनल ऑव इंटरनेशनल अफेयर्स, वसंत अंक 2000, 53, संख्या 2, द ट्रस्टीज ऑव कोलंबिया यूनिवर्सिटी, न्यूयार्क।*
5. *कँवलजीत सिंह, पूँजी के भूमंडलीकरण से कैसे लड़ें?, माध्यम, दिल्ली, 2000*
6. *जान जिंजी पेटमेन, जेंडर इश्यूज, संकलितः द ग्लोबलाइजेशन ऑव वर्ल्ड पालिटिक्स, सम्पादनः जान बॉयलिस और स्टीव स्मिथ, ऑक्सफोर्ड, दिल्ली, 2000*
7. *द इकनॉमिस्ट, ट्रैफिकिंग इन वूमेंसः इन द शैडोज, 26 अगस्त 2000*

सिंथिया एनलो ने 1989 में अपना विख्यात प्रश्न हवा में उछाला था। उस समय तक दुनिया-भर में बाजार व राज्य के अन्तर्सम्बन्ध पुनर्परिभाषित करने की प्रक्रिया अपने

चरम पर थी। एक आर्थिक एजेंट के रूप में राज्य के सीधे हस्तक्षेप द्वारा परिवर्तन को अंजाम देना बौद्धिक फैशन से बाहर होता जा रहा था। रेगनोमिक्स और थैचराइजेशन के प्रभाव से पब्लिक सेक्टर निजी हाथों में दिये जाने का सिलसिला चरम पर था। विश्व की अर्थव्यवस्था को एकीकृत करने की भूमिका बाँधी जा रही थी। सीमाओं के आर-पार पूँजी के उन्मुक्त प्रवाह को संस्थागत आधार देने के लिए नियोक्लासिकल अर्थशास्त्र नए मानकों को गढ़ने में लगा था। माल और सेवाओं का बढ़ता हुआ व्यापार, संचार प्रौद्योगिकी का विकास और श्रम-विनिमय जैसी परिघटनाएँ मिल कर एक नए युग को जन्म देने की तैयारी कर रही थीं। यह भूमंडलीकरण का युग था। औरत के लिए इस युग की खास बात यह थी कि इसकी आधारभूत विचारधारा में लैंगिक प्रश्न का कोई प्रावधान नहीं था। बाजार की संरचना लैंगिक तटस्थता के आस-पास बताई जा रही थी। अन्तर्राष्ट्रीय सम्बन्धों और आर्थिक विज्ञान के क्षेत्र में नारीवादियों की गति न के बराबर थी। यह कहना ठीक होगा कि इन दोनों सर्वाधिक मर्दवादी अनुशासनों में उनका बाकायदा प्रवेश ही नहीं हुआ था। अर्थशास्त्र को 'जेंडर' की दृष्टि से व्याख्यायित करने की बहस जरूर शुरू हो गई थी। लेकिन इस समाज-विज्ञान की मुख्यधारा में नारीवादियों को प्रारंभिक मान्यता भी प्राप्त नहीं हो सकी थी।

जाहिर था कि नब्बे के दशक में जब राज्य ने उद्योग, कृषि, व्यापार और सामाजिक क्षेत्र को एक-एक करके बाजार के हवाले करना शुरू किया तो इस सिलसिले में नारीवाद का कोई बौद्धिक हस्तक्षेप नहीं था। यह स्थिति अतीत के कई दौरों से भिन्न थी। प्रथम विश्व युद्ध के जमाने से ही नारीवादी स्वर स्त्रियों के नागरिक अधिकारों, मानवाधिकारों और मतदान के अधिकार को लेकर मुखर हो गया था। नारीवाद की इस पहली लहर ने समाजवादी क्रान्तियों और राष्ट्रीय मुक्ति संग्रामों के पहले दौर में सकारात्मक हस्तक्षेप किया था। सत्तर के दशक में नारीवाद की दूसरी लहर यौनिकता के सन्दर्भों में उभरी और उसने यथास्थिति के खिलाफ उमड़ रहे विद्रोही स्वर में अपना योगदान दिया। लेकिन नब्बे के दशक में हुए भूमंडलीकरण के शुरुआती वर्षों के दौरान नारियों के आन्दोलन के पास अपना कोई स्थापित सिद्धान्तशास्त्र न था जिसकी रोशनी में वे इस नए युग का आकलन कर पातीं। इससे ठीक पहले अस्सी के दशक में यूरोप और अमेरिका में नारीवाद को असफल घोषित करने की चेष्टाएँ हो चुकी थीं। आजादी की बात करने वाली महिलाओं को 'अनाकर्षक, असुन्दर और यौन-अक्षम' कह कर खारिज कर दिया गया था। पूरे आन्दोलन पर अभिजातवर्गीय होने का बिल्ला चिपका कर दावा किया गया कि आम महिलाओं को इसमें कोई रुचि नहीं है। अर्थात जब भूमंडलीकरण का उद्घोष हुआ तो अमीर देशों में नारीवाद को शक्तिहीन माना जा चुका था और भूमंडलीकरण द्वारा किए गए लैंगिक तटस्थता के दावे का प्रतिकार करने के लिए नारीवाद के पास पर्याप्त बौद्धिक औजार नहीं थे। दस वर्ष तक अपने कारखाने में औरत के श्रम और शरीर से अतिरिक्त मूल्य कमाने के बाद अब भूमंडलीकरण का दावा है कि नर-नारी सम्बन्ध या

तो बदल गए हैं या बदलने की दहलीज पर खड़े हैं। यानी जो काम नारीवादी आन्दोलन की पूरी शताब्दी नहीं कर पाई और जो ऐतिहासिक जिम्मेदारी समाजवादी क्रान्ति के उथल-पुथलभरे दशक पूरी नहीं कर पाए, वह बाजार ने पिछले दस वर्ष में कर दिखाई है।

प्रश्न यह है कि क्या वास्तव में बाजार परम्परागत नर-नारी सम्बन्धों को बदल सकता है? पूरी तरह न सही, क्या वह उन्हें एक सीमा तक नारी-स्वातंत्र्य की दिशा में प्रभावित कर सकता है? या भूमंडलीकरण के तहत बाजार की चौधराहट नारी की अधीनस्थ छवि को ही दूसरे अर्थों में मजबूत करती है और नारी-श्रम का अधिकाधिक शोषण करने के लिए उसका इस्तेमाल होता है? क्या बाजार पितृसत्ता की जकड़ को थोड़ा सा भी ढीला कर पाने में कामयाब हुआ है?

लम्बे अरसे से वैकासिक अर्थशास्त्र के प्रवक्ताओं की मान्यता रही है कि बाजार-आधारित अर्थव्यवस्था में काम करने से महिला सशक्तीकरण की गुंजाइशें खुलती हैं। औरत की आमदनी बढ़ती है जिससे परिवार और समाज में उसकी प्रतिष्ठा और गतिशीलता में सुधार होता है। यह सही है कि भूमंडलीकरण के तहत आज बाजार की प्रभुता चरम पर पहुँच चुकी है और महिला-रोजगार में बहुत तेज बढ़ोतरी हुई है। चीन,दक्षिण कोरिया, वियतनाम, भारत, बांग्लादेश, श्रीलंका, मलेशिया और इंडोनेशिया में महिलाओं पर पूँजी के भूमंडलीकरण के कारण पड़े असर का संयुक्त राष्ट्र विश्वविद्यालय स्तर के इंस्टीट्यूट ऑव न्यू टेक्नालॉजीज़ ने अध्ययन करवाया। इस दौरान चीन और दक्षिण कोरिया सर्वाधिक विकास-दर वाले देश रहे हैं। इन सभी देशों की श्रम-शक्ति में महिलाओं की संख्या काफी है। नब्बे के दशक में हुए इस अध्ययन से पहले नर-नारी सम्बन्धों का बाजार के सन्दर्भ में अध्ययन करने वालों की समझ इस प्रकार थी :

⇨ ई. बोसुरप ने सत्तर के दशक में निष्कर्ष निकाला था कि विकास-प्रक्रिया में महिलाओं की आर्थिक भूमिका हर जगह मोटे तौर पर हाशिए पर ही रहती है। नर-नारी सम्बन्ध उससे प्रभावित नहीं होते क्योंकि उनके पीछे समाज की परम्पराएँ होती हैं।

⇨ अस्सी के दशक में मार्क्सवादी नारीवादियों की मान्यता थी कि पूँजी द्वारा श्रम के शोषण का नतीजा उत्पादन-प्रक्रिया में महिलाओं के दरकिनार होते चले जाने और उनकी भूमिका गृहणी के रूप में सीमित होते चले जाने में निकलती है। इन नारीवादियों का विश्लेषण नर-नारी सम्बन्धों को सिर्फ पूँजी और श्रम के सम्बन्धों के अधीन देख रहा था।

उनका कहना था कि औरत श्रम करने वालों का उत्पादन करती है और बदले में उसे सिर्फ अपने रख-रखाव का पारिश्रमिक मिलता है। परिवार में पुरुष के समक्ष महिला की अधीनता को इन विश्लेषकों ने सिर्फ पूँजी के श्रम पर आधिपत्य के दायरे में ही देखा। लेकिन तीसरी दुनिया के देशों में कार्यरत कई मार्क्सवादी-नारीवादी

अर्थशास्त्रियों ने पाया कि आर्थिक प्रणाली प्राक्-पूँजीवादी हो, सामन्ती हो अथवा पूँजीवादी, हर अवधि में वह विषम नर-नारी सम्बन्धों को प्रोत्साहन देती है और ये सम्बन्ध उस समाज के पारम्परिक घटक के रूप में पूँजी के प्रभाव से स्वतन्त्र होते हैं।

यह जरूर है कि पूँजी बाजार की जरूरतों के लिहाज से इन संबंधों के विभिन्न रूपों को बनाती-बिगाड़ती रहती है। इसी प्रक्रिया का नतीजा आधुनिक भूमंडलीकृत उद्योगों द्वारा औरतों को अलग-थलग पड़े सस्ते और आज्ञाकारी श्रम संसाधन के तौर पर आत्मसात करने में निकलता है। हर समाज में महिलाओं के संघर्ष करने की अलग-अलग क्षमताओं के लिहाज से इन श्रम-सम्बन्धों के रूप निर्धारित होते हैं। मसलन, एक जमाने में अमेरिकी पुरुषों ने अपनी सामाजिक-राजनीतिक सत्ता का इस्तेमाल करके स्त्रियों को कुशल मजदूरों के गिल्डों में प्रवेश नहीं करने दिया। औरतों के लिए सिर्फ कम तनख्वाह वाले अकुशल काम ही रह गए इसलिए वे घरों के अन्दर पुरुषों की आधीनता स्वीकार करने के लिए मजबूर हो गईं। उन्नीसवीं सदी के आखिरी दौर में ब्रिटिश पुरुषों ने श्रम सम्बन्धी राजनीति कुछ इस ढंग से की कि औरतें कारखाना श्रम से वंचित हो गईं। लेकिन बीसवीं सदी में दो विश्वयुद्धों के बीच महिलाओं ने अधिक संघर्ष-क्षमता का परिचय दिया और सरकारों को मजबूर किया कि वे उन्हें बेहतर काम में लगने का मौका दें।

⇨ भूमंडलीकरण की प्रक्रिया शुरू होने के बाद हुए अध्ययन भिन्न धरातल पर सोचते नजर आए क्योंकि परिस्थिति बदलती हुई दिखी। भूमंडलीकृत बाजार की जरूरतों के लिए औरतों को गैरपारम्परिक औद्योगिक उत्पादन में बड़े पैमाने पर झोंक दिया गया। इससे कुछ विकासशील अर्थतन्त्रों का तेज विकास हुआ। इस दौरान औरतों की कार्यदशाएँ बहुत खराब थीं और उनका पारिश्रमिक बहुत कम था इसलिए अर्थशास्त्रियों ने व्याख्या की कि श्रम-शक्ति के इस स्त्रीकरण से श्रमिकों का उत्पादन में हिस्सा गिर जाएगा। चूँकि यह मुख्यतः आर्थिक व्याख्या थी इसलिए इसकी आलोचना की गई कि यह भूमंडलीकरण द्वारा प्रदत्त अवसरों के जरिए औरत के सशक्तीकरण की सम्भावना पर गौर नहीं करती। दूसरी तरफ पर्यावरणवादी व्याख्याता थीं जिन्होंने भूमंडलीकरण को इसलिए आड़े हाथों लिया कि वह विज्ञान और प्रौद्योगिकी का इस्तेमाल करके निजी मुनाफा बढ़ाने के चक्कर में पारिस्थतिकी का क्षय कर रहा है। अर्थात औरतों को सस्ते श्रम में लगा कर भूमंडलीकरण प्रजनन और लालन-पालन करने की प्रकृति-प्रदत्त नारीसुलभ क्षमताओं को नुकसान पहुँचा सकता है।

पर्यावरणवादी व्याख्याओं को अन्य नारीवादी धाराओं ने स्वीकार नहीं किया क्योंकि उनकी निगाह में यह रवैया औरत को उसके प्रजननकारी जैविक अस्तित्व में सीमित कर देता था और नर-नारी सम्बन्धों में परिवर्तन की सम्भावनाएँ न के बराबर रह जाती थीं। भूमंडलीकरण की इन दोनों व्याख्याओं में से कोई भी नर-नारी सम्बन्धों को बदलने की दिशा में नहीं थी। जो व्याख्याता श्रम के स्त्रीकरण से चिन्तित थीं, उनकी निगाह पूँजी और श्रम के बदलते सम्बन्धों पर थी। वे यह मान कर चल रही थीं कि पूँजी

लैंगिक भेदभाव करती रहेगी। पर्यावरणवादियों का विचार था कि पारम्परिक काम-काज से महिलाओं को अलग करने वाली हर प्रक्रिया त्याज्य है क्योंकि वह उस विकास नीति को प्रोत्साहन देती है जो प्रकृति-विरोधी है। हालाँकि इन व्याख्याओं में हालात के कुछ पहलू अवश्य प्रतिबिम्बित होते थे। इस तरह भूमंडलीकरण ने महिलाओं को दो श्रेणियों में बाँट दिया। एक तरफ वे औरतें थीं जो अपनी पारम्परिक जीवन-शैली बचाने के लिए संघर्ष करती नजर आती थीं और दूसरी तरफ वे लाखों-लाख औरतें थीं जिन्हें प्रौद्योगिकीय परिवर्तन और बाजार की प्रक्रिया ने अपने अधीन कर लिया था।

नारीवादियों ने पहले किस्म की औरतों पर तो ध्यान दिया लेकिन दूसरे किस्म की महिला श्रमिकों को उनके चिन्तन में ज्यादा जगह नहीं मिल पाई। भूमंडलीकरण की नीतियों के तहत महिला श्रमिकों का आव्रजन और कारखानों में काम करने के बावजूद घरेलू काम से थोड़ा भी छुटकारा न मिलना जैसे पहलुओं पर आवश्यक अनुसन्धान नहीं किया गया। यही वह समय था जब ट्रेड यूनियनों का ढाँचा टूट रहा था और श्रम कानूनों को बदलने की तैयारियाँ हो रही थीं। लेकिन नारीवादी इन आयामों पर विचार नहीं कर रहे थे।

स्थिति यह थी कि समाज और उसकी विभिन्न संस्थाओं में मौजूद लैंगिक अधीनस्थता का लाभ उठा कर भूमंडलीकरण औरतों के श्रम और देह पर निजी नियन्त्रण को सार्वजनिक नियन्त्रण में बदल रहा था। पश्चिमी समाजों और पोर्नोग्राफी के सन्दर्भ में ए. ड्वोर्किन द्वारा किए गए विश्लेषण की रोशनी में देखने पर पता चलता था कि बाजार ने किस तरह से औरत को 'प्राइवेट' से निकाल कर 'पब्लिक' में लाकर उसका वस्तुकरण करने का अभियान शुरू कर दिया है।

एससी वाल्वी ब्रिटिश समाज के सन्दर्भ में पितृसत्ता का विश्लेषण करते हुए साबित कर चुकी थीं कि परिवार के दायरे से निकाल कर महिला-श्रम को बाजार में लाने से पुरुष के मुकाबले नारी की हैसियत में बहुत मामूली परिवर्तन ही हुआ। निर्मला बनर्जी ने ड्वोर्किन और वाल्वी के निष्कर्षों के सन्दर्भ में जब एशियाई और भारतीय समाज में औरतों को उजरती श्रमिक में बदलते देखा तो पाया कि बाजार के पास यहाँ भी नर-नारी सम्बन्धों को महिलाओं के पक्ष में बदलने का कोई कार्यक्रम नहीं है।

भूमंडलीकरण की प्रक्रिया के पहले दौर में हल्के उपभोक्ता माल के विनिर्माण और श्रम-प्रधान इलेक्ट्रानिक उद्योगों का दौर चला। इसके बाद बैंकिंग और दूरसंचार में अत्याधुनिक और कंप्यूटरीकृत प्रौद्योगिकी का जमाना आया। इन दोनों चरणों में औरतों का प्रवेश विभिन्न देशों में अलग-अलग ढंग से हुआ। दक्षिण कोरिया की भाँति भारत में पहले औद्योगिक श्रम में पुरुष उतरे और महिलाओं ने खेतिहर श्रम में उनकी जगह ली। कोरिया में चूँकि जल्दी ही पुरुषों को पूर्ण रोजगार मिल गया और बाजार की जरूरत पूरी नहीं हुई इसलिए महिलाओं को उद्योगों में गुंजाइश मिलने लगी। पर भारत में पुरुष-श्रम सस्ता भी था और प्रचुर भी इसलिए महिलाओं के लिए ज्यादा

जगह नहीं निकली। यहाँ तक कि वस्त्र-निर्माण जैसे कामों में भी महिलाओं को काम मिलना शुरू नहीं हो पाया। चीन और वियतनाम में महिलाएँ पहले से कम तनख्वाहों वाले औद्योगिक काम में लगी हुई थीं, इसलिए भूमंडलीकरण के पहले दौर वाले श्रम-प्रधान उद्यमों में उन्हें आसानी से जगह मिल गई। मलेशिया, श्रीलंका और बांग्लादेश ने तो बहुराष्ट्रीय कंपनियों के सामने अपने सस्ते महिला श्रम को एक प्रलोभन की तरह पेश किया।

जैसे ही भूमंडलीकरण दूसरे चरण में पहुँचा और उसने अधिक उत्पादकता की कामना की, वैसे ही नर-नारी सम्बन्धों का खेल ज्यादा मुखर हो गया। अत्याधुनिक प्रौद्योगिकीय काम-काज में औरतों को प्रशिक्षित करने का सवाल सम्बन्धित देश और समाज में सदियों से जड़ जमाए बैठे लैंगिक सम्बन्धों के हिसाब से तय होने लगा। मसलन कोरिया में कंप्यूटरीकरण की वजह से बेरोजगार हुई महिलाओं को उच्चतर प्रौद्योगिकी में प्रशिक्षित करने में हिचक दिखाई गई क्योंकि उस तरह के कामों पर पुरुषों का अधिकार माना जाता था। इसके उलट चीन में औरतों को भूमंडलीकरण के दूसरे चरण में ऑटोमेशन में प्रशिक्षित होने का पूरा मौका मिला क्योंकि वहाँ समाजवादी राज्य की मान्यताओं के कारण समझा जाता था कि मर्द जो कर सकता है, वह औरत भी कर सकती है। मलेशिया और बांग्लादेश में सरकारों ने श्रम-प्रधान काम में लगी महिलाओं की तकनीकी शिक्षा की व्यवस्था की लेकिन श्रीलंका में महिला-शिक्षा का ऊँचा स्तर होने के बावजूद औरतों के प्रौद्योगिकीय प्रशिक्षण पर ध्यान नहीं दिया गया। भारत में पाया गया कि बेहतर प्रौद्योगिकी के तहत महिलाओं के काम करने को सामाजिक प्रोत्साहन कम से कम है। बैंकिंग उद्योग में महिलाएँ स्वयं पुनर्प्रशिक्षित होने से पीछे हटती दिखाई दीं। खनन उद्योग में पुरुषों के वर्चस्व वाली ट्रेड यूनियनों और मालिकों ने मिल-जुल कर औरतों को अधिक कुशल कामों में नहीं उतरने दिया।

इस अनुभव से जाहिर होता है कि जब तक चीन की भाँति विचारधारात्मक आग्रह न हो या मलेशिया और बांग्लादेश की भाँति राज्य का हस्तक्षेप न हो, महिलाएँ श्रम के निचले चरण से ऊँचे चरण में नहीं पहुँच सकतीं। बाजार अपने-आप में महिलाओं के श्रम-कौशल की उन्नति में सहायक नहीं हो सकता। राज्य भी इस दिशा में तब दखल देता है जब उसे लगता है कि बहुराष्ट्रीय कंपनियों को आज्ञाकारी किस्म के सस्ते श्रम की जरूरत है जो महिलाओं के पुनर्प्रशिक्षण के जरिये मिल सकता है। अर्थात राज्य का उद्देश्य भी महिला कल्याण नहीं होता और अगर विकास के अगले चरण में बाजार की जरूरत न हुई तो वह महिला-श्रमिकों के प्रति अपनी जिम्मेदारी का अभिनय करना भी बन्द कर सकता है।

भूमंडलीकरण को ऐसे श्रमिकों की जरूरत होती है जिन्हें वह जब चाहे रख सके और जब चाहे निकाल सके। महिला श्रम उन्हें यह सुविधा देता है। ज्यादातर महिलाएँ कारखाना श्रम को अपना आजीवन कार्य नहीं बनातीं। काम की कैसी भी

परिस्थिति उन्हें स्वीकार्य रहती है। चीनी महिला-श्रमिकों में यह प्रवृत्ति बहुत ज्यादा देखने में आई है। कई वर्षों तक खराब स्थितियों में काम करने के बाद वे आराम से घरेलू दुनिया में लौट जाती हैं। वियतनामी महिलाओं ने काम के बोझ में कई गुना वृद्धि को बिना किसी हुज्जत के स्वीकार कर लिया था। ये उदाहरण बताते हैं कि पूँजी को महिला-श्रम अधिक लचीला और आसानी से नियन्त्रण-योग्य लगता है। कोरिया और भारत में यह भी देखा गया कि विवाह के बाद और बच्चे हो जाने पर औरतें ओवरटाइम करना बन्द कर देती हैं। घर में ज्यादा समय देने के लिए वे नौकरी छोड़ देती हैं या फिर निकाल दी जाती हैं और पुरुष कर्मचारी उनकी जगह ले लेते हैं।

चीन का एक अध्ययन बताता है कि वहाँ महिला वैज्ञानिकों तक ने घर के काम और प्रयोगशाला के काम को साथ-साथ कर पाने में असमर्थता जताई और घर के लिए वैज्ञानिक कार्य त्यागने की परिस्थितियाँ पैदा हो गईं। श्रीलंका ने युवतियों को उनके घर के माहौल से न कटने देने के लिए देहाती इलाकों में ही कारखाने लगाने को प्रोत्साहित किया। नतीजा यह निकला कि उजरती श्रम करने और परिवार की आय में योगदान करने के बावजूद महिलाओं की जीवन-शैली में कोई परिवर्तन नहीं आया। मलेशिया ने बड़े पैमाने पर विदेशी औरतों को घरेलू काम करने के लिए अपने यहाँ आने की इजाजत दी जिससे एक बार फिर काम के यौन-विभाजन पर कोई परिवर्तनकारी असर नहीं पड़ा। लेकिन इससे एक बदलाव जरूर हुआ कि घरेलू काम की उजरत दिये जाने की परम्परा पड़ी जो अतीत से भिन्न समझी जानी चाहिए।

इन विविध अनुभवों के आधार पर पूछा जा सकता है कि क्या महिलाओं के लिए बेहतर समता सुनिश्चित करने में उद्योगपतियों या सेवायोजकों को दिलचस्पी हो सकती है? इसी प्रश्न को कुछ इस तरह भी रखा जा सकता है कि क्या पुरुषों के बराबर आने के लिए महिलाओं को स्वायत्तता देने में पूँजी का हित है? अथवा महिलाओं को एक अलग-थलग और अधीनस्थ किस्म की श्रम शक्ति बनाए रखने में उसका लाभ है? क्या विषम नर-नारी सम्बन्धों के आधार पर महिला श्रम-शक्ति को उसकी मेहनत का कम मुआवजा देकर भूमंडलीकरण औरतों की अधीनस्थ हैसियत में ही बढ़ोतरी नहीं कर रहा है? क्या मार्क्सवादी नारीवादियों की यह दलील सही नहीं है कि पूँजी का प्रभुत्व औरत को मर्द की और अधिक ताबेदारी की तरफ ले जाएगा? क्या घरेलू श्रम से निकल कर उजरती मजदूर में बदलने की यह प्रक्रिया उस वक्त तक अधूरी नहीं रहेगी जब तक महिला मजदूर पर घर का नियन्त्रण कायम रहेगा? अर्थात जब तक सेवायोजक यह समझता रहेगा कि स्त्री-श्रमिक अन्ततः घरेलू जरूरतों के अधीन है तब तक उसकी निगाह में वह पुरुष-श्रमिक की एक घटिया स्थानापन्न ही हो पाएगी।

क्या यही कारण नहीं है कि भारतीय औषध कंपनियाँ ज्यादा महिलाओं को भर्ती करने से कतराती हैं और चीनी महिला-वैज्ञानिक अपने पुरुष साथियों से पीछे रह जाती हैं। स्थिति यह है कि बिना किसी अपवाद के हर जगह सेवायोजकों ने नर-नारी

सम्बन्धों को बदलने की दिशा में कोई पहल किए बिना नारी की अधीनस्थ हैसियत को उसे कम वेतन देने के लिए इस्तेमाल किया है।

भूमंडलीकरण के कारण महिलाओं की स्थिति में कुछ परिवर्तन अवश्य दृष्टिगोचर हुआ है। कोरिया में नौकरियों के आग्रह के कारण उनकी विवाह-योग्य आयु में बढ़ोतरी हुई है और पैदा किए जाने वाले बच्चों की औसत संख्या में कमी आई है। भारतीय मध्यवर्ग और लड़कियों की शिक्षा में पहले की अपेक्षा अधिक निवेश करने लगा है क्योंकि उसे उनकी नौकरियों की सम्भावना कुछ बेहतर लग रही है। बांग्लादेश में अब देहाती परिवार भी अपनी औरतों को नौकरी के अवसरों वाले इलाकों में भेजने के लिए तैयार हो जाते हैं जबकि कुछ वर्ष पहले तक केवल उच्चवर्गीय शिक्षित महिलाएँ ही ऐसा कर पाती थीं। लेकिन इन छोटे-छोटे लाभों को आपस में जोड़ कर भी भूमंडलीकरण के तहत महिलाओं को कोई बड़ा उल्लेखनीय लाभ होता नहीं दिखाई देता।1986 से 1998 के बीच पूर्वी एशियाई देशों में आया निर्यात का उछाल काफी कुछ औरतों के सस्ते श्रम के शोषण पर आधारित था। विदेशों में काम कर रही औरतों द्वारा भेजी गई विदेशी मुद्रा ने इन देशों के विदेशी मुद्रा भंडार को ठीक हालत में रखा। यानी इस दौरान श्रमिक औरतों ने घर भी चलाए और अर्थतन्त्र को भी टिकाए रखा। आज यही महिला-श्रमिक छँटनी और अन्य तरीकों से निकाले जाने की प्रक्रिया से गुजर रही हैं। भूमंडलीकृत बाजार की जरूरतों को पूरा करने वाले सभी अर्थतन्त्रों में आज के बेरोजगारों की अधिकांश संख्या महिलाओं की ही है।

इन बेरोजगार हुई औरतों के सामने घरों की दुनिया में लौटने के अलावा कोई चारा नहीं है। चूँकि विश्व बैंक और अन्तर्राष्ट्रीय मुद्रा कोष की देख-रेख में चलाए गए ढाँचागत समायोजन कार्यक्रम ने राज्य को समाज कल्याण पर कम से कम खर्च करने के लिए मजबूर कर दिया है इसलिए सबसिडी के बिना बेरोजगारों के लिए जीवन और महँगा हो गया है। इसका सबसे ज्यादा बोझ महिलाएँ ही उठा रही हैं और भविष्य में भी उठाएँगी।

(इस विश्लेषण मे दिये गए तर्कों और तथ्यों को और बारीकी व विस्तार से समझने के लिए निर्मला मुखर्जी के आलेख कैन मार्केट ऑल्टर जेंडर रिलेशंस (जेंडर, टेक्नॉलॉजी एंड डवलपमेंट, सेज, दिल्ली, जनवरी-अप्रैल 1999, खंड-3, अंक-1) और जयति घोष के आलेख ग्लोबलाइजेशन एंड वूमेंस एम्प्लायमेंट इन एशिया (वूमेंन इन एक्शन, अंक दो, 1999) का अध्ययन किया जा सकता है।)

भूमंडलीकरण ने ताकतवर प्रतीत होने वाली औरतों का एक विशाल शो-केस बनाया है। घर से बाहर निकल कर दफ्तर जाती स्त्री इस चमकदार और पारदर्शी शो-केस के केन्द्र में खड़ी है। वह कार चलाते हुए आत्मविश्वास के साथ शिफॉन की साड़ी अथवा बिजनेस सूट पहने हुए कार्यालय के सामने कार पार्क करती है और अपनी हील्स पर खटाखट करती हुई चपरासियों और चौकीदारों के सलामों का जवाब दे कर अपनी कार्पोरेट चेयर पर जम जाती है। यह औरत एक उच्चपदस्थ आईएएस या आईएफएस

अफसर भी हो सकती है और किसी बहुराष्ट्रीय कंपनी की मैनेजर भी। यह ब्यूटी क्वीन भी हो सकती है, मॉडल भी और अपने प्रशंसकों का दिल जीत लेने वाली अभिनेत्री भी। उसकी चपल उँगलियाँ उसे बेहतरीन कंप्यूटर प्रोग्रामर बना सकती हैं और उसकी शहद-भरी आवाज उसे किसी विदेशी बैंक में पर्सनल फाइनेंस ऑफीसर की पदवी भी दिला सकती है। सुन्दर, स्मार्ट, आँधी की तरह अँगरेजी बोलने वाली, उच्च और उच्च-मध्यवर्ग की यह स्त्री भूमंडलीकरण के गर्भ से निकली कम तनख्वाह पाने वाली और गंदी बस्ती में रहने वाली औरत से भिन्न है। वह पुरुषों पर हुक्म चला सकती है और उसका वेतन केवल इसलिए कम नहीं है कि वह जैविक रूप से पुरुष नहीं है।

निश्चित रूप से भूमंडलीकरण ने पिछले पंद्रह वर्ष में ऐसी औरत को बेहद सफलता से दृश्यमान बनाया है। यह औरत बाजार की लैंगिक तटस्थता और उसके नाम पर स्त्री-देह और स्त्री-श्रम का शोषण करने की प्रत्यक्ष व प्रच्छन्न विधियों को ढँक लेती है। यह 'पॉवर वूमेन' है: अधिकार और समृद्धि से सम्पन्न।

नारीवादी आन्दोलन द्वारा सदियों से चलाए जा रहे औरत के सशक्तीकरण का बाजार द्वारा पेश फटाफट विकल्प। जाहिर है कि भूमंडलीकरण के सन्दर्भ में इस औरत के वजूद की शल्यक्रिया करने के औजार गरीबी और अभाव के कारण रेडीमेड वधू के रूप में सीमा पार करती या दूरदराज के देशों में घरेलू कामकाज करती या निर्यात संवर्धन क्षेत्रों में दिन-रात खटती औरत को समझने के औजारों से भिन्न होंगे।

बाजार ने इस औरत को कहाँ तक पहुँचाया है? कम से कम इतना तो किया ही होगा कि उसे घरेलू जिम्मेदारियों से मुक्त कर दिया होगा। आखिरकार वह पुरुषों के कन्धे से कन्धा मिला कर उनके बराबर की और कभी-कभी तो उनसे भी ज्यादा गुरु-गम्भीर जिम्मेदारी निभा रही है। चूँकि बाजार ने उसे 'पॉवर' दी है तो कम से कम उस सत्ता का इस्तेमाल वह अपने परम्परागत यौन-शोषण से बचने में तो सफलतापूर्वक कर ही रही होगी। या यह भी कहा जा सकता है कि 'पॉवर वूमेन' की सत्ता ने उसे उन औरतों की श्रेणी से ऊपर कर दिया होगा जो अपने कार्यस्थल पर लगातार फिकरेबाजी और अश्लील निगाहों का सामना करती रहती हैं। यह 'पॉवर वूमेन' अपने भाव-जगत में कम से कम इतनी सुरक्षित तो होगी ही कि अगर उसका प्रेम सम्बन्ध या वैवाहिक सम्बन्ध टूट जाए तो वह आँसुओं में डूब कर हताश न हो जाए या आत्महत्या न कर लें।

क्या यह 'पॉवर वूमेन' दफ्तर में ठीक उसी तरह काम करती है जिस तरह पुरुष काम करते हैं या उसने दूसरों से काम लेने की अपनी नई विधि ईजाद की है? या वह पुरुषों की ही भाँति अपनी सत्ता के भौंडे उपयोग में लगी हुई है? जब यह 'पॉवर वूमेन' सत्ता के ऊँचे सोपानों पर पहुँच जाती है तो उसके साथ क्या व्यवहार होता है?

क्या उसकी ऊँची श्रेणी में उसे कम महत्त्वपूर्ण और निचली जिम्मेदारियाँ नहीं दी जातीं? इस कामयाब औरत के प्रति पुरुष का नजरिया क्या है? क्या वह उसे अपनी

पत्नी या किसी भी रूप में. जीवन-संगिनी बनाने के लिए तैयार है? बाजार द्वारा उत्पादित यह 'पॉवर वूमेन' नर-नारी सम्बन्धों के किस धरातल पर खड़ी हुई है?

हम जानते हैं कि दुनिया की सम्पूर्ण श्रम-शक्ति में 45 फीसदी औरतों का हिस्सा है और भूमंडलीकरण से निकली यह 'पॉवर वूमेन' इन करोड़ों औरतों के एक प्रतिशत का भी प्रतिनिधित्व नहीं करती। लेकिन इनकी संख्यात्मक कमजोरी बाजार द्वारा नर-नारी सम्बन्धों को बदलने के दावे को खारिज करने के लिए काफी नहीं है। अगर उच्च वर्ग के स्तर पर भी नर-नारी सम्बन्धों में कोई परिवर्तन दृष्टिगोचर होता है तो उसका असर धीरे-धीरे ही सही, लेकिन सामान्य महिला-समाज पर पड़ना लाजिमी है।

इसलिए महिला कार्पोरेट मैनेजरों, आईएएस अफसरों, अभिनेत्रियों, विश्व-सुन्दरियों और मॉडलों आदि के सन्दर्भ में नारी की आजादी के दावे को जाँचना अतिआवश्यक है। ये तमाम औरतें आर्थिक रूप से आत्मनिर्भर हैं और इन्हें अपनी उपलब्धियों पर गर्व है और इन्हें ऐसा बनाने में भूमंडलीकरण का पूरा-पूरा योगदान है। लेकिन सवाल यह है कि ऐसा बनने के बाद वे पितृसत्तात्मक समाज में एक गरीब औरत के मुकाबले तुलनात्मक रूप में कहाँ खड़ी हैं?

अफसर औरत / क्या आपने गणित और विज्ञान पढ़ा है?

आईएएस, आईपीएस और आईएफएस से बड़ा अफसर भारत में कोई नहीं होता और अगर औरत इन तीनों में से किसी सेवा की सदस्य बन जाए तो मान लेना चाहिए कि वह शासन-प्रशासन में सत्तारूढ़ हो गई। लेकिन देखना यह होगा कि आईएएस के सत्ता-प्रतिष्ठान के भीतर महिला आईएएस अफसरों की क्या हैसियत होती है। सरला ग्रेवाल देश की प्रमुख आईएएस महिला हैं। किरण बेदी को कौन नहीं जानता। वे एक विख्यात आईपीएस अफसर हैं। चोकिला अय्यर देश की पहली महिला विदेश सचिव हैं। ये तीनों महिलाएँ सत्ता के शिखर पर बैठी हुई हैं। लेकिन यह मोहक तस्वीर उस समय छिन्न-भिन्न हो जाती है जब पता चलता है कि ग्रेवाल, बेदी और अय्यर के इस शो-केस के पीछे अफसर महिलाओं की एक ऐसी अदृश्य कतार खड़ी हुई है जिसके सिर्फ नारी होने के कारण कभी सफाई से तो कभी भौंडे रूप से हक छीने गए हैं। वैसे आईएएस बनने की प्रक्रिया सीधे-सीधे भूमंडलीकरण अथवा बाजार से जुड़ी हुई नहीं लगती लेकिन बाजार द्वारा समाज की दृष्टि में लाए गए परिवर्तन को नापने के लिए इसका उदाहरण उपयोगी हो सकता है।

अन्ना मल्होत्रा भारत की पहली आईएएस अफसर थीं। जब वे लिखित परीक्षा के बाद इंटरव्यू पैनल के सामने पेश हुई तो साक्षात्कार लेने वालों ने उन्हें आईएएस बनने के खिलाफ समझाने की काफी कोशिश की। उनका कहना था कि महिला होने के नाते वे यह जिम्मेदारी नहीं उठा पाएँगी। अन्ना नहीं मानीं और अपने कैडर में नियुक्ति के लिए मद्रास में तत्कालीन मुख्यमन्त्री राजाजी के सामने पेश हुईं। राष्ट्रीय आन्दोलन के

इस नायक ने उनसे साफ कहा कि वे महिलाओं के सार्वजनिक क्षेत्र में आने के ही खिलाफ हैं। अन्ना ने जिद की और राजाजी को झुकना पड़ा। उस जमाने में शादी होते ही महिलाओं को आईएएस से इस्तीफा दे देना पड़ता था। बाद में यह नियम बदला गया। सरोजिनी गंजू ठाकुर के द्वारा किए गए एक ताजा अध्ययन 'इनक्रीजिंग अवेयरनेस फार चेंजः ए सर्वे ऑव जेंडर एंड द सिविल सर्विसेज' से पता चलता है कि प्रशासन के ऊँचे हलकों में आज भी तकरीबन वही पुरुष-वर्चस्व वाला दिमाग काम कर रहा है।

आईएएस के इम्तिहान में बैठने वाली महिलाओं की सफलता की दर बढ़ती जा रही है लेकिन इस सेवा में आने वाली महिलाओं की संख्या में मामूली वृद्धि हुई है। आईएएस अफसरों में 1974 में 8.8 फीसदी औरतों की भागीदारी थी जो अब तक सिर्फ 11 फीसदी तक पहुँच पाई है। इन महिला अफसरों को नियोजित ढंग से निचले स्तर की 'नरम' जिम्मेदारियाँ दी जाती हैं।

दिल्ली में 99 सचिव-स्तरीय पदों में से केवल आठ-पद महिलाओं के पास हैं और 65 अतिरिक्त सचिवों में केवल चार औरतें हैं। 283 संयुक्त सचिवों में सिर्फ 37 महिलाएँ हैं। पुलिस और वन सेवाओं में इनकी संख्या न के बराबर है। चोकिला अय्यर के पहले विदेश सेवा से कोई भी महिला सचिव स्तर के पद पर नहीं पहुँच पाई थी। सचिव पद से अवकाश ग्रहण करने वाली सरला गोपालन का कहना है कि औरत अफसर को मर्द के मुकाबले अधिक मेहनत करके अपनी योग्यता प्रमाणित करनी पड़ती है। तब कहीं जा कर महत्त्वपूर्ण नियुक्तियों के लिए उसके नाम पर विचार होता है। अभी तक प्रतिरक्षा, गृह और वित्त मन्त्रालय के लिए महिला सचिवों की कल्पना करना भी मुश्किल है। सभी तरह की उच्च सेवाओं में कोशिश की जाती है कि महिलाओं को तफतीश करने के काम न दिये जाएँ। उन्हें वित्तीय प्रबंधन की जिम्मेदारी शायद ही कभी दी जाती हो। अधिकांशतः उन्हें कार्मिक विभागों, दफ्तर की देख-रेख करने और विभिन्न विभागों में तालमेल बैठाने के कम महत्त्वपूर्ण काम दिये जाते हैं। इन महिला अफसरों को अक्सर ऐसे सवालों का सामना करना पड़ता है जो पुरुष अफसरों से कभी नहीं पूछे जाते, मसलन—कि क्या उन्होंने गणित अथवा विज्ञान का अध्ययन किया है?

मैनेजर औरत / दफ्तर की पोर्नोग्राफी और घर में लालन-पालन

एक निजी फर्म में ऊँचे प्रबंधकीय पद पर काम करती हुई औरत भूमंडलीकरण के समर्थकों द्वारा पेश की जाने वाली सर्वाधिक आकर्षक छवि है। कंप्यूटर के सामने बैठी हुई औरत अब सिर्फ सेक्रेटरी ही नहीं होती, वह प्रोडक्ट मैनेजर या एचआरडी वॉइस-प्रेसीडेंट भी हो सकती है। ऐसे पदों पर पहुँचने के बाद मैनेजर औरत को पता चलता है कि समाज में नारी का सम्मान करने की सभी प्रतीकात्मक कार्रवाइयाँ दफ्तर में लगभग निषिद्ध हैं। अगर कोई साथी पुरुष-अफसर महिला अफसर के लिए दरवाजा

खोलता है या उसे बैठाने के लिए कुर्सी पीछे खींचता है तो दफ्तर में मान लिया जाता है कि वह उस पर विशेष रूप से मेहरबान है। समाज में सामान्य शिष्टाचार समझा जाने वाला यह व्यवहार दफ्तर में तरह-तरह की गलतफहमियों को जन्म दे सकता है।

कार्यस्थल पर थोड़े निचले पदों पर काम करने वाली महिलाओं ने बड़े पैमाने पर अपने यौन-शोषण, छेड़-छाड़ और फिकरेबाजी की शिकायतें की हैं। पश्चिम में इस तरह के मुकदमे अक्सर सुर्खियों का विषय बनते हैं लेकिन तस्वीर का दूसरा और काफी-कुछ छिपा हुआ पहलू यह है कि पदोन्नति के लिए महिलाओं के बीच अपने शरीर के इस्तेमाल करने की प्रवृत्ति को भूमंडलीकृत कार्यस्थल निरंतर प्रोत्साहित कर रहा है। ब्रिटेन में हुआ एक सर्वेक्षण बताता है कि दफ्तरों में काम करने वाली 28 फीसदी औरतों को दफ्तर में सम्भोग करना पड़ा है और उनमें से 65 फीसदी को इसका कोई खेद नहीं है। इंटरनेट पर न्यू वूमेन कंपनी, यूके नामक वेबसाइट द्वारा दो हजार कार्मिक महिलाओं से बातचीत करके सम्पन्न किया गया यह सर्वेक्षण बड़े शरारती अंदाज में जानकारी देता है कि कार पार्किंग में, बॉस की डेस्क पर, केंटीन में और क्लॉक रूम में कितनी प्रतिशत महिलाओं को यौन-क्रिया करनी पड़ी। इस सर्वेक्षण से ऐसा लगता है कि दफ्तर अपने-आप में एक तरह की पोर्नोग्राफी भी है।

करीब 20 फीसदी महिला-कर्मचारी अपने पुरुष बॉस के साथ यौन-क्रिया करने के लिए दिमागी रूप से तैयार मिलीं क्योंकि इसमें उन्हें पदोन्नति और कैरियर में प्रगति का आश्वासन दिखा। इस वेबसाइट की सम्पादक लोराइन ईमेस का निष्कर्ष है कि दफ्तर यौन-साजिशों का अड्डा सा बन गए हैं।

अमेरिका में कार्यस्थल पर होने वाले यौन-शोषण और छेड़-छाड़ की तरफ सबकी निगाहें वाशिंगटन में अक्तूबर 1991 में हुई अनिता हिल के यौन-उत्पीड़न से सम्बन्धित आरोपों की सुनवाई से गईं। इस मुकदमे ने कार्यस्थल पर हावी महिला-विरोधी माहौल पर पड़ा पर्दा हटा दिया। इससे पहले केवल मनोरंजन की दुनिया में सक्रिय औरतों के बारे में ही माना जाता था कि उनका यौन-शोषण होता है। 'कास्टिंग कोच' अर्थात 'पीठ के बल पर' हीरोइन बनने का मुहावरा आम था। लेकिन हिल प्रकरण ने बताया कि जीवन के अन्य क्षेत्रों में भी यह समस्या उतनी ही व्याप्त है।

भूमंडलीकरण ने दफ्तरों में महिलाओं के लिए नई गुंजाइशें तो खोलीं लेकिन इस समस्या-से बचाने का कोई प्रावधान नहीं किया। निजी पूँजी आज इस समस्या से कुछ-कुछ चिन्तित नजर आती है लेकिन इस चिन्ता में भी वह दफ्तरों में होने वाली यौन-लीला के कारण घटती उत्पादकता को लेकर ज्यादा परेशान है। उसे पुरुष द्वारा स्त्री को रति-क्रीड़ा के लिए मजबूर करने पर उतनी आपत्ति नहीं है जितनी दिक्कत उसे इस बात को लेकर है कि इस तरह के प्रकरण दफ्तर की कार्य-संस्कृति को प्रभावित करते हैं।

भूमंडलीकरण द्वारा गरीब औरत के श्रम का शोषण करने की प्रक्रिया पर चर्चा में हम देख चुके हैं कि उसे नौकरी से निकाल देना सर्वाधिक सुविधाजनक है। 'पॉवर

वूमेन' को इस तरह बर्खास्त नहीं किया जा सकता है लेकिन समाज और परिवार इस नई औरत को कुछ इस तरह दबाव में लाता है कि वह विवाह करने और संतानोत्पत्ति के बाद स्वयं घर-परिवार के लिए अपना कैरियर छोड़ कर वापस चली जाती है। बहुत बड़े पैमाने पर नौकरीपेशा औरतों में यह प्रवृत्ति देखी गई है। बाजार के आग्रहों में घरेलू काम और बच्चों के लालन-पालन के पारम्परिक काम का समाजीकरण करने का कोई स्थान नहीं है।

अगर मियाँ-बीवी एक साथ लगभग समान पदों पर एक ही दफ्तर में कार्यरत हैं तो काम से वापस आने पर बीवी स्वाभाविक रूप से शाम की चाय और रात के भोजन की जिम्मेदारी सँभाल लेती है। अगर घर में नौकर लगे हों तो नौकरों के काम की देखभाल करना भी पत्नी के हिस्से में ही आता है।

दिल्ली के अपोलो अस्पताल की मनोचिकित्सक एकता सोनी बताती हैं कि आज की महिलाएँ अपने बच्चे के विकास पर बहुत ध्यान देती हैं और उसके लिए वे अपने कैरियर को त्यागने के लिए तत्पर हैं। बहुराष्ट्रीय कंपनी में कार्यरत बत्तीस वर्षीय रोहिणी सोधी, वकालत करने वाली दीपा पसरीचा, आईआईएम अहमदाबाद से एमबीए करने वाली कुमुद कानन और यात्रा एजेंसी में कार्यरत रीना माथुर इस प्रवृत्ति के उदाहरण हैं। ये सभी युवा और प्रशिक्षित महिलाएँ बच्चे पालने के लिए अच्छी आमदनी वाली नौकरियों और पेशे को छोड़ चुकी हैं। इनमें से किसी के पति ने कभी बच्चों की देख-रेख के लिए अपना कैरियर छोड़ने की पेशकश नहीं की। इस उदाहरण को बहुत ऊँचे स्तर पर भी देखा जा सकता है।

पेप्सी कोला की हाल ही में नियुक्त महिला अध्यक्ष इंदिरा नूई भारतीय मूल की हैं और उनकी नियुक्ति की सर्वत्र चर्चा हुई है लेकिन उनकी अभूतपूर्व सफलता की कहानी के एक कोने में कहीं छोटे-छोटे अक्षरों में यह भी दर्ज है कि उन्हें रोज रात अपने बच्चों को सुलाने के बाद ही बिस्तर नसीब हो पाता है। कहना न होगा कि 'पॉवर वूमेन' अपनी पारम्परिक जिम्मेदारियों से मुक्त नहीं हो पाई है और बाजार के पास नर-नारी के इस सदियों से चले आ रहे श्रम-विभाजन को तोड़ने का न कोई औजार है, न कोई इच्छा।

मर्द का रवैया: कामयाब औरतें तो मंगल गृह से आती हैं!

भूमंडलीकरण ने इस नई औरत को जन्म अवश्य दिया लेकिन वह एक नए मर्द को जन्म नहीं दे पाया जो इस 'पॉवर वूमेन' के साथ नए तरह के नर-नारी सम्बन्धों का सिलसिला शुरू कर सकता। विश्व सुन्दरी युक्ता मुखी का दुख यह है कि वे जिस पुरुष को अपने जोड़ का पाती हैं वह उनसे विवाह करने में हिचकिचाता है। वे कम से कम दो बार अपने ही जैसे सुन्दर और व्यक्तित्ववान युवकों के सामने शादी की पेशकश कर चुकी हैं पर वे किसी न किसी बहाने कतरा गए। तकरीबन ऐसी ही समस्या मशहूर ड्रेस डिजायनर ऋतु बेरी की लगती है। वे अपनी सुन्दरता और

व्यावसायिक सफलता से पुरुषों को चकाचौंध कर देती हैं। पुरुष उनका सान्निध्य प्राप्त करके कृत-कृत्य होते रहते हैं लेकिन दीर्घकालीन सम्बन्ध बनाने का प्रश्न शायद अभी तक हवा में ही अटका हुआ है। मनोचिकित्सक अरुणा ब्रूटा का निष्कर्ष है कि पुरुष सफल औरतों को सशंकित होकर देखते हैं। वे सांस्कृतिक संकट के शिकार हैं। पुरुष एक खूबसूरत गुड़िया चाहता है जो हर निर्णय में उस पर निर्भर करे। वह दिखाना चाहता है कि बागडोर उसी के हाथ में है।

विज्ञापन एजेंसी में काम करने वाली नीरजा देशपांडे अपनी लांसर कार खुद चलाती हैं और एक कामयाब अधिकारी हैं। चूँकि वे पुरुषों के मूर्खतापूर्ण लतीफों पर नहीं हँसती, उन्हें अपनी पलकें फड़फड़ा कर नहीं निहारतीं और दफ्तर के बाद उनसे लिफ्ट नहीं माँगतीं इसलिए वे पुरुषों की निगाह में कुछ ज्यादा ही 'मजबूत' हैं।

अधिकांश 'पॉवर वूमेन' तीस की उम्र पार कर चुकी हैं लेकिन वे अभी तक ऐसे पुरुष की तलाश में हैं जो उन्हें उनकी सामाजिक और व्यावसायिक हैसियत के साथ पसन्द कर सके। हालत यह है कि तीस से ऊपर निकलते ही 'पॉवर वूमेन' शादी लायक मर्द पाने के लिए व्यवसाय और नौकरी छोड़ने का मन बनाने लगती हैं। वे ज्योतिषियों, फेंग शुई और वास्तुशास्त्र के तथाकथित जानकारों के चक्कर लगाने लगाती हैं कि कहीं से चमत्कार हो जाए ताकि उन्हें अपना जीवन-साथी मिल सके।

अपनी लेडी बॉस के अधीन काम करने वाले पुरुष अधिकारी आमतौर पर विशेष रूप से दमित मानसिकता के शिकार रहते हैं जो मौका पड़ते ही 'पॉवर वूमेन' के खिलाफ आक्रामक प्रतिक्रिया में फूट पड़ती है। डेली एक्सप्रैस की *लिंडसे कुक* की पुस्तक *वर्किंग ममः द सर्वाइवल गाइड* पढ़ कर जेम्स ह्यू-ऑनस्लो की प्रतिक्रिया इसका प्रमाण है। जेम्स ने चिढ़ कर लिखा कि यह औरत बहुत से वर्किंग डैड्स को नौकरी से निकालने की जिम्मेदार है। लिंडसे कुक ने ही जेम्स को बर्खास्त किया था। इसलिए जेम्स ने एक आक्रामक निष्कर्ष निकाला, 'अपने इस्पाती आत्मनियन्त्रण वाले चेहरे के पीछे ये औरतें गहरी असुरक्षा के बोध से दबी रहती हैं। वे चाहती हैं कि उनकी चौतरफा प्रशंसा हो। क्या उनके घर में वाशिंग मशीनें नहीं हैं? उन्हें अपने बच्चों के साथ समय बिताने से किसने रोका है?'

अगर जेम्स को लिंडसे कुक नामक महिला के बजाय कोई पुरुष बॉस नौकरी से निकालता तो उनके विचार बिलकुल दूसरे होते। जेम्स मानते हैं कि लिंडसे ने उन्हें इसलिए हटाया क्योंकि कंपनी की नीतियों के अनुसार छँटनी मुहिम चल रही थी। जाहिर है कि किसी नारीवादी या निजी रंजिश के कारण उनके खिलाफ कार्रवाई नहीं की गई फिर भी उनके विचार ताकतवर हो चुकी नारियों के खिलाफ चले गए और वे उन्हें घरेलू कामकाज में लौटने का परामर्श देने लगे।

(यह विश्लेषण इंडियन एक्सप्रैस, बिजनेस मेल, हिन्दुस्तान टाइम्स, टाइम्स ऑव इंडिया, द एशियन एज, द हिन्दू और पॉयनियर में छपी रपटों और लेखों के आधार पर तैयार किया गया।)

सत्तर और अस्सी के दशक की नारीवादी महिलाओं ने विवाह की संस्था को ठोकर मारी, यौनिकता के मसले को उठाया, इतर-लिंगी सहवास की अनिवार्यता और स्वाभाविकता को चुनौती दी, पोर्नोग्राफी का विरोध किया और नारी-समलैंगिकता के आग्रहों की सम्भावनाएँ खोलीं, इसलिए इस दौरान यूरोप में मर्दवादियों ने इन विदुषियों को 'ठंडी', 'बदसूरत', 'यौन-विहीन', 'प्रजनन के लिए बेकार' और इस तरह समाज के लिए त्याज्य की संज्ञा दे दी। भूमंडलीकरण ने इस पुरानी बहस को फिर से उभार दिया है और इस बार इस संघर्ष का रणक्षेत्र है मीडिया। भूमंडलीकृत समाचार माध्यम छपे हुए शब्द से लेकर दृश्य-श्रव्य माध्यमों तक औरत की जो छवि पेश कर रहे हैं उसमें वह एक सुन्दर देह के सिवा कुछ नहीं है। यह जरूर है कि वह देह पहले से कहीं ज्यादा सुन्दर हो चुकी है। उस सुन्दरता में पहले की तरह यूरोपीय सौन्दर्य का बोलबाला नहीं है वरन् प्रजातीय विविधता आ चुकी है। लेकिन जैसे ही भूमंडलीकरण द्वारा प्रदत्त सौन्दर्य ज्ञान और बुद्धि के साथ सह-अस्तित्व का दावा करता है वैसे ही बाजार के सांस्कृतिक प्रवक्ता उसका उपहास करने में लग जाते हैं। यदि औरत कभी बौद्धिक गुणों को प्राप्त करते हुए दिखती है तो इन अक्लमंदों के पास उसकी व्याख्या करने का एक खास तरीका है। वे कहते हैं कि औरत मर्दों के गुणों को अपना रही है। खास बात यह है कि वह जैसे ही 'मर्दों के लिए सुरक्षित' क्षेत्रों में महारत हासिल करने की कोशिश करती है वैसे ही मर्दों की दुनिया व्यंग्य के साथ एक 'मेल-फेमिनिज्म' की चर्चा में जुट जाती है। यह व्यंग्य उस समय विद्रूप में बदल जाता है जब समाचार माध्यम सरकारी आँकड़े पेश करते हैं कि आज भी 56 फीसदी औरतें अपने पतियों द्वारा की गई अपनी पिटाई को जायज मानती हैं। इस धरती पर पशुओं की प्रजाति से यह नहीं पूछा जाता कि उनके ऊपर हुई हिंसा उचित है या अनुचित क्योंकि वे पुरुषों की दुनिया के साथ भाषायी सम्पर्क नहीं कर सकते। लेकिन स्त्रियाँ पुरुषों के समान ही भाषा के औजार से लैस हैं इसलिए पितृसत्तात्मक समाज उनसे पूछ सकता है कि आपकी पिटाई हुई तो क्यों हुई और क्या आप ठीक पिटीं?

बेचारी लिजा रॉय और वह शैतान एलिजाबेथ हर्ली

लिजा रॉय सम्भवतः भूमंडलीकरण के दौर की सर्वाधिक मशहूर भारतीय मॉडल हैं। बाम्बे डाइंग से लेकर लॅक्मे तक के उत्पादों की मॉडलिंग करके वे अपने सौन्दर्य का लोहा मनवा चुकी हैं और आजकल विज्ञापनों की दुनिया ने उन्हें बेदिंग टब में अपनी 'ग्लोइंग त्वचा का राज' बताने की छूट दे रखी है। ऐसी लिजा रॉय ने अचानक एक दिन तय किया कि अब वे अपनी सेक्सी छवि को बदल कर दिमाग वाली औरत के रूप में स्थापित होने की कोशिश करेंगी। लिजा का यह संकल्प भूमंडलीकरण के सांस्कृतिक प्रवक्ताओं के लिए डंकन और शॉ वाली बातचीत की याद ताजा करने के लिए काफी था। अशोक बैंकर ने अपने कॉलम 'फूटसी' में ऐलान किया कि बिल्लियाँ अपनी त्वचा की लकीरों को नहीं बदल सकतीं। लिजा के बयानों और उसके बाद आए

उनके अंग-प्रदर्शन करने वाले विज्ञापनों के एक-दूसरे को काटते यथार्थ का उल्लेख करके बैंकर ने एक जोरदार कहकहा लगाया और आखिरी फैसला दिया कि बिल्लियाँ विरोधस्वरूप कितनी भी गुर्राएँ, वे अपनी त्वचा की डिजाइन नहीं बदल सकतीं। जाहिर है कि लिजा के सामने दो रास्ते थे– या तो वे अपने संकल्प को पूरा करने के लिए विज्ञापनों की दुनिया को अलविदा कह देतीं या बाजार की जरूरतों को पूरा करते हुए धीरे-धीरे अपनी छवि बदलने की कोशिश करतीं। सम्भवतः उन्होंने दूसरा तरीका अपनाया और अपनी देह-प्रधान छवि के खिलाफ वक्तव्य देना जारी रखा। इन प्रतिरोध-कथनों की रोशनी में उनके उत्तेजक मुद्राओं वाले चित्र औरत के शोषण के दस्तावेज में बदल सकते हैं। बाजार में अपनी सुन्दर छवि बेचने के बावजूद सुन्दरता की कैद से मुक्त होने को छटपटाती औरत की जटिलता देखने के लिए जो मानवीय और हमदर्द आँख चाहिए वह बाजार के प्रवक्ताओं के पास मिलना मुश्किल है।

लिजा रॉय की ही तरह एक अन्तरराष्ट्रीय सुन्दरी हैं एलिजाबेथ हर्ली जिन्होंने हाल ही में हॉलीवुड की एक हिट फिल्म में शैतान के नारी-संस्करण की भूमिका निभाई है। हर्ली के दिलचस्प विचार बाजार के प्रवक्ताओं के लिए रेडीमेड गोला-बारूद की तरह हैं। वे कहती हैं कि औरत अपनी नग्नता से पुरुष को लुभा सकती है लेकिन पुरुष अपनी नग्नता से औरत में सिर्फ अरुचि ही पैदा कर सकता है। हर्ली का सन्देश साफ है कि औरत को अपने शरीर का जम कर इस्तेमाल करना चाहिए। स्ट्रिपटीज आयोजित करने वाले बार हर्ली के मुताबिक मर्द की जेब खाली करवाने के सबसे सुविधाजनक अड्डे हैं। शो-बिजनेस की एक महत्त्वपूर्ण हस्ती का यह वक्तव्य बाजार के स्त्री सम्बन्धी आग्रहों की पुष्टि करता है। इसलिए इस पर किसी प्रवक्ता को टिप्पणी की जरूरत महसूस नहीं होती। वे यही तो चाहते हैं कि स्त्री अपने देह-सौन्दर्य के अभिमान में इतराती रहे और एक शताब्दी फिर बीत जाए। जब सन् 2100 में 'टाइम' जैसी कोई पत्रिका सदी के श्रेष्ठ दिमागों के बारे में विशेषांक निकाले तो उनमें कुल जमा एक औरत की भागीदारी हो यानी आन्इस्टीन से लेकर गाँधी तक 99 पुरुष हों एवं अपवादस्वरूप मेरी क्यूरी जैसी केवल एक महिला हो।

ललिताजी बनाम बिकनी वाली सुन्दरी

मीडिया की दुनिया में बहस छिड़ी हुई है कि विज्ञापनों में गृहणी के रूप में औरत की छवि अधिक आपत्तिजनक है या अंग-प्रदर्शन करती हुई सुन्दरी की छवि। विज्ञापन-गुरू प्रह्लाद कक्कड़ ने पिछले साल अगस्त में घोषणा की थी कि औरत की घरेलू छवि दरअसल बिकनी पहनने वाली स्त्री के मुकाबले अधिक शोषणकारी है। अगर वे किसी नई कार के मॉडल को मिनी-वस्त्रों में सुन्दरियों के साथ पेश करते हैं तो उस प्रयास में स्त्री के प्रति उनका दृष्टिकोण छिपा हुआ नहीं होता जबकि सर्फ पाउडर खरीद कर घर के पैसे बचाने वाली समझदार गृहणी ललिताजी की छवि अपने सुन्दर और सुगढ़ रूप के पीछे नारियों को घर की सीमा में बनाए रखने का आग्रह

छिपा रहता है। इस आशय का वक्तव्य देकर प्रह्लाद कक्कड़ अधिकारपूर्वक कहते हैं कि वे औरत की देह का इस्तेमाल करते हैं क्योंकि वह पुरुष की अपेक्षा सौन्दर्यशास्त्रीय लिहाज से अधिक लुभावनी है। क्रय-शक्ति के मालिक पुरुष हैं और कम वस्त्रों में सुन्दर नारी को पेश करके उनसे पैसे खर्च करवाए जा सकते हैं।

कक्कड़ का वक्तव्य एलिजाबेथ हर्ली के बयान जैसा ही है। वह ज्यादा से ज्यादा यह बताता है कि नारी की छवि के बारे में संचार-क्रान्ति और उपभोक्ता क्रान्ति कितनी दूर तक जा सकती है। बाजार की निगाह में मर्द क्रेता है और औरत को परोस कर उसे पटाया जा सकता है। ललिताजी की विख्यात छवि का आगमन विज्ञापन जगत में भूमंडलीकरण के वर्षों के शुरुआती दौर में हुआ था। उस समय तक तौलियों या स्नानघर के प्रसाधनों का विज्ञापन बनाते समय भी ध्यान रखा जाता था कि नारी-शरीर केवल प्रतीकात्मक ढंग से ही खुला रहे। माइक्रो-मिनी (ड्रेस) उस समय तक उच्च वर्ग में भी प्रचलित नहीं थी। आकर्षक उत्पादों को इस तर्ज पर बेचा जाना शुरू नहीं हुआ था कि उन्हें हासिल करते ही सुन्दर स्त्री चुंबन देने या सम्भोग करने के लिए तैयार हो जाएगी। लेकिन यह भूमंडलीकरण का शिखर युग है। यहाँ ललिताजी बेकार हो चुकी हैं। इस पात्र की भूमिका करने वाली मॉडल को आजकल कोई काम नहीं देता। आज तो उस मॉडल का जमाना है जो कार में टेस्ट-ड्राइव के लिए एक पुरुष ग्राहक के साथ बैठती है और सम्भोग करके ही बाहर निकलती है। आज उस मॉडल का जमाना है जो खास तरह का परफ्यूम लगाने वाले पुरुष का चेहरा चुंबनों से भर देती है। आज के विज्ञापन का सन्देश यह है कि सुन्दर औरत उसी पुरुष को अपना उपयोग करने देगी जिसके पास कीमती और प्रतिष्ठित ब्रांडों वाली उपभोक्ता जिंसें होंगी। औरत की देह का बिकाऊ इस्तेमाल और वह भी इतने खुले व निर्लज्ज ढंग से अतीत में कभी नहीं हुआ। दूसरी तरफ भूमंडलीकरण औरत को अपने ही सौन्दर्य से अभिभूत करने की सोची-समझी योजना पर भी काम कर रहा है। चूँकि ज्यादातर औरतें मध्यवर्गीय गृहणियाँ हैं इसलिए उसकी कार्यसूची में उन्हीं का काम सबसे ऊपर है। ललिताजी इस बात के लिए चिन्तित नजर आती थीं कि उनके घर के कपड़े कम खर्चे में ज्यादा साफ कैसे धुलें। उन्हें अपने सौन्दर्य की इतनी चिन्ता नहीं थी। सौन्दर्य उद्योग का ख्याल है कि अगर इन गृहणियों में अपने शरीर, त्वचा और चेहरे के लिए ललक पैदा कर दी जाए तो उन्हें विशाल उपभोक्ता वर्ग में बदला जा सकता है।

इसी मकसद के लिए टीवी की वूमेन मेगजीनों का नियोजित इस्तेमाल किया जा रहा है। पति को दफ्तर और बच्चों को स्कूल भेजने के बाद गृहणियाँ दोपहर में खाली होती हैं। ठीक उसी समय टीवी पर उन्हें अपने बालों को सँवारने, नाखून ठीक रखने, पेडीक्योर और फेशियल करने की विधियाँ और उनके फायदे सिखाए जाते हैं। प्रशिक्षण देने वाली होती हैं पूर्व विश्व सुन्दरियाँ, सौन्दर्य विशेषज्ञ या मशहूर मॉडल्स। दोपहर के बाद इन कार्यक्रमों का प्रसारण दोबारा आधी रात के करीब होता है। जी टीवी का 'खूबसूरत' नामक कार्यक्रम पूर्व मिस इंडिया गुल पनाज पेश करती हैं। इसमें

प्रसाधन विशेषज्ञ और फैशन डिजाइनर अतिथि के रूप में गृहणियों को उनके व्यक्तित्व के विकास के लिए प्रेरित करती हैं।

स्टार प्लस का कार्यक्रम 'मेरी सहेली' किसी न किसी मशहूर औरत का साक्षात्कार पेश करता है और गृहणियों की वैवाहिक समस्याओं के बारे में जवाब-सवाल किए जाते हैं। प्रायः इन समस्याओं और सवाल-जवाबों को कुछ इस तरह डिजाइन किया जाता है कि नर-नारी विषमता का मुद्दा न उभर सके। औरत को घर के लिए ज्यादा से ज्यादा उपयोगी बनाने पर या ज्यादा से ज्यादा सुन्दर बनाने पर जोर रहता है।

अपने ही सौन्दर्य और घर की कैद में फँसी औरत भूमंडलीकरण के लिए सर्वाधिक सुविधाजनक है। वह पहले विश्व सुन्दरी प्रतियोगिताओं और फैशन जगत के माध्यम से सौन्दर्य की प्रतिमूर्तियाँ गढ़ता है और फिर उन्हें नानाविध रूपों में उपभोक्ताओं के सामने परोस कर अपना माल बेचता है। ऐसा पहले भी होता था लेकिन तब उसकी सीमा छोटी थी और उसकी तीव्रता कहीं मंद थी। बाजार में ब्रांड के साथ स्त्री-देह की उपलब्धता को इतने निर्लज्ज और सम्पूर्ण ढंग से अतीत में कभी नहीं जोड़ा गया था।

पिटती हुई औरत : 'मेल फेमिनिज्म' और बिम्बोवाद

चूँकि औरत में सुन्दरता और ज्ञान का संगम नहीं हो सकता इसलिए उसके लिए बाजार के प्रवक्ताओं ने 'बिम्बो' शब्द बनाया है। ऑक्सफोर्ड डिक्शनरी बताती है कि बिम्बो का अर्थ है दिमाग से खाली एक सुन्दर और युवा औरत। पॉप संगीत की दुनिया के पास एक से बढ़ कर एक बिम्बो सुन्दरियाँ हैं जो घोषणापूर्वक अपने बिम्बो होने को गर्व से प्रस्तुत करती रहती हैं। ब्रिटनी स्पीयर्स, जेनिफर लोपेज, स्पाइस गर्ल्स सभी बिम्बो हैं। इनके गीत कुछ इस मूर्खतापूर्ण तर्ज पर होते हैं: इफ यू वांट टु बी माई लवर, यू हैव गॉट्टा बी माई फ्रेंड। 'एली मेकबील' और 'डर्मा एंड ग्रेग' ऐसे ही लोकप्रिय टीवी सीरियल हैं जिनकी नायिकाओं की कल्पना-शक्ति बेहद सीमित है। इन्हीं की नकल में भारतीय टीवी मलाइका अरोड़ा और नफीसा जोसेफ जैसी न जाने कितनी बिम्बो लड़कियों से अँटा पड़ा है जो अपनी हर हरकत से महिलाओं को खूबसूरत बनने का सन्देश देती नजर आती हैं। यह सवाल पूछा जा सकता है कि कभी कोई सामान्य रूप से सुदर्शन और विदुषी महिला किसी टीवी कार्यक्रम की एंकर क्यों नहीं बनती! दोपहर में 'खूबसूरत' और 'मेरी सहेली' देख कर सुन्दर व कमनीय होने की अतृप्त महत्त्वाकांक्षा से पीड़ित ललिताजी रात में मलाइका और नफीसा को देख सकती हैं।

अधिकांशतः घर के काम में व्यस्त रहने वाली इस गृहणी के दरवाजे पर भूमंडलीकरण के इस युग में सर्वेक्षण करने वाले भी आते हैं।वे पूछते हैं कि क्या आपके पति आपको पीटते हैं और अगर पीटते हैं तो क्या अपनी पिटाई को आप ठीक समझती हैं। सर्वे करने वाला ललिताजी को उन विभिन्न आधारों की जानकारी भी देता

है जिनके आधार पर उनकी पिटाई को जायज या नाजायज ठहराया जा सकता है: ललिताजी ने खाना अच्छा नहीं बनाया, पति के साथ बदतमीजी की, बिना इजाजत घर से बाहर गई या पति को उनके चरित्र पर सन्देह है। इस देश की 56 फीसदी ललिताओं ने इनमें से किसी न किसी आधार पर पति की पिटाई को उचित करार दिया। राष्ट्रीय परिवार स्वास्थ्य सर्वेक्षण के ये नतीजे समाचार माध्यमों ने सुर्खियों में प्रकाशित किए। इनमें एक भी अखबार या पत्रिका नहीं थी जिसने इस सर्वेक्षण के महिलाओं के लिए सकारात्मक पहलू की तरफ ध्यान आकर्षित किया हो कि सौ में से चवालीस औरतें मुखर होकर घरेलू हिंसा के खिलाफ बोलीं। चवालीस औरतों की जागरूकता खबर नहीं बनी लेकिन छप्पन औरतों की दयनीयता और मजबूरी खबर बन गई। मीडिया ने निष्कर्ष निकाला कि महिलाओं का सशक्तीकरण अभी दूर है।

पिटती हुई 56 फीसदी ललिताओं की आत्महीनता के बावजूद भूमंडलीकरण की दुनिया पर छाए हुए मर्द 44 फीसदी ललिताओं की चुनौती से चिन्तित हैं। वे उनकी मुक्तिकामी छवि नहीं उभरने देना चाहते लेकिन कहीं न कहीं उनसे त्रस्त जरूर हैं, इसलिए उनके खिलाफ वे धीरे-धीरे 'मेल-फेमिनिज्म' के प्रत्यय की रचना कर रहे हैं। पुरुष-नारीवाद की यह विरोधाभासी अभिव्यक्ति एक ओर नारीवाद का मजाक उड़ाती है और दूसरी ओर मर्दवादियों की आगामी रणनीति को रेखांकित करती है। इस रणनीति में मनोविज्ञान के अधकचरे शोधों से निकाले गए समाजशास्त्रीय नतीजों का चालाकीपूर्ण दुरुपयोग भी शामिल है। इस विचार का मुख्य वाहक अभी मीडिया और उसके 'त्वरित विश्लेषकों' का जमावड़ा ही है।

मीडिया बाजार द्वारा कराए गए किसी भी सर्वेक्षण को हाथों-हाथ लेता है इसलिए मेल-फेमिनिज्म की विचार-रचना सबसे पहले जन-संस्कृति के धरातल पर होती दिखाई दे रही है। अकादमीशियनों ने अभी इस धारणा को छुआ भी नहीं है। पहले चरण में मर्दवादी कहते हैं कि दफ्तरों में कार्यरत महिलाएँ उन गुणों को अपनाती जा रही हैं जो पुरुषों की विशिष्टता समझे जाते हैं। अपने अधीनस्थों से काम लेने के मामले में वे पुरुष बॉस से भी ज्यादा कठोर और आक्रामक प्रदर्शन करती हैं। लेडी बॉस के नीचे काम करना एक समस्या है। अपना रंग-रुतबा गालिब करने के लिए वे किसी भी सीमा तक जा सकती हैं। दूसरे चरण में मर्दवादी दफ्तर में हावी महिला अधिकारी की घरेलू भूमिका पर टिप्पणी करता है। वह दावा करता है कि आर्थिक आजादी प्राप्त होने के बाद इस औरत ने मर्द को घर के मुखिया की पदवी से च्युत कर दिया है। अधिक जागरूक, अपने पैरों पर खड़ी और अपनी बात मजबूती से कहने वाली पत्नी को वह छोटे परिवार के नए केन्द्र के रूप में पेश करता है। दिखाया यह जाता है कि कमाऊ पत्नी घर में भी बॉस है और घर के लिए राशन खरीदने से लेकर बच्चों के लिए स्कूल चुनने तक, रिश्तेदारों से सम्बन्ध रखने से लेकर घर में पति के माँ-बाप की हैसियत तक के मामले में उसी की चलने लगी है। यहाँ तक कि वह कार और नया घर खरीदने जैसे निर्णयों में भी अपनी बात मनवाने की कोशिश करने लगी है। तीसरे चरण

में इन परिस्थितियों के परिणामस्वरूप 'पुरुष-नारीवाद' की परिकल्पना उभरती है अर्थात नारियाँ पुरुष बनती जा रही हैं और पुरुष नारियों की तरह अपनी सत्ता खो कर उत्पीड़ित की भूमिका में आता जा रहा है।

औरत की आजादी के सन्दर्भ में भूमंडलीकरण का भूगोल उस समय प्रति-भूगोल में बदल जाता है जब यूरोपीय पुनर्जागरण और ज्ञानोदय की कोख से जन्मे अधिकांश विचार और संस्थाएँ नारी-मुक्ति के प्रश्न को बाजार और पूँजी के उन्मुक्त प्रवाह के मातहत कर देते हैं। उन्नीसवीं सदी में पूँजीवाद आधुनिकता की सर्वाधिक शक्तिशाली आर्थिक अभिव्यक्ति बन कर उभारा था। समाजवादी चिन्तकों ने भी उद्योगीकरण को मानव मुक्ति का प्रमुख वाहक करार दे कर सूत्रीकरण किया था कि अगर पूँजी को निजी हितों की सेवा से हटा कर सामाजिक हितों के पक्ष में खड़ा कर दिया जाए तो उसकी प्रतिगामी भूमिका को कल्याणकारी चरित्र में तब्दील किया जा सकता है। बेबेल जैसे समाजवादी विचारकों ने घोषणा की थी कि मशीनी सभ्यता नारी को आजाद कर देगी। मार्क्स की मान्यता थी कि एक श्रमिक के रूप में औरत जैसे ही घर की देहरी से बाहर निकल कर पुरुष श्रमिक के बराबर हैसियत प्राप्त करेगी, नर-नारी सम्बन्ध एक नए धरातल पर पहुँचना शुरू हो जाएँगे। जेम्स स्टुअर्ट मिल जैसे उदारतावादी सिद्धान्तकार ने स्त्री के सम्पत्ति सम्बन्धी अधिकारों में रेडिकल फेरबदल की अपील की थी। इस तरह समता का विचार, आधुनिकीकरण, उद्योगीकरण, सम्पत्ति सम्बन्धों की पुनर्व्याख्या, राज्य-संस्था की हस्तक्षेपकारी भूमिका, आदि कारकों को नारी के लिए आमतौर पर मुक्तिकामी मान लिया गया था। पूँजीवाद के पहले और दूसरे चरणों में नारीवादियों को भी ये संस्थाएँ और विचार अपने आन्दोलन के लिए उपयोगी लगे। उन्होंने पितृसत्ता के स्रोत मुख्यतः परम्परा, धर्म और रीति-रिवाजों में निहित माने। उन्होंने कहा कि इन्हीं उद्गमों से फूटी विवाह और परिवार जैसी संस्थाएँ एवं इतर-लिंगी यौन सम्बन्धों की अनिवार्यता ने नारी को बंधनों में जकड़ रखा है।

भूमंडलीकरण पूँजी के आज तक प्रकट हुए सर्वाधिक संकेन्द्रित और प्रभुत्वशाली रूप का नाम है। यह पूँजीवाद के तीसरे चरण का प्रतिनिधित्व करता है। इसने बाजार का एकीकरण करते हुए उसका चौतरफा बोलबाला कर दिया है। इस प्रक्रिया ने बहुत कम समय में, केवल बीस वर्ष की अल्पावधि में ही, भूमंडलीकरण के राज्य और पूँजीवादी आधुनिकीकरण को परम्परा, धर्म और रीति-रिवाजों के एजेंट का रूप देने में सफलता प्राप्त कर ली है। राज्य पहले भी पितृसत्ता के इन तीनों जनकों के साथ हेल-मेल करता रहता था और पूँजीवादी आधुनिकता का एक बड़ा अंश परम्परानिष्ठ विचारों का समर्थक था, लेकिन उस हालत में भी राज्य आधुनिकता के बुनियादी विचार में कहीं न कहीं पितृसत्ता का प्रतिकार बन कर मुखर होता रहता था। भूमंडलीकरण ने बाजार को अन्तिम मंजिल बना कर यह संतुलन बिगाड़ दिया है। औरत के लिए इसके विनाशकारी नतीजे निकले हैं।

एशियाई और अन्य विकासशील देशों के सन्दर्भ में भूमंडलीकरण की यह नारी-विरोधी भूमिका और भी स्पष्ट होकर उभरती है। एशियन रीजनल एक्सचेंज फार न्यू आल्टरनेटिव्ज़ (एरिना) नामक संस्था द्वारा आयोजित एक कार्यशाला में शामिल कई नारीवादी विद्वानों ने निष्कर्ष निकाला है कि भूमंडलीकरण ने पितृसत्ता के पहले से चले आ रहे रूपों को मजबूत ही नहीं किया है वरन् कुछ नए रूपों की भी रचना की है। उसने कुछ अर्थों में आधुनिकीकरण को भी पितृसत्ता की सेवा में लगा दिया है। लैंगिक तटस्थता का नारा बुलंद करते हुए बाजार ने राष्ट्र-राज्य की भूमिकाओं को सीमित करके फैक्ट्री और दफ्तर के कार्यस्थल को लैंगिक शोषण के अड्डों में बदलने में सफलता हासिल की है। रोजगार के मोर्चे पर उसकी प्राथमिकता आज भी वही है—औरतों के लिए परिवार और पुरुषों के लिए धनार्जन। औरतों को सर्वाधिक रोजगार देने वाली प्रणाली ने घर की देहरी पार करने वाली हर श्रमिक औरत को घर और लालन-पालन में बाँधे रखने का कारनामा कर दिखाया है। बाजार ने नर-नारी सम्बन्धों के पारम्परिक वैषम्य को कभी नहीं टूटने दिया। नारी-श्रम से अतिरिक्त मूल्य कमाने की जुगाड़ में वह इस विषमता को अपना मुख्य औजार बना चुका है। पितृसत्ता के नए रूपों के बारे में एरिना का अध्ययन कई उदाहरणों के जरिए बताता है :

❑ भूमंडलीकरण ने महिलाओं के लिए रोजगार के नए अवसर मुहैया किए क्योंकि उसे नारी-श्रम की जरूरत थी। इस चक्कर में औरत को कुछ आजादी और हैसियत मिली लेकिन कार्यस्थल पर उसकी कार्यदशाएँ बेहतर नहीं हुई, न ही उन्हें घर के काम-काज से छुट्टी मिली। औरतों ने यह भी पाया कि उपभोक्ता क्रान्ति के दबाव में उनकी आमदनी अनिवार्य और दीर्घकालीन हित के कामों में खर्च होने के बजाय फौरी किस्म की शॉपिंग में बरबाद हो रही है। गरीब औरतों ने पाया कि अन्तर्राष्ट्रीय संस्थाओं के दबाव में राज्य अब विभिन्न क्षेत्रों में मिलने वाली सबसिडी में कटौती कर रहा है। महँगाई से लड़ने की मजबूरी ने उन्हें अल्पावधि रोजगारों में धकेला जहाँ उनके श्रम का मनमाना शोषण किया गया। जो महिलाएँ आर्थिक रूप से आत्मनिर्भर हुई उन्होंने पाया कि इसका हमेशा ही सकारात्मक नतीजा नहीं निकला। कमाई के जरिए तलाशने के चक्कर में वे भूमंडलीकरण की होड़ में पिछड़ती जा रहीं सरकारों और अपराधी गिरोहों की मिली-जुली साजिश का शिकार हो गईं। निर्यातोन्मुख विकास का मतलब औरतों का निर्यात हो गया।

❑ पुरुषों को लगा कि रोजगार के क्षेत्र में महिलाएँ उनके साथ होड़ कर रही हैं। चीन जैसे स्वघोषित समाजवादी देश में भी अस्सी के दशक के आखिरी वर्षों से पुरुषों की तरफ से महिलाओं के लिए 'गो होम' नारा दिया जाने लगा। पत्र-पत्रिकाओं में इस तरह के लेखों की बाढ़ आ गई जिनमें समझाया गया कि विवाह करना और परिवार चलाना ही औरत के लिए सर्वाधिक उचित है। जापान की मिसाल दी गई कि वहाँ औरतों ने घर सँभाला इसलिए पुरुष-श्रमिक अधिक उत्पादकता दे पाया जिससे औद्योगिक पुनर्निर्माण सम्भव हुआ। इसके अलावा विदेशी निवेश को बढ़ावा देने के

लिए बने निर्यात संवर्धन क्षेत्रों में चीनी सरकार ने महिलाओं के हर तरह के खुले शोषण की छूट दे दी जिससे समाजवादी राज्य के तहत महिलाओं को मिले फायदे उतने प्रभावी नहीं रह गए। महिलाओं को प्राकृतिक रूप से कमजोर बताया जाने लगा और सुझाव दिया गया कि अगर पाँच से दस फीसदी औरतों को नौकरी से निकाल दिया जाए तो शहरी रोजगार की समस्या आसानी से हल हो सकती है।

❑ कई एशियाई देशों में फौज आधुनिकीकरण की वाहक बन कर सामने आई और उसने कट्टरपन्थियों के साथ तालमेल कर लिया। पाकिस्तान का महिला विरोधी हुदूद अध्यादेश केवल फौजी तानाशाही में ही पारित हो सकता था। मलेशिया में औरतों से कारखानों में काम लिया गया, साथ ही राज्य ने पुरुषों को महिला-विरोधी इस्लामिक परिवार कानून मानने वाले केलतान प्रदेश में जा कर एक से ज्यादा विवाह करने की इजाजत दे दी। ऊपर से श्रमिक महिलाओं की धार्मिक शिक्षा का इंतजाम कारखानों के अन्दर ही किया जाने लगा। इंडोनेशिया के आधुनिकीकरण में प्रमुख भूमिका निभाने वाली फौज ने महिलाओं को परिवार और घर के दायरे में कैद करने की मुहिम चलायी। भारत में फौज तो राजसत्ता से दूर रही लेकिन यहाँ भूमंडलीकरण और दक्षिणपन्थी परम्परावादियों का उभार साथ-साथ हुआ। भारत की सरकार ऐसे तमाम तत्त्वों और संगठनों को देशभक्त और संस्कृति-रक्षक मानती है जो लड़कियों पर वस्त्र-संहिता लादते हैं और किसी भी तरह की वैकल्पिक जीवन-शैली का हिंसक विरोध करते हैं।

❑ आधुनिकीकरण करने में लगी सरकारों ने अक्सर महिला-मुक्ति के लिए संघर्षरत संगठनों को भी अपने साथ मिलाया। लेकिन संगठनों ने राज्य के साथ मिल कर काम करते हुए अक्सर पाया कि नतीजे ठीक उल्टे निकल रहे हैं। मसलन, मलेशिया में महिला संगठन घरेलू हिंसा अधिनियम बनवाने के लिए कई वर्ष तक सरकार से सहयोग करते रहे लेकिन जब कानून बना तो उन्होंने पाया कि उसमें हिंसा करने वाले पुरुषों के बच निकलने की कई गुंजाइशें छोड़ दी गई हैं। महिला संगठनों को यह सीमित कानून बनवाने के लिए तरह-तरह के समझौते करने पड़े और कई उसूलों को छोड़ना पड़ा। भारत का महिला-विकास कार्यक्रम चलाने के लिए आर्थिक सहायता देने वाली संस्थाओं, महिला-संगठनों और सरकार के बीच तितरफा सहयोग की प्रक्रिया चली। महिला संगठनों ने पाया कि अन्ततः यह कार्यक्रम भी औरतों के प्रति पितृसत्तात्मक रवैया रखते हुए माई-बाप की भूमिका में आ गया। भूमंडलीकरण के कारण लोकतान्त्रिक गतिविधियों का क्षेत्र उत्तरोत्तर संकुचित होता चला गया है जिससे महिला संगठन उन दायरों में सिमट जाने के लिए मजबूर होते जा रहे हैं जिन्हें राज्य की स्वीकृति प्राप्त है। राज्य स्वयं महिला-मुक्ति की भाषा के अलंकारों को इस्तेमाल करके इस प्रक्रिया को प्रोत्साहित करता है लेकिन अन्त में यह पितृसत्ताओं के आगार की तरह पेश आता है और जरूरत पड़ने पर महिलाओं के दमन से भी पीछे नहीं हटता।

❑ वेश्यावृत्ति, महिलाओं का व्यापार और बलात्कार जैसी हिंसाओं के सम्बन्ध में देखा गया है कि भूमंडलीकृत राज्य ने फौजी अथवा संसदीय रूपों में इन प्रवृत्तियों को खुले या दबे-छिपे ढंग से मजबूत ही किया है। सामन्ती जापान में औरत को रंग-रेलियों का संसाधन माना जाता था और कारपोरेट जापान में उसे तनाव और काम के दबाव से राहत देने का माध्यम करार दे दिया गया है। कंपनियों के मैनेजर मानते हैं कि बेहतर अधिकारी होने के लिए ही नहीं, बेहतर पति और पिता होने के लिए भी वेश्यागमन एक साधन हो सकता है। इस प्रवृत्ति का महिलाओं द्वारा विरोध किए जाने पर अर्थव्यवस्था का यह 'गोपनीय क्षेत्र' खुल कर सामने आ गया है और महिला संगठनों को दमन झेलना पड़ रहा है। जापानी पुरुष 'सेक्स' की खोज में सीमा पार भी जाने लगे हैं और इस तरह एशिया में भूमंडलीकरण का केन्द्र जापान अन्य देशों और संस्कृतियों को भी प्रदूषित कर रहा है। यौन-कर्मी के रूप में औरतों का व्यापार पूँजी के अन्तर्राष्ट्रीय प्रवाह द्वारा नियन्त्रित है। निर्यात संवर्धन क्षेत्रों में काम करने वाली महिला श्रमिक कभी भी अपनी सीमा लाँघ कर यौन-कर्मी बनने के लिए मजबूर है। काम की तलाश में सीमाएँ पार करतीं औरतें भयानक हिंसा के अंदेशों का सामना करती हैं।फिलीपींस जैसे भूमंडलीकृत अर्थतन्त्र इन पहलुओं की उपेक्षा करके अपनी औरतों के अधिकाधिक निर्यात में जुटे हुए हैं। थाइलैंड का उदाहरण बताता है कि 1987-95 के बीच का आर्थिक उछाल काफी कुछ महिला श्रम पर आधारित था। मंदी और अन्य संकटों के आने पर इन्हीं महिलाओं को बड़े पैमाने पर आमदनी जारी रखने के लिए यौन-कर्मी बनना पड़ा।

❑ भूमंडलीकृत राज्य ने कानून के पितृसत्तात्मक स्वरूप को बदलने की कोशिश नहीं की। कहीं भी कानून स्वीकार नहीं करता कि पति भी बलात्कार कर सकता है। न्यायपालिका आमतौर पर औरत के खिलाफ फैसले देती है। नारीवादी कानून बनाने की माँग पर अभी तक किसी राज्य ने काम नहीं किया है।

एरिना द्वारा किए गए इस अध्ययन से काफी कुछ साफ हो जाता है कि भूमंडलीकरण ने राज्य और आधुनिकीकरण को महिला-मुक्ति की परियोजना से पृथक करने की कोशिश की है। इस रूप में उसने नई पितृसत्ताओं का सृजन किया है जो पहले से स्थापित पितृसत्ताओं को और सुदृढ़ करती हैं। उसने एक तरफ लैंगिक तटस्थता का दावा किया है और दूसरी तरफ विकास के नाम पर महिला-संगठनों की भाषा को भी अपनाया है ताकि इन प्रच्छन्न पितृसत्ताओं का सूत्रीकरण होने में बाधा न पड़े।

(पितृसत्ता के नए रूपों के बारे में विस्तृत अध्ययन के लिए देखें : रिसर्जेंट पेट्रियार्कीज़: चेलेंजिज़ फॉर वूमेंस मूवमेंट्स इन एशिया, सम्पादक : उर्वशी बुटालिया, नेंग मागनो, लाउ किन ची, एरिना, हांगकांग, 1999)

समय-समय की शकुन्तला

रोमिला थापर

भारतीय इतिहास पर काम करने वाले अनुसन्धानकर्ता अक्सर साहित्यिक पाठ से जानकारियाँ उठा कर अन्य स्रोतों से उसकी पुष्टि करते हैं। उनके लिए साहित्य और इतिहास के सम्बन्धों का यही पहलू महत्त्वपूर्ण है। लेकिन मैं इन दोनों विधाओं के अन्तर्सम्बन्ध के इस मुख्य आयाम को नई दृष्टि से देखना चाहती हूँ। इसके लिए मैं शकुन्तला की कहानी का इस्तेमाल करूँगी। इस कथा को विभिन्न कालों में अलग-अलग ढंग से कहा गया है। शकुन्तला के हर पुनर्कथन में आए परिवर्तनों के माध्यम से ऐतिहासिक परिवर्तन की झलकियाँ मिल सकती हैं। अर्थात शुकंतला के पुराने आख्यान की परवर्ती आख्यानों से तुलना करने पर तत्सम्बन्धी कालावधियों में समाज और उसके समग्र दृष्टिकोण में आए परिवर्तनों का कुछ-कुछ पता लगाया जा सकता है।

इस परिवर्तन को समझने के लिए साहित्य और इतिहास की अन्योन्यक्रिया को अधिक गहनता से देखना पड़ेगा ताकि इसमें निहित ऐतिहासिक परिप्रेक्ष्य पकड़ में आ सके। आख्यान में मौजूद निरूपणों का परीक्षण करने से यह काम हो सकता है। वही कथानक या उससे मिलता-जुलता कथानक साहित्य की विभिन्न विधाओं में अलग-अलग रूपों में मिल सकता है। *महाभारत* में शकुन्तला की कथा *शकुन्तला उपाख्यान* के रूप में है। कालिदास ने इसे *अभिज्ञान शाकुंतलम* के रूप में रचा है और ब्रजभाषा में शकुन्तला *कथा* शीर्षक से गद्य-काव्य के रूप में मौजूद है। शकुन्तला के आख्यान को आधार बनाते हुए, लेकिन अलग-अलग परिप्रेक्ष्य से, कालिदास की कथा के तमाम अनुवाद उपलब्ध हैं। यहाँ अनुवाद की क्रिया अपने आप में एक सांस्कृतिक संवाद के रूप में उभरती है। इसके अलावा निबंध के रूप में कालिदास के नाटक की टीकाएँ भी उपलब्ध हैं। रवीन्द्रनाथ टैगोर द्वारा की गई टीका को उदाहरण के रूप में लिया जा सकता है। इस आख्यान की जीवनी रचने में शकुन्तला की कहानी के इन विभिन्न रूपों की भूमिका महत्त्वपूर्ण है।

सवाल यह है कि क्या किसी आख्यान के कुछ बदले हुए वर्णन से किसी व्यापक

ऐतिहासिक परिवर्तन को समझने में उसी तरह मदद मिल सकती है जिस तरह किसी पुनर्वर्णन से उस युग के सामाजिक नजरिए का बदलाव दिख जाता है? क्या आख्यान-वर्णन या आख्यान-रचना को एक घटना माना जा सकता है? हर आख्यान का एक सन्दर्भ होता है जिसे सचेत या अचेत ढंग से किसी विश्वदृष्टि और विचारधारा से हासिल किया जाता है। यहाँ यह स्पष्ट कर देना चाहिए कि मैं इस प्रयास के जरिये किसी कहानी को इतिहास के रूप में प्रमाणित नहीं करना चाहती क्योंकि अन्ततः कहानी तो कल्पना ही है। पर उसके एक माध्यम से कालावधि और एक समाज का परिप्रेक्ष्य अवश्य उद्घाटित होता है। कहने का तात्पर्य यह है कि इसका विश्लेषण ऐसे परिप्रेक्ष्य को निरूपित करने वाली कथा के रूप में किया जाना चाहिए जो उसके विभिन्न पुनर्वर्णनों की तुलना में ज्यादा साफ होकर उभरता है। निश्चित रूप से काल्पनिक आख्यान को इतिहास नहीं माना जा सकता पर वह अतीत का सूचकांक तो हो ही सकता है।

हर आख्यान की अपनी जीवनी होती है और उसमें जो परिवर्तन दिखाई पड़ते हैं उनसे हमें ऐतिहासिक परिवर्तन को समझने की दृष्टि प्राप्त होती है। ऐतिहासिक परिवर्तन से मेरा मतलब सिर्फ घटनाक्रम से नहीं है बल्कि ऐतिहासिक सन्दर्भ के बहुस्तरीय आयामों से है। बार-बार सृजित किया जाने वाला आख्यान उस पांडुलिपि के पृष्ठों की तरह हो जाता है जिसके ऊपर एक ही कहानी तरह-तरह से कई बार लिखी गई हो।

अतीत से जुड़े एक खास कथानक को चुन कर उसे भिन्न ढंग से सृजित करना अपने आप में ऐतिहासिक रूप से महत्त्वपूर्ण है। इस क्रिया के दौरान रचनाकार अपने काल के किसी एक स्थान पर अवस्थित होकर वर्तमान की नजर से अतीत को देखता है। इस प्रक्रिया में अतीत से चुनी गई सामग्री एक परम्परा का निर्माण करने के काम आती है। अतीत से इस तरह किया गया चुनाव अक्सर वर्तमान को वैधता प्रदान करने के इरादे से किया जाता है। इस प्रकार चयन का कार्य अतीत के साथ एक संवाद की शक्ल ले लेता है।

लेकिन शकुन्तला के कथानक की एक और विशिष्टता है। वह सिर्फ साहित्य और इतिहास की अन्योन्यक्रिया का ही नमूना नहीं है, बल्कि इसमें एक लैंगिक परिप्रेक्ष्य भी निहित है। विभिन्न विधाओं में शकुन्तला का पात्र अलग-अलग रूपों में प्रदर्शित किया गया है। इससे अलग-अलग सामाजिक परिप्रेक्ष्य का आभास मिलता है। इसीलिए मेरा जोर सिर्फ कालिदास के नाटक पर न होकर यह देखना है कि कथानक के केन्द्रीय पात्र को किस-किस तरह से रचा गया है और इससे आख्यान अपने विविध रूपों में किस तरह बदलता चला गया है। इसके साथ ही मैं कथानक के विभिन्न रूपों और उन पर की गई टीकाओं की सम्भावित ऐतिहासिक व्याख्याओं पर भी ध्यान दूँगी।

आइए, अब हम आख्यान की चर्चा करें। *महाभारत* के आदि पर्व में दिया गया शकुन्तला का आख्यान या उसका कथा-वृत्तान्त उन काव्यात्मक पाठांशों में से एक है जिन्हें जोड़ कर इस महाकाव्य की रचना हुई है। महाभारत में शकुन्तला की कथा का पहला रूप

मिलता है। वैदिक वांगमय में शकुन्तला के मात्र उल्लेख मात्र से अपना काम चलाया गया है जिससे साबित होता है कि यह कथा उस जमाने में कितनी सुपरिचित थी। इन तमाम अंशों से एक लोककथा का रूप-विधान उभरता है। *महाभारत* के अन्य खंड भी हैं जिन्हें उपदेशात्मक बताया गया है, जैसे कि शान्ति पर्व। इन खंडों का, कथा से कम और आदर्श समाज के सिद्धान्त, सामाजिक और पवित्र दायित्त्व यानी धर्म के सिद्धान्त, सरकार यानी राज-धर्म के सिद्धान्त, आत्मा की मुक्ति के विचार यानी मोक्ष और इसी तरह के अन्य विचारों से वास्ता ज्यादा है। शकुन्तला की कहानी आख्यान यानी कथा-वृत्तान्त वाले हिस्से में है।

कहानी के अनुसार चक्रवर्ती राजा दुष्यन्त को *गोप्ता* यानी *गोरक्षक* की पदवी प्राप्त थी। एक दिन वे एक बड़ी सेना के साथ शिकार पर गए। इस भीषण आखेट में उन्होंने बाघों और हिरनों का शिकार किया, हाथियों को घायल किया और पेड़ों को उखाड़ डाला। कुल मिलाकर उन्होंने प्रकृति का विनाश किया। दुष्यन्त एक हिरण का पीछा करते हुए घने जंगल में जा पहुँचे जहाँ उन्हें हरे-भरे मनोरम एकान्त में बसा कण्व ऋषि का आश्रम मिलता है। आवाज देने पर आश्रम की एक युवती ने प्रत्युत्तर दिया और अतिथि की अगवानी की। उसने बताया कि वह कण्व ऋषि की बेटी शकुन्तला है। दुष्यन्त ने जब यह पूछा कि ऋषि को बेटी कैसे हो सकती है तो शकुन्तला ने अपने जन्म की जानकारी विस्तार से दी। उसने बताया कि विश्वामित्र तपस्या करके निरंतर शक्तियाँ प्राप्त करते जा रहे थे जिससे इन्द्र का सिंहासन डोल उठा और उन्होंने विश्वामित्र को सम्मोहित करके तपस्या भंग करने के लिए अप्सरा मेनका को भेजा। तब विश्वामित्र और मेनका के समागम से शकुन्तला का जन्म हुआ पर मेनका ने उसे त्याग दिया। उसी शिशु को कण्व ऋषि ने आश्रम में अपनी संतान की तरह पाला।

दुष्यन्त को शकुन्तला 'सुन्दर नितम्बों वाली एक अनिन्द्य युवती' लगी और वे उस पर मर मिटे। उन्होंने गंधर्व विवाह का प्रस्ताव किया। यह ऐसा विवाह था जो आपसी सहमति से किया जाता था और जिसमें बुजुर्गों की अनुमति की आवश्यकता नहीं होती। क्षत्रियों के लिए ऐसा विवाह उपयुक्त बताया गया है। शकुन्तला इसके लिए तैयार तो हो गई पर उसने एक शर्त रखी कि विवाह तभी होगा जब उससे उत्पन्न होने वाली संतान को दुष्यन्त का उत्तराधिकारी घोषित किया जाए। तीन वर्ष के लम्बे गर्भधारण के बाद शकुन्तला ने भरत नाम के पुत्र को जन्म दिया। शकुन्तला बालक भरत को लेकर राजा दुष्यन्त की राजधानी हस्तिनापुर गई और माँग की कि दुष्यन्त भरत को अपना उत्तराधिकारी घोषित करें। दुष्यन्त ने यह दिखाया कि जैसे वे माँ और बेटे को पहचान ही न पा रहे हों और दोनों को ठुकरा दिया। इस पर शकुन्तला को बहुत क्रोध आया। उसने दुष्यन्त से तर्क किया कि पत्नी और पुत्र उनके लिए क्यों जरूरी हैं, विशेषकर वंश चलाने के लिए पुत्र का क्या महत्त्व है। यह नोंक-झोंक काफी तीखी हो गई और गाली-गलौज के स्तर तक पहुँच गई। *महाभारत* में दुष्यन्त-शकुन्तला के इस विवाद के दौरान मेनका को कुलटा, विश्वामित्र को लंपट और शकुन्तला को वेश्या तक कहा

गया है। शकुन्तला अपनी बात पर कायम रही। उसने दावा किया कि भरत को उसका हक मिलना ही चाहिए। यह कह कर उसने भरत को दुष्यन्त के पास छोड़ आश्रम लौटने का निर्णय लिया। आकाशवाणी हुई कि भरत दुष्यन्त का ही बेटा है। इस पर दुष्यन्त ने सफाई दी कि उन्हें शकुन्तला के दावे पर सन्देह नहीं था पर वे अपने इस रिश्ते को सार्वजनिक मान्यता मिलने का इंतजार कर रहे थे। इस तरह आकाशवाणी के बाद दुष्यन्त ने दोनों को स्वीकार कर लिया। आगे चल कर राजा के रूप में भरत की ख्याति महान शासक के रूप में हुई।

महाकाव्य में उल्लिखित शकुन्तला की यह कथा भरत के मूल मिथक को जन्म देती है जो कौरवों और पांडवों की कुल-परम्परा से जुड़ा हुआ है। यह *महाभारत* के कथानक की केन्द्रीय विषयवस्तु है। आकाशवाणी के माध्यम से सामाजिक दर्जे और वैधता को स्थापित होता दिखाया जाता है क्योंकि सम्बन्धों को खानदान के अन्य सदस्यों द्वारा स्वीकार किया जाना भी जरूरी था। *महाभारत* में वर्णित यह समाज कुनबा-आधारित और पराक्रमी नाबकों का समाज है जहाँ सही कुल-परम्परा, वंशावली और पैदाइश की जानकारी होना अहम है। यह एक पशुचारी समाज का चित्र है जिसे विशाल चरागाहों की जरूरत रहती है। यही कारण है कि दुष्यन्त को गोपालक की पदवी मिली हुई थी। इस जमाने में खेती के लिए जमीन और जंगल की सफाई को भी सम्पत्ति का एक स्रोत माना जाता था। इस प्रकरण में आखेट एक तरह का प्रच्छन्न आक्रमण अर्थात प्रकृति के खिलाफ एक युद्ध है और भूभाग पर आधिपत्य जमाने के एक तरीके के रूप में उभरता है। यही वह काल था जब वनों पर कब्जा करने का महत्त्व बढ़ने लगा था।

शकुन्तला का चित्रण कथा के केन्द्र में है। वह निष्कपट, मुक्त, साहसी और दबंग है। वह सशर्त विवाह करती है और फिर माँग करती है कि उससे किए गए वायदे का सम्मान किया जाए। वह दुष्यन्त पर नाजायज बरताव का आरोप लगाती है। उसका चरित्र उस पतिव्रता नारी की छवि के बिलकुल विपरीत है जिसे महाकाव्य के उपदेशात्मक अंशों में आदर्श नारी बताया गया है। स्पष्टतः विवाद बच्चे के पितृत्व पर है। गंधर्व विवाह के दौरान रखी गई शर्त शकुन्तला के पुत्र की हैसियत का आधार बनती है जो पितृसत्तात्मक समाज की विशेषता है। कुटुम्ब-आधारित समाज होने के बावजूद उस समाज में किसी स्त्री की हैसियत के लिए उसके बच्चे के पितृत्व का दर्जा अहम था। यहाँ शकुन्तला सगोत्रीयता और विवाह के बीच एक कड़ी बन कर उभरती है। उसका बेटा उसके लिए कुटुम्ब की सदस्यता की गारंटी करता है जिससे उसे उसका सामाजिक दर्जा प्राप्त होता है। आकाशवाणी के जरिये माँ को ग्रहण करने वाले पात्र और पिता को पुत्र का जनक बताया गया है। पुत्र ही पिता को मृत्युलोक से मुक्ति देता है। इसी उद्घोषणा में वह वक्तव्य अन्तर्निहित है जिसके माध्यम से दुष्यन्त बच्चे की जिम्मेदारी स्वीकार करते हैं।

इस महाकाव्य की रचना का काल विवादास्पद है। आमतौर पर यह माना जाता है

कि इसके सृजन और उसमें क्षेपकों को जोड़ने का काल 400 ईसा पूर्व और 400 ईसा बाद के बीच का है। कथा-वर्णन के अंश पुराने हैं और उपदेशात्मक खंड उसके बाद रचे गए हैं। ईसा के बाद की सदियों में भी इस महाकाव्य की लोकप्रियता बनी रही। कुछ लोगों के लिए यह प्राचीन मिथक का हिस्सा है और उन्हें प्राचीन काल के नायकों से जोड़ता है। इस महाकाव्य में अक्सर कुछ न कुछ जोड़ा जाता रहा है और सम्भवतः इसे पवित्र कृति मानने के साथ ही उच्चवर्गीय संस्कृति ने इसे अपना लिया। सामाजिक वैधता प्राप्त करने के लिए *महाभारत* की कथाओं का इस्तेमाल सामाजिक रूप से उचित समझा जाने लगा।

अब मैं कालिदास के नाटक *अभिज्ञानशाकुंतलम* पर चर्चा करना चाहूँगी। इस नाटक में एक भिन्न ऐतिहासिक दृश्य उभरता है। इसका रचनाकाल महाकाव्य के बाद का और सम्भवतः चौथी ईसवी का है। हालाँकि यह तिथि विवादास्पद है। कालिदास ने महाकाव्य का एक अंश चुन कर उसके कथानक को नाटक में बदल दिया है। नाटक महाकाव्य की कविता से अलग साहित्य रचना की भिन्न काव्य-विधा है। कविगण अक्सर प्रचलित कथानक को नाटक में रूपान्तरित करते थे ताकि एक सुपरिचित कथा में अन्तर्निहित भावनाओं को और मुखर किया जा सके। यूनान में भी इस तरह के कवि और नाटककार मौजूद थे। कालिदास ने मूल कथा में अन्तर्कथाएँ भी जोड़ीं। इनमें से एक अँगूठी की अन्तर्कथा है जिसका स्रोत बौद्ध कथा *हारिजातक* में निहित लगता है। दूसरी अन्तर्कथा शाप के कारण पैदा हुए संकट की है। लोक-साहित्य में ऐसे प्रकरण काफी मिलते हैं। यह सब मिल कर एक नई परम्परा की रचना करते हुए लगते हैं। अतीत से चुने गए एक कथा-अंश को परवर्ती काल की सांस्कृतिक अभिव्यक्ति के अनुकूल ढालना महाकाव्य के कथा-रूप का प्रतिवाद भी समझा जा सकता है क्योंकि महाकाव्य की मान्यताएँ नाटक में बदल कर सामने आती हैं।

कालिदास के नाटक का सरोकार कुटुम्ब-आधारित समाज से नहीं रह जाता बल्कि वह राज्य की राजनीतिक सत्ता का गुणगान करता है। दरअसल राज्य की सत्ता का तर्क नाटक लिखे जाते समय स्थापित हो चुका था। एक परिवार और ऊँची जाति के प्राधिकार में सत्ता के केन्द्रण को वैधता मिल चुकी थी। राज्य ने प्रशासन, राजस्व और दमनकारी संस्थाओं और ऐसे ही तमाम उपांगों को विकसित कर लिया था। ब्राह्मणवादी उच्च संस्कृति मुखर हो चुकी थी। इसकी शास्त्रीयतावाद के निर्माण में मुख्य भूमिका थी इसलिए कालिदास उससे अच्छी तरह परिचित थे। उनके नाटक में इस्तेमाल की गई उच्च कोटि की साहित्यिक भाषा और पात्रों के सूक्ष्म सम्बन्धों का चित्रण इसका प्रमाण है। उन्होंने राजत्व को देवत्व के समान बताया है और राजा और ईश्वर को एक दूसरे का पर्याय सा बना दिया। कालिदास के वर्णन में कण्व ऋषि का आश्रम नई संस्थाओं के अंकुरण का स्थल लगता है। यही संस्थाएँ उत्तर-गुप्त काल में अग्रहार के रूप में विकसित हुईं जिनके कारण सामाजिक-आर्थिक परिदृश्य बदल गया है। इस युग में राजा ब्राह्मणों को बसने के लिए कर-मुक्त भूमि दान में देता था। यह भूमि

कृषि-कार्य के लिए पहले से प्रयुक्त हो रहे इलाके में या नए खेतिहर इलाकों में होती थी। बाद में इन्हीं क्षेत्रों को ब्राह्मणवादी संस्कृति के सशक्त केन्द्र और सम्पर्क सूत्र के रूप में विकसित होना था।

कालिदास का नाटक राजा के दरबार में छोटे से सुसंस्कृत शहरी दर्शक वर्ग के सामने मंचित होने के लिए लिखा गया था। यह सामान्य जन के लिए की गई रचना नहीं थी। नाटक में उच्चवर्गीय समाज के मूल्य मौजूद थे हालाँकि समय-समय पर उन मूल्यों पर सवाल भी उठाए गए थे। मनोरंजन के लिए लिखे गए इस नाटक का कथानक रोमानी था।

शकुन्तला की कहानी में कालिदास द्वारा किए गए परिवर्तनों का महत्त्व केवल कथा-क्रम के सन्दर्भ में ही नहीं है। कालिदास के मुताबिक दुष्यन्त अपनी अँगुलि-मुद्रा शकुन्तला के पास वचन की स्मृति के रूप में छोड़ जाते हैं ताकि हस्तिनापुर लौटने पर वे उसे बुलाना न भूलें। एक दिन दुष्यन्त की स्मृतियों में खोई हुई शकुन्तला क्रोधी ऋषि दुर्वासा का विधिवत स्वागत करना भूल जाती है। दुर्वासा उसे शाप देते हैं कि जिसकी याद में वह इतनी खोई हुई है वही उसे याद नहीं करेगा। शकुन्तला की सखियाँ ऋषि से आग्रह करती हैं कि वे अपने शाप में कुछ संशोधन कर दें। उसके बाद ऋषि कहते हैं कि अँगूठी देख कर दुष्यन्त को सब कुछ याद आ जाएगा। शकुन्तला दरबार के लिए रवाना होती है और यात्रा के दौरान अनजाने में अँगूठी खो देती है। दरबार में पहुँचने के बाद दुष्यन्त उसे पहचानने से इंकार कर देते हैं और लाख याद दिलाने के बावजूद वे मानने को तैयार नहीं होते कि वह उनकी वैधानिक पत्नी है और उसके गर्भ में पल रहा बेटा भी उन्हीं का है। शकुन्तला निराश होकर धरती माँ को पुकारती है। उसी क्षण जोर की बिजली कौंधती है और उसे मारीच के आश्रम पहुँचा दिया जाता है। वहाँ वह अपने बेटे भरत को जन्म देती है। इस दौरान शकुन्तला की खोई हुई अँगूठी एक मछली के पेट में मिलती है और उसे राजा के पास लाया जाता है। अँगूठी देख कर दुष्यन्त को शकुन्तला याद आ जाती है। अब उन्हें पत्नी और पुत्र को खो देने का गहरा पछतावा होता है। आखिर में सुखद संयोग होता है जब राजा को दानवों के खिलाफ संग्राम में इन्द्र की सहायता के लिए आमंत्रित किया जाता है। संग्राम से लौटते समय वे मारीच के आश्रम में रुकते हैं और वहाँ अपनी पत्नी और बेटे से उनका पुनर्मिलन होता है।

नाटक की कथा महाकाव्य में मौजूद कहानी की रूपरेखा का विस्तार है। दरबारी नाटक के लिए रोमानी मानस और नाटकीय प्रभावों की आवश्यकता थी। कथा को फैलाने का काम शाप और अँगूठी की उपकथाओं के माध्यम से किया गया। दोनों उपकथाओं के बीच एक तरह की सुसंगति है। अभिशाप के कारण गतिशीलता भंग होती है और अवरोध खड़ा हो जाता है। अँगूठी उस अवरोध को हटाती है और कथा आगे बढ़ती है।

शाप और अँगूठी के जरिये दुष्यन्त और शकुन्तला के बीच बच्चे के पितृत्व और

पिता की जिम्मेदारी को लेकर पैदा हुआ तनाव छिपाया गया है। लेकिन कालिदास की शकुन्तला अपने बेटे की अधिकार-वंचना का दुख सहन नहीं कर पाती क्योंकि घटनाओं का प्रवाह मनुष्य के नियन्त्रण से बाहर दिखाया गया है। इस नाटक में शकुन्तला ने विवाह के लिए कोई शर्त भी नहीं रखी। शकुन्तला को ठुकराने के लिए दुष्यन्त को दोषी भी नहीं कहा जा सकता क्योंकि वे शाप के वशीभूत दिखाए जाते हैं। क्या कालिदास शकुन्तला को तिरस्कृत करने के लिए दुष्यन्त की निन्दा की नैतिक जिम्मेदारी से बचना चाहते हैं? या उस युग और उस समाज में ऐसा आचरण आलोच्य नहीं माना जाता था? *महाभारत* में यही सवाल आकाशवाणी के माध्यम से सामने आया है।

नाटक की संरचना एक ऐसी द्वैधता पर आधारित है जो पर्यावरण के प्रचलित वर्गीकरण से जुड़ी है। यहाँ पर्यावरण का द्विभाजन ग्राम और अरण्य अथवा क्षेत्र और वन यानी आबादी वाले इलाके और वन के रूप में सामने आता है। महाकाव्य में तो यह दोनों श्रेणियाँ कहानी के आधार के रूप में उभरती हैं। घर और वनवास के प्रतीक के तौर पर इनका प्रयोग किया गया है। कहानी या तो रिहायशी या फिर जंगली इलाकों में घटित होती है। इसकी छाप काफी-कुछ कालिदास के नाटक पर भी देखी जा सकती है। इसका एक कारण यह है कि गुप्तकाल में वनों के प्रति दृष्टिकोण बदलने लगा था। पहले ग्राम या रिहायशी इलाके व्यवस्थित समाज थे और अरण्य या वन अज्ञात और जंगली लोगों की रिहायश माने जाते थे। पर गुप्तकाल में उन्हें दूसरे दृष्टिकोण से देखा जाने लगा था। वे राजस्व के स्रोत बन गए थे। वहाँ से लकड़ी मिलती थी, हाथी मिलते थे और जंगलों की सफाई के बाद खेती लायक जमीन भी निकलती थी। वे अग्रहार के रूप में ब्राह्मणों के आवास बनने लगे थे। वनों का समाज पूरी तरह से अज्ञात नहीं रह गया था। वह गाँवों से अलग जरूर था, इसलिए नाटक में इस अन्तर पर जोर मिलता है।

इस द्विभाजन को कण्व ऋषि के आश्रम यानी शकुन्तला के निवास और हस्तिनापुर के दरबार के अन्तर द्वारा नाटक में व्यक्त किया जाता है। इस अन्तर को आगे इस बात से भी रेखांकित किया गया है कि शकुन्तला आश्रम की युवती है और दुष्यन्त दरबार के पुरुष हैं। नाटक में आश्रम का प्रत्यक्ष वर्णन कम से कम है। वह तो बस्ती और वन के बीच की देहरी है। घने जंगलों में होने के बावजूद आश्रम के वासी प्रकृति से तादात्म्य रखते हुए भी सभ्य समाज के रीति-रिवाजों और प्रथाओं से वाकिफ हैं। आश्रमवासी भी उसी सभ्य समाज से आए हैं। यानी वे लोग अविकसित या वनवासी नहीं हैं।

कालिदास इस द्विभाजन और इन दोनों क्षेत्रों से जुड़ी गतिविधियों का प्रयोग अर्थ बदलने के औजार की तरह करते हैं। यहाँ आश्रम सम्भोग-शृंगार (संयोग) का स्थल बन जाता है जबकि आमतौर पर आश्रम के साथ ऐसी छवि नहीं जुड़ी होती है। दूसरी तरफ दरबार विप्रलंभ शृंगार (वियोग) का स्थल बन जाता है जहाँ शकुन्तला को

तिरस्कृत किया जाता है और वह दरबार छोड़ कर चल देती है जबकि ज्यादातर प्रणय दरबार में ही अपनी पूर्णता को प्राप्त होते हैं।

महाकाव्य के आख्यान से नाटक तक स्त्री की अवधारणा में एक तरह का परिवर्तन दिखता है। शकुन्तला अब प्रकृति की संतान है और पौधों व पशुओं से तादात्म्य स्थापित करती है। वह वृक्षों की छाल से बने कपड़े पहनती है और फूलों से शृंगार करती है जो उसके हस्तिनापुर रवाना होने के समय चमत्कारिक रूप से आभूषणों में बदल जाते हैं। उसके जाने पर प्रकृति विलाप करने लगती है। उसकी मासूमियत उस समय बढ़ जाती है जब प्रणय के वशीभूत होकर वह गंधर्व विवाह कर बैठती है। कालिदास की शकुंतला शीलवती, संकोची, विनम्र और आज्ञाकारी है। नाटक के आखिरी दृश्य में वह दुष्यन्त के कृत्य को क्षमा कर देती है और खुद को समझाती है कि वह पूर्वजन्म में किए गए किसी पाप का ही फल भोग रही है।

चूँकि शकुन्तला को दुष्यन्त की पत्नी होने का दावा करना था इसलिए उसे पतिव्रत धर्म के आदर्श पर भी खरा उतरना था। हालाँकि कण्व और दुष्यन्त दोनों उसे वैधानिक रूप से विवाहित पत्नी कहते हैं पर कण्व का एक शिष्य गंधर्व विवाह की तरफ संकेत करते हुए उसे प्रलोभन के आधार पर बनाए गए सम्बन्ध की संज्ञा देता है। क्या पितृसत्ता द्वारा निर्धारित सीमा लाँघ कर स्वतन्त्र निर्णय लेने की हिम्मत करने के कारण ही वह शिष्य शकुन्तला से नाराज है? वह जोर देता है कि शकुन्तला को ऐसे निर्णय का दंड भुगतना ही चाहिए। शकुन्तला से कहा जाता है कि वह आश्रम नहीं लौट सकती और उसे दरबार में ही रहना होगा। आखिर पत्नी पर पति का असीमित अधिकार होता है। उसे अधिकार है कि वह उसे अपनाए या त्याग दे। एक स्त्री के पति से दूर रहने से अच्छा है कि वह उसके घर में नौकरानी बन कर रहे।

महाकाव्य में पुत्र के केन्द्रीय महत्त्व और स्त्री के स्वयं और एक बेटे की माँ के रूप में सबलीकरण पर जोर दिया गया है। वहाँ राजा स्त्री को अवैधता के लिए ताने नहीं देता बल्कि कुल मिलाकर उसका स्त्री के प्रति नजरिया ही तिरस्कारपूर्ण है। अन्त में राजा अपने उत्तराधिकारी की कामना से उतना ही पीड़ित होता है जितना प्रेमिका के बिछोह से।

कालिदास की रचना के परवर्ती काल में इस कथानक के दो रूप प्रचलित रहे। पुराणों में पुरुषों के जिस प्राचीन मिथक का संक्षिप्त वर्णन किया गया है वह उत्तर-गुप्तकाल के राजवंश को वैधता प्रदान करने के नजरिए से महत्त्वपूर्ण है। पौराणिकों और कथाकारों के गायन के माध्यम से ये कथाएँ जनता के बीच वाचिक परम्परा के रूप में जीवित रहीं। एक तरह की लोकरूढ़ि बन गई और यह तथ्य *कथासरितसागर* से प्रभावित होता है। यहाँ उसी कथानक पर आधारित एक रोचक कथा मिलती है पर उसमें लोकविषयक तत्त्वों की भरमार है। चित्रों के माध्यम से कथा के चाक्षुष रूपों के वर्णन का सुझाव भी मिलता है।

परवर्ती काल में साहित्य और सौन्दर्यशास्त्र पर लिखे गए कई तरह के सैद्धान्तिक ग्रंथों में इस नाटक की चर्चा मिलती है। नाट्यशास्त्र से लेकर पहली सहस्राब्दी के अन्त तक अभिनवगुप्त और आनन्दवर्धन के सैद्धान्तिक ग्रंथों तक श्रेष्ठ कविता और श्रेष्ठ नाटक की अनेक परिभाषाएँ दी गई हैं। विशेष रूप से कालिदास के नाटक पर सोलहवीं सदी में राघवदत्त द्वारा रचित एक टीका मिलती है। इसमें ज्यादा चर्चा ध्वनि और रस के सिद्धान्त विकसित करने के लिए की गई है जो भारतीय सौन्दर्यशास्त्र का केन्द्रीय तत्त्व है। कलात्मक अभिव्यक्ति के लिए ध्वनि और भावनाएँ आवश्यक हैं। धीरे-धीरे कालिदास के नाटक का महत्त्व कविता और नाटक के विश्लेषण के लिए केन्द्रीय हो गया। उसे संस्कृत नाट्य-परम्परा में उदाहरण के रूप में प्रस्तुत किया जाने लगा।

निस्सन्देह यह प्रतिष्ठा और कथा की लोकप्रियता के हिसाब से यह संस्कृत का सर्वश्रेष्ठ नाटक था। इसलिए इसे अन्य साहित्यिक विधाओं में रूपान्तरित किया गया। ताकि इसकी पहुँच और ज्यादा लोगों तक हो सके। सन 1716 में मुगल बादशाह फर्रुखसियर ने अपने एक दरबारी को एक उपाधि से विभूषित किया। इस अवसर पर दरबारी कवि नवाज कवीश्वर से कहा गया कि वे शकुन्तला की कथा को संस्कृत से ब्रज भाषा में रूपान्तरित करें, पर यह अनुवाद नहीं होना चाहिए, क्योंकि ब्रजभाषा उस समय अधिकांशतः हिन्दी कविता की भाषा थी। इस तरह इस कहानी के छन्दोबद्ध कथा-रूप ने जन्म लिया। प्रेम और बिछोह के कथानक और उसे कहने की शैली उस समय ब्रजभाषा में प्रचलित बारहमासा की याद दिला देती है। बारहमासा ऋतुओं और उनसे उपजने वाली भावनाओं की कविता थी। शकुन्तला का ब्रज संस्करण पूरी तरह बारहमासा नहीं था। उसमें नाटक की कई चीजें छोड़ दी गई थीं और प्रेमियों के वियोग और पुनर्मिलन का चित्रण रह गया था। यह विशेषता बारहमासा के नजदीक थी। उसकी भाषा गँवारू थी और कविता कई जगह अच्छी नहीं बन पड़ी थी। इसमें शकुन्तला का रोमांटिक के बजाय जमीन से जुड़ा चरित्र उभरता है और महाकाव्य की शकुन्तला से अलग प्रतिध्वनि देता है। एक तरह से यह संस्करण महाकाव्य और नाटक के बीच का रूप है।

सन 1806 में ब्रज *कथा* का अनुवाद मिर्जा कासिम अली देहलवी ने एक उर्दू गद्य-कविता *शकुन्तला* में किया। वे उर्दू के कवि थे और उस वक्त कलकत्ता के फोर्ट विलियम कॉलेज में पढ़ाते थे। इस रूपान्तरण पर पारसी दास्तान-शैली हावी थी जिसमें किस्सों और नाटकीय भावनाओं का इस्तेमाल होता है। शकुन्तला घूँघट में अपना मुखड़ा छुपाती रहती है और राजा एक मच्चे मजनूँ या फरहाद की तरह उसकी झलक पाते ही बेसुध हो जाते हैं। इस कृति में संवादों पर स्थानीय बोलचाल का असर है। राजा और शकुन्तला की कहा-सुनी रोचक बन पड़ी है। यहाँ कथानक दरबार के नाटक की सीमाओं से बाहर निकल कर आम जनता को समझ में आने वाली भाषा ग्रहण कर लेता है और उसकी सार्वभौमिकता बढ़ जाती है। इसके प्रदर्शन के साथ

संगीत, नृत्य और प्रहसन के उपकरणों का प्रयोग किया जाता था। अट्ठारहवीं सदी के उत्तर-मुगलकालीन समाज के माहौल में शकुन्तला का यह संस्करण पगा हुआ था।

इसी जगह शकुन्तला के आख्यान की जीवनी में नया मोड़ आया। साहित्य की किसी और विधा में तो इसका पुनर्वर्णन नहीं हुआ पर अनुवाद के माध्यम से विश्व-मंच पर इसका अवतरण हुआ। अनुवाद ने आख्यान की सांस्कृतिक भूमिका बदल दी। अनुवाद के जरिए नाटक में उन समाजों की संस्कृति और विचारधारा का प्रयोग हुआ जिनकी भाषा में नाटक का अनुवाद हुआ था।

विलियम जोन्स को अक्सर ब्रिटिश भारत-विद्या का पितामह कहा जाता है। वे कलकत्ता में ईस्ट इंडिया कंपनी के एक अधिकारी थे और उन्होंने अपना काफी समय संस्कृत के ग्रंथों को पढ़ने और उनका अनुवाद करने में लगाया था। वे इस नाटक से इतने उत्साहित हुए कि उन्होंने इसका लैटिन में अनुवाद किया क्योंकि लैटिन संस्कृत के नजदीक थी। फिर उन्होंने लैटिन से अंग्रेजी में अनुवाद किया। 1789 में *शकुन्तला ऑर द फेटल रिंग* के नाम से इसका प्रकाशन हुआ। कालिदास को संस्कृत का शेक्सपीयर बताने वाली उक्ति का प्रचलन उन्होंने ही किया। उन्होंने दावा किया कि यह नाटक भारतीय सभ्यता की ऊँचाई को उस युग में परिलक्षित करता है जब ब्रिटेन के लोग हनुमान की वानर सेना जितने ही भदेस और अशिक्षित थे। जोन्स की ज्यादा महत्त्वपूर्ण टिप्पणी यह थी कि नाटक के कुछ कामोद्दीपक अंशों को लेकर वे परेशान हैं क्योंकि यह यूरोपीय रुचियों के अनुकूल नहीं होंगे। इस तरह पहली बार नाटक में शृंगारिकता विवाद का मुद्दा बनी।

बहरहाल नाटक यूरोप में तेजी के साथ लोकप्रिय हो गया। इसका जर्मन में अनुवाद हुआ और जर्मन कवि गोएथे ने इस पर प्रशंसात्मक कविता लिखी। गोयथे की इस कविता को अनगिनत बार उद्धृत किया जा चुका है। उसके बाद इस कथानक पर बैले और ओपेरा रचने का सिलसिला शुरू हो गया। इसमें फ्रांत्स शुबर्ट का एक अपूर्ण प्रयास भी शामिल था। उन्नीसवीं सदी के हर दशक में इस नाटक का किसी न किसी भाषा में अनुवाद हुआ। यहाँ तक कि आइसलैंडिक भाषा में भी यह अनूदित किया गया। मास्को में तायरॉफ के प्रयोगधर्मी थियेटरों की आरम्भिक प्रस्तुति शकुन्तला ही थी जिसे प्रतीकवादी कवियों ने काफी सराहा। यह घटना बोल्शेविक क्रान्ति के ठीक पहले की है।

यूरोप के साहित्यिक क्षेत्र में पूरी उन्नीसवीं सदी और विशेषकर जर्मन स्वच्छन्दतावादी आन्दोलन के दौरान शकुन्तला को प्रकृति की बेटी के रूप में प्रस्तुत किया गया। उसे ऐसी आदर्श भारतीय नारी बताया गया जिसमें नारीत्व का सौन्दर्य समाया हुआ है। शकुन्तला से प्रकृति की निकटता साहित्यिक स्वच्छन्दतावाद के लिए विशेष तौर पर महत्त्वपूर्ण थी क्योंकि यह विचार अपने को नव-शास्त्रीयतावाद के रूपवादी आग्रहों से अलग दिखाना चाहता था।

आनशिक रूप से इसे प्राच्य की 'खोज' या प्राच्य नवजागरण के रूप में देखा जाता था। यूरोपीय स्वच्छन्दतावाद को प्राच्यवाद से संयोजित कर दिया गया था। प्राच्यवाद की

संरचना और उसके यूरोपीय स्वच्छन्दतावाद से संयोजन को समझने के लिए उन बिम्बों और उनकी राजनीति को जानना जरूरी है जो उन्नीसवीं सदी में यूरोप की बौद्धिकता के इतिहास के रूप में रचे गए थे। ये रोमानी बौद्धिक मानते थे कि प्राच्य नवजागरण दुनिया के बारे में मनुष्य को नई दृष्टियाँ प्रदान करेगा। लेकिन असल में यूरोप इन छवियों के जरिये पूर्व की दुनिया को समझ रहा था। इस प्रक्रिया का सूत्रीकरण प्राच्य और यूरोपीय के द्वैध के रूप में हुआ। अतीत के कुछ कम व्यवस्थित पहलुओं को रोमानी निगाह से देखने की प्रवृत्ति विकसित हुई। ऐसे अतीत को तार्किकता से परे सम्मोहक और कल्पनापरक माना गया। जबकि यूरोपीय शास्त्रीयतावाद विवेकसम्मत और यथार्थ का प्रतिनिधि माना गया।

जर्मन स्वच्छन्दतावाद ने भारत का जो आदर्श चित्र बनाया उसमें मकदूनिया के सिकन्धर की भारतीय दार्शनिकों से मुलाकात की कहानियों का भी योगदान था। यूरोपीय चिन्तन के अधःस्तर में विद्यमान देहांतर यानी मनुष्य और प्रकृति की एकता और त्याग की अवधारणाओं का स्रोत इसी जगह था। नव-प्लेटोवादियों के सिद्धान्तों के लिए ये विचार केन्द्रीय थे। उनकी मान्यता थी कि यूरोप की यहूदी-ईसाई परम्पराओं के अधिकांश दार्शनिक विकल्प भारतीय स्रोतों में ही मिलते हैं। इस तरह स्वच्छन्दतावाद के जरिये यूरोपीय चिन्तन की मुख्यधारा को चुनौती दी गई।

उन्नीसवीं सदी के आखिरी दौर में प्रजाति की अवधारणा का विकास हुआ और 'प्रजाति-विज्ञान' को व्यापक मान्यता मिली। इसी के साथ प्रकृति के तादात्म्य के रमणीय चित्र को भी प्रजातिवाद ने प्रभावित किया। प्रकृति के सान्निध्य में रहने वालों को आदिम और विकास के निचले पायदान पर माना गया। शृंगारिकता को इस रूप में परिभाषित किया गया कि जैसे वह इन आदिम लोगों में व्याप्त नैतिक कानूनों के अज्ञान का ही एक पहलू हो।

लेकिन उन्नीसवीं सदी में उपनिवेशवादियों और उनके अधीनस्थ लोगों के बीच सम्बन्ध उतने मधुर नहीं रहे और स्वच्छन्दतावाद के प्रति उत्साह घटता गया। उन्नीसवीं सदी के आरम्भ में जोर इस बात पर था कि औपनिवेशिक शासकों की जरूरत के मुताबिक स्थानीय लोगों को सुधारा जाए, लेकिन सदी के आखिर में यह असम्भव मान लिया गया। तर्क यह दिया गया कि स्थानीय लोग प्रजाति के हिसाब से हीन थे इसलिए उन्हें सुधारा नहीं जा सकता था। इस तरह उन्नीसवीं सदी के अन्त तक यूरोप में शकुन्तला को अतीत की वस्तु मान लिया गया।

पर भारत में ऐसा नहीं था। उन्नीसवीं सदी में यह नाटक औपनिवेशिक सांस्कृतिक नीति और भारतीय मध्यवर्ग की आत्म-परिभाषा के लिए महत्त्वपूर्ण हो गया। उन्नीसवीं सदी के आरम्भ में एक उदार-उपयोगितावादी जेम्स मिल ने अपने लेखन में दलील दी कि भारतीय संस्कृति में काम की बातें बहुत थोड़ी ही हैं। उन्होंने प्राच्यवाद का विरोध किया और तर्क दिया कि संस्कृत-साहित्य आत्मरति में लिप्त समाज का साहित्य है। मिल का कहना था कि शिशु-अवस्था में रहने वाले राष्ट्र ही ग्वालों की प्रशंसा में

साहित्य रचते हैं और ऐसे समाज तानाशाहों की जकड़ में रहने के लिए अभिशप्त हैं। अपनी स्थितियों का गम्भीर विश्लेषण करने के बजाय ये समाज हल्की-फुल्की रूमानियत में रुचि लेते रहते हैं। मिल की निगाह में गंधर्व विवाह, शाप और ब्राह्मणों का प्राधिकार भारतीय पतन का प्रतीक था।

लेकिन अंग्रेजी में भारत के प्रति कुछ कम स्पष्ट विचार रखने वाले प्रशासकों की परम्परा भी रही है, जो विद्वत्ता और भारत में काम करने का रुझान रखते थे। इन लोगों का मानना था कि भारत पर शासन करने वालों को इस देश की संस्कृति से वाकिफ होना होगा और इसी से उनकी सत्ता का रूप निर्धारित होगा। भारतीय अतीत की कथित रूप से दोबारा खोज इसी उद्देश्य से हुई। लेकिन यह भारतीय संस्कृति को एक प्राच्य विकल्प के परिप्रेक्ष्य में दिखाने की कोशिश भी थी। इसका सबसे अच्छा प्रमाण मोनियर-विलियम्स द्वारा 1855 में किए गए शकुन्तला के एक और अनुवाद की प्रस्तावना में मिला। इस अनुवाद ने जोन्स द्वारा किए गए अनुवाद को वैचारिक रूप से पुराना साबित कर दिया। जोन्स अपने अनुवाद में भारतीयों और यूरोपीयों, दोनों के लिए भारत का प्रतिनिधित्व कर रहे थे लेकिन इस अनुवाद में सांस्कृतिक प्रतिनिधित्व शासन की राजनीति के तहत था। कोशिश यह थी कि अपने सांस्कृतिक अतीत के बारे में भारतीयों की समझ को उपनिवेशवादियों के इरादों के मुताबिक बदल दिया जाए।

1898 में प्रकाशित अपने अनुवाद के आठवें संस्करण में मोनियर-विलियम्स ने लिखा है कि इसके कई उद्देश्य थे : अंग्रेजों को हिन्दुओं के जीवन को जानने में मदद देना इसका एक मकसद था। यह अंग्रेजों की नीति थी कि भारतीयों के लिए भारतीयों के अतीत की तलाश की जाए ताकि प्राच्य विद्वानों द्वारा परिभाषित भारतीय संस्कृति की धारणा को पुनर्जीवित किया जा सके और भारतीय मध्यवर्ग संस्कृति की इसी व्याख्या के प्रति जागरूक हो कर उसे अपने मानस का अंग बना ले। मोनियर-विलियम्स का आग्रह था कि नाटक की ख्याति का श्रेय प्राच्य विद्वानों को जाना चाहिए और कुछ सदी पहले साहित्यशास्त्रियों द्वारा किए गए विस्तृत विश्लेषणों का या तो भुला दिया जाना चाहिए या उनकी अनदेखी कर देनी चाहिए।

अब इस नाटक को देखने की दृष्टि में प्राथमिकता बदल गई थी। नाटक को हिन्दू संस्कृति के ऐसे प्रतिनिधि के रूप में देखा जाने लगा था जिससे साम्राज्य की हिन्दू प्रजा के मौजूदा हालात का खुलासा होता था। इस नाटक की शकुन्तला को प्रकृति की बेटी के बजाय मोनियर-विलियम्स के शब्दों में 'ग्रामीण बाला' समझा जाने लगा। इस नाटक को समझने की दृष्टि में प्रकृति और संस्कृति को आमने-सामने रखा जाना बन्द कर दिया गया। क्योंकि नाटक में उल्लिखित कार्य-व्यापार के विश्लेषण के लिए प्रकृति के बजाय 'सभ्यता' से उपजे लोकाचारों को आवश्यक समझा जाने लगा था।

आरम्भ में अनैतिकता का समर्थन करने का आरोप लगा कर इस नाटक को कालेज स्तर के संस्कृत पाठ्यक्रम के लिए नहीं चुना गया। अन्ततः उसके कथित शृंगारिक अंश हटा दिये गए और नाटक पाठ्यक्रम में शामिल कर दिया गया। हालाँकि

इस तर्क में नैतिकता का प्रश्न अन्तर्निहित था पर यह उस नैतिक निर्णय पर टिप्पणी नहीं थी जिस पर प्राचीन परम्परा केन्द्रित थी यानी जिस नैतिकता के नाम पर दुष्यन्त द्वारा शकुन्तला को ठुकराया गया था। यहाँ तो नैतिकता का सवाल शृंगारिकता से जोड़ कर केन्द्रीय बना दिया गया था। शकुन्तला के प्रस्तुतीकरण पर इस नई दृष्टि की छाया पड़ती थी। हालाँकि शकुन्तला के पूर्व सन्दर्भों में नैतिक प्रश्न को शृंगारिकता से जोड़ कर देखा ही नहीं गया था।

शकुन्तला की इस नई व्याख्या से उपजे विचारों से उदीयमान भारतीय मध्यवर्ग भी प्रभावित हुआ। समझा जाता है कि भारत में उन्नीसवीं सदी का राष्ट्रवाद परम्परा के प्रति एक दकियानूसी रवैया अपनाता था। इसके अनुसार परम्परा पर सवाल उठाना पश्चिमी विचारों को तरजीह देना था।

धीरे-धीरे मध्यवर्ग की व्यापक आचरण-संहिता इसी उच्च जातियों से निकले वर्ग के उदय के साथ-साथ आकार लेने लगी। इस नई वर्ग-रचना ने उपनिवेशवाद की नई ऐतिहासिक परिस्थितियों से भी कई आयाम ग्रहण किए और भारतीय परम्परा के कुछ पहलुओं को भी अपनाया। समाज में महिलाओं के प्रति नजरिये के लिहाज से विक्टोरियाई नैतिकता का अनुदारवाद भारतीय समाज में प्रवेश कर गया। यहूदी-ईसाई परम्परा के कुछ ऐसे नजरियों को ले लिया गया जो प्राचीन आरम्भिक भारतीय ग्रंथों में नहीं थे। धीरे-धीरे स्त्री-सम्बन्धी मूल्यों की परिभाषा शालीनता, शुचिता, आत्मोत्सर्ग, भक्ति और धैर्य पर केन्द्रित हो गई। शकुन्तला नाटक में ये मूल्य जरूर थे पर महाकाव्य की शकुन्तला ने इन मूल्यों को खारिज कर दिया था।

राष्ट्रवाद के बाद के दौर में स्त्रियों के प्रति एक खास तरह का उदारतावाद प्रोत्साहित किया गया और महिलाएँ अपने अधिकारों का सवाल कुछ हिचक के साथ उठाने लगीं। राष्ट्रीय आन्दोलन में महिलाओं की हिस्सेदारी उन्हें मुक्ति दिलाने के लिए नहीं बल्कि एक तरह की भागीदारी की भावना प्रोत्साहित करने के लिए थी। कुछ अपवादों को छोड़कर ज्यादातर महिलाएँ अधीनस्थ सहयोगी ही रहीं। विक्टोरियाई युग के नजरिए और सामाजिक अनुदारवाद को आसानी से खारिज नहीं किया जा सकता था।

ऐसे वैचारिक माहौल में शृंगारिकता के वशीभूत होकर शकुन्तला द्वारा दुष्यन्त से समागम के निर्णय को 'शकुन्तला का पतन' घोषित कर दिया जाना स्वाभाविक ही था। हैरानी की बात यह है कि यह टिप्पणी रवीन्द्रनाथ टैगोर ने की। 1907 में उनका एक बांग्ला निबंध प्रकाशित हुआ जिसका बाद में *शकुन्तलाः इट्स इनर मीनिंग* शीर्षक से अंग्रेजी अनुवाद भी आया। उन्होंने शकुन्तला पर लिखी गई गोएथे की कविता से टिप्पणी की शुरुआत की और तर्क दिया कि यह नाटक एक कमतर से सूक्ष्मतर, पुष्प से फल, पृथ्वी से स्वर्ग और जड़ से चेतन तक के विकास की कड़ी है।

इस नाटक में एक युवा और कामुक स्त्री शकुन्तला एक समर्पित पत्नी का आदर्श रूप प्राप्त कर लेती है जिसके भीतर मितभाषिता, दुख झेलने की क्षमता, कठोर

अनुशासन और पवित्रता के गुण आ जाते हैं। टैगोर के अनुसार नाटक दो तरह के संयोगों पर जोर देता है। एक तरह का संयोग स्थूल, इहलौकिक और दैहिक वासना से जुड़ा जिसके तहत शकुन्तला का पतन होता है। इसके लिए वे शकुन्तला की गतिविधियों के साथ 'पतन' और 'पतिता' शब्दों का प्रयोग करते हैं। दूसरा संयोग शकुन्तला और दुष्यन्त का नैतिक मिलन है जो लम्बे वियोग के बाद पवित्र हो चुका होता है। उनकी 'तपस्या' दुख और पश्चात्ताप का रूप ले लेती है जो एक सच्चे और आत्मिक संयोग के लिए जरूरी है। टैगोर का कहना था कि प्रेम अपने में गौरव का शिखर नहीं है। प्रेम की आखिरी मंजिल तो अच्छाई ही हो सकती है।

टैगोर नाटक का यही आन्तरिक अर्थ निकालते हैं। वे नाटक को एक अन्योक्ति कथा के रूप में देखते हैं। टैगोर का अध्ययन उनके युग की नैतिक चिन्ताओं को परिलक्षित करता है। लगता है कि वे भारतीय राष्ट्रवाद के दृष्टिकोण और प्राच्यवाद से प्रभावित थे। इस व्याख्या में पुत्र के जन्म के साथ स्त्री का सबलीकरण गैरमहत्त्वपूर्ण हो जाता है हालाँकि *महाभारत* में इस पर जोर है। 'स्त्री की नैतिकता' केन्द्रीय प्रश्न बन जाती है।

❑ ❑ ❑

आइए, आख्यान और इतिहास पर वापस लौटें। मैंने नाटक के विभिन्न संस्करणों और टिप्पणियों की रोशनी में इतिहास को इसलिए देखा है क्योंकि वे रूप और विचारधारा में अलग हैं। इन संस्करणों और टिप्पणियों को एक क्रम से देखे जाने पर वे ऐतिहासिक परिवर्तन का प्रतिनिधित्व करते हैं। मैंने साहित्य और इतिहास की अन्योन्यक्रिया को केवल सूचनाएँ इकट्ठा करने तक सीमित नहीं किया है बल्कि ग्रंथों या पाठों को ऐतिहासिक सन्दर्भ की तरह देखा है। मैंने यह दिखाने की कोशिश की है कि शकुन्तला का आख्यान अपने आप बदल कर या फिर एक कथा के कई अनुवादों के जरिये परिवर्तित होकर विविध चिन्ताओं का मूर्तिमान प्रतीक बन जाता है। इस क्रम को रेखांकित करने पर मुझे लगता है कि ये चिन्ताएँ प्राचीन काल से औपनिवेशिक युग तक बदली हैं। यह ऐसा परिवर्तन है जिसमें आश्चर्यजनक तरीके से जोर का केन्द्र बदल जाता है। लैंगिक प्रश्न पर चर्चा करने के दौरान यह परिवर्तन सर्वाधिक स्पष्ट दिखाई पड़ता है।

शकुन्तला के बदलते हुए चित्रण के माध्यम से इसे समझा जा सकता है। आख्यान के विभिन्न संस्करणों में शकुन्तला प्रकटतः वही है पर उसे अलग-अलग दृष्टियों से देखा गया है। यह दृष्टि कथा के बदलते सामाजिक और नैतिक केन्द्र से अलग नहीं है। यह बदलाव ऐतिहासिक माँगों के अनुसार होता है। *महाभारत* में शकुन्तला एक महाकाव्यात्मक नायक की माँ है और मुख्य मुद्दा उसके बेटे के पितृत्व और उसे पहचानने की पिता की जिम्मेदारी से जुड़ा है। नाटक के रूप में शकुन्तला उच्चजातीय उच्च संस्कृति का रूमानी आदर्श बन जाती है। यहाँ नैतिक दायित्व शाप और अँगूठी के

बाह्य तत्त्वों के पीछे छिप गया है। ब्रज भाषा की *कथा* में वह राजा के सामने नहीं झुकती। उलटे वह राजा से इंसाफ करने के लिए कहती है। जर्मन स्वच्छन्दतावाद उसे प्रकृति की बेटी के रूप में देखता है। शकुन्तला के रूप में मासूमियत का मानवीकरण करते पितृत्व और दायित्व की समस्या पर बहुत कम ध्यान दिया गया है। औपनिवेशिक दृष्टि में वह 'ग्राम्य बाला' बन कर अधीनस्थ लोगों की संस्कृति में शृंगारिकता की औपनिवेशिक व्याख्या के जाल में उलझी हुई दिखती है। राष्ट्रवादी दृष्टिकोण के तहत शकुन्तला एक आदर्श पत्नी के रूप में उभारी जाती है। कहा जाता है कि यही हमारी परम्परा है। यहाँ नैतिकता का सवाल उठता है पर वह स्त्री के सदैव संयमित रहने के आग्रह के इर्द-गिर्द ही सूत्रबद्ध होता है। यह मध्यवर्गीय परिप्रेक्ष्य ही है क्योंकि निम्नवर्गीय दृष्टिकोण तो कभी इस विमर्श का अंग था ही नहीं।

मैंने यह दिखाने की कोशिश की है कि हर शकुन्तला का प्रत्येक संस्करण एक तरह के चुनाव का परिणाम है। चयन की इस प्रक्रिया में शकुन्तला के चरित्र को सामयिकता से जोड़ने का प्रयास अन्तर्निहित है।

हम अतीत से अक्सर वही छवियाँ चुनते हैं जिन्हें आज के सन्दर्भ में प्रासंगिक माना जाता है। इससे हमें अपनी सामयिक संस्कृति की आत्मछवि रचने और उसको अतीत में उस जगह प्रक्षेपित करने में मदद मिलती है जिसे 'परम्परा' कहा जाता है। जहाँ तक लैंगिक विमर्श का प्रश्न है हमने पिछली दो शताब्दियों में *महाभारत* की शकुन्तला की उपेक्षा की और कालिदास की शकुन्तला को महत्त्व दिया है। *महाभारत* की शकुन्तला न्याय की माँग करने वाली एक मुक्त स्त्री है और कालिदास की शकुन्तला धैर्य के साथ अपने सतीत्व को मान्यता दिये जाने की प्रतीक्षा कर रही है।

(शकुन्तला पर रोमिला थापर की पुस्तक *शकुन्तलाः टेक्स्ट्स, रीडिंग्स, हिस्ट्रीज* काली फॉर वूमेन ने प्रकाशित की है। प्रस्तुत आलेख प्रोफेसर थापर के साहित्य अकादेमी में दिए गए व्याख्यान का अनुवाद है। यहाँ दिये गए चित्र भी उक्त पुस्तक से साभार।)

इक्कीसवीं सदी का नारीवाद

नाओमी वुल्फ

इक्कीसवीं सदी की शुरुआत में नारी मुक्ति आन्दोलन खुद को एक नए मोड़ पर खड़ा पा रहा है। बाजारवाद और खुली अर्थव्यवस्था ने स्त्री-पुरुष सम्बन्धों के समीकरण को प्रभावित करना शुरू कर दिया है। इसके ठोस प्रमाण अब खुल कर सामने आने लगे हैं। महिलाएँ समाज में अपनी स्थिति, अधिकारों और समस्याओं को लेकर अधिक मुखरित हुई हैं। बीस साल पहले यानी अस्सी के दशक में नारी मुक्ति आन्दोलन को कुछ अवरोध का सामना करना पड़ा था। महिलाएँ स्वयं को 'नारीवादी' या नारी-मुक्ति का पक्षधर कहलाने में सकुचाने लगी थीं। लेकिन पिछले दस सालों में यह तस्वीर कुछ बदली है। विश्वप्रसिद्ध नारीवादी बुद्धिजीवी और लेखिका नाओमी वुल्फ ने अपनी नई पुस्तक *फायर विद फायर* में इसी बदलाव का खुलासा किया है। नाओमी के अनुसार, केवल सामाजिक तौर पर ही नहीं, राजनीतिक व आर्थिक क्षेत्र में भी स्त्रियों के 'वोट' और 'पोस्ट' (पद) के महत्त्व को अब मान्यता मिल रही है। राजनीतिक क्षेत्र में, अमेरिकी आँकड़ों के अनुसार, बिल क्लिंटन अमेरिका के राष्ट्रपति इसलिए बने क्योंकि उन्हें महिलाओं का अधिक समर्थन हासिल था और उन्होंने अपने कार्यकाल में कई नारीवादी लगने वाले कदम भी उठाए। कनाडा में भी पहली महिला प्रधानमन्त्री चुनी गई। आस्ट्रेलिया में पॉल कीटिंग इसलिए चुनाव जीते क्योंकि उन्होंने महिलाओं की समस्याओं पर सलाह देने के लिए एक विशेष सलाहकार नियुक्त किया था। हमारे अपने देश में भी महिलाएँ न केवल अपने काम में सत्ता व अधिकार हासिल कर रही हैं बल्कि इससे भी अहम यह है कि वे अपने अधिकारों और शक्ति के प्रति अधिक जागरूक हो रही हैं।

जैंडर-क्वेक

1991-92 में ओकलाहोमा की प्रोफेसर अनीता हिल ने जब सीनेटर बॉब पैकवुड पर

यौन-उत्पीड़न का अभियोग लगाया तो उसके साथ ही 'जैंडर क्वेक' का एक नया युग शुरू हो गया। नाओमी के मुताबिक:

जिन्होंने अर्थक्वेक (भूकंप) का अध्ययन किया है, वे जानते हैं कि भूकंप अचानक नहीं आते, न ही वे ऐसी घटनाएँ होते हैं जिनका अनुमान न लगाया जा सके। वे युगों के विवर्तनिक दबाव का परिणाम होते हैं। अक्तूबर 1991 में वाशिंगटन में अनीता हिल मुकदमे के बाद घटनाओं का जो विस्फोट हुआ वह भी उसी दबाव का परिणाम था जो वर्षों से बन रहा था। लगभग डेढ़ दशक से अमेरिकी महिलाओं का गुस्सा रीगन-बुश शासन के प्रतिक्रियावादी वर्षों के दौरान भीतर ही भीतर सुलग रहा था। प्रतिगामिता के इस वजन से दबे होने के बावजूद महिलाओं की मानसिकता तेजी से बदल रही थी, जबकि पुरुष सत्ता का क्षय शुरू हो गया था।

अनीता हिल की गवाही ने स्त्री-पुरुष के बीच लिंग-भेद की उस गहरी खाई को उघाड़ कर रख दिया, जो बरसों से अनेक सामाजिक-आर्थिक कारणों के बोझ तले दबी-ढकी साँसें ले रही थी। इस 'जैंडर-क्वेक' का प्रभाव अमेरिका में ही नहीं, पूरे विश्व में दिखाई पड़ता है। अनीता हिल मुकदमे के बाद अमेरिका में ही तमाम नौकरीपेशा महिलाओं ने अपने-अपने क्षेत्रों में यौन-उत्पीड़न के मामले सामने रखे। यहाँ तक कि पुलिस में कार्यरत स्त्रियों ने भी यह स्वीकारा कि उन्हें अक्सर इस मानसिक व शारीरिक तनाव से गुजरना पड़ता है। भारत में भी कामकाजी औरतें अब यह कहने में नहीं हिचकिचातीं कि उन्हें अपनी योग्यता सिद्ध करने के लिए पुरुषों से दुगुना काम करना पड़ता है। एक टीवी पत्रकार के अनुसार, "हमें पुरुषों से दुगुना-तिगुना काम इसलिए करना पड़ता है कि हम सिद्ध कर सकें कि हम महज सुन्दर और मूर्ख (बिम्बो) नहीं हैं। हमारे पास भी दिमाग है, बुद्धि है और जब यह साबित हो जाता है, तो जाने क्यों, हमारे पुरुष सहकर्मियों को इसे स्वीकारना अपमानजनक लगता है।" हमारे यहाँ भी महिलाएँ मुखर ही नहीं, उग्र भी हुई हैं। बाजार के बढ़ते हुए प्रभाव और खुली अर्थव्यवस्था ने भी इस बात का एहसास कराया है कि स्त्रियों को लुभाए बिना और उन्हें महत्त्व दिये बिना टिके रहना मुश्किल है। नाओमी वुल्फ ने अमेरिकी विज्ञापनों व फिल्मों के जरिए दिखाने का प्रयास किया है कि :

जब महिलाओं ने यह बताना शुरू किया कि उन्हें क्या चाहिए, तो राजनीति और वित्त के क्षेत्र की उन शक्तिशाली संस्थाओं को भी उन्हें लुभाना पड़ा जिन्होंने बिना किसी अपराधबोध के महिलाओं की खामोशी का लाभ उठाया था, उनके साथ चालबाजी की थी और उन्हें अलग-थलग कर दिया था। ... अपनी आवाज के प्रति महिलाओं की समझ को इस बात ने नहीं बदला कि उनके विचार एक से हैं, बल्कि इस तथ्य ने कि उनके विचारों की विविधता मायने रखती है।

यह नारीवादी सोच में आया एक अहम बदलाव है। पहले की तरह नारी-मुक्ति आन्दोलन एक ऐसी विचारधारा नहीं रही, जो इतनी 'प्यूरिटन' और गम्भीर हो कि

हँसना भी मना हो। नारीवाद अब इतना आदर्शवादी भी नहीं रहा कि स्त्री को 'देवी' और समाज में अच्छाई के फरिश्ते के रूप में दिखाने लगे। आज नारीवादी सोच अपेक्षाकृत अधिक गतिशील, व्यावहारिक और उग्र है। वह 'स्त्री' में एक इंसान की तरह 'अच्छाई' व 'बुराई' के समावेश को पहचानता है। नाओमी के मुताबिक 'जैंडर-क्वेक' ने 'पावर फेमिनिज्म' के लिए रास्ता साफ किया :

> जब नारीवाद का सन्देश प्रसारित करने में कठिनाई हो रही थी तो असल में यह सन्देश ही कुछ समस्याग्रस्त था। पिछले बीस बरसों में सहनशील दृढ़ता, मानवाधिकारों और इंसानी भागीदारी के दावे यानी 'पावर फेमिनिज्म' (शक्ति-आधारित नारीवाद) में दीर्घकालिक आस्था को कुछ ऐसे विचारों से संघर्ष करना पड़ा है जिनके तहत स्त्री चारों ओर से घिरी हुई, कमजोर, अन्तर्ज्ञानी फरिश्ते की तरह थी। इन विचारों को विक्टिम फेमिनिज्म (उत्पीड़क ग्रन्थि से ग्रस्त) नारीवाद की संज्ञा दी जा सकती है। जब एक औरत अपनी शक्तिहीनता की पहचान के जरिए शक्ति पाने का प्रयास करती है तो वह विक्टिम फेमिनिज्म की गिरफ्त में होती है।... ऐसे नारीवाद ने महिलाओं की प्रगति को धीमा कर दिया है, उनके आत्मज्ञान को बाधित किया है। इसी तरह का नारीवाद प्रतिगामी सोच के लिए भी जिम्मेदार रहा है। यह नारीवाद केवल नारी-मुक्ति आन्दोलन तक ही सीमित नहीं है। दरअसल, जब हम सभी इंसानी योग्यता की बजाय स्त्री होने के विशेष आधार पर महत्त्व या प्रतिष्ठा पाने का प्रयास करते हैं तो हम 'उत्पीड़ित नारीवाद' को ही बढ़ावा दे रहे होते हैं। ... महिलाओं का उत्पीड़न एक यथार्थ है पर इसका दुरुपयोग इस प्रकार के नारीवाद की विशेषता है। मान लें कि एक महिला पर बलात्कार हुआ – बलात्कार की शिकार अन्य महिलाएँ उससे जुड़ेंगी, यह कोई गलत बात नहीं है मगर इसी को अपनी पहचान बना लेना बिल्कुल गलत और अन्यायपूर्ण है।

उत्पीड़ित नारीवाद

महिलाएँ सत्ता और शक्ति को दो नजरियों से देखती हैं जिन्हें नाओमी वुल्फ ने शक्ति-आधारित नारीवाद यानी पावर फेमिनिज्म और उत्पीड़ित स्त्रीवाद यानी विक्टिम फेमिनिज्म की दो धाराओं में परिभाषित किया है। उनके अनुसार :

- ❑ उत्पीड़ित स्त्रीवाद महिलाओं से अपील करता है कि वे शक्तिहीनता से तादात्म्य स्थापित कर लें चाहे वह उस शक्ति की कीमत पर ही क्यों न हो जो महिलाओं के पास है।
- ❑ यह नारीवाद लिंग के आधार पर निर्णय लेने के लिए अभिशप्त है। यहाँ तक कि यह एंटी-सेक्सुअल है।
- ❑ यह बच्चों के पालन-पोषण की नारी-क्षमता का आदर्शीकरण करता है और इस बात को स्त्री की पुरुष पर श्रेष्ठता का प्रमाण मानता है।

❑ यह सीधे-सीधे सत्ता व प्रभाव हासिल करने की अपेक्षा अप्रत्यक्ष प्रभावों या लोगों की राय को अपने पक्ष में करने पर निर्भर करता है।

❑ यह नारीवाद विश्वास करता है कि महिलाएँ स्वाभाविक तौर पर शान्तिप्रिय और सहयोग करने वाली होती हैं। उनमें प्रतिस्पर्द्धा की भावना नहीं होती।

❑ यह महिलाओं को पुरुषों की अपेक्षा प्रकृति के अधिक करीब मानता है।

❑ यह अन्तर्ज्ञान, 'स्त्रियों की आवाज' और 'स्त्रियों के जानने के तरीके' की तार्किक रूप से और सार्वजनिक मत के पूरक के रूप में नहीं बल्कि उसकी कीमत पर प्रशंसा करता है।

❑ यह नेतृत्व की निन्दा करता है और गुमनामी को महत्त्व देता है।

❑ यह आत्मबलिदान की प्रवृत्ति को प्रोत्साहित करता है, अतः दूसरों की पहचान और खुशियों के प्रति विरोध को पोषित करता है।

❑ धन को दूषित करने वाले तत्त्व के रूप में देखता है।

❑ समुदाय को 'स्व' से अधिक प्रश्रय देता है। इसका झुकाव सामूहिक सोच के प्रति होता है और यह व्यक्तिगत उपलब्धि के प्रति विद्वेषपूर्ण हो जाता है।

❑ यह यौनिकता और वेशभूषा के आधार पर दूसरी महिलाओं के बारे में फैसले करता है।

❑ इस नारीवाद का विश्वास है कि उसके पास 'सत्य' है जिसे मिशनरी उत्साह के साथ प्रचारित करना चाहिए।

❑ यह नारीवाद उग्रता, प्रतिस्पर्द्धा व हिंसा जैसे गुण 'पुरुषों' या 'पितृसत्ता' के बताता है, जबकि इसके अनुयायी स्वयं में स्थित इन गुणों से अनभिज्ञ रहते हैं।

❑ यह शुद्धता और पूर्णता से अभिभूत है, अतः इसमें एक तरह की दम्भी प्रवृत्ति का विकास हो गया है।

❑ यह महिलाओं को 'अच्छा' बतलाता है और पुरुषों को 'गलत' बताते हुए उनकी आलोचना करता है।

❑ यह न्यूनता की मानसिकता का पक्षधर है। चूँकि थोड़ा ही श्रेयस्कर है, इसलिए इसकी निगाह में एक महिला की उपलब्धि दूसरी की हानि है। असमानता के मुकाबले यह महिलाओं को 'नीचे की तरफ समानता' हासिल करने का सुझाव देता है, जैसे : समलैंगिक अधिकारों का पक्ष लेने के बजाय विवाह न करके 'इरतरलिंगी विशेषाधिकार' का त्याग करना और सौन्दर्य की परिभाषा का विस्तार करने की बजाय सौन्दर्य का ही परित्याग करना।

❑ यह नारीवाद चाहता है कि सभी महिलाओं को इन्हीं विचारों की पक्षधर होना चाहिए।

❑ यह नारीवाद विश्वास करता है कि यौनिकता का गम्भीरता से कोई मेल नहीं है। इस विचारधारा को डर रहता है कि ज्यादा मौज-मस्ती क्रान्ति को संकटग्रस्त कर सकती है।

शक्ति आधारित नारीवाद

इसके विपरीत शक्ति-आधारित नारीवाद एक महिला के विरुद्ध तैनात ताकतों की बारीक जाँच-पड़ताल करता है ताकि वह अपनी शक्ति का अधिक प्रभावपूर्ण तरीके से इस्तेमाल कर सके।

❑ वह जानता है कि एक स्त्री का निर्णय उसके आसपास के लोगों को प्रभावित करता है और दुनिया को बदल सकता है।

❑ शक्ति-आधारित स्त्रीवाद महिला को अपनी व्यक्तिगत आवाज उठाने के लिए प्रोत्साहित करता है। वह एक सामूहिक पहचान में अपनी आवाज को लुप्त कर देने के लिए तैयार नहीं है। उसका मानना है कि सिर्फ दृढ़ व्यक्ति ही मिल कर एक न्यायपूर्ण समुदाय बना सकते हैं।

❑ यह नारीवाद कामेच्छा के कारण क्षमायाचना की प्रवृत्ति का पक्षधर नहीं है; यह नारीवाद समझता है कि अच्छे सुख ही अच्छी राजनीति की रचना करते हैं।

❑ यह नारीवाद सत्ता का इच्छुक है और उसे जिम्मेदारी से इस्तेमाल करता है; महिलाओं के लिए और दुनिया को दूसरों के लिए बेहतर बनाने के लिए भी।

❑ यह जानता है कि गरीबी में ग्लैमर नहीं है। यह चाहता है कि महिलाएँ धन प्राप्त करें, अपने सपनों को पूरा करने के लिए, आत्मनिर्भरता और सुरक्षा के लिए और सामाजिक परिवर्तन के लिए भी।

❑ यह नारीवाद पहचान और प्रसिद्धि में महिलाओं की दिलचस्पी को मान्यता देता है ताकि महिलाएँ अपने लिए भी श्रेय ले सकें और दूसरों को भी उदारतापूर्वक दे सकें।

❑ यह नारीवाद महिलाओं को प्रेरित करता है कि वे स्वयं को वह सब दें और वह सब प्राप्त करें जो वे चाहती हैं, ताकि वे दूसरों को भी बिना किसी विरोध के स्वतन्त्रतापूर्वक दे सकें।

❑ यह मानता है कि उग्रता, प्रतिस्पर्द्धा, स्वतन्त्रता व अलगाव की इच्छा, यहाँ तक कि स्वार्थी व हिंसक व्यवहार स्त्री-स्वभाव का उतना ही गहन हिस्सा हैं, जितना कि उसकी पालन-पोषण करने की प्रवृत्ति। यह समझता है कि पुरुषों की तरह ही स्त्रियों को भी अपने आवेगों पर नियन्त्रण करना सीखना चाहिए। शक्ति-आधारित स्त्रीवाद महिलाओं को नैतिक रूप से वयस्क हो चुके इंसान के रूप में देखता है।

❑ यह महिलाओं के परम्परागत ज्ञान में जो सर्वश्रेष्ठ है, उसको और उनकी प्रतिबद्धताओं को परम्परागत रूप से पुरुष संसाधनों के साथ जोड़ने का प्रयत्न करता है।

❑ यह अन्य महिलाओं के फैसलों व उनकी वेशभूषा के प्रति सहनशील होता है। यह मानता है कि हर औरत अपने शरीर और अपने बिस्तर में जो करती है, वह पूरी तरह से उसका व्यक्तिगत मामला है।

❑ इसके विश्वास बहुत दृढ़ हैं लेकिन यह सदा खुला और सन्देह का रवैया रखता है और अपने समेत सभी तरह की सत्ताओं पर प्रश्न करता है।

❑ पुरुषों से घृणा किए बिना वह पुरुष-श्रेष्ठता की ग्रन्थि से घृणा करता है।

❑ यह समझता है कि चारित्रिक दोषों पर न तो स्त्रियों का और न ही पुरुषों का एकाधिकार है। यह पुरुषों की आलोचना महज उनके पुरुष होने के लिए नहीं करता, मगर असंगत पुरुष-सत्ता और स्त्रियों पर पुरुषों के सामाजिक वर्चस्व को गलत मानता है।

❑ इस नारीवाद में प्रचुरता की मानसिकता होती है। वह चाहता है कि सभी महिलाएँ 'ऊपर की ओर समानता' यानी प्रगति करते हुए समानता हासिल करें। वह मानता है कि स्त्रियाँ सितारों व रानियों के गुणों को, श्रृंगारिकता और सौन्दर्य जैसी भावनाओं को महसूस करने योग्य हैं।

❑ यह चाहता है कि सभी महिलाएँ अपने-अपने विचार खुले तौर पर व्यक्त करें।

❑ यह जानता है कि सामाजिक बदलाव लाने का आग्रह इस सिद्धान्त के खिलाफ नहीं है कि लड़कियाँ मौज-मस्ती करना चाहती हैं।

❑ शक्ति-आधारित स्त्रीवाद महिलाओं के लिए 'और अधिक' की कामना करता है। इसकी विचारधारा लचीली और सभी को साथ लेकर चलने वाली है। इसके महत्त्वपूर्ण सिद्धान्त इस प्रकार हैं:

1. महिलाएँ भी उतनी ही महत्त्वपूर्ण हैं, जितने पुरुष।
2. महिलाओं को अपना जीवन निर्धारित करने का अधिकार है।
3. महिलाओं के अनुभव मायने रखते हैं।
4. महिलाओं को अपने अनुभवों के बारे में सच बोलने का हक है।
5. जो भी उन्हें पर्याप्त नहीं मिल रहा है, वह सब उन्हें अधिक मिलना चाहिए क्योंकि वे महिलाएँ हैं; सम्मान आत्म-सम्मान, शिक्षा, सुरक्षा, स्वास्थ्य, प्रतिनिधित्व और पैसा।

फेमिनिस्ट यानी इंसान

शक्ति-आधारित नारीवाद की ये कुछ मूल बातें हैं। इसमें किसी बहुत महान आदर्श की कल्पना नहीं है, महज 'सत्ता की इकाइयों' यानी स्वास्थ्य, शिक्षा, प्रतिनिधित्व आदि को हासिल करने के लिए एक प्रतिबद्धता है, जो किसी भी आन्दोलन का एक आवश्यक अंग होती है। नाओमी का विचार है :

> इस स्तर पर यह कहना कि 'मैं एक फेमिनिस्ट हूँ', यह कहने की तरह होना चाहिए कि 'मैं एक इंसान हूँ।' इसी स्तर पर हम उन महिलाओं के लिए प्रयत्न कर सकते हैं, जो सार्वजनिक जीवन में प्रवेश करने के लिए जिस भी बात पर विश्वास करना चाहती हैं, कर लेती हैं; यह स्तर चाहता है कि महिलाओं की 'अच्छाई' पर ध्यान दिये बिना दुनिया सभी स्त्रियों के लिए समान रूप से खुले; इसी स्तर पर महिलाओं को शोषण करने, बचाने, देने या ग्रहण करने के लिए स्वतन्त्र होना चाहिए, ठीक उसी हद तक जितने कि पुरुष स्वतन्त्र हैं। यह

महिलाओं की इच्छा-शक्ति के एहसास का स्तर है, चाहे उसके परिणाम हमें पसन्द हों अथवा नहीं।... इस स्तर पर इंदिरा गाँधी नारीवादी थीं; मदर टेरेसा नारीवादी थीं; इस स्तर पर 'फेमिनिस्ट' शब्द हर उस महिला के लिए है जो पूरी गति से क्रियाशील है।

नाओमी मानती हैं कि दूसरे बृहद स्तर पर नारीवाद को 'सामाजिक न्याय के लिए एक मानवीय आन्दोलन' समझना चाहिए। इस स्तर पर नारीवादी होने का अर्थ होगा कि 'स्त्री होने के कारण कोई मेरे रास्ते में बाधा न बने और किसी की जाति या स्त्री-पुरुष होने के आधार पर कोई मतभेद न हो।" लेकिन यह याद रखना भी जरूरी है कि स्त्रियों के पक्ष में काम करने का अर्थ यह नहीं है कि हम उन्हें 'देवी' का दर्जा दें या उन्हें पुरुषों से बेहतर या अलग समझें।

इन दोनों प्रकार के नारीवाद को यदि सरसरी तौर पर भी देखा जाए तो एक बात साफ जाहिर है-- पीड़ितों का नारीवाद जहाँ शिकायतों और शोषण का एक 'कल्ट' यानी सम्प्रदाय खड़ा करता है, वहीं शक्ति-आधारित स्त्रीवाद स्त्रियों की शक्ति व स्त्रियों द्वारा सत्ता हासिल करने की महत्ता पर जोर देता है। यह रुदन का नहीं, खुले विरोध का पक्षधर है। यह मानता है कि महिलाएँ :

प्राकृतिक तौर पर 'शोषित' नहीं हैं पर निस्सन्देह उनका शोषण किया जाता है, उन पर अत्याचार होता है। यह हैरानी की बात है कि महिलाओं की लगभग सभी राजनीतिक संस्थाएँ या जमीनी स्तर पर काम करने वाले दल शक्ति-आधारित नारीवाद के उद्देश्यों को पाने के लिए प्रयासरत हैं लेकिन उनकी भाषा, उनकी अभिव्यक्ति उत्पीड़न-आधारित नारीवाद से भरी होती है। यानी महिलाएँ 'पावर फेमिनिज्म' से तो तादात्म्य स्थापित कर लेती हैं लेकिन इस आन्दोलन की जो दृष्टि है उसका तालमेल नारीवाद से नहीं बैठा पातीं।

नाओमी 'विक्टिम फेमिनिज्म' के मिथक को समझने का प्रयास करती हैं। इसने कुछ तत्त्वों से मिल कर आकार लिया है और यह अतिवामपन्थी धारा की शक्ति के विरोध में हुआ है। 'सांस्कृतिक नारीवाद' ने नारी के प्रकृति के करीब होने की धारणा को लोकप्रिय बनाया। पीड़ितों का स्त्रीवाद उस अति प्राचीन अतीत का हवाला देता है जब मानव समाज अहिंसक, शान्तिप्रिय और समानतावादी था, जहाँ स्त्री-सुलभ गुणों का आदर होता था और मनुष्य युद्ध से अनजान था। नाओमी की व्याख्या है :

इससे यह विश्वास-पद्धति विकसित हुई कि सभी बुराइयाँ सत्ता पाने की इच्छा से पैदा होती हैं जो कि पुरुषों तक ही सीमित है और जिसने पितृसत्तात्मक समाज में संस्था का रूप ले लिया है। पुरुष ही समाज में श्रेणीक्रम के लिए जिम्मेदार हैं और सामाजिक संस्थाओं का मूल अभिशाप श्रेणीक्रम ही है। महिलाएँ श्रेणीक्रम में यकीन नहीं रखतीं बल्कि समानतावादी होती हैं और उनमें एक 'सीढ़ी' बनाने की अपेक्षा एक 'जाल' बुनने की प्रवृत्ति होती है। पुरुष शासन करना और अलगाव पैदा करना चाहते हैं, स्त्रियाँ संवाद व सम्बन्ध स्थापित करना चाहती

> हैं।... पुरुष महिलाओं को वस्तु के रूप में देखते हैं जबकि स्त्रियाँ प्रतिबद्धता चाहती हैं। पुरुष मारते हैं, स्त्रियाँ जीवन प्रदान करती हैं। यदि महिलाएँ दुनिया चलाती होतीं तो कहीं भी युद्ध न होता।

इस विश्वास-पद्धति ने पुरुषों को 'दुष्ट' की संज्ञा दी और स्त्रियों को 'संत' की। निस्सन्देह, यदि मानव-जाति को भविष्य में जीवित रहना है तो हमें स्त्रियों की बतौर 'संश्लेषक' व 'पोषक' की परम्परागत भूमिका की अति आवश्यकता है। लेकिन समझने की बात यह है कि महिलाओं को पालन-पोषण करने की परम्परा जबरन बनानी पड़ी है इसलिए इसका अर्थ यह नहीं है कि वे पुरुषों से बेहतर हैं या विनम्रता, उदारता और प्रेम व संरक्षण की भावनाओं पर उनका ही एकाधिकार है। स्त्री या पुरुष, दोनों को इस तरह की परिभाषाओं में बाँधने का अर्थ है दोनों को मनुष्य होने की सम्पूर्णता से वंचित करना।

स्त्री की रूमानी छवि बना कर उत्पीड़न-आधारित नारीवाद इस तथ्य को नकार देता है कि जब एक स्त्री स्वयं को अपनी निजी, 'स्त्रैण' हदों व दूसरों से अपने सम्बन्ध तक ही सीमित कर लेती है तो भी वह क्रूर, निर्दयी व सत्ताकांक्षी हो सकती है। यह नारीवाद परिवार में महिलाओं की 'जाल' बुनने की प्रवृत्ति में अच्छाई देखता है लेकिन इस बात पर ध्यान नहीं देता कि परिवार की इकाई में महिलाएँ कितनी सत्ता रखती हैं!

नाओमी ने बलात्कार से पीड़ित स्त्रियों के पुनर्वास केन्द्रों में अपने अनुभव के बारे में बताया है। ऐसे ही एक 'रेप क्राइसिस सेंटर' में उन्होंने दो वर्ष काम किया जहाँ का माहौल मनहूस और फीका था। बलात्कार की शिकार और उनकी पीड़ा को बाँटने के लिए आई स्वयंसेवक महिलाएँ गम्भीरता और उदासी का लबादा ओढ़े रहती थीं। उनकी सामूहिक बातचीत में व्यक्तिगत पीड़ा कहीं गुम हो जाती थी :

> पूरे माहौल से ये जाहिर था कि उनके पास विजय की कोई धारणा नहीं थी। निस्सन्देह बलात्कार कोई हँसी-मजाक की बात नहीं है। लेकिन क्या यह सुझाव देना अधर्म होगा कि बलात्कार के प्रति रुख बदलने की प्रक्रिया कभी-कभी हल्की-फुल्की और मनोरंजक भी होनी चाहिए?... हमें अपने दिमाग में दो विचार एक साथ रखने चाहिए : बलात्कार नारकीय है, बलात्कार गहन पीड़ा है; और दुनिया को बदलने की जो ताकत हममें है, वह खुशी का स्रोत है, क्योंकि समय के साथ-साथ सिर्फ अपनी कमजोरियों को देखते रहने और अपनी ताकत पर ध्यान न देने से हम धीरे-धीरे चुकते चले जाते हैं।

दूसरी ओर नाओमी ने 1981 में येल यूनिवर्सिटी की महिला कर्मियों द्वारा की गई हड़ताल का उदाहरण दिया है। पहले उन्होंने अपनी माँगें मनवाने के लिए प्रदर्शन आदि किए। जब इसका कोई प्रभाव नहीं हुआ तो उन्होंने हड़ताल की और अन्ततः सफलता पाई क्योंकि "उन्होंने अपना ध्यान अपने सामूहिक शोषण पर केन्द्रित न करके एक सामूहिक उद्देश्य पर केन्द्रित किया।"

इस तरह की नारीवादी महिलाएँ इस मान्यता से कार्य आरम्भ करती हैं कि

"महिलाएँ अपनी शक्ति को सुव्यवस्थित करके जीत सकती हैं। वे मानती हैं कि महिलाओं का पुरुष से बेहतर या बदतर होना जरूरी नहीं, और बेशक इन दोनों का एक-सा होना भी जरूरी नहीं है। लेकिन उन्हें अधिकार मिलने चाहिए महज इसलिए कि वे इंसान हैं। वे जोर देती हैं कि जहाँ कहीं भी व्यवस्था अन्यायपूर्ण है; महिलाओं को अपने संसाधनों का इस्तेमाल करके उसे बदलने के लिए विवश कर देना चाहिए, पीड़ित व शोषित होने के आधार पर उदार व्यवहार का निवेदन नहीं करना चाहिए।"

ऐसा नहीं है कि शक्ति-आधारित नारीवाद कोई नई विचारधारा है। दरअसल उन्नीसवीं सदी के मध्य में जब नारीवादी संस्थाओं ने पूरी ईमानदारी से काम करना आरम्भ किया तो फेमिनिज्म दो धाराओं में विभाजित हो गया था। एक ने स्त्री के मनुष्य होने, उसकी व्यक्तिगत पहचान व आत्मनिर्धारण के अधिकार पर जोर दिया तो दूसरी ने घर-परिवार सँभालने वाली 'देवीस्वरूपा नारी' की छवि को प्रोत्साहित किया। इस धारा ने महिला का कार्यक्षेत्र उसके सामाजिक सम्बन्धों और उसके मातृत्व तक सीमित कर दिया।

यह नारीवाद स्वयं में समर्पणकारी, भावनात्मक व आदर्शवादी था और एक नैतिक सुधार आन्दोलन के रूप में यह महिलाओं के लिए आकर्षक भी रहा। यह नारीवाद महिलाओं की सेक्सुअलिटी (यौनिकता) को नकारता है। जबकि दूसरे नारीवाद ने महिलाओं की कामेच्छा को सहर्ष स्वीकारा और उनके तत्सम्बन्धित अधिकारों पर जोर दिया। 18वीं सदी की बुद्धिजीवी मैरी वोल्स्टनक्राफ्ट ने इस विचार की भर्त्सना की कि महिलाओं के स्वभाव में सामान्य भावावेग नहीं होते अथवा कम होते हैं। एक सदी बाद ऐनी बेसेंट ने परिवार नियोजन पर महिलाओं के अधिकार का समर्थन शुरू किया। इन महिलाओं ने बौद्धिक सामर्थ्य और तर्क पर जोर दिया वहीं महिलाओं की यौनिक स्वतन्त्रता और नैतिक चुनावों में पूर्ण आत्मनिर्भरता का भी समर्थन किया। फ्रांसिस राइट और एलिजाबेथ केडी स्टांटन ने इस तथ्य को भी स्वीकारा कि आत्मनिर्भरता के लिए धन का होना बहुत आवश्यक है।

'घरेलू' नारीवाद की तरह इस नारीवाद के भी कुछ दोष हैं। इसकी अच्छी बात यह है कि :

> यह महिलाओं को वयस्कों और पुरुषों को 'मनुष्यों' के रूप में देखता है लेकिन इसका दोष यह है कि अधिकारों व स्त्री-व्यक्तिवाद पर अत्यधिक जोर से अधिक सौभाग्यशाली व सफल औरतें उन महिलाओं को अनदेखा कर सकती हैं जो इतनी सफल नहीं हैं। स्त्री-पुरुष दोनों में से अनेक लोगों को यह भय रहता है कि जो महिला आत्मनिर्धारण कर सकती है वह स्वार्थी हो सकती है।

अब सवाल यह है कि हम कौन सा नारीवाद चुनें? सत्तर के दशक में नारीवाद ने यह सिद्ध करने के लिए संघर्ष किया कि महिलाएँ भी मर्दों की तरह ही हो सकती हैं। लेकिन महिला को केवल 'महिला' रहने में संकोच क्यों हो? महिलाएँ 'मर्दों की दुनिया' के जितने सम्पर्क में आई उतना ही उन्होंने महसूस किया कि वह दुनिया किस

तरह श्रमिक को उसके परिवेश से अलग करने के लिए ही बनाई गई थी; किस तरह कैरियर और काम को प्राथमिकता देने वाले लोग अपना परिवार और अच्छा जीवन दाँव पर लगा रहे थे। अस्सी का दशक नारीवाद के लिए अवरोध का समय था, जब महिलाओं को सफलता के जरिए प्रतिष्ठा हासिल करने की सांस्कृतिक अनुमति से वंचित रखा गया। नब्बे का दशक महिलाओं के लिए 'अभिव्यक्ति' का समय रहा। बाजार, राजनीति और अर्थव्यवस्था–समाज के इन तीन महत्त्वपूर्ण क्षेत्रों में यह सोच धीरे-धीरे जगह बनाने लगी कि महिलाओं की उपस्थिति को नकारा नहीं जा सकता। यहाँ यह कहना मुश्किल नहीं होगा कि यह सोच एक तरह से बाजार, राजनीति व अर्थव्यवस्था–तीनों के स्वार्थों की पूर्ति भी करती है लेकिन महिलाओं के लिए यह एक अच्छा 'ट्रेंड' है। नाओमी कहती हैं :

> नारीवाद का अगला दौर सेक्सुअल 'हाँ' और सेक्सुअल 'ना' कहने के बारे में होना चाहिए।... मैं उन लोगों से तंग आ गई हूँ जो मुझे सेक्सुअल व गम्भीर होने के बीच चुनाव करने के लिए विवश करते हैं। मैं एक गम्भीर विचारक होना चाहती हूँ और साथ ही इस तथ्य को नहीं छुपाना चाहती कि मेरे स्तन हैं; मैं चाहती हूँ कि स्त्रियों की कामेच्छा उनकी राजनीतिक सत्ता का हिस्सा हो, उन्हें दुर्बल न बनाए। यह सच है कि लाखों महिलाएँ पुरुष की यौन हिंसा का शिकार होती हैं, लेकिन यह पूरा सच नहीं है, क्योंकि एक सच यह भी है कि लाखों महिलाएँ पुरुषों के साथ खुशहाल जीवन बिताती हैं। जो हिंसा की शिकार हैं उन्हें उनकी शक्ति का और जो सामान्य हैं उन्हें उनकी बराबरी का एहसास दिलाना ही नारीवाद का अगला दौर होना चाहिए क्योंकि स्त्री और पुरुष का सम्बन्ध 'स्त्री की शक्ति' को कम नहीं करता बल्कि उसकी पुष्टि करता है।

महिलाओं द्वारा सत्ता व धन हासिल करना भविष्य के फेमिनिज्म का एक अनिवार्य अंग है। आज अगर कामकाजी औरत से सत्ता पाने या नेतृत्व हथियाने की बात की जाए तो वह जाहिरा तौर पर कन्धे उचकाते हुए यह बताने लगेगी कि उसे सत्ता पाने की कोई इच्छा नहीं है। लेकिन अगर एक बार आप उसकी नेतत्व क्षमता की प्रशंसा कर दें तो उसकी शारीरिक भाषा, शब्द व चेहरे के भाव यह स्पष्ट कर देंगे कि वह वाकई 'सत्ता पाने के विचार' से कितनी खुश है। यानी सत्ता हासिल करने की इच्छा उनमें भी उतनी ही होती है, जितनी कि पुरुष में। जहाँ तक हिंसा का प्रश्न है, तो यह प्रवृत्ति भी स्त्रियों में कम नहीं पाई जाती। एक आँकड़े के अनुसार एक करोड़ बीस लाख अमेरिकी महिलाओं ने बंदूकें खरीद ली हैं। और, ये कोई अमीर महिलाएँ या आपराधिक प्रवृत्ति की नहीं हैं। इनमें से ज्यादातर मध्य व निम्न मध्यवर्गीय महिलाएँ हैं, जिन्होंने आत्मरक्षा के लिए बंदूकें खरीदीं। अपराध-जगत में महिलाओं की बढ़ती हिस्सेदारी भी इस बात का सबूत है कि अगर बुराई और हिंसा विशेषतः पुरुष प्रवृत्ति नहीं हैं तो उदारता और प्रेम जैसी भावनाएँ भी विशेषतः स्त्री-सुलभ गुण नहीं हैं।

सामाजिक परिस्थितियाँ भी अब इतनी अनुकूल हो गई हैं कि महिलाएँ इस सत्य

को व्यक्त कर सकें : "मैं अकेली हूँ, बुरी भी, पोषक भी हूँ और आक्रामक भी, रचयिता हूँ तो विनाशक भी; मैं शोषित नहीं हूँ, संत नहीं हूँ, बल्कि एक इंसान हूँ जो दोस्तों के लिए स्नेहमयी है और शत्रुओं के लिए खतरनाक।"

आजकल वैसे भी स्त्री के 'बुरेपन' में समाज की नई दिलचस्पी पैदा हुई है। 'बुरी लड़की' की छवि बहुत लोकप्रिय हो रही है जो कि 'बैटमैन रिटर्न्स' सीरीज की चरित्र 'कैट वूमेन' की प्रसिद्धि से जाहिर है। तात्पर्य यह है कि भविष्य के नारीवाद में स्त्री की आदर्श छवि वही होगी जिसमें अच्छाई व बुराई दोनों का समावेश हो– क्योंकि वही छवि व्यावहारिक है और विश्वसनीय भी।

पिछले दस सालों में दुनिया-भर की महिलाओं के व्यवहार, परिस्थिति व उपलब्धियों में जो महत्त्वपूर्ण परिवर्तन आया है, क्या वह किसी ठोस बदलाव का सूचक है? नाओमी के शब्दों में :

> क्या महिलाएँ अपनी उपलब्धियों को समाहित कर और दृढ़ करेंगी? हम एक महान जागृति और बिजली जैसी तेज जानकारी के दौर में प्रवेश कर चुके हैं जहाँ सार्वजनिक जीवन के उजाले में स्त्रियों की समझ व बोध ने पुरुष के बोध के साथ जगह लेना शुरू कर दी है। मगर जहाँ नई स्त्री-शक्ति एक निर्बाध प्रवाह जैसी महसूस होती है, वहीं हम इसके वेग पर भरोसा नहीं कर सकते। इसकी निरंतर प्रगति का दारोमदार हमीं पर है।

प्रस्तुति–प्रगति सक्सेना

करक्कु जैसा जीवन

बामा

पिछले तीस वर्षों में पिछड़ी जातियों और दलितों में आए जागृति व शिक्षा के दौर ने हमारे समाज और राजनीति को तो प्रभावित किया ही है, साथ ही साहित्य में अपनी विशिष्ट पहचान भी बनाई है। विभिन्न भारतीय भाषाओं में दलित-लेखन लगभग एक सामाजिक जागृति के आन्दोलन के रूप में खड़ा हुआ, जिसमें महिलाओं का महत्त्वपूर्ण योगदान रहा है। 'दलित' एक संस्कृत शब्द है जिसका अर्थ है 'पिसा हुआ' या 'कुचला हुआ'। आज सामाजिक-राजनीतिक अर्थों में 'दलित' शब्द का आशय समाज के उन सभी वर्गों अथवा जातियों से है जो सदियों से धर्म, जाति या राजनीति के नाम पर सत्ताधारियों द्वारा शोषित होते आ रहे हैं। दलित बरसों से समाज के हाशिए पर एक अभिशप्त जीवन जीते आ रहे थे। उनमें से कुछ ने इस अन्याय के प्रति आवाज उठाई तो उन्हें न सिर्फ उच्च जातियों से बल्कि अपनी जाति में भी जबरदस्त विरोध का सामना करना पड़ा। महिलाओं के लिए ये संघर्ष दुधारी तलवार की तरह रहा और आज भी है। पहले तो उन्हें 'सामान्य' रूप से अपनी योग्यता सिद्ध करनी पड़ती है और फिर सवर्ण जातियों के समकक्ष स्वयं को खड़ा करना होता है जो अत्यंत कठिन काम है।

ऐसी ही महिलाओं में एक हैं तमिलनाडु की 'बामा'। बामा इनका लेखकीय नाम है। रोमन कैथोलिक परिवार में जन्मी बामा को बचपन से ही अपने 'अछूत' होने का एहसास था। बामा का जन्म परचा जाति में हुआ था। उन्होंने अपनी आत्मकथा 'करुक्कु' में बतौर 'दलित महिला' अपने संघर्षों का खुलासा किया है। 'करुक्कु' पंखिया खजूर को कहते हैं जिसके पत्तों के दोनों किनारे दुधारी तलवार की तरह बहुत पैने होते हैं। बामा का जीवन भी दुधारी तलवार पर चलने-सा कठिन रहा है। आत्मकथा के रूप में भी 'करुक्कु' एक विशेष स्थान रखती है। जहाँ मराठी में ऐसी आत्मकथाएँ काफी लिखी गईं, वहीं तमिल में इस प्रकार का साहित्यिक प्रयास बहुत कम हुआ है। यह आत्मकथा लेखिका के जीवन

का सिलसिलेवार ब्योरा नहीं है, बल्कि यह उनके जीवन के एक विशेष संकटपूर्ण समय के बारे में बताती है। यह एक ऐसा समय था जिसने उन्हें एक महिला और एक दलित के रूप में अपने अस्तित्व, समाज में अपने उद्देश्य और अहमियत के बारे में सोचने पर विवश कर दिया। इसीलिए 'करुक्कु' कोई निजी वक्तव्य नहीं है। इसमें बहुत सी व्यक्तिगत बातें नहीं हैं, मसलन कथा के मुख्य चरित्र यानी 'बामा' के नाम का कहीं जिक्र नहीं मिलता। यह पुस्तक एक महिला की आध्यात्मिक यात्रा है, जो जीवन में अपनी ईसाई आस्था और दलित होने के एहसास के माध्यम से स्वयं को पहचानती है और अन्ततः परिणामों की चिन्ता किए बिना बहुत ईमानदारी से उस पहचान को समाज के सामने निःसंकोच रखती है।

दलित और अति निर्धन होते हुए भी पढ़ाई करने के लिए संघर्ष करना, लगातार अपमान झेलते हुए अध्यापक बनना, नन बनने के लिए कॉन्वेंट जाना, फिर वहाँ पर भी सवर्ण और निचली जाति, अमीर और गरीब के बीच की खाई, सादगी के दावों और असल जीवन के बीच का फर्क देखते हुए कॉन्वेंट व्यवस्था का परित्याग कर वापस समाज में आना – बामा का जीवन वाकई 'सामान्य' नहीं रहा। उनके पूरे जीवन में ईमानदारी से, 'कहने' और 'करने' के बीच कोई अन्तर न रखते हुए जीने की कश्मकश दिखाई देती है।

'करुक्कु' तमिल दलित कैथोलिकों के जीवन का एक खाका भी है। 'यीशू' और 'आवर लेडी' को किस तरह तमिलनाडु की ग्रामीण जनता ने आत्मसात किया है और कैथोलिक आस्था में कितने देसी रंग भरे हैं– यह पुस्तक इसका भी जीवंत वर्णन है:

> नए साल के आरम्भ में यह रिवाज था कि हमारे धर्म के सभी लोग, अपने-अपने परिवार के साथ मदर सुपीरियर और पादरी, दोनों के पास फल या बिस्कुटों की भेंट लेकर जाएँ। वे मदर सुपीरियर और पादरी को माला पहनाते और श्रद्धा से नमस्कार करते। मुझे पता चला कि यह अब भी चल रहा है। चाहे हमारे लोगों ने फल कभी न चखें हो, फिर भी चर्च के बुजुर्गों के लिए फल खरीदने का वे हर सम्भव प्रयास करते। उन्हें अपनी भेंट चढ़ाते, श्रद्धा से उनके सामने झुकते और अपने माथे पर क्रॉस का चिह्न स्वीकार करते।

चर्च के नियम-कानून भी बहुत सख्त थे। बामा लिखती हैं :

> चाहे धुंध हो या बरसात, हमें अल्लसुबह उठना पड़ता और सुबह के 'पुसाई' (सर्मन) के लिए जाना पड़ता। हम जल्दी-जल्दी जैसे-तैसे अपने दाँत साफ करते, अपने सिर पर एक कपड़ा ओढ़ते और दौड़ जाते। पता नहीं क्यों, मुर्गे की बाँग के वक्त ही सबसे ज्यादा नींद आती है। और ठीक इसी वक्त हमें उठ कर चर्च भागना पड़ता था। ... अक्सर उस वक्त बहुत ठंड होती थी। कोई कितना भी झकझोरे, बस मन करता था कि करवट लो और सो जाओ ... लेकिन कितना भी विरोध करो, जाना तो पड़ता ही था।
>
> अगर नहीं गए तो अगले दिन असेंबली में पादरी या किसी अध्यापक के हाथों

पिटाई होती। और यह कोई ऐसी-वैसी पिटाई नहीं थी। (अध्यापक का) बेंत कोड़े की तेजी से हम पर पड़ता। इस पिटाई की याद दिलाना ही काफी था, और हम तुरन्त अपने बिस्तर से बाहर आ जाते।

चर्च में बच्चों को ईश्वर से ज्यादा शैतान के बारे में बताया जाता कि :

> अगर हमने इतने सारे पाप कर लिए कि शैतान की पापों की सूची वाली नोट-बुक भर गई, तो वह हमारी पीठ की खाल उधेड़ेगा और हमारे पाप वहाँ लिखेगा। जब मैं चर्च में अकेली होती तो ठीक उसी समय मुझे यह बात याद आती। मैं अपनी कल्पना में देखती कि शैतान बहुत जल्दी-जल्दी मेरे पापों का हिसाब-किताब लिख रहा है और जब उसकी नोटबुक भर गई, तो वह मेरी पीठ की खाल उधेड़ने धीरे-धीरे मेरी तरफ बढ़ रहा है। तब डर के मारे मेरी जान ही निकल जाती। लेकिन चर्च से बाहर आते ही अक्सर मैं यह सब भूल जाती। लगता था कि ननें हमें कभी कोई खुशनुमा कहानी सुनाती ही नहीं थीं। हमेशा शैतान की ही कहानियाँ होतीं। उन्होंने हमें बताया कि शैतान अपने हाथ में तराजू लेकर घूमता है। उसके तराजू के एक पलड़े में हमारे पाप होते हैं और दूसरे में हमारे पुण्य। हर बार जब मैं चर्च के करीब जाती तो अपने सिर के ऊपर तराजू लिए और चीखते-चिल्लाते हुए शैतान की कल्पना से आतंकित हो जाती।

चर्च में 'कन्फेशन' यानी अपने पाप कबूलना सिखाने का तरीका भी हास्यास्पद था। बच्चों को चाहे इसकी महत्ता पता हो या न हो, पश्चात्ताप के बारे में वे जानते हों या नहीं, उन्हें 'ब्लैस मी फादर फॉर आई हैव सिन्ड ..." तोते की तरह रटा दिया जाता था। बच्चों को यीशू के प्रेम-सन्देश से अधिक चर्च से डरने का पाठ पढ़ाया जाता था। चर्च में अपनी दृढ़ आस्था के बावजूद बचपन में भी बामा उन आतंकित कर देने वाले नियम-कानूनों पर सन्देह करने से नहीं चूकीं, जो नन्स बच्चों को लगातार बताती रहती थीं। चिन्नामलाई ईस्टर, गुड फ्राइडे और नया साल, आदि त्यौहारों के बारे में बताते हुए बामा कहती हैं:

> अब, हालाँकि, इन त्यौहारों को मनाने का तरीका बदल रहा है। बेशक, यह बदलाव बदलते समय के साथ-साथ ही आ रहा है। लेकिन अब कोई इस बारे में नहीं सोचता कि हम ये सब त्यौहार क्यों मनाते हैं। सिस्टर और पादरी भी अब वह नहीं कहते जो कहा जाना चाहिए, सिर्फ निरर्थक बेजरूरी बातें ही बोलते हैं। इसी सब वजह से अब यह उत्सव मेरे लिए पहले जैसी अहमियत नहीं रखते। आजकल जिसे भक्ति समझा जाता है, वह सिर्फ कर्त्तव्य की भावना से किए गए काम ही हैं।

सिस्टर्स के कड़े व्यवहार के बीच घर के काम में हाथ बँटाते हुए बामा का बचपन बीता। बहुत छुटपन से ही उन्हें इस बात का एहसास हो गया था कि वे छोटी जाति से हैं :

> जब मैं तीसरी कक्षा में थी, तो मैंने लोगों को अस्पृश्यता के बारे में खुले तौर पर

बोलते हुए नहीं सुना था। लेकिन अस्पृश्यता क्या है, यह मैंने पहले ही देख लिया था, महसूस किया था और उससे अपमानित भी हो चुकी थी।... एक दिन मैं स्कूल से घर आ रही थी... कि मैंने हमारी गली के एक बुजुर्ग को बाजार की तरफ आते हुए देखा। वे जिस तरह चल रहे थ–उसे देख कर मुझे हँस-हँस कर दोहरा होने की इच्छा हुई। इतने बड़े आदमी को इतनी छोटी सी पुड़िया इस तरह उठा कर चलते हुए देख कर मैं जोर-जोर से हँसना चाहती थी। मेरा अंदाजा था कि उस पैकेट में दाल के बड़े या हरे केले की भाजी जैसी कोई चीज है क्योंकि वह जिस कागज में लिपटा था, वह तेल से सन गया था। वे उस पैकेट को बिना छुए एक सुतली से लटका कर पकड़े हुए थे। मैं वहाँ खड़ी हुई सोचती रही कि अगर वे उसे इसी तरह पकड़े रहे तो लिफाफा खुल जाएगा और बड़े नीचे गिर जाएँगे।

बुजुर्गवार सीधे एक नायकर (उच्च जाति) लड़के के पास गए, झुक कर नमस्कार किया और जिस हाथ में वह लिफाफा पकड़े थे, उसे दूसरे हाथ से सहारा देते हुए लिफाफा आगे बढ़ा दिया। नायकर ने लिफाफा खोला और बड़े खाने लगा।

ये देखने के बाद आखिरकार मैं घर गई। मेरा बड़ा भाई वहाँ था। मैंने उसे वही कहानी सारे हास्यजनक ब्योरे के साथ बतलायी। इतने बड़े आदमी, तिस पर भी बुजुर्ग आदमी द्वारा इतने छोटे लिफाफे को इस तरह ले जाने की स्मृति से ही मैं हँस-हँस कर लोटपोट हो रही थी। लेकिन अन्नन नहीं हँसा। उसने मुझे बताया, हर कोई ये मानता है कि नायकर ऊँची जाति के हैं और इसलिए उन्हें परयों को नहीं छूना चाहिए। अगर छुएँगे तो वे अशुद्ध हो जाएँगे। इसीलिए उन्हें वह लिफाफा उस तरीके से उठाना पड़ा।

यह सुन कर मेरी हँसने की इच्छा खत्म हो गई, मैं बहुत दुःखी हो गई।... मैं इतनी उत्तेजित और क्रोधित हुई कि मन हुआ, सीधे वहाँ जाकर मैं खुद ही उन बड़ों को छू दूँ।

उस छोटी सी बच्ची में भी इतना आत्मसम्मान था कि वह समझ सके कि उस बुजुर्ग व्यक्ति का अपमान हुआ और यह कि 'परया' भी इंसान ही है। उसके मन में सवाल उठा– ऐसा क्यों है कि एक को श्रेष्ठ समझा जाए और दूसरे मनुष्य को तुच्छ? क्या इसका कारण अमीरी है? क्या इसे बदला जा सकता है?

सवालों के जवाब उसे खुद खोजने थे। भाई ने इसमें सहायता की :

अन्नन ने मुझे ये सभी बातें बताई, 'क्योंकि हम परया जाति में जन्मे हैं, इसलिए हमें कोई सम्मान, इज्जत या आदर नहीं दिया जाता है। हमें इस सबसे वंचित रखा जाता है। लेकिन अगर हम पढ़ें और प्रगति करें, तो हम इस अपमान से मुक्ति पा सकते हैं। इसलिए ध्यान से पढ़ो, जो भी तुम सीख सकती हो, सीख लो। यदि तुम पढ़ाई में हमेशा आगे रहोगी तो लोग अपनी इच्छा से खुद तुम्हारे पास आएँगे,

> तुमसे जुड़ेंगे।' अन्नन ने उस दिन जो शब्द बोले, उनका मुझ पर गहरा प्रभाव हुआ। और मैं बहुत लगन से पढ़ने लगी... जैसा कि अन्नन ने प्रोत्साहित किया था, मैं अपनी कक्षा में प्रथम आई। और उस वजह से बहुत से लोग मेरे दोस्त बन गए, हालाँकि मैं 'पराइची' थी।

लेकिन स्कूल में भी हालात वैसे ही थे। परया जाति के बारे में सब बुरा ही बोलते। अगर कुछ बुरा हो जाता तो हर कोई तुरन्त कहता कि परया बच्चों की ही करतूत होगी।

> लगता था सभी यही सोचते हैं कि हरिजन बच्चे तुच्छ और नफरत करने लायक ही हैं। लेकिन वे छोटे-मोटे कामों के लिए हमारा इस्तेमाल करने से जरा भी नहीं हिचकिचाते। सो, हम अध्यापक के घर तक पानी उठा कर ले जाते, पौधों को पानी देते। और, स्कूल में भी ऐसे सभी काम करते।

स्कूल के हैडमास्टर चालियार जाति के थे और उस समय गाँव के कब्रिस्तान की जमीन को लेकर परया व चालियारों के बीच विवाद चल रहा था। इस विवाद का गुस्सा भी हैडमास्टर साहब परया बच्चों पर ही निकालते थे। चालियार और परया जातियों के बीच हुए हिंसक झगड़े का भी किताब में जिक्र है जिसमें पहली बार बामा ने एक आदमी को पुलिस की मार खाते देखा था। एक छोटी सी कहा-सुनी को गम्भीर मामला बना कर चालियार समुदाय ने परयों को पुलिस द्वारा खूब पिटवाया। पुरुष जेल में डाल दिये गए। कुछ ने भाग कर खेतों की शरण ली और स्त्रियों को अपमान व तिरस्कार झेलना पड़ा। जैसा कि हमेशा होता है, स्त्रियों पर यह मार दुहरी थी। उनके पति जेल में थे और पूरे परिवार का जिम्मा उन्हीं पर आ पड़ा था। वे खेतों में काम करतीं और छुपे हुए पुरुषों के लिए खाना वगैरह भी ले जातीं।

मुकदमेबाजी हुई और आखिरकार परयों ने केस जीत लिया। लेकिन इस घटना ने बामा के बाल-मन पर अमिट छाप छोड़ी। उस छोटी सी बच्ची को सत्ता और धन की अहमियत का एहसास होने लगा। यही वजह थी कि घर का काम, स्कूल का काम, लोगों द्वारा अपमान और माँ जिन घरों में काम करती थी, उनका भी काम करते हुए बामा ने पढ़ाई नहीं छोड़ी क्योंकि अपनी स्थिति बदलने का उनके पास एक यही रास्ता था :

> जब मैं अपने लोगों को दिन-रात हाड़तोड़ मेहनत करते देखती तो अक्सर सोचती कि इनमें इतनी ताकत कहाँ से आती है। और मैं सोचा करती कि जिस रफ्तार से स्त्री-पुरुष दोनों काम करते हैं, उस हिसाब से तो उन्हें प्रगति करते हुए समृद्ध हो जाना चाहिए। लेकिन निस्सन्देह, उन्हें उनके श्रम के बराबर धन कभी नहीं मिलता। और दूसरी बात– हालाँकि वे एक-सा काम ही करते, फिर भी पुरुषों को अलग मजदूरी मिलती और महिलाओं को अलग। वे पुरुषों को हमेशा अधिक पैसा देते। मुझे इसका कारण कभी समझ नहीं आया। हालाँकि वे बहुत मेहनत करते और उनके शरीर दर्द से बोझिल रहते, फिर भी हमारे लोग खुश

रहते, हँसते रहते। यह समुदाय तो जैसे काम करने के लिए ही पैदा हुआ है। ... ऐसा लगता है कि वे अपने खराब हालात के बारे में कभी सोचते ही नहीं। लेकिन क्या उनके पास सोचने के लिए भी वक्त होता है? ये सोच कर हैरानी होती कि इन लोगों के बिना सवर्ण जातियाँ कैसे जीवित रह पाएँगी। क्योंकि जब वे सो रहे होते हैं तो सिर्फ तभी उनके हाथ-पैर स्थिर होते हैं; अन्यथा वे हमेशा काम में व्यस्त रहते हैं। और उन्हें अपनी मृत्यु के क्षण तक काम करते रहना पड़ता है। सिर्फ इसी तरह वे अपना आधा पेट भर सकते हैं।

... हालात धीरे-धीरे बदतर होते जा रहे हैं। पुराने समय में, ये सच है, कि छोटे-छोटे बच्चे भी पशु चराने चले जाते थे और अपने घरों के आसपास की गलियों में घुटनों चलते बालकों की देखभाल करते थे। अब उन बेचारों को भी वयस्कों की तरह काम पर जाना पड़ता है। भोर होते ही, मदुरै बस के आने से पहले ही माचिस फैक्टरी की वैन आ जाती है। ये छोटे-छोटे केकड़े जैसे बच्चे अपने टिफिन में कुफ़ (एक तरह का दलिया) डालते हैं और ऊँघते हुए वैन की ओर चल पड़ते हैं।... वे माचिसों पर लेबल लगाने का काम करते हैं; पटाखे बनाते हैं और रसायनों का इस्तेमाल करते हैं; और शाम को सात बजे थके-माँदे घर लौटते हैं। उस उम्र में, जबकि उन्हें दूसरे बच्चों की तरह स्कूल जाना चाहिए, पढ़ना चाहिए और शाम को खेलना चाहिए, इसके बजाय उन्हें फैक्टरियों में बन्द कर दिया जाता है।

अपने बचपन के खेलों को याद करते हुए बामा बताती हैं कि उनके खेलों में भी जातिगत भेद प्रतिबिंबित होते थे। हालाँकि लड़के-लड़कियाँ साथ-साथ खेलते लेकिन अक्सर उनमें से कुछ लड़के 'नायकर' (सवर्ण जाति) बन जाते और अन्य बच्चों पर खूब रौब दिखाते, उनका अपमान करते, उन्हें अपशब्द कहते, मानो उनके पास बहुत ताकत आ गई हो। अन्य बच्चे चुपचाप खेतों में काम करने का नाटक करते रहते। या फिर दुकान लगाने का नाटक करते। कभी-कभी विवाहित होने का खेल खेलते जिनमें पति शराब पीकर घर आता और अपनी पत्नी को मारता। फिर पुलिस आती और उस पति को खूब पीटती।

अन्य खेलों के साथ ये खेल उस समाज को चित्रित करते, जिसमें ये बच्चे रह रहे थे और जिसके कायदे-कानून वे धीरे-धीरे अपना रहे थे कि 'नायकर' बड़ा होता है, सम्माननीय होता है और 'परया' छोटा। नायकर हुक्म चलाता है और परया उसका पालन करता है। या यह कि पति शराब पीकर घर आता है और उस हालत में पत्नी को पीटना तो लाजमी ही है।

बहरहाल इन सब खेलों, ऊँच-नीच के फर्क और गरीबी से संघर्ष के बीच बामा ने अपने गाँव के स्कूल से आठवीं कक्षा तक पढ़ाई की। फिर करीब के एक कस्बे के स्कूल में उन्होंने हाईस्कूल किया। यह बड़ा स्कूल था और यहाँ के बच्चे भी अमीर घरानों के थे। वे हर किस्म के जेवर और घड़ी वगैरह पहन कर आते। लेकिन वहाँ के

हॉस्टल की वार्डन सिस्टर को भी गरीब या पिछड़ी जाति के बच्चे सख्त नापसन्द थे। हालाँकि ये बच्चे भी अपने खाने और रहने का शुल्क देते थे फिर भी उन्हें वार्डन सिस्टर से तमाम तरह की अपमानजनक बातें सुनना पड़तीं। इसके अतिरिक्त स्कूल से घर तक की यात्रा और भी तिरस्कारपूर्ण होती। बामा लिखती हैं :

> जब मैं छुट्टियों के लिए घर जाती, अगर बस में साथ वाली सीट पर नायकर स्त्री बैठी होती तो वह तुरन्त पूछती कि मैं किस जगह और कौन सी गली में जा रही हूँ। जैसे ही मैं 'चेरी' कहती, वह उठ कर दूसरी सीट पर बैठ जाती। या फिर मुझे उठकर जाने को कहती। जैसे कि मैं चली ही जाऊँगी। मैं और भी दृढ़ता से अपनी सीट पर बैठ जाती। तब वे मेरे साथ या किसी और चेरी स्त्री के साथ बैठने से सारे रास्ते खड़े होकर जाना बेहतर समझते। ऐसा मेरे साथ कई बार हुआ। जब मैं घर आकर माँ को बताती तो वे मुझे सलाह देतीं, 'कह दिया करो कि तुम किसी और जाति की हो। उन्हें कभी पता ही नहीं चलेगा।' मैं खुद से कहती, 'लेकिन इन लोगों के सामने मैं क्यों नाटक करूँ कि मैं दूसरी जाति की हूँ?' इस पूरे प्रसंग से मुझे बहुत कष्ट होता।

लेकिन इस तरह का अपमान पढ़ाई के प्रति बामा की लगन को और भी बढ़ा देता। इस स्कूल के अध्यापक गाँव की अपेक्षा अधिक मैत्रीपूर्ण थे। वे प्रायः उन्हें प्रोत्साहित करते रहते। नतीजतन हाईस्कूल में भी बामा अच्छे अंकों से उत्तीर्ण हुई। स्कूल के बाद कॉलेज में जाना सम्भव नहीं था। भयानक आर्थिक तंगी थी। लेकिन एक अध्यापिका नन ने बामा की माँ को समझाया कि जिस लड़की को पढ़ना इतना अच्छा लगता है, उसकी पढ़ाई छुड़वाना उचित नहीं है। आखिरकार बामा ने खुद अपने कान की बालियाँ गिरवी रखीं और वे पैसे कॉलेज की फीस के लिए दिये। बामा नन के साथ सीधे कॉलेज गई और दाखिला ले लिया। वे अपने साथ कपड़े और बिस्तर तो ले नहीं गई थीं इसलिए एक हफ्ते तक उन्हें एक ही स्कर्ट-जैकेट पहनना पड़ी। हॉस्टल में सब पूछते कि उनके कपड़ों का क्या हुआ, क्या उनके पास कपड़े नहीं हैं? वे आहत तो हुई लेकिन कॉलेज छोड़ कर कहीं न गई। एक हफ्ते बाद माँ उनके कपड़े और बिस्तर लेकर आई। फौज से पिता का क्रोध-भरा पत्र भी आया, जिसमें उन्होंने बामा को नन की सलाह मानने के लिए खूब फटकारा था।

इस विरोध के बावजूद उनकी दृढ़ इच्छा-शक्ति ने उन्हें आगे पढ़ने के लिए प्रेरित किया। उनके अच्छे अंक देख कर न सिर्फ अध्यापक बल्कि छात्र भी उनके मित्र बन गए। लेकिन उनके सादा कपड़ों व रहन-सहन पर अक्सर सहपाठिनें टोकतीं रहतीं। इस सबको तो उन्होंने सह लिया लेकिन कॉलेज के अन्तिम वर्ष में कॉलेज डे की पार्टी को नजरंदाज करना असम्भव हो गया :

> कॉलेज डे बड़े जोर-शोर से मनाया जाता था। अन्तिम वर्ष के सभी छात्रों को एक पार्टी में आमंत्रित किया जाता था, जिसमें सभी छात्राएँ सिल्क साड़ियों व अपने-अपने खूबसूरत जेवरों से सज कर जाती थीं। मेरे पास तो एक सादा-सी साड़ी भी

नहीं थी। मुझे समझ नहीं आया कि क्या करूँ। मैं किसी से उधार लेकर साड़ी नहीं पहनना चाहती थी। और उस दिन मैं कहीं और जा भी नहीं सकती थी, न ही इसकी इजाजत मुझे मिलती। सो अन्ततः मैंने निश्चय कर लिया और बाथरूम में जाकर बैठ गई। अपनी दुर्दशा पर मुझे बहुत रोना आ रहा था। और मुझे एहसास हुआ कि चंद रुपए हाथ में न होने पर कितनी शर्म महसूस हो सकती है।... मैं पार्टी खत्म होने तक बाथरूम में छिपी रही। जिस संस्था से मैंने बी.एड. किया, वहाँ भी मेरा यही हाल रहा। लेकिन मैं खुद को यही तसल्ली देती कि अनेक ऐसे लोग हैं जिनकी हालत मुझसे भी बदतर है।

बी.एड. खत्म करने के बाद जब मैंने काम करना शुरू किया तो जीवन थोड़ा सुविधापूर्ण हो गया। हर माह पर्याप्त धन कमाना और जहाँ भी चाहूँ वहाँ स्वतन्त्रतापूर्वक जाना बहुत अच्छा लगा। अब जो साड़ी या जैकेट मुझे अच्छी लगे, मैं खरीद सकती थी। जहाँ भी चाहूँ जा सकती थी, जो भी चाहूँ खा सकती थी। यहाँ तक कि मैं अपने लिए कुछ जेवर भी बनवा सकती थी। अब मुझे मालूम हुआ कि अगर आपके पास थोड़ा भी पैसा है तो आप कुछ सत्ता और प्रतिष्ठा तो हासिल कर ही सकते हैं। और मुझे एहसास हुआ कि जिनके पास खर्च करने के लिए पैसा है, वे हमेशा आराम से रह सकते हैं।

लेकिन हमारे लोग, चाहे कितनी भी मेहनत करें, उनके पास कभी इतना पैसा नहीं आ पाता... मुझे लगा कि अगर हमारी गली के बच्चे थोड़ा सा लिख-पढ़ कर नौकरी ढूँढ़ लेते तो वे भी ठीकठाक जीवन जी सकते हैं। लेकिन वे खुद को शिक्षित कैसे करें? आखिरकार अपना पेट भरने का संघर्ष ही उनके जीवन का प्रमुख संघर्ष है।"

इन्हीं विचारों ने बामा को कॉन्वेंट में जाकर नन बनने के लिए प्रेरित किया। उनके मन में गरीब बच्चों को पढ़ा कर इस काबिल बनाने की तीव्र इच्छा थी कि वे आत्मनिर्भर हो सकें और समाज में सम्मानित जीवन जी सकें। वे चाहतीं थीं कि उनकी जाति के बच्चे वह सब संघर्ष न झेलें, जो उन्होंने झेले थे।

लेकिन कॉन्वेंट में हालात और नजरिए कुछ और ही थे। बामा लिखती हैं :

जिस कॉन्वेंट में मैं शामिल हुई थी उसे गरीब बच्चों की परवाह ही नहीं थी। वह सिर्फ धनी लोगों के बच्चों के लिए ही काम करना चाहता था। उस कॉन्वेंट में वे गरीब बच्चों से एक तरह का व्यवहार करते हैं और धनवान बच्चों से ठीक दूसरी तरह का।

नन बनने से पहले, महिलाएँ प्रतिज्ञा लेती हैं कि वे गरीबी में रहेंगी। लेकिन यह तो दिखावा मात्र है। कॉन्वेंट को गरीबी के मायने भी नहीं पता। जब घंटी बजती, भोजन आ जाता ... हर तरह का भोजन उपलब्ध था ... हाँ, वहाँ हर प्रकार की सुविधा मौजूद थी। लेकिन कॉन्वेंट में शामिल होने के तुरन्त बाद ही मैंने यह सोचना शुरू कर दिया 'छि, क्या संन्यास का जीवन ऐसा ही होता है?

क्या यहाँ गरीबी की कोई समझ है?'

आखिरकार जिस ऑर्डर में मैं शामिल हुई थी, उससे निराश होने लगी। शुरू के तीन साल ऐसे नहीं थे। तब कम से कम कुछ हद तक हम लोगों के कष्टों व संघर्षों के बारे में, जीसस के मानवीय गुणों के बारे में हम पढ़ते थे, उस पर चर्चा करते थे। हम गम्भीरता से सोचते थे कि हमें क्या करना चाहिए, कैसे करना चाहिए। इस उज्ज्वल काल्पनिक आशा में समय बीत जाता कि नन बन कर हम क्या-क्या कर सकते हैं।हमने उस महिला के बारे में भी पढ़ा जिसने हमारे कॉन्वेंट की स्थापना की थी। गरीबों के प्रति उनके प्रेम के बारे में और किस तरह उन्होंने गरीबों के लिए जीवन समर्पित कर दिया-यह सब पढ़ना बहुत अच्छा लगा। मेरे भीतर भी उनकी ही तरह बनने की तीव्र इच्छा हुई।

इस समय, मेरी सारी प्रार्थनाएँ, ध्यान व विचार शोषित व उत्पीड़ित लोगों पर ही केन्द्रित थे और उस जीसस पर भी, जो न्याय के लिए लड़े। मुझे खूबसूरत भाषा में रची गई प्रार्थनाओं को दुहराना बेमानी लगता। प्रार्थना, पूजा व जीवन के बीच सम्बन्ध न होना निरर्थक लगता। मैंने दूसरे लोगों से अपने इस विश्वास के बारे में बातचीत की। ... हमें एक चीज पर विश्वास करके दूसरी चीज कभी नहीं करनी चाहिए। हमें जिस पर विश्वास है, वह बोलना चाहिए। यही अपने से ईमानदार होना है। शेष सब नाटक है।

इस कॉन्वेंट के जीसस धनी जीसस थे। ईश्वर और गरीब लोगों के बीच कोई सम्बन्ध न था। वे लोग, जो हमेशा कहते रहते हैं कि ईश्वर सबसे प्रेम करता है, स्वयं उनमें शोषित व निर्धनों के लिए कोई प्रेम या सद्‌भावना नहीं थी। भक्ति के प्रवाह से उद्वेलित हो ये लोग चर्च में कहते हैं कि ईश्वर गरीब था, गरीब लोगों के बीच रहा और गरीबी में ही देह-त्याग किया लेकिन अगर अनजाने में भी कोई गरीब उनके कॉन्वेंट की सीमा के भीतर आ जाए तो वे उसे कुत्ते की तरह भगा देते हैं।

कॉन्वेंट में शामिल होने से पहले बामा के परिवार ने उन्हें समझाया था कि कॉन्वेंट के भीतर का जीवन उनके दावों से बिल्कुल अलग होगा लेकिन उन्हें लगा कि एक धार्मिक पन्थ की अनुयायी हो कर वे अपनी जाति की सेवा बेहतर रूप से कर सकेंगी। कॉन्वेंट में रह कर भी उन्होंने पूरी कोशिश की कि वे गरीबों व शोषितों से सम्बन्ध जोड़ें, उन्हें जागृति का पाठ पढ़ाएँ। जब भी वे इस बारे में अपनी आवाज उठातीं तो कॉन्वेंट का कहना होता कि ईश्वर सिर्फ गरीबों का ही नहीं, अमीरों का भी है। हमें सबसे बराबरी का व्यवहार करना है लेकिन 'व्यवहार' में यह बराबरी कहीं न थी :

वे लगातार 'आज्ञाकारिता' की प्रतिज्ञा के बारे में बात करते रहते हैं और समर्पण करने के लिए विवश कर देते हैं ताकि हम अपना सिर न उठा सके। हमें अपने बारे में अपनी उम्र के अनुसार सोचने की भी इजाजत नहीं। वे हमारे लिए और हमारे नाम पर सोचना चाहते हैं।

...उन्होंने हमें बताया कि हम में से हरेक अलग है, विशिष्ट है। पूरी दुनिया में

हमारे जैसा और कोई नहीं। यह सुनना अच्छा लगता कि ईश्वर ने हम में से हरेक को बहुत विशेष तरीके से बनाया है। लेकिन वास्तविक व्यवहार में, ऐसा बिल्कुल नहीं था। वे हम से ऐसे व्यवहार की अपेक्षा रखते मानो हम एक ही साँचे में बने हों। किसी को भी अलग सोचने या बोलने की इजाजत नहीं थी।... कुल मिला कर ऐसा लगता मानो वे हमें उन विभिन्न विचारों में फिट करने के लिए बदलना चाहते थे, जो वे यूरोप व अमेरिका में अध्ययन के दौरान सीख कर आए थे। हमें बदलना ही था। अन्तिम विश्लेषण में, हम 'हम' नहीं हो सकते थे।

बामा ने महसूस किया कि कॉन्वेंट में ज्यादातर लोगों को 'दलित' के मायने ही नहीं पता थे और जो जानते भी थे, उनके विचार में दलित बहुत खराब लोग थे :

आज जब मैं चर्च को देखती हूँ, तो यह पादरियों व ननों तथा उन्हीं के परिवार से बना चर्च लगता है। और अगर आप ध्यान दें तो पाएँगे कि ये सभी सवर्ण जातियों के लोग हैं। वे लोग ही शक्तिशाली पदों पर हैं। लेकिन अगर आप ईसाई लोगों को समग्रता में देखें तो पाएँगे कि ज्यादातर लोग पिछड़ी व दलित जाति के हैं। कुछ (सवर्ण) सत्ता हासिल कर लेते हैं और सर्वहारा तथा गरीबों पर अंधविश्वास व अंधभक्ति के माध्यम से काबू पा लेते हैं।... दलितों को अब सच का एहसास होने लगा है। उन्हें यह एहसास हो गया है कि उन्हें सीढ़ी बना कर दूसरों ने स्वयं को ऊपर उठाया है। उन्हें मालूम है कि ईश्वर, ईसाई और चर्च के नाम पर उन्हें गुलाम बनाया गया है।... दलितों को समझ आया है कि इन दूसरों ने इंसानों की तरह उन्हें कभी सम्मान नहीं दिया बल्कि अपने मुनाफे के लिए धर्म को इस्तेमाल किया है।

लेकिन दलितों ने ये भी समझ लिया है कि ईश्वर ऐसा नहीं है। उसने ऐसा नहीं कहा है। वे अब जान गए हैं कि उनकी रचना भी ईश्वर की छवि के समान ही हुई है।"

कॉन्वेंट के आडंबर, कथनी व करनी में फर्क देख कर बामा ने एक साहसिक निर्णय लिया–कॉन्वेंट छोड़ने का। यह एक कठिन काम था। वे जानती थीं कि कॉन्वेंट छोड़ कर समाज में एक बार फिर अपनी जगह बनाना बहुत कठिन होगा। वे लिखती हैं:

जब मैंने कॉन्वेंट छोड़ कर जाने का साहस किया तो ऐसा लगा मानो मैं ऐसी जगह पर आ गई हूँ, जिससे मेरा कोई नाता ही नहीं।... मुझे हर किसी से और हर चीज से डर लगता है। मुझे कहीं जाने में भी बहुत अजीब लगता है।

कॉन्वेंट के सुरक्षित जीवन ने उनके दृढ़ व्यक्तित्व को भी कमजोर बना दिया था। सात-आठ साल वास्तविक जीवन से अलग-थलग रहने के बाद जीवन के संघर्ष में लौटना सरल नहीं है लेकिन इससे भी कठिन था एक खोखला आडंबरपूर्ण जीवन– जिसमें सुविधाएँ तो थीं, स्वतन्त्रता नहीं, आराम था लेकिन उद्देश्य पूर्ति का कोई अवसर नहीं :

फिर भी सारे दर्द के साथ, मेरे मन में कहीं गहरे एक निश्चित खुशी अब भी है। मुझमें साहस है: मुझमें स्वाभिमान है। निश्चय ही मुझमें यह विश्वास है कि मैं जी सकती हूँ, एक इच्छा भी कि मुझे जीना चाहिए।

फिलहाल, मुझे रास्ता दिखाई नहीं पड़ रहा है। फिर भी मुझे भरोसा है कि एक सार्थक जीवन जीना सम्भव है, एक ऐसा जीवन जो दूसरों के लिए उपयोगी हो। मैं खुद को इस विचार से सान्त्वना देती हूँ कि एक झूठी मुस्कराहट की अपेक्षा असली आँसू बहाते हुए जीवन बिताना कहीं बेहतर है।

– प्रस्तुति : प्रगति सक्सेना

आकाश चाहने वाली लड़की के सवाल

रोहिणी अग्रवाल

शायद अरसे से एक-से तेवरों, मुद्राओं, भंगिमाओं में प्रचलित रहे होने के कारण आज 'महिला लेखन' शब्द बेहद घिस-पिट गया है। उसकी स्थिति खोटे सिक्के की तरह है जो मूल्य और उपयोगिता खो चुकने के बावजूद एक अनाम से लोभ के वशीभूत बटुए के एक कोने में सहेज लिया जाता है। महिला लेखन मायने जनाना तिरस्कार से मुँह बिचका कर आप इसे हाशिए पर फेंक सकते हैं। महिला लेखन मायने फेमिनिस्टक लेखन और आप अपना तमतमाया मुँह फेर सकते हैं। अपनी ही पसली से बनी औरतों को क्या तवज्जोह देनी! दोनों ही सूरतों में एक सामन्ती दम्भ के चलते किसी दूसरे की भरी-पूरी शख्सियत की अवहेलना। साथ ही अपनी चरमराती चूलों का ध्यान भी। इसलिए अपना वजूद और वर्चस्व बनाए रखने की सजग-सतर्क कोशिशें।

सीधे-सीधे तो नहीं, *हंस* के 'अतीत होती सदी और स्त्री का भविष्य' (जनवरी-फरवरी 2000) विशेषांक ने तीन कोटियाँ बना कर महिला लेखन को अप्रत्यक्ष ढंग से परिभाषित करने की कोशिश जरूर की है। महिला लेखन यानी स्त्रियोचित अथवा स्त्रैण लेखनः स्त्रीवादी लेखन तथा स्त्री का लेखन। सवाल उठता है कि क्या पहली दो कोटियों का लेखन – स्त्रियोचित लेखन (जिसे स्त्रैण लेखन भी कहा गया है और जाहिर है कि आम जीवन में यह शब्द स्त्रियों के लिए स्वभावगत कमजोरी और पुरुषों के लिए नपुंसकता का प्रतीक है) तथा स्त्रीवादी लेखन स्त्री-पुरुष कोई भी लेखक कर सकता है? शायद नहीं, क्योंकि इन तीनों कोटियों की बानगी के रूप में जो कहानियाँ प्रकाशित की गई हैं, वे अनिवार्यतः महिला कहानीकारों की हैं। तो क्या महिला लेखन का अर्थ हुआ महिलाओं को लेकर महिलाओं द्वारा (और सिर्फ महिलाओं के लिए?)

किया गया लेखन? (वाह! क्या जबरदस्त लोकतन्त्र है साहित्य में भी! निरंकुशताएँ और नृशंसताएँ ऐसे ही 'लोकतन्त्रों' से छिपा करती हैं।) यदि ऐसा है तो शरत् और जैनेन्द्र के 'स्त्रैण' साहित्य को किस खाते में डाला जाए? चलिए, जैनेन्द्र को एक सुविचारित साजिश के तहत हिन्दी विभागों के पाठ्यक्रमों के हवाले कर जीवंत चिन्तन से खारिज किया जा सकता है, लेकिन शरतचंद्र? क्या किसी भी हिन्दीतर पाठक-आलोचक को स्थूल और सतही विभाजनों की मृगमरीचिका में भटकाया जा सकता है? सारे रेगिस्तान यकीनन हिन्दी पट्टियों को ही नसीब हुए हैं।

जाहिर है पिष्टपेषण के तमाम खतरों के बावजूद महिला लेखन को नए सिरे से समझना जरूरी हो जाता है। महिला लेखन यदि एक विशेषण है तो तय है कि अस्तित्व में आने से पहले वह विचार में बँधा होगा और विचार चेतना से अनुस्यूत हुआ होगा। चेतना मूल्यपरक इकाई है जो स्वभावतः परिवेशगत दबावों से उत्पन्न होती है और अनिवार्यतः परिवेश का विखंडन करती है।

विखंडन की इस प्रक्रिया में सामाजिक संरचना की उन जटिलताओं के मूल कारकों/घटकों/तत्त्वों की पड़ताल सक्रिय रहती है जो एक या एकाधिक दौर में उभरती ताकतों के हथकंडों का शिकार होकर लिखित या अलिखित विधि-विधानों में स्वयं को अभिव्यक्त करते आए हैं। इन विधि-विधानों को (जिन्हें कानून और वर्जना का नाम भी दिया जा सकता है) परिवार, विवाह, समाज, धर्म, न्याय, मीडिया जैसे संस्थानों में आसानी से रेखांकित किया जा सकता है। चेतना सिर्फ ऐतिहासिक या समाजशास्त्रीय पड़ताल तक सीमित नहीं रहती, बल्कि इसके केन्द्र में आत्म– एक इकाई के रूप में व्यक्ति– को नहीं बल्कि अपनी पूरी जाति/वर्ग को रख कर शेष वर्गों/जातियों/ मानव-समूहों के साथ परस्पर सम्बन्धों के स्वरूप और समीकरणों, इतिहास और भविष्य की पहचान भी कराती है। असंतोष, जिज्ञासा और दृष्टि चेतना के मूल घटक हैं जो व्यक्ति के सन्दर्भ में व्यक्ति को, व्यक्ति के सन्दर्भ में समाज को, समाज के सन्दर्भ में प्रकृति को, और प्रकृति के सन्दर्भ में काल (वर्तमान) को पुनर्परिभाषित करने का प्रयास करते हैं। इसलिए चेतना का चरित्र इकहरा, स्थिर और उथला नहीं होता। वह निजी संरचना में बेहद जटिल और सतत अन्वेषी होती है। मानवीय सरोकारों से जुड़ कर वह व्यक्ति की मानवीय गरिमा की पहचान और प्रतिष्ठा के प्रति लालायित रहती है।

कहना न होगा कि महिला लेखन के मूल में स्त्री-चेतना का यही छोटा सा बीज है। इसलिए 'महिला लेखन' न गाली है, न चुनौती, वरन् वह मनुष्य, नागरिक और सामाजिक प्राणी की हैसियत से स्त्री के मानवीय अधिकारों की संघर्षपूर्ण माँग करने वाला साहित्य है। लेखन कोई भी हो सकता है, स्त्री या पुरुष। लेखन के घोर एकान्तिक क्षणों में चूँकि लेखक अशरीरी हो उठता है, अतः लैंगिक पहचान की बात यों भी बेमानी हो जाती है। लेकिन हम अपने शुद्धतावादी-ब्राह्मणवादी संस्कारों का क्या करें जो स्त्री को स्वतन्त्र विषय और प्रस्तोता मानने को राजी ही नहीं! असल में यह दम्भ ही स्थूलताओं के अंधड़ चला कर सतह को इतना मटमैला और पुख्ता कर देता है कि

गहराइयाँ अनदीखते गड्ढों में दबी सिसकती रह जाती हैं।

कहते हैं परिवार, विवाह, धर्म और न्याय के बाद पुरुष-सत्तात्मक व्यवस्था में स्त्री उस दिन पूरी तरह पराधीन हो गई जब मीडिया भी पुरुष के इशारे पर नाचने लगा। मीडिया (वक्त के साथ-साथ इसका रूप भी बदलता रहा है) न केवल छवियों को परोसता है, वरन् एक तिलिस्म गढ़ कर जनमानस को उन छवियों में कैद भी कर देता है। अनादि काल से साहित्य (लोक परम्परा सहित) मीडिया का सशक्त रूप रहा है। इसने स्त्रियों की जिन छवियों को रचा है, उन्हें बीसवीं शताब्दी की शिक्षा और समानाधिकार की लहर तथा इक्कीसवीं शताब्दी की सनसनीखेज तकनीकी क्रान्ति भी नहीं बदल पाई है। सौन्दर्य प्रतियोगिताओं और सौन्दर्य प्रसाधनों के दायरे में घिर कर वह आज भी कमनीय और लुभावनी है (भोग्या और माया की छवि), दफ्तर में ऊँची कुर्सी पर आसीन होते हुए भी घर के सारे दायित्वों का एकल भाव से बखूबी वहन करती है (मूलतः गृहिणी की छवि), सुशिक्षित, सुघड़, समझदार, जागरूक होते हुए भी अपने शिशु के लिए पिता को ही अनुकरणीय रोल मॉडल मानती है (पुरुष-निर्भर अबला छवि)। यानी टुकड़ों-टुकड़ों में वह यहाँ-वहाँ सब कहीं है, साबुत और अखंड कहीं भी नहीं। महिला लेखन इस तिलिस्म को तोड़ता है, तोड़ना चाहता है क्योंकि टुकड़ों में बँटी 'आधी दुनिया' से चौथाई दुनिया भी नहीं सँवारी जा सकती, पूरी दुनिया की कौन कहे।

महिला लेखन का मानना है कि अपनी-अपनी आधी दुनियाओं में विभाजित प्रतिद्वन्द्वी ही जीते हैं, परिवार, समाज, राष्ट्र और संस्कृति का निर्माण करने वाले नागरिक और मनुष्य नहीं। मानवीय संस्कृति के निर्माता और संवाहक परस्पर कट कर जी ही नहीं सकते। समन्वय और संवाद उनकी मानवीय अस्मिता की पहली शर्त है। असहमतियाँ, मतभेद, आपत्तियाँ और विवाद जीवंतता की निशानियाँ हैं जिन्हें मिल-बैठ कर संवाद और सौमनस्य के सहारे सुलझाया जा सकता है। इसी से चिन्तन गहन और अनेकायामी होता है। लेकिन परिस्थिति के अनुसार शास्त्रों और शस्त्रों का प्रयोग कर अपनी हठ पर अड़े रहना एक ऐसे शीतयुद्ध की शुरुआत करता है जो दोनों पक्षों को ही असहज, असुरक्षित और तनावग्रस्त करता है। तो क्या 'महिला लेखन' के खिलाफ शीतयुद्ध का बिगुल बजा दिया गया है? शायद, हाँ। सृजनात्मक लेखन में भी और आलोचना के क्षेत्र में भी। प्रमाण? तीन नामी शख्सियतों के वक्तव्यों को बतौर गवाही पेश किया जा सकता है।

सबसे पहले, वरिष्ठ कथाकार निर्मल वर्मा जो नवोदित लेखिका सारा रॉय के कहानी-संग्रह *अबाबील की उड़ान* को इसलिए महत्त्वपूर्ण मानते हैं क्योंकि इसमें महिला लेखन जैसा कुछ नहीं है। दूसरे, प्रख्यात आलोचक डॉ. निर्मला जैन जिन्होंने *कलिकथा वाया बाईपास* की आलोचना करते हुए इस बात पर गहरा संतोष व्यक्त किया है कि 'इस उपन्यास की चर्चा महिला लेखन के दायरे के भीतर रख कर नहीं, 'उपन्यास' के रूप में की जा रही है'। (चलिए, यह तो स्पष्ट हुआ कि गैरमहिला विषय पर लिखी महिला रचनाकारों की रचनाएँ ही हिन्दी आलोचकों की दृष्टि में कहानी/उपन्यास हैं।

आलोचना का यह विचित्र शास्त्र विषय के हिसाब से रचना के मूलभूत विधान और फॉर्म को परिवर्तित कर देता है)।

तीसरे मूर्धन्य आलोचक डॉ. नामवर सिंह हैं जिनका मानना है कि महिला लेखन (और दलित लेखन भी) में 'सम्पूर्ण समाज की अभिव्यक्ति नहीं होती। दरअसल इस प्रकार के लेखन छोटे समुदायों के हितों में रख कर किए जाते हैं।... ऐसा साहित्य अर्ध-साहित्य को प्रतिबिम्बित करता है। यह लेखन तात्कालिक प्रतिक्रिया का परिणाम है, जबकि साहित्य का मूल स्वरूप मानव को मुक्ति प्रदान करने वाला है। खंड-खंड में मुक्ति साहित्य का लक्ष्य नहीं है।' *('अमर उजाला', 12 दिसंबर 1999)।*

यानी महिला लेखन (और दलित लेखन) जैसी अवरोधक साहित्यिक अस्मिताएँ न होतीं तो साहित्य 'सम्पूर्ण' सत्य को ही प्रतिबिम्बित करता। क्या पूर्ववर्ती सवर्ण साहित्य की तरह, जहाँ 'छोटे समुदायों के हितों' की कौन कहे, छोटे समुदाय ही अपनी कोई पृथक सत्ता नहीं रखते? यह सवाल खासा गौरतलब है कि क्या हर दौर का साहित्य 'तात्कालिक प्रतिक्रिया का प्रतिफल' नहीं होता?

बेशक सारे देशी-विदेशी क्लासिक्स खँगाल जाइए, क्या सार्वभौमिक और सनातन मूल्यों के अमूल्य-अलंकृत बाने के तले उनके युग का सामाजिक, सांस्कृतिक, राजनीतिक, आर्थिक और भौगोलिक जीवन अपनी समूची भदेस विकृतियों और उत्कट जिजीविषाओं के साथ धड़कता नजर नहीं आता? दूसरे, यह 'सम्पूर्ण' सत्य या 'अर्धसत्य' जैसी चीज है क्या? सत्य क्या ठोस, स्थिर, सतही और निर्विकार हुआ करता है? क्या एक व्यक्ति का सत्य उतनी ही शिद्दत से दूसरे व्यक्ति का 'सत्य' भी हो सकता है? यदि ऐसा होना लाजिमी होता तो एक सी पृष्ठभूमि और परिवेश में रहते हुए भी *कफन* के घीसू-माधव और *मधुआ* का शराबी अपने-अपने 'सत्यों' को इतने अलग ढंग से क्यों व्यक्त करते? तो क्या यह बात ज्यादा स्वीकार-योग्य नहीं कि सच की अनेक तस्वीरें होती हैं और अनेक स्तर? और यह कि दृष्टिगत भिन्नता ही सच के भीतर परत-दर-परत छिपे अनेक चेहरों में से किसी एक खास चेहरे को उजागर करती है?

तीसरे, बेशक 'खंड-खंड में मुक्ति, साहित्य का लक्ष्य नहीं क्योंकि 'साहित्य का मूल स्वरूप मानव को मुक्ति प्रदान करने वाला है।' लेकिन ऐसी गर्वोक्ति के बाद क्या हम एक भी ऐसी रचना गिना सकते हैं जहाँ परम्परागत सवर्ण व्यवस्था की रहनुमाई में शम्बूकों का वध न किया गया हो : एकलव्यों के अँगूठे न काटे गए हों, द्रौपदियों का चीर-हरण न हुआ हो, शूर्पणखाओं को महज विवाह-प्रस्ताव रख देने के संगीन जुर्म में 'नाक' से हाथ न धोना पड़ा हो? अपने-अपने वर्गों का प्रतिनिधित्व करते हुए यदि ये चारों नाम भी 'मानव' हैं तो यकीनन आज 'खंड-खंड में मुक्ति' ही साहित्य का लक्ष्य बन गया है क्योंकि सवर्ण मानव और अवर्ण-मानव की 'मनुष्यता' में अभी गहरा अन्तर शेष है।

डॉ. निर्मला जैन और निर्मल वर्मा के वक्तव्य अनकहे ही 'महिला लेखन' के प्रति

आलोचकों के दुराग्रहों को चतुराईपूर्वक रेखांकित कर देते हैं। और साथ ही महिला लेखन को परिभाषित करने की एक अदद कोशिश भी। 'महिला लेखन' मायने पुरुषों के व्यापकतर– बृहत्तर सरोकारों से दूर– महिलाओं द्वारा किया गया (ज्यादातर) स्त्रैण लेखन और (बहुत कम) सार्थक स्त्रीवादी लेखन। यानी नौ दिन चले अढाई कोस! *कलिकथा वाया बाईपास* इसलिए हाथोंहाथ 'लपका' गया क्योंकि वह महिला कथाकार की लेखनी से गैरमहिला विषय पर आया। अद्भुत! बेशक अंधी नजर से इतिहास को देखने का उपक्रम है यह उपन्यास, लेकिन लीक से हट कर कुछ किया तो सही! न हो कथ्य की गहराई, शिल्प का ग्लैमर तो जानलेवा है। कैसा 'गुडी गुडी' लेखन! न मर्द की ज्यादतियों का बखान, न औरतों की प्रतिशोधात्मक स्ट्रैट्जी का बयान। पुरुष पाठक-आलोचक पढ़ने का 'दुस्साहस' करे तो यों न लगे कि कोड़े खा-खा कर अधमरो हुआ जा रहा है।

सिद्धान्त के तौर पर महिला लेखन के स्वरूप और सरोकारों पर बात करना जितना आसान है, उतना ही कठिन है व्यावहारिक दृष्टि से इसके अन्तर्गत समा सकने वाली स्तरीय रचनाओं की सूची बनाना और उन पर एक सार्थक बहस चलाना। बेशक महिला की जन्मगत-स्वभावगत-समाजप्रदत्त 'दयनीय' दशा को लेकर पुरुष लेखकों की लेखनी आज भी 'गीली' हो जाया करती है– बतर्ज 'अबला जीवन हाय, तुम्हारी यही कहानी' या 'योनि नहीं है रे नारी' या 'मुक्त करो नारी को मानव, चिरबन्दिनी नारी को'।

बात की पुष्टि के लिए मात्र दो कहानियाँ ली जा सकती हैं-शिवमूर्ति की *तिरिया चरित्तर* और सृंजय की *भगदत का हाथी*! काफी प्रतिष्ठित और दमदार कहानियाँ। इन कहानियों के 'निर्मलानुमा' कुछ स्मरणीय पात्र – बिमली, रासमणि, भागमणि, जानकी। रोजमर्रा की जिन्दगी में अपने आसपास दीख पड़ने वाली पुरुष प्रताड़ित 'बेचारी', 'गूँगी' औरतें। इन्हें न्याय के लिए मुँह खोलने की जरूरत ही नहीं, उत्पीड़क समाज का नुमाइंदा इनके जख्मों को जानता है, इनकी ओर से इनके आँसुओं के खारे समंदर कहानी में उठा भी रहा है। जिस सच्चाई और ईमानदारी से पुरुष-समाज की साजिशों, काली करतूतों और स्वार्थों का भंडाफोड़ इन दोनों कहानियों में हुआ है, वह वाकई काबिले-तारीफ है। ये कहानियाँ एक अनाम-सी जुगुप्सा और ठोस लाचारगी भी उपजाती हैं इस व्यवस्था के खिलाफ। बस, इतना ही। उसके बाद? उसके बाद माथे पर दाग लेकर औरत बिमली की तरह स्तंभित रह जाती है या बन्द कपाटों के भीतर जानकी की तरह अपने रेतीले भविष्य पर आँसू बहाती है। रासमणि की तरह असमय आई प्राकृतिक मौत की अमानुषिक परिणति झेलती है या भागमणि की तरह स्थानापन्न के रूप में अपनी पहचान पाती है। दोषी व्यवस्था पर उँगली उठाना और दुख-दर्द की तमाम पोटलियों को 'धूप दिखा कर' पुनः करीने से सहेज लेना– यह तो महिला लेखन नहीं है। हालाँकि एक समय हुआ करता था शरत् और जैनेन्द्र का। तब इतना भर कर लेना भी बहुत बड़ी बात थी। लेकिन पुराने वक्तों को दुहरा कर नए वक्तों को नहीं गढ़ा जा सकता, खासतौर पर तब जब सामाजिक परिदृश्य में जीती-जागती

भँवरी बाई मौजूद हो या निकट स्मृति के तौर पर निर्भीक दुस्साहसी पंडिता रमाबाई। इक्कीसवीं शताब्दी के द्वार पर खड़ी बाल-विधवा जानकी *(भगदत्त का हाथी)* जाने किस लाजवश पुनर्विवाह के प्रस्ताव को बिरादरी के सामने मुँह खोल कर स्वीकार नहीं कर पाती, जबकि बीसवीं सदी की शैशवावस्था में साँस लेती 'सीमंतनी उपदेश' की 'अज्ञात हिन्दू महिला' नामक लेखिका विधवा विवाह के समर्थन में न केवल पुरजोर माँग करती है, बल्कि इसकी अनुपस्थिति में समाज की संकीर्णताओं को इसके संजीदा और दूरगामी परिणामों से थर्रा भी देती है। इस अज्ञात लेखिका के पास सरोकार और समझ की जो सम्पदा है, क्या वह सृंजय या शिवमूर्ति के पास है? कोरी संवेदना से सिर्फ छद्म सहानुभूति दिखाई जा सकती है। अपने को औरों से अलगाने या उठते बवंडरों को शांत करने का कार्यभार निभाया जा सकता है। झज्जर (हरियाणा) जिले के दंपत्ति आशीष-दर्शना को जबरन राखीबंद भाई-बहन बनाने और इस घटना के विरोध में 'प्रगतिशील' लोगों के सक्रिय होने के समाचार को पढ़ कर न जाने क्यों ये दोनों कहानियाँ जेहन में कौंध जाती है।

ठीक विपरीत ध्रुव पर जाकर एक और महत्त्वपूर्ण उन्पयास याद आता है-- *मुझे चाँद चाहिए*। बेहद चर्चित-प्रशंसित-पुरस्कृत उपन्यास। पुरुष द्वारा लिखा होने की वजह से हिन्दी आलोचना इसे महिला लेखन नहीं मानती। जेंडर डिस्क्रिमिनेशन! वर्षा वसिष्ठ के जरिए मध्यवर्गीय कस्बाई औरत के संघर्ष और सफलता की हैरतअंगेज दास्तान।

कितना आसान लगता है सफलता के उच्चतम शिखरों को छू लेना! कितनी बौनी हो जाती है दुनिया, दुनिया के नियम, मूल्य, मर्यादाएँ, सम्बन्ध और देह। ऐसी वर्षा वसिष्ठ से कम-अज-कम हम कस्बाई मध्यवर्गीय औरतों का तो कोई परिचय नहीं। न हो। अंधे के कहे सूरज निकलना तो बन्द नहीं होगा। महिला लेखन के इतिहास में एक क्रान्तिकारी कदम होना चाहिए था 'मुझे चाँद चाहिए'। फेमिनिज्म ही तो स्त्री-देह पर पुरुष के परम्परागत स्वाभित्व की वकालत करता है। स्त्री की अपनी देह और उसके 'रखरखाव', 'खर्च' (उपभोग) का निर्णय भी उसी का। किसी को आपत्ति क्यों? लेकिन आपत्ति तो है ही। वस्तु से व्यक्ति और व्यक्ति से व्यक्तित्व-सन्धान का लोमहर्षक संघर्ष यदि किसी प्रायोजित साजिश के तहत पुनः वस्तु में तब्दील कर दिए जाने का लुभावना उपक्रम बन कर रह जाए, तो आपत्ति होगी ही। 'महिला लेखन' विषय-वस्तु और जीवनी-शक्ति के लिए अपने समस्त आयामों और पड़ावों सहित किसी फेमिनिज्म का मोहताज नहीं जो उसके भीतर उगी विकृतियों, विसंगतियों और अन्तर्विरोधों को आँख मूँद कर ग्रहण करता चले। बल्कि उसके दायित्व दुहरे-तिहरे हैं। चेतना पर विवेकसंगत सुरक्षा के पहरे बैठा कर ऐसे आकर्षक और मासूम घुसपैठियों और आतंकवादियों को भीतर घुसने ही नहीं देना चाहिए। लेकिन *हासिल* और *कोरा कैनवस* जैसी कहानियों का क्या किया जाए जो पहले तो भुजंग तक को अंधा कर देने वाली 'नारी की झाँई' को अपनी बलिष्ठ बाँहों में बँधने को अकुलाती हैं, और जब शापित 'झाँई' से उनके महिमामंडित नायकों की गरिमा, महिमा और मनुष्यता क्षरित होने लगती है तो

तिलमिला कर नारी को नरक के द्वार का फतवा दे डालती हैं। (पलायन की मुद्रा नरक के द्वार से बचने के ब्राह्मण संस्कारों की ही देन है न!)।

हाँ, इस सारे ऊहापोह में 'खेली-खाई' औरत की काम-क्रीड़ाएँ और खुले-छलके अंग 'स्टिल क्लोज अप' के रूप में आद्यन्त छाए रहते हैं। न सही रेखा (नदी के द्वीप) शरीफजादी। शरीफ लोगों के ड्राइंग रूम में बैठ कर उसकी चर्चा भी निषिद्ध है, लेकिन भुवन के साथ उसके दैहिक सम्बन्ध इतने खुले और छिछले तो नहीं। बल्कि दैहिक सम्बन्धों से ज्यादा जो बात असर डालती है, वह है दोनों की मानसिक अन्तरंगता, प्लैटोनिक प्रेम की प्रगाढ़ता और उस सामाजिक व्यवस्था की क्रूरता जो हेमंत जैसे समलैंगिकों के पल्ले बँधी रेखा जैसी स्वप्नशील स्त्रियों के जीवन को बंजर कर देती है। निरुपाय रेखा यदि जार-जार आँसू बहाती रहती तो उपन्यास का प्रभाव रेशा-रेशा बिखर जाता। वह टूट कर बिखरती नहीं, टूट कर एक नई घड़त लेती है जो जर्जर सामाजिक व्यवस्था के बरअक्स व्यक्तिगत लेकिन मानवीय नैतिकता की मूल्य-प्रतिष्ठा करती है। सामाजिक मर्यादाओं का उल्लंघन करती है तो छिप कर नहीं, डंके की चोट पर– रमेशचंद्र नामक व्यक्ति को राई-रत्ती बात बता कर कि उससे विवाह कर यदि वह 'श्रीमतीत्व' ग्रहण कर रही है तो इसलिए नहीं कि औसतन औरत की तरह अपने व्यक्तित्व का विलय उसमें कर देगी, बल्कि इसलिए कि प्रेम, अभिलाषा और समर्पण के उत्कट क्षणों में पाए भुवन को वह आजन्म अपने भीतर एक 'सम्पदा' की तरह सँजो कर रख सके।

हालाँकि प्रश्न बहुत से उठाए जा सकते हैं कि विवाह ही करना था तो भुवन से क्यों नहीं? यदि विवाह-पूर्व सम्बन्धों में रचे-पगे प्रेम को विवाह समाप्त कर देता है तो विवाह जैसी संस्था की जरूरत ही क्या? रुझान का प्रतीक बन कर रेखा का समूचा व्यक्तित्व क्या ओस-बिन्दुओं सा मोहक किन्तु क्षणभंगुर नहीं हो जाता? फिर भी रेखा में वह सब है जो शीरीन और स्वप्ना में नहीं है– चारित्रिक ईमानदारी, निर्द्वंद्वता, व्यवस्था से टकराने का माद्दा और अपनी शख्सियत से रू-ब-रू होने की अभिलाषा। व्यक्तित्व-लाभ, रोमांच, अनुभव या प्रतिशोध के लिए किसी से खिलवाड़ करने का सैडिज्म भी नहीं। रेखा की उपस्थिति क्या मित्रो के जन्म को सहज स्वाभाविक नहीं बनाती? व्यक्ति रूप में रेखा स्वयं को पोर-पोर में महसूस कर जिस खुले-खुले वर्जनाहीन व्यक्तित्व को पाना चाहती है, क्या वह कालांतर में मित्रो के रूप में अवतरित नहीं हुआ है? मित्रो यदि स्त्री की दैहिक मुक्ति की मुखर कामना का ठोस और फलीभूत रूप है तो क्या रेखा के अवदान को क्षण-भर के लिए भी भुलाया जा सकता है?

यदि *मित्रो मरजानी* जैसी रचनाएँ सोलहों आने महिला लेखन है तो *नदी के द्वीप* को कहाँ रखेंगे आप? देह होते हुए भी देह के भूगोल से मुक्त रख कर स्त्री को मनुष्य की संज्ञा से विभूषित करने वाली हर रचना महिला लेखन है– इसे मानने में कोई संकोच नहीं होना चाहिए।

जाहिर है महिला केन्द्रित हर रचना 'महिला लेखन' हो– ऐसा कतई जरूरी नहीं। *सुहाग के नूपुर* का त्वरित नाट्य-शिल्प, करुणा, पीड़ा, अन्तर्द्वन्द्व और त्याग के चटकीले तारों से बुना गया कथ्य, माधवी, कन्नगी और कोवलन जैसे एक साथ पारम्परिक और क्रान्तिकारी पात्र-आज भी उपन्यास के प्रति एक अद्‌भुत ललक और रोमांच पैदा करते हैं, ठीक शरत् के उपन्यासों की तरह, बार-बार पढ़ने के बावजूद हर बार नए-नकोर, रूमानियत की हद तक अति भावुक भी और बौद्धिक भी। लेकिन फिर भी *दिलोदानिश* के बरअक्स यह रचना अपनी समूची दीनता और दृष्टिहीनता के साथ उघड़ जाती है। *दिलोदानिश* में माधवी (महक बानो) है और कन्नगी (कुटुम्बप्यारी) भी। लेकिन यहाँ वे स्टीरियोटाइप्स नहीं, वरन् पुरुष और व्यवस्था द्वारा रटाई गई सारी वर्जनाओं, अपेक्षाओं और नैतिक उपदेशों को धता बता कर अपने लिए स्वतन्त्र राह तलाशना चाहती हैं। फिलहाल चाहना 'स्वतन्त्रता' की है, 'सही' की नहीं। (यों भी सही-गलत बेहद सापेक्ष धारणाएँ हैं, और जब इन्हें चुनौती दी जाती है, बदलते वक्त और व्यक्ति के सन्दर्भ में ही पुनर्मूल्यांकित किया जाता है।)

दिलोदानिश में छुन्ना बुआ जैसी शोख, बड़बोली, स्वाभिमानी, जीवंत (मित्रो का लघु संस्करण) पात्र भी है जिसे 'डल' और 'जड़' कर दिया जाए तो *भगदत्त का हाथी* कहानी की जानकी बन जाती है। लेकिन जानकी जहाँ एक कदम चलते ही हर ओर से 'डैड एंड्स' से टकरा कर लहूलुहान हो पस्त बैठ जाती है, वहीं उन्नीसवीं सदी के बन्द समाज की छुन्ना बुआ 'डैड एँड्स' को उत्कट जिजीविषा के सहारे परे धकेलते-धकेलते अपने लिए क्षितिज का विस्तार और हवाओं की निर्बाध गति जुटा लेती है। छुन्ना बुआ को देख कर बरबस विनोद कुमार शुक्ल की कविता याद आ जाती है–

लड़की हरे-भरे पेड़ देखती है
तो उसे आकाश दिख जाता है
ऊँचे-ऊँचे मिले-जुले मकान देखती है
तो आकाश दिख जाता है
लड़की चाहे पेड़ न देखे
पेड़ पर बैठी चिड़िया देखे
उसे आकाश दिख जाता है
घर की खिड़की घंटों बन्द रखे
बस, थोड़ी सी खोले
या भूल से सड़क पर निकल आए
दाएँ जाए या बाएँ
उसे आकाश दिख जाता है।

और हर बार एक अदम्य इच्छा मन में उठती है कि मुद्दतों घर की खिड़की बन्द रख कर 'आकाश' चाहने वाली लड़की को क्यों न छुन्ना बुआ के सान्निध्य में छोड़ दूँ। बस, कुछ पलों की गुफ्तगू और फिर छुन्ना बुआ के पीछे चलती एक और

छुन्ना बुआ। महिला लेखन चूँकि एक नई नजर से अपने आप को (स्त्री और पुरुष दोनों को) पहचानने की चेतना का नाम है, इसलिए यह किसी के पक्ष या विपक्ष में खड़े होकर बयानबाजी करने से कतराता है। चेतना प्रतिक्रियात्मक होती ही नहीं। आइसबर्ग की तरह इसका अधिकांश गहन चिन्तन और विश्लेषण में छुपा होता है। सतह पर नोक के रूप में सिर्फ परिवर्तनकामी सुधार का स्वप्न उभरता है जो परस्पर समन्वय और सामंजस्य के दायरे में फलीभूत होना चाहता है। बेशक चेतना आक्रोश को जन्म देती है, लेकिन हर आक्रोश चेतना का वाहक नहीं होता। इसलिए यदि आक्रोश क्षोभ, प्रतिशोध, हिंसा या घृणा के रूप में व्यक्त होता है तो इसका अर्थ है चेतना निजता के घेरे से उठ कर मानव मात्र तक प्रसरित नहीं हो पाई है। चेतना की सारी जद्दोजहद मानवीय अस्मिता के उत्कर्ष के लिए है, इसलिए नकारात्मक परिणामों और यथास्थितिवाद के पोषण की कल्पना ही नहीं की जा सकती है।

इस दृष्टि से *सुहाग के नूपुर* ठीक उसी प्रकार 'महिला लेखन' नहीं, जिस प्रकार *झूला नट* (मैत्रेयी पुष्पा) और *एक पत्नी के नोट्स* (ममता कालिया) उपन्यास। बात अटपटी लग सकती है क्योंकि सभी छोटी-बड़ी साहित्यिक पत्रिकाओं में इन दोनों उपन्यासों की चर्चा 'महिला लेखन' के बैनर तले ही हुई है। लेकिन पुरुष की क्रूरताओं, स्त्री की मजबूरियों, उन मजबूरियों के बीच अपने अस्तित्व-रक्षण के लिए जगह बनाने की कुटिल साजिशों या हताश समर्पण के अतिरिक्त इन उपन्यासों में क्या है? बेशक हवेलियों और हरमों में परवान चढ़ने वाली जालसाजियाँ कड़वी सच्चाइयाँ हैं जिनसे आँख नहीं मूंदी जा सकती। लेकिन उसके लिए जिम्मेदार व्यक्ति/संस्था/ व्यवस्था को, सांकेतिक ढंग से ही सही, चिह्नित करने की जरूरत पर बल क्यों नहीं? क्यों 'औरत ही औरत की दुश्मन होती है' का मिथ खड़ा करके सच्चाइयों को गुमराह करने की कोशिशें की जाती हैं? व्यवस्था की मूक स्वीकृति और अपने लिए उसी व्यवस्था में सुविधाजनक स्थान/सम्मान पाने की ललक हर युग के हर दौर का भयावह सत्य हो सकती है, लेकिन साहित्य का वर्तमान और समाज से इतना सीधा और इकहरा सम्बन्ध नहीं होता। वह व्यवस्थाओं को पलटना चाहता है, क्रूरताओं को सबक सिखाना चाहता है, गूँगों को वाणी देना चाहता है। इसलिए एक 'पागल' सपने के लिए सिर-धड़ की बाजी लगा कर वह उसका चित्र उकेरना चाहता है जो आज कहीं नहीं है, लेकिन कल उसके जैसे सिरफिरों का समर्थन पाकर ठोस सच्चाई बन जाएगा। किसी भी व्यवस्था का शिकार और वाहक होना व्यक्ति के लिए बहुत सुभीते की चीज है– सुरक्षा-कवच अपने आप मिल जाता है उसे। बड़ी बात है व्यवस्था के दमनकारी स्वरूप को समझना और उसके खिलाफ आवाज उठाना। हार-जीत बाद की बात है और बेमानी भी। शीलो *(झूला नट)* एक हद तक अपनी चालबाजियों के लिए बेगुनाह ठहराई जा सकती है, लेकिन आर्थिक रूप से आत्मनिर्भर और सुशिक्षिता कविता *(एक पत्नी के नोट्स)* की लाचारगी और बेचारगी की ठोस वजह? आई.ए.एस. पति से मिलने वाली सुविधाएँ? अपनी निजी सामर्थ्य के प्रति शंका? समाज का भय? साहित्य सिर्फ अपने दौर के

समाज का दर्पण नहीं होता। वह काल–भूत, वर्तमान और भविष्य के अखंड प्रवाह को कार्य-कारण श्रृंखला में पिरो कर पूरे ब्योरों और संकेतों के साथ प्रस्तुत करता है, रचना का फलक बड़ा हो या छोटा, इसकी ओर से पूरी तरह बेपरवाह होकर। कथन के समर्थन में माधवराव सप्रे की डेढ़ पृष्ठ की कहानी *एक टोकरी भर मिट्टी* और मंजुल भगत की लगभग उपेक्षित कहानी *बानो* (बूंद में संकलित) ली जा सकती है। चलिए, एकबारगी प्रचलित आलोचना के सुर में सुर मिला कर मान लें कि महिलाओं के सीमित अनुभव जगत् की प्रति-छवि होने की वजह से 'महिला लेखन' समाज के व्यापक विस्तार और संघर्षाकुल जटिलताओं से कट कर कुछ सौ गजों की दूरियों में फैली घर की सुरक्षित चारदीवारियों में सिमटा घरेलू लेखन है।

बेशक यदि आप कोयला खदानों के मजदूरों-अफसरों-दलालों के बीच बनते-बिगड़ते समीकरणों और उन समीकरणों से प्रभावित कोयला खदानों (और साथ ही देश) के भविष्य का प्रामाणिक लेखाजोखा पाना चाहें तो यकीनन संजीव के उपन्यास *सावधान! नीचे आग है* तक जाना ही पड़ेगा। यदि पुलिस की ज्यादतियों और इन ज्यादतियों की तह में गुँथे राजनीति-अधिकारी तन्त्र-अपराध के गठबंधन को देखना चाहें तो उदयप्रकाश की कहानी *थर्ड डिग्री* या *भाई का सत्याग्रह* से बेहतर और कौन आपकी सहायता कर सकता है? सदियों से उत्पीड़ित अपराधी मानी जाने वाली जनजातियों के शोषण की अन्तहीन कथा और राजनीति में सक्रिय भागीदारी की स्वाभाविक महत्त्वाकांक्षा का माइक्रोस्कोपिक ब्यौरा जानना चाहें तो मैत्रेयी पुष्पा का *अल्मा कबूतरी* पढ़ना ही होगा। बाबरी मस्जिद विध्वंस की प्रतिक्रियास्वरूप इस्लामी देशों में अल्पसंख्यक हिन्दुओं पर ढाए जाने वाले जुल्मों का पत्रकारिता शैली में अतिप्रामाणिक विवरण जानना चाहें तो तसलीमा नसरीन के *लज्जा* से बेहतर विकल्प और क्या होगा? यानी गैरमहिला विषयों का बड़ा कैनवस। बड़े सरोकार। बड़े आयाम। लेकिन सघनता? प्रभाव? परिणाम? अनुगूँज? नव्यता? यदि बड़ी दिखाई पड़ने वाली हर चीज महत्तर होती तो शायद हाथी को अदना सी चींटी कभी परेशान न कर पाती।

मैं 'महिला लेखन' की तरफदारी नहीं कर रही, लेकिन सिर्फ एक सवाल उठाना चाहती हूँ कि उपर्युक्त उपन्यासों में भिन्न पृष्ठभूमियों, वर्गीय मानसिकताओं, व्यवस्थागत राजनीतिक सच्चाइयों से गुजर कर उभरते दमन, उत्पीड़न, शोषण, दुरवस्था का जो विश्वसनीय चित्रण हुआ है, क्या उसका उत्स व्यक्ति (पुरुष नहीं) की उस मानसिकता में नहीं जिसका प्रथम परिचय घर के तंग घेरे में मिलता है? जो लिंग के आधार पर पहले घर के सदस्यों को शक्ति और प्रभुत्व से सम्पन/विपन्न करता है, फिर समलिंगी व्यक्तियों में वय, सम्बन्ध, आर्थिक प्रभुता या/और शारीरिक पुष्टता के चलते महीनतर विभाजनों की दीवारें उठाता चलता है। घरेलू सच्चाइयाँ या स्त्री-पुरुष सम्बन्धों की संवेदनशील बारीकियाँ कह कर जब तक हम 'महिला लेखन' की अनदेखी करते चलेंगे, तब तक बृहत्तर सामाजिक/राष्ट्रीय/सांस्कृतिक सरोकारों का रोना रोकर भी आँसुओं की सूखी लकीरों के सिवा कुछ हासिल नहीं कर पाएँगे। घरों में भेड़िया बन

कर भेड़ों को जिबह करते रहें और समाज में भेड़ की तरह जिबह होने की बारी आए तो मिमियाने लगें? राष्ट्रीय चरित्र जैसी अमूर्त बातें छोड़िए, क्या व्यक्तिगत चरित्र जैसी ठोस निजी उपलब्धि भी हमारे पास है?

यों सवाल तो यह भी उठता है कि साहित्य में वह संघर्षशील, कर्मठ, 'जाहिल गँवार' स्त्री कहाँ है जो वायदों और सिद्धान्तों की कोरी बहसों से दूर जिन्दगी की क्रूर सच्चाइयों में रच-बस कर अपने में 'ब्रह्म' को देखती है और ईंधन-पानी जैसी निखालिस 'घरेलू' समस्याओं से निपटने की जद्दोजहद में अनजाने ही समाज और पर्यावरण की रक्षा का दायित्व उठा लेती है? महिलाओं की 'रिप्रोडक्टिव हैल्थ', शिक्षा, कन्या भ्रूण हत्या जैसे 'बड़े' और ज्वलंत मुद्दे कहाँ हैं जिनके प्रति गहरी चिन्ता स्त्रियों को मनुष्य का दर्जा दिलाने की दिशा में उठाया गया पहला कदम है? जब वीरेंद्र जैन बड़े बाँधों के 'बड़े' दुष्परिणामों को लेकर *डूब* जैसा मार्मिक और विचारोत्तेजक उपन्यास लिखते हैं और 'महानायकत्व' माते सरीखे बिसूरते, ऊर्जाविहीन लोगों को देते हैं, तो क्या उन्हें क्षणांश के लिए भी पूरी जिन्दगी गला कर संस्था बन गई मेधा पाटकर का ख्याल नहीं आया?

मैत्रेयी पुष्पा जब पितृसत्तात्मक व्यवस्था की अमानवीयता के खिलाफ रेशमा *(चाक)* के बहाने विधवा के मानवीय अधिकारों की इकतरफा असफल लड़ाई की एक छोटी सी झलक देकर सारंग द्वारा उसे व्यापक स्तर पर एक निर्णयात्मक अंजाम देने की प्रक्रिया करती हैं तो एक साथ संतोष और आश्वस्ति की अनुभूति होती है। गुजरात की प्रताड़ित-बेसहारा महिलाओं द्वारा आत्मसम्मानपूर्वक उठाया गया आत्मनिर्भर कदम 'सेवा', 'चिपको आन्दोलन' के तहत 'मानव श्रृंखला' बना कर वन और पर्यावरण की रक्षा में तत्पर महिलाएँ, बार-बार असफल होती सरकारी योजनाओं के बावजूद आन्ध्र प्रदेश में आत्मबल के जरिए पूर्ण मद्यनिषेध करतीं स्त्रियाँ– लगता है, सारंग अकेली नहीं, इन सबका सम्मिलित संयुक्त रूप है। लेकिन, सारंग स्त्री है, मायने देह और सारा विमर्श दैहिक जरूरतों के आगे बौना हो जाता है, मानो रवानगी के साथ बहती नदी का मुँह अचानक विपरीत दिशा में मोड़ दिया गया हो। तनावपूर्ण दांपत्य सम्बन्ध और दांपत्येतर सम्बन्धों में सम्पूर्णता पाकर 'अपने' को भरपूर महसूसने की 'चेतना'– बस, इतना भर कर दिया जाता है 'महिला लेखन' का फलक, यथार्थ जीवन की जुझारू महिलाओं की दुर्धर्ष भूमिका को पूर्णतः अलक्षित और उपेक्षित करते हुए। जाहिर है कटघरे में दोषी समान रूप से सब हैं।

पहले 'महिला लेखन' को घर और स्त्री-पुरुष सम्बन्धों के दायरे में 'बाँधना' और फिर उसे सीमित, आवृत्तिपरक, अनुत्पादक और दोयम दर्जे का 'समझना' पितृसत्तात्मक व्यवस्था के उस स्वाभाविक अहंकार को रेखांकित करता है जो बावजूद इन तथ्यों के कि विश्व के कुल कार्य का साठ प्रतिशत अकेले सम्पन्न करने के बावजूद विश्व की कुल आय का दस प्रतिशत ही भुगतान के रूप में स्त्रियों को मिलता है और विश्व की कुल सम्पत्ति में केवल एक प्रतिशत हिस्से पर उनका निजी अधिकार है—जनगणना के

दौरान दिन-रात पारिवारिक कार्यों और दायित्वों में व्यस्त महिला की गिनती बेरोजगारों, आश्रितों और भिखारियों की श्रेणी में करता है।

अपनी शक्ति और सत्ता के विमर्श को यथावत् बनाए रखने के लिए स्त्री के उत्पादक और दृश्य श्रम को अनुत्पादक और अदृश्य 'सिद्ध' कर देना– यह स्थिति का विद्रूप नहीं तो और क्या है? क्या 'महिला लेखन' इतना कमजोर और मजबूर हो गया है कि स्थितियों की विद्रूपताओं से लोहा भी न ले सके? नहीं, शायद ज्यादा अहम बात सही परिप्रेक्ष्य में सही फोकस की है। क्या 'महिला लेखन' नहीं जानता कि 'जाति-बाहर' वे ही होते हैं जो हुक्मरानों के हुक्म और 'पाठ' मानते हुए अपनी कमतरी का रो-पीट कर समारोह मनाते रहते हैं? क्या हुक्मरानों द्वारा 'घोषित' और 'प्रमाणित' अधूरेपन के खिलाफ सार्थक लड़ाई लड़ कर अपने को 'सम्पूर्णता' में पाने का जज्बा नहीं रह गया है उसमें?

जज्बा है और स्थिति की विडंबना देखिए कि सिर्फ महिला कथाकारों के पास ही है। सामाजिक सच्चाइयों और समाजशास्त्रीय आँकड़ों को जब वे निर्विकार दृष्टि से देखती हैं तो रचना आप ही आप सृजनात्मक ऊँचाइयाँ लेने लगती है। मसलन प्रभा खेतान का उपन्यास *छिन्नमस्ता*। *छिन्नमस्ता* की प्रिया बड़े भाई (या इसकी जगह किसी भी अन्य पारिवारिक सदस्य को रखा जा सकता है) द्वारा बाल्यावस्था में ही यौन उत्पीड़न की शिकार बच्चियों के समाजशास्त्रीय आँकड़ों की पुष्टि करती है। वह अखबारों में आए दिन छपने वाली एक बासी, जड़ और गूँगी खबर बन कर रह जाती यदि ओजस्वी-ऊर्जस्वी व्यक्तित्व से सम्पन्न होकर प्रिया अपने तथाकथित 'कलंक' को गोपनीय रखने की अपेक्षा सार्वजनिक कर 'मनुष्य' के रूप में एक सार्थक लड़ाई की शुरुआत न करती। घरेलू दायरों में बँधे होने के बावजूद क्या यह रचना हमारी समूची पितृसत्तात्मक व्यवस्था, सांस्कृतिक विरासत और नैतिकतामूलक वर्जनाओं की शिनाख्त करने की जरूरत महसूस नहीं कराती?

कठगुलाब (मृदुला गर्ग) की फेमिनिस्ट असीमा यदि पुरुषों को हरामी नं. एक, दो, तीन जैसे विशेषणों से नवाज कर देखती है तो क्या उसकी प्रत्यक्ष घृणा में घुला स्मिता, मारियान, नर्मदा जैसी ठगी गई बेचारियों का मौन हाहाकार *अल्मा कबूतरी* की कबूतरियों की तरह घृणा और क्रोध के विस्फोट को जायज नहीं ठहराता? तहमीना दुर्रानी की हीर, चील, तोती जैसे पात्रों *(कुफ्र)* की असफल जंग क्या स्पार्टाकस जैसे गुलामों की विफल चेष्टाओं के साथ मिल कर आदिविद्रोहियों की जीत के एक नए अध्याय की शुरुआत नहीं करती? क्या 'विपिन' जैसे स्त्रीवादी पुरुषों की उपस्थिति दर्ज कर उन उर्वर किन्तु अलक्षित सम्भावनाओं को रेखांकित नहीं किया गया है जो राजा राममोहन राय, विद्यासागर, जोतिबा फुले, महर्षि कर्वे, स्वामी दयानन्द आदि-आदि के रूप म प्रकट हो समाज को दिशा देते हैं?

विषय के रूप में महिला से जुड़ कर यदि साहित्यिक लेखन 'महिला लेखन' हो जाता है तो क्या इन महापुरुषों के योगदान को भी समाज के बृहत्तर सन्दर्भों से काट कर एक खास

कक्ष/प्रभाग में रख कर देखा जाना चाहिए? यों भी व्यक्ति, परिवार, समाज और राष्ट्र अलग-अलग इकाइयाँ कहाँ हैं? एक-दूसरे से काट कर क्या एक को भी समग्रता में जाना-समझा जा सकता है?

दुख होता है जब हिन्दी आलोचना सार्थक, बहुआयामी, सामाजिक सरोकारों से पुरे और ज्वलंत प्रयत्नों से जुड़े 'महिला लेखन' को मुख्य धार से काट कर हाशिए पर डाल देती है। *वर्तमान साहित्य* के शताब्दी कथा विशेषांक और उससे पहले *हंस* के जनवरी 99 के *हिन्दी उपन्यास : एक सदी* विशेषांक में महिलाओं के डेढ़ सौ वर्षों की संघर्षकथा को व्यापक परिप्रेक्ष्य में देखने की बजाय केवल महिला कथाकारों द्वारा रचे गए साहित्य की सतही और संक्षिप्त सी बानगी प्रस्तुत कर समझने का प्रयास किया गया है। तो क्या आलोचना भी लेखक के सरोकारों की बजाय उसकी लैंगिक/वर्गीय पहचान को तरजीह देने लगी है?

दुख तब भी होता है जब टालस्टाय *(अन्ना कैरेनिना)*, शरत् और जैनेन्द्र के बाद किसी 'पुरुष' लेखक को महिला की मानवीय अस्मिता के लिए संवेदित, उद्वेलित, आन्दोलित होते नहीं देखा जाता। निस्सन्देह 'महिला लेखन' मीरा और झाँसी की रानी का मिला-जुला रूप है। मीरा के रूप में यह थोपी गई बन्दिशों के विरुद्ध विद्रोह करता है और झाँसी की रानी के रूप में परिवार (लक्ष्मीबाई रणक्षेत्र में कभी भी पुत्र के बिना नहीं देखी गई), समाज और राष्ट्र की अस्मिता के लिए सिर-धड़ की बाजी लगाने को तैयार है। अपनी तमाम सीमाओं के बावजूद प्रारंभिक रूप में यदि यह 'भाग्यवती' के जरिए उभरता है तो अभया, अन्नदा, राजलक्ष्मी *(श्रीकान्त)*, कमल *(शेष प्रश्न)*, किरणमयी *(चरित्रहीन)* और मृणाल *(त्यागपत्र)*, कल्याणी *(कल्याणी)*, रंजना *(दशार्क)* से होता हुआ आज महिला कथाकारों की कृतियों में ही सिमट कर रह गया है। क्या इसलिए कि बच्चा पाँव-पाँव चलना शुरू कर दे तो माता-पिता उसे लाख जिदियाने पर भी गोद में नहीं उठाते? (क्या वाकई? *हमजाद* और *कसप* जैसी रचनाओं का प्रकाशन और आलोचना द्वारा उनकी ताजपोशी ऐसे किसी संवेदनात्मक अहसास का आभास तो नहीं देते? अन्यथा आलोचना विद्वेष से उपजे पुरुष के सामंतवादी चरित्र पर प्रहार न करती जो स्त्री को देह और देह को भोगने में परम सुख पाता है। उदयप्रकाश तो ठीक-ठाक चलती कहानी में ख़ामख़्वाह ऐसे घोर आपत्तिजनक प्रसंग ठूँसने में माहिर हैं। 'हंस' में धारावाहिक प्रकाशित कहानी 'पीली छतरी वाली लड़की' भी इसका अपवाद नहीं।) या चूल्हे-चौके और प्रसूति की तरह अपनी समस्याओं से जूझना महिलाओं का 'अपना' काम है? या कि लेखक सहित आलोचक को उस 'सुन्दर भीषण भय' से मुक्त होना शेष है जो स्त्रीवादी पुरुष को 'जनखा' कह कर अपनी बिरादरी से निष्कासित कर देता है और न चाहते हुए भी उसे पुरुष समाज में 'सम्मानजनक' स्थान बनाए रखने के लिए अपनी असली पहचान को कठोरता, उदासीनता और तिरस्कार के 'मनपसन्द' आवरणों से ढाँपना पड़ता है?

जाने क्यों अप्रासंगिक होते हुए भी एक सवाल बार-बार कुलबुला रहा है कि

अपने काल का परमवीर और सर्वश्रेष्ठ योद्धा होते हुए भी अर्जुन को ही क्यों 'सुख' के दिनों में एक वर्ष का वनवास झेलना पड़ा था? क्यों उस वनवास की अवधि में उसे स्वर्ग की अप्सराओं से नृत्य की शिक्षा लेने को राजी होना पड़ा था?

चौदह वर्षों के बाद एक वर्ष के अज्ञातवास में क्यों उसे ही बृहन्नला की 'अपमानजनक' भूमिका निभानी पड़ी? अपने भाइयों की तरह वह रसोइया, ग्वाला, अश्वपाल, संतरी, चौकीदार, मामूली सैनिक कुछ भी हो सकता था। वह बृहन्नला था, क्या इसलिए उत्तरा के स्त्रीत्व की रक्षा करता रहा? बृहन्नला न होता तो शायद 'कीचक' बन गया होता। नहीं? तो आइए, ठाले बैठ कर बन्द बहस में लिथड़ने की बजाय क्यों न सिलसिलेवार समूचे हिन्दी कथा-साहित्य की आडिटिंग ही कर ली जाए।

'महिला लेखन' के कद और ताकत, स्वरूप और क्षेत्र, सीमाओं और सम्भावनाओं को जानने का इससे बेहतर, वस्तुपरक और चुनौती-भरा तरीका भला और क्या हो सकता है? यूँ जिस दिन पूर्वग्रहों और दुराग्रहों से मुक्त होकर 'महिला लेखन' स्वयं अपनी अस्मिता पर नाज करने लगेगा, उस दिन आत्मगत आलोचना और प्रायोजित सामूहिक बहिष्कार भी उसका बाल बाँका न कर पाएँगे। विनोद कुमार शुक्ल के शब्द उधार लें तो ठीक उसी तरह जिस तरह–

लकड़हारे यदि जंगल
की तरफ जाए
तो जंगल अपने ही
पेड़ों के घेरे में
बचने की कोशिश करते हुए
किसी अन्तिम पेड़ में छिपा रहेग

मुसलमान स्त्रियाँ : दुख और आँसू

क्षमा शर्मा

ओरे विधाता, बिनती करूँ परूँ पइयाँ बारंबार।
अगले जन्म मोहे बिटिया न कीजो, चाहे नरक में दीजो डार।
—पूर्वांचल का लोक गीत

भारत में रहने वाली मुसलमान स्त्रियों का आकलन करती एक रिपोर्ट है 'वायस आफ द वायसलैस'। इसे सईदा सयैदेन हामिद ने राष्ट्रीय महिला आयोग के लिए तैयार किया है। आठ अध्यायों में बँटी इस रिपोर्ट के जरिए हम मुसलमान स्त्रियों की दारुण अवस्था को देख सकते हैं। 1997 में 'वूमैन एंड इस्लाम इन इंडिया' नाम से एक दस्तावेज तैयार किया गया था। इस पर बहस के बाद ही आयोग ने यह निर्णय लिया कि मुसलमान स्त्रियों की कहानी उन्हीं की जुबानी सुनी जाए। इसके लिए उन संस्थाओं की मदद ली गई जो अल्पसंख्यकों के लिए काम करती हैं। भारत-भर के जिन शहरों में औरतों की सभाएँ की गई वे थे– अलीगढ़, अहमदाबाद, इंदौर, जबलपुर, मुंबई, कोल्हापुर, हैदराबाद, बंगलूर, चेन्नई, कालीकट, तिरुवनन्तपुरम, कलकत्ता और तेजपुर। आयोग की सदस्याओं ने केरल से कश्मीर तक और कलकत्ता से सूरत तक की यात्राएँ कीं। इन सभाओं में नगर के बुद्धिजीवी, समाज-सेवक, छात्र-छात्राएँ आए। इन औरतों की भाषा चाहे तमिल थी, उर्दू, बांग्ला, हिन्दी या मलयाली लेकिन उनके दुख एक जैसे थे।

पाँच जून, 1997 को केरल महिला आयोग के सौजन्य से तिरुवनन्तपुरम में सभा की गई थी। इसमें बड़ी संख्या में मुसलिम महिलाएँ आई थीं। कुछ लोगों ने इस सभा को इस तरह से प्रचारित किया जैसे कि मुस्लिम निजी कानून में दखलंदाजी की कोशिश की जा रही है। इसलिए कुछ महिलाओं ने अभद्र भाषा का प्रयोग किया। यह भी कहा कि उन्हें तीन बार तलाक कहकर तलाक दिए जाने से कोई परहेज नहीं है। न ही इस बात से कि उनके रहते उनका पति दूसरी पत्नी ले आए। एक महिला ने तो

यहाँ तक कहा कि एक पुरुष का कई महिलाओं से विवाह करना बहुत अच्छी बात है क्योंकि इससे गरीब लड़कियों की शादी होने में मदद मिलती है। सभी सभाओं में यही एकमात्र सभा थी जिसमें एक राजनीतिक दल ने न केवल विरोध करने वाली महिलाओं का साथ दिया बल्कि बहुत-सी औरतों को बोलने नहीं दिया। लेकिन अच्छी बात यह थी कि बहुत-सी औरतों ने इस संकीर्णता का विरोध भी किया।

चेन्नई में चार जून, 1998 और 28 दिसंबर, 1999 को सुनवाई की गई थी। इनमें सिर्फ चेन्नई से ही नहीं बल्कि मदुरै, त्रिची और कोयंबटूर की भी महिलाएँ आई थीं। इनमें से नब्बे प्रतिशत वे थीं जो बेहद गरीबी में जीवन बिताती हैं।

हाजरा बेगम मुमताज, जमीला, मलैइका, बिस्मी तथा नाजनीन ने कहा कि विद्यालयों में सुधार किया जाए। कक्षा में अक्सर अध्यापक नहीं होते। इसलिए मजबूरी में उन्हें अपने बच्चों को काम पर भेजना पड़ता है। सईदा ने कहा कि मासिक धर्म शुरू होने पर लड़कियों को स्कूल जाने से रोक दिया जाता है। बानो ने कहा कि वह अपने पति की तीसरी पत्नी है। उसका पति उसे वेश्यावृत्ति करने पर मजबूर करता है, जब वह नहीं मानती तो तलाक की धमकी देता है। लतीफा ने कहा, 'मैं कब्रिस्तान में रहती हूँ। मेरे पति ने मुझे तलाक दिया, दूसरी शादी की। मुझे न मेहर दिया न गुजारा-भत्ता।' शकीरा सुल्ताना की उम्र सिर्फ अठारह साल है। उसके पाँच बच्चे हैं। उसे तलाक दे दिया गया लेकिन कुछ नहीं दिया गया। हसनाबाबू बी. ए. पास है। उसका पति अक्सर उसे पीटता और माता-पिता से पैसे लाने के लिए कहता। उसने जब अदालत से गुजारा-भत्ता माँगा तो उसे जान से मारने की धमकी देने लगा।

चेन्नई में मुस्लिम महिलाओं की हैसियत में सुधार के लिए आन्दोलन चलाया जा रहा है। तमिलनाडु अल्पसंख्यक आयोग की भूतपूर्व चेयरमैन और वकील बेदर सईद मुसलमान महिलाओं का संगठन 'रोशनी' चलाती हैं। उनका कहना है कि मुसलमानों में बहुविवाह प्रथा को फौरन खत्म किया जाना चाहिए। मुसलमान स्त्रियों को भी सम्मानपूर्वक जिन रहने का हक है। उनके भी मानवाधिकार हैं। उन्होंने यह भी कहा कि जितने उलेमा हैं उतने ही फतवे हैं। मुसलमान स्त्रियों को संगठित होकर अपने हकों की लड़ाई लड़नी चाहिए।

हैदराबाद में 30 जून, 1998 को हुई बैठक में भी तीन सौ से अधिक औरतों ने हिस्सा लिया। यहाँ भी वही समस्याएँ थीं—तीन बार तलाक, बहुत-से बच्चे, उनके पालन-पोषण की जिम्मेदारी और पति द्वारा न मेहर दिया जाना न गुजारा-भत्ता। इन बेसहारा औरतों की वक्फ बोर्ड द्वारा भी कोई मदद नहीं की जाती। राष्ट्रीय महिला आयोग की अध्यक्ष का कहना है, 'इनमें से अधिकांश औरतों के आठ या नौ बच्चे हैं। उनके पतियों ने सिर्फ तलाक कहकर उनसे छुट्टी पा ली। वक्फ बोर्ड के पास उनकी आर्थिक रूप से सहायता करने के लिए पैसा नहीं है। इन स्त्रियों की दशा वाकई बहुत खराब है।' नजमा, अमीना, खुर्शीद, दुरदाना, मोहम्मदी बेगम सबके पतियों ने उन्हें तलाक दे दिया। उन्हें छोड़ कर चले गए। इन गरीब स्त्रियों के पास कोई आय का

साधन नहीं है। वे शिक्षित भी नहीं हैं जिससे कि अपने पाँवों पर खड़ी हो सकें।

झुग्गी बस्ती हफीज बाबा नगर में मुसलमानों की बहुतायत है। यहाँ 'कोवा' नामक संगठन जन-जागरण का काम करता है। महिलाओं की आर्थिक मदद के लिए 'स्वयं मदद' करने वाले ग्रुप बनाए गए हैं। यहाँ दो सौ महिलाओं ने एक-एक रुपया इकट्ठा किया। अब उनके पास इतने रुपए हैं कि वे उधार देती हैं। महिलाओं ने डाक के जरिए भी तलाक की शिकायत की। बाबरी मस्जिद के ढहाने के बाद औरतों पर पर्दा कट्टरता से लागू कर दिया गया है। मुसलमानों में दहेज बहुत अधिक बढ़ गया है। इसीलिए गरीब माता-पिता अपनी किशोरी लड़कियों को खाड़ी देशों के बूढ़े शेखों के हाथ बेच देते हैं। कुछ ऐसे विवाह भी कश्मीर, दिल्ली और राजस्थान के युवकों ने किए जिन्होंने दहेज बिल्कुल नहीं लिया लेकिन बाद में उन्हें वेश्यावृत्ति में धकेल दिया। अल्पसंख्यकों, विशेषकर लड़कियों के लिए चलाए जाने वाले कल्याणकारी कार्यक्रम भी इसलिए सफल नहीं हो पाते क्योंकि अधिकारी सिर्फ खानापूरी करते हैं, वास्तविक कल्याण में उनकी कोई दिलचस्पी नहीं होती। यहाँ शिक्षा का स्तर इसी बात से आँका जा सकता है कि दसवीं कक्षा में पढ़ने वाले बच्चे ठीक से अपना नाम नहीं लिख सकते। जो माता-पिता अपनी लड़कियों को पढ़ाना भी चाहते हैं वे लड़कियों को तो उर्दू माध्यम के स्कूलों में भेजते हैं, जबकि लड़कों को अंग्रेजी माध्यमों के स्कूलों में भेजा जाता है। महिलाएँ बढ़ती साम्प्रदायिकता खास तौर से पुलिस के साम्प्रदायिक होने की शिकायत करती हैं।

तीन जुलाई, 1998 को इंस्टीट्यूट आफ इस्लामिक स्टडीज और सेंटर फार स्टडी आफ सोसायटी एंड सेक्यूलरिज्म ने मुंबई में आयोग के लिए जन सुनवाई और सेमिनार आयोजित किए थे। इनमें केरल, कर्नाटक, गुजरात, तमिलनाडु, आन्ध्र प्रदेश, उत्तर प्रदेश, दिल्ली और महाराष्ट्र के प्रतिभागी आए थे। इनमें यह बात उभरकर सामने आई कि 1980 में बने गोपाल सिंह कमीशन ने पाया था कि आर्थिक रूप से और शिक्षा के क्षेत्र में मुसलमान दलितों से भी पीछे हैं। मुस्लिम पर्सनल ला बोर्ड के एक सदस्य ने इसमें स्टेंडर्ड निकाहनामा की बात की। इसे मुसलमान स्त्रियों ने ही तैयार किया है। इसे एक हजार उलेमाओं का समर्थन प्राप्त है। इसमें पत्नी द्वारा पति को तलाक देने की बात भी की गई। यदि पति निकाहनामे की शर्तें नहीं मानता और पत्नी के साथ बुरा व्यवहार करता है, पति निकाहनामे की शर्तों को तोड़ता है तो मेहर की राशि भी दुगुनी कर दी जाए।

यहीं मुमताज नाम की एक महिला ने बताया कि वह अपने माता-पिता से पति द्वारा माँगी गई रकम न ला सकी तो उसके पति ने उसे तलाक दे दिया। जब उसके माता-पिता ने पच्चीस हजार रुपए दे दिए तो पति ने तलाक के खिलाफ फतवा जारी करा दिया। लेकिन आठ साल बाद अपने माता-पिता के उकसावे पर पति उसी मुफ्ती को बुला लाया जिसने तलाक के खिलाफ फतवा जारी किया था। मुफ्ती ने कहा कि तलाक जायज था। 'मुझे सिर्फ पैंतीस सौ रुपए मिले। मेरा तीन साल का बेटा है।'

अलमास का विवाह 1996 में हुआ था। उसका पति छोटी-छोटी बातों पर उसे पीटता था। एक दिन अलमास जब अपनी आन्टी के घर में थी, उसके पति ने उसे तीन बार तलाक कहा और बाहर चला गया। यह सिर्फ शादी के दो महीने बाद हुआ।

नसीम नायक ने बताया कि उसका विवाह 1980 में हुआ था। पति ने उसके तीनों बच्चों का टेस्ट कराया कि वे बच्चे किसके हैं। यह साबित होने पर भी कि वही उनका पिता है उसने तलाक दे दिया। फिर तलाक को नाजायज होने का फतवा जारी किया और नसीम से दोबारा विवाह कर लिया। अब वह नसीम के रहते हुए भी एक और पत्नी ले आया है।

स्त्रियों को मानसिक और शारीरिक यातनाएँ दी गईं। तीन बार तलाक कहकर तलाक देने का डर लगातार बनाए रखा गया और घर से बाहर निकाल दिया गया। उनका भरण-पोषण कैसे होगा, यह चिन्ता नहीं की गई।

इस मीटिंग में भी चेन्नई की मीटिंग की तरह बार-बार माँग की गई कि मुस्लिम पर्सनल कानून को वक्त के साथ बदला जाना चाहिए। स्त्रियों को इसके बदलाव की माँग संगठित होकर उठानी चाहिए। मुस्लिम पर्सनल ला बोर्ड से भी माँग की गई कि वह राष्ट्रीय महिला आयोग के साथ मिलकर तीन बार तलाक, बहुविवाह और स्त्रियों की आर्थिक दशा को सुधारने में कारगर कदम उठाए।

इन दिनों जो मुस्लिम पर्सनल कानून भारत में प्रचलित है उसे ब्रिटिश काल में लागू किया गया था। उसे उन दिनों 'एंग्लो-मुहम्मडन ला' कहा जाता था। उन दिनों यह आज की तरह नहीं था। 1939 में मौलाना अशरफ थानवी ने एक महत्त्वपूर्ण विवाह कानून बनवाया था। इसके अन्तर्गत उन महिलाओं को कानूनी राहत दिलवाई थी जिनके पति उन्हें छोड़कर गायब हो गए हैं। एक निश्चित अवधि के बाद विवाह अपने आप समाप्त माना जाने लगा। छः सितम्बर, 1998 को जबलपुर में हुई सभा में आयोग की सदस्याएँ मुसलमानों की बस्तियों की बदहाली देखकर दहल गईं। अँधेरे, सीलन-भरे घर, गंदगी, बीमारियाँ, हैजा, पेचिश, पीलिया, शिशु और जचगी के दौरान माता की अधिक मृत्यु-दर। आम तौर पर महिलाएँ और बच्चे बुनकरी और बीड़ी बनाने के काम में लगे थे। इसीलिए उनमें से अस्सी प्रतिशत टीबी या दमा के शिकार हैं।

वे इतने छोटे घरों में रहते हैं कि सोने तक के लिए बारी लगानी पड़ती है क्योंकि घर में लोग ज्यादा हैं। महिलाएँ अधिक बच्चे नहीं चाहतीं। वे परिवार नियोजन के साधनों का इस्तेमाल करना चाहती हैं लेकिन मर्द इसके लिए तैयार नहीं होते। बहुत-सी स्त्रियाँ अपने पतियों को बिना बताए परिवार नियोजन का तरीका इस्तेमाल करती हैं। स्त्रियों ने आयोग की सदस्यों से कहा कि वे 'मुल्लाओं' को समझाएँ कि परिवार नियोजन में ही देश और सबका भला है।

कलकत्ता में आठ नवंबर, 1998 को हुई सुनवाई में ढाई सौ मुसलमान स्त्रियों ने भाग लिया। यहाँ कुछ लड़कियों ने दहेज की माँग, मेहर का न दिया जाना और बहुविवाह का कड़ा विरोध किया। पच्चीस साल की मनोहरा खातून ने बताया कि उसे

पति ने चार साल पहले तलाक दे दिया था। पति ने दूसरा विवाह कर लिया। वह बच्चे को पालने के लिए छोड़ दी गई जबकि पति दूसरी पत्नी के साथ मौज उड़ाता घूम रहा है। एक लड़की ने आक्रोश से भरकर कहा, 'जब भी औरतों के अधिकारों की बात की जाती है, कुरान का हवाला दे दिया जाता है। लेकिन क़ुरान में तो चोरों के हाथ काटने की बात कही गई, मगर इसे मानव अधिकार कहकर रफा-दफा कर दिया जाता है। कहा जाता है कि हम बीसवीं सदी में रह रहे हैं। क्या स्त्रियाँ बीसवीं सदी में नहीं रह रही हैं?'

पाँच दिसंबर, 1999 को तेजपुर में हुई सुनवाई। वही दुख, वही कातरता। आयशा– 'मैं तीन महीने से गर्भवती थी। पति ने मुझे तलाक दे दिया। न गुजारा भत्ता न मेहर।' पंद्रह साल की हजीरा-ग्यारह साल की उम्र में विवाह, पंद्रह साल की उम्र में तलाक। पंद्रह साल की ही नूरी– डेढ़ साल से पति अलग रह रहा है और तलाक की धमकी दे रहा है। अठारह साल की आयशा खातून– सिर्फ़ पंद्रह दिन पति के साथ रही। अब पति तलाक देना चाहता है। जाहिदा का पति बार-बार पैसे की माँग करता था। उसने बीस हजार रुपए भी लाकर दिए। एक दिन वह सारा कीमती सामान लेकर गायब हो गया और दूसरी शादी कर ली। अब वह अपने चार साल के बेटे को पाल रही है। अमीना के पति ने भी दूसरा विवाह कर लिया। अब वह अपने तीन बेटों को पाल रही है। दूसरी अमीना का पति घर में ही दूसरी औरत ले आया। पति ने अमीना का सारा सामान छीन लिया। मुमताज सात माह की गर्भवती थी तो उसका पति उसे माता-पिता के घर छोड़ गया। वह अपने बच्चे को भी देखने नहीं आया। कुछ इसी तरह की कहानियाँ महजबीं, अजमीरा, नजरून, फिरोजा और अजूबा की हैं। फूलबानू के पति ने तो छह बार विवाह किया।

बारह अगस्त, 1999 को इंदौर के इस्लामिया करीमिया ट्रस्ट द्वारा एक बड़ा फंक्शन किया। ट्रस्ट द्वारा चलायी जा रही नौ विभिन्न शिक्षण संस्थाओं में सत्रह हजार विद्यार्थी पढ़ते हैं। इन संस्थाओं की बहुत सारी छात्राएँ इसमें आईं। बाद में आयोग द्वारा की जा रही सुनवाई में भी वे उपस्थित रहीं। जो लड़कियाँ बोलीं वे ग्यारहवीं-बारहवीं कक्षा की छात्राएँ थीं। नीलोफर कुरेशी ने कहा, 'जब लड़कियाँ सिर्फ चौदह या पंद्रह साल की होती हैं तब उनका विवाह क्यों कर देना चाहते हैं? क्या राष्ट्रीय महिला आयोग इसे रोक नहीं सकता?'

महजबीं ने कहा, 'जब लड़के पढ़ना नहीं चाहते उन्हें पढ़ने के लिए कहा जाता है। लेकिन जब लड़कियाँ पढ़ना चाहती हैं, उन्हें रोक दिया जाता है क्या। समाज कुछ नहीं कर सकता?' संजीदा बोली, 'लड़के क्यों हमेशा आगे रहते हैं और लड़कियाँ पीछे?' सबा, 'लड़कियों को पर्दा क्यों करना पड़ता है? (रोने लगी) पर्दे के कारण मेरी सहेली पढ़ नहीं सकी।' अमीना ने कहा, 'लड़कियों के पढ़ने में पर्दा बाधक है।'

रुखसाना का कहना था, 'हम अपने माता-पिता को कैसे रोकें कि वे छोटी उम्र में हमारा विवाह न करें।' तसव्वुर ने पूछा, 'पर्दे में रहते क्या हम सेना या वायुसेना में जा

सकते हैं?' मुशर्रफ का सवाल था, 'लड़कियों पर दहेज जैसा अन्याय समाज कैसे होने देता है?' सबीहा जानना चाहती थी कि क्या वह आई.ए.एस. बन सकती है। आस्माँ ने कहा, 'क्यों रविवार (छुट्टी) लड़कों के लिए होता है, लड़कियों के लिए नहीं?' फिजा, 'औरतों को पर्दा क्यों करना पड़ता है, आदमियों को क्यों नहीं?'

दूसरी संजीदा का सवाल था, 'जब लड़का पैदा होता है तो खुशी क्यों मनाई जाती है, लड़की पैदा होने पर दुख क्यों?' रूही जानना चाहती थी कि टेलीविजन के विज्ञापनों में आने के लिए क्या करना चाहिए?

20 नवंबर, 1999 को बंगलूर में हुई सभा में नूरजहाँ, महबूता, नसरीन, खुर्शीद की दास्ताँ भी ऐसी ही थी। फरजाना ने कहा, 'मैं उन्नीस साल की हूँ। कुछ साल पहले मेरा विवाह हुआ, मेरा पति मुझे मुंबई ले गया। वहाँ उसने मुझे जलाकर मार डालने की कोशिश की।' फरजाना आगे नहीं बोल सकी। वह फूट-फूटकर रोने लगी। तब उसकी माँ ने कहा कि हमने ट्रक भरकर दहेज दिया था। तब भी उसका पति उसे तंग करता था। यहाँ तक कि ससुर ने कहा कि उसे उसकी कामेच्छा पूरी करनी पड़ेगी।' अमातुर रहमान रहमानी मुस्लिम महिला संगठन के लिए काम करती हैं। उनका कहना था कि माता-पिता लड़कियों को नहीं पढ़ाते हैं। उन्होंने माँग की कि निकाहनामा के साथ, दहेज में दी गई चीजों की लिस्ट भी जोड़ी जानी चाहिए। उनका कहना था कि जब हम वक्फ बोर्ड के पास जाते हैं तो उनके अधिकारी कहते हैं कि सारे संगठनों का पंजीकरण उनके पास होना चाहिए। लेकिन जब हम रजिस्ट्रेशन करा लेते हैं तो वे हमारे कामों में हस्तक्षेप करते हैं। 1986 के मुस्लिम वूमेन एक्ट की जिम्मेदारी दिए जाने पर भी वक्फ बोर्ड ने बेसहारा विधवा औरतों के लिए कुछ नहीं किया है।

ग्यारह फरवरी, 2000 को महिला आयोग ने अहमदाबाद में सुनवाई की। यहाँ भी बड़ी संख्या में औरतों ने अपनी दुखद दास्तान सुनाई। नूरजहाँ ने कहा, 'मेरी शादी सोलह साल की उम्र में हो गई थी। मेरे पति का एक हाथ था। मैं किसी और से प्यार करती थी।

लोगों ने उसके कान भर दिए। वह मुझ पर शक करने लगा और पीटने लगा। मैंने लाख समझाया कि अब मेरी तुमसे शादी हो गई है, मैं किसी और से प्यार कैसे कर सकती हूँ। मैंने अपने ऊपर मिट्टी का तेल छिड़क लिया। मेरे पिता मुझे ले गए। मेरा दूसरा विवाह उसी से हुआ जिसे मैं चाहती थी। हम बहुत खुश थे। मैं उसके साथ चौदह साल रही। हमारे तीन बच्चे हुए। फिर उसने मुझे छोड़ दिया। जब मैंने अपने अधिकारों की बात की तो उसने मुझे तलाक दे दिया। क्या मुझे कभी न्याय मिलेगा? एक औरत न्याय पाने के लिए कहाँ जाए?'

लेकिन इन सभी स्त्रियों के बीच पठान शमीम भी मिली जिसे इलाके के लोग 'खान साहब' के नाम से जानते हैं। उसने कहा, 'मैं औरतों के लिए टैक्सी चलाती हूँ। एक दिन में सात सौ किलोमीटर टैक्सी चला सकती हूँ। रात में भी टैक्सी चलाने में कोई

दिक्कत नहीं होती। मैंने दूध बेचा, स्कूटर ठीक किए हैं। मेरे सात भाई हैं लेकिन मैं आत्मनिर्भर हूं। मेरा प्रेम विवाह हुआ था, लेकिन यह चल नहीं पाया। मैंने ही कहा कि अलग हो जाएँ। उस सम्बन्ध को ढोने का कोई फायदा नहीं, जो चल न सके। पहले मैंने एक पुरानी कार चलायी थी। मेरी किसी ने मदद नहीं की। मेरा एक बेटा है जो बोर्डिंग में पढ़ता है। उन्होंने मुझसे उसके पिता का नाम पूछा था। मैंने कहा, मैं हूं तो। वह मेरा नाम ही लिखता है मुस्तकीम शमीम खान पठान। जेबुन्निसा का कहना था कि मेरा पति मुझ पर बहुत अत्याचार करता था। महिला पंचायत ने मुझे मेरे अधिकार दिलाए। उनका कोई दफ्तर नहीं है। वे एक पेड़ के नीचे बैठ कर भी मुझे मेरे अधिकार दिला सके।

महिला आयोग की सुनवाइयों ने यह बात स्पष्ट कर दी है कि मुसलमान स्त्रियाँ भारत के किसी भी कोने में रहती हों उनकी तकलीफें एक जैसी हैं। वे कराह रही हैं–हमें इन बेड़ियों से मुक्त करो। वे पितृसत्तात्मक समाज द्वारा सताई गई हैं। उन्हें बराबरी, सम्मान और संवैधानिक अधिकार मिलने चाहिए। वे खामोशी से कब तक सहती रहें! परम्परा और रूढ़ियों से जकड़ा समाज कब तक उनके रास्ते रोकता रहेगा!

राष्ट्रीय महिला आयोग की यह पहल सचमुच ही सराहनीय है। जिन लोगों को शाहबानो को गुजारा-भत्ता दिए जाने मात्र से धर्म पर खतरा नजर आने लगा था, उन्हें सोचना चाहिए कि अपनी ही स्त्रियों के साथ वे क्या कर रहे हैं। और वे राजनीतिक दल जो हर तरह की जुगत भिड़ाकर मुसलमानों के वोट तो प्राप्त करना चाहते हैं, लेकिन मुसलमान स्त्रियों के अधिकारों की बात आते ही बगलें झाँकने लगते हैं, उन्हें स्त्रियाँ कभी माफ नहीं करेंगी।

नक्सलवादी नारियाँ / एक

लीला किसान

वासंती रमन

हम खेतिहर हैं। हमारे पास ज्यादा नहीं सिर्फ 12 बीघा जमीन है। मेरे परिवार वालों ने जमीन का काफी हिस्सा बेच दिया था। बची-खुची जमीन पर खेती से हम साल में छः महीने ही ठीक से पेट भर पाते थे। शेष छः महीने चाय-बागान में या फसल के समय किसी दूसरे के खेत में मजदूरी करके अपना गुजारा करते। जब मैं छोटी थी तो अक्सर अपने संघर्षमय जीवन के बारे में सोचा करती थी।

एक दिन मैंने अपनी माँ से कहा कि मैं रात की पाठशाला में पढ़ना चाहती हूँ। माँ बोली, "आखिरकार तुम्हें पराये घर ही जाना है। ऐसे में पढ़ाई-लिखाई का क्या फायदा?" अपने इसी निर्णय के मुताबिक उन्होंने मुझे रात्रि-पाठशाला में न भेजने का ही फैसला किया। लेकिन मैंने ठान लिया था कि मुझे पढ़ना ही है। मैं घर का सारा काम निबटाकर स्कूल जाने लगी।

वहाँ हमारे शिक्षक (मास्टर महाशय) हमें कई चीजों के बारे में बताया करते थे। उनका कहना था, "हमें अच्छी तरह से पढ़ाई-लिखाई करनी चाहिए क्योंकि हमें देश के लिए बहुत कुछ करना है। हमारे देश के हालात बेहद खराब हैं और हमें हथियार भी उठाना पड़ सकता है। पुलिस और सेना से हमें सशस्त्र संघर्ष करना पड़ सकता है।" यह सन् 1973 के आसपास की बात है।

मुझे याद है, तब मैं चौदह वर्ष की थी। मैंने अपने मास्टर महाशय से कहा था– "हम किशोर लड़के-लड़कियाँ लड़ेंगे बशर्ते कि आप भी हमारे साथ हों।" उन्होंने कहा, "बिल्कुल! हर आदमी को लड़ना चाहिए।" मैं सोचती, ऐसा क्यों है कि जो बड़े हैं, समर्थ हैं, वे और ताकतवर होते चले जाते हैं जबकि हम खेतों में काम करते हैं और जमीन पर हल चलाते हैं, फिर भी हमारी पैदावार को हमसे ले लिया जाता है। ऐसा क्यों है कि जो अन्न पैदा करते हैं, उन्हें ही पेट भर खाने को नहीं मिलता।

मैं कॉमरेडों द्वारा संबोधित कई बैठकों में भाग लेती थी। माँ मुझसे पूछा करती कि

शाम को इतनी देर से मैं कहाँ जाती हूँ। मैं सहेलियों से मिलने का बहाना बना देती थी। उन बैठकों में जमींदार के भंडार से अनाज लूट कर गरीबों में बाँटने के मुद्दे पर बहस होती थी। एक दिन एक भीड़-भाड़ वाली जगह पर बहुत से लड़के-लड़कियाँ जमा थे। मैंने समझा यहाँ कोई बड़ी सभा होने वाली है, किन्तु हमसे कहा गया कि हम लोग जमींदार के घर से अनाज लूटने वाले हैं। मैंने इस भीड़ में मौजूद एक सहेली से कहा कि मेरा साथ मत छोड़ना। आगे क्या करना है कैसे करना है, मुझे कुछ पता नहीं था, पर मैं भयभीत नहीं थी। हालाँकि मुझे अच्छा नहीं लग रहा था फिर भी मैं अन्य लोगों के साथ चल दी।

इस अभियान में चार लड़कियाँ थीं– पुन्नी किसान, रंगी किसान, पोकली किसान और मैं। बाकी सारे लड़के थे। हमारे पास कोई हथियार नहीं था, पर लड़कों के पास कुछ असलहा था। हम में से एक लड़की ऐसे एक छापे में पहले भी हिस्सा ले चुकी थी। मेरे एक हाथ में रोड़ी और एक हाथ में लाठी थी। हमने जमींदार गोविन्द सिंह का दरवाजा खटखटाया और जैसे ही हमने उसे धक्का देकर खोला, जो भी थोड़ा-बहुत भय मेरे मन में था, वह गायब हो गया। उसके बाद हम अनाज ढो-ढोकर अपने साथ लायी गाड़ी में लादने लगे। लेकिन हम सारा अनाज नहीं उठा पाए। जितना ढो सकते थे, उतना लेने के बाद हम वहाँ से चल पड़े। रात काफी हो चुकी थी। थोड़ा सा अनाज मैं अपनी पीठ पर लादे हुए थी। वजन की वजह से मैं रास्ते में ही गिर पड़ी। साथ के लोगों ने मेरी सहायता की। जब मैं घर पहुँची तो रात काफी बीत चुकी थी। माँ ने पूछा, "इतनी देर रात तक कहाँ थी?" मैंने कहा, "कहीं नहीं! यूँ ही कुछ लोगों के घर चली गई थी।" तब उन्होंने पूछा, "गाँव के कुत्ते इतने क्यों भौंक रहे हैं?" मैंने अनमना-सा जवाब दे दिया, "कौन जाने! मैं तो उस तरफ नहीं गई थी।" मैंने माँ को अपने अभियान के बारे में कुछ भी नहीं बताया वरना वे डर जातीं। इस घटना के बाद पुलिस ने हमारे गाँव को चारों तरफ से घेर लिया। कुछ धर-पकड़ हुई। कुछ लड़कों ने पुलिस के सामने कबूल कर लिया कि इस अभियान में उनके साथ लीला किसान भी शामिल थी। मैं गिरफ्तार कर ली गई।

उस समय मैं अपनी पिसी (बुआ) के घर गई थी। पुलिस पहले मेरे पिता को पकड़ ले गई। उनसे पूछा, "तुम्हारी बेटी कहाँ है?" मेरे पिता, जो इस घटनाक्रम से सर्वथा अनभिज्ञ थे, ने पुलिस को बताया कि मैं पिसी के घर गई हूँ। पुलिस ने उनसे मेरे बारे में कई सवाल पूछे। लेकिन वे मेरी गतिविधियों के बारे में कुछ भी नहीं जानते थे। दोपहर के आसपास मेरे पिता पिसी के घर पुलिस जीप में लाए गए। मैं दोपहर का खाना खाकर आराम कर रही थी। जीप की आवाज सुनकर बाहर आई। जैसे ही जीप रुकी, पुलिस वालों ने मुझे देखा और पूछा, "लीला किसान यहाँ है?"

मैंने अपने पिता की ओर देखते हुए उनसे पूछा, "बाबा! क्या हुआ? आप यहाँ पुलिस को क्यों लाए हैं?" उन्होंने कहा, "पुलिस ने मुझे पकड़ लिया है और अब तुम्हारे बारे में पूछ रही है।" पुलिस मुझे, मेरी बड़ी बहन की छोटी बेटी तथा एक अन्य

लड़की पुन्नी किसान के साथ पकड़ ले गई। हम सभी को जीप में भर लिया गया। जीप में ही पुलिस ने हमसे पूछताछ शुरू कर दी। वे मुझसे सब कुछ बताने को कह रहे थे। मैं बोली कि मैं किसी भी काम से घर से बाहर नहीं गई और न मैं राजनीति से जुड़ी हूँ। पुलिसवालों ने मुझसे कहा कि तुम ऐसे क्यों बोल रही हो? लोगों ने बताया है कि तुम जमींदार के घर अनाज लूटने गई थीं। मैंने जवाब दिया– "लोग डर के मारे बहुत कुछ कह देते हैं। मैं कहीं नहीं गई थी।" तब उन्होंने पलटकर मेरे पिता से पूछा, "क्या तुम्हारी बेटी राजनीति में है?" मेरे पिता ने कहा, "नहीं।" हालाँकि मैंने अभी-अभी गुप्त रूप से पार्टी का काम करना शुरू किया था। बाद में हम सभी को थाने लाया गया। वहाँ बैठा कर फिर मुझसे अनेक सवाल किए गए। दरोगा गोविन्द सिंह के घर वाली घटना को जानना चाहता था। मैंने कहा "मैं नहीं जानती हूँ।" तब दरोगा ने मुझे पुचकारने की कोशिश करते हुए कहा, "तुम मेरी बेटी की तरह हो– मुझे सारी बातें बता दो।" मेरा यही कहना था, "मैं कुछ नहीं जानती।"

मुझसे कुछ भी उगलवा पाने में नाकाम रहने पर पुलिस मेरे पिता को ले आई। तब भी मेरी यही रट थी कि मैं कुछ नहीं जानती। पिता बुरी तरह घबराए हुए थे। उन्होंने पूछा-"यह सब क्या हो रहा है? मेरी बेटी को गिरफ्तार कर लिया गया है, मुझे गिरफ्तार कर लिया गया है, ये सब क्या है?" फिर वे मुझसे मुखातिब हुए "बेटी! यह सब क्या है? गोविन्द सिंह के घर अनाज लूटने तुम गई थीं?" मैंने उनसे भी यही कहा कि मैं कहीं नहीं गई थी। मेरे पिता ने कहा, "बहुत अच्छा। तब बात यहीं खत्म हो जाती है।" पुलिस मुझसे कुछ भी नहीं उगलवा सकी लेकिन मेरे प्रति उसका सन्देह बना रहा। उसे पूरा शक था कि मैं भी उस कार्रवाई में शामिल थी। तब तक अँधेरा हो चुका था। उस रात हम सभी को नक्सलबाड़ी थाने में ही रखा गया। मैंने पुलिस से कहा कि किसी भी कीमत पर मैं अपनी बहन की बेटी को जेल नहीं जाने दूँगी। अतः उसे जीप से घर भेज दिया जाए। पुलिस के अनुसार उस समय उसे वापस भेजना मुमकिन नहीं था लेकिन मैंने जोर देकर कहा कि शायद मैंने पार्टी के लिए काम किया भी हो पर इस लड़की का तो इस सबसे कोई ताल्लुक नहीं है।

माँ को भी मेरी गिरफ्तारी की खबर मिली। दूसरे दिन वह मुझसे मिलने आई। सुबह-सुबह मेरी तस्वीरें ली गई और मुझे सिलीगुड़ी की केन्द्रीय जेल में भेज दिया गया। वहाँ मेरी अँगुलियों के निशान लिए गए। यह पहला मौका था जब मैं पुलिस और जेल के बीच फँसी थी। मुझे पता नहीं लग सका कि पुलिस ने मेरे पिता के साथ क्या सलूक किया, उन्हें छोड़ा गया कि नहीं। मैंने जेल जाते वक्त वैन से सिर्फ अपनी माँ को देखा था। माँ मेरे कपड़े लायी थी। वह सड़क पर खड़ी मुझे वैन में बैठते देख रही थी। उसे रोते हुए छोड़ मुझे जेल भेज दिया गया। अदालत में मेरी हर पेशी पर पिता मुझसे मिलने आते। वे मुझे सान्त्वना देते– "रोना नहीं, मैं आऊँगा और जमानत पर छुड़ाकर तुम्हें ले जाऊँगा।" जेल मेरे लिए नई जगह थीं इसलिए मैं थोड़ी भयभीत भी थी। लेकिन मैं खुद को ढाँढस बँधाती– "ऐसे काम में किसी को भयभीत नहीं होना

चाहिए।'' जेल में गाँव की एक और लड़की थी, एक-दूसरे से बातचीत कर हमें थोड़ी हिम्मत मिल जाया करती थी।

चार-पाँच महीने बाद मेरे पिता ने हम दोनों को जमानत पर छुड़वा दिया। मुझ पर गोविन्द सिंह के घर को लूटने का मुकदमा ठोंक दिया गया। जेल से छूटने के बाद घर गई और खेतों में दुबारा काम करना शुरू किया। तारीख पर मुझे अदालत में पेश होना पड़ता था। एक साल की सुनवाई के बाद अदालत ने मुझे डेढ़ साल की सजा सुनाई। मुझे फिर से जेल भेज दिया गया।

हमारे पास अपना कुछ भी नहीं था। जहाँ तक मुझे याद है जेल से छूटने के बाद मैं पुन्नी किसान से बातें किया करती थी कि अब मुझे क्या करना चाहिए। मैं अपने आप से पूछती कि 'मैं क्या खाऊँगी।' मैंने तय किया कि मेरे पास दो ही विकल्प हैं– या तो मैं क्रान्ति के जरिये राज्य में परिवर्तन लाऊँ, जिसका मतलब था कि घर-बार छोड़कर क्रान्ति के काम में लगना, और दूसरा विकल्प था कि घर जाकर धान कूटूँ, चावल तैयार करूँ और उसे बेचूँ।

डेढ़ साल बाद हम जेल से छूटे। इस दौरान अदालत में मेरी पाँच बार पेशी हुई। एक दिन कॉमरेड पुतुल मुझसे मिलने आया। हम लोग काफी देर तक बातें करते रहे। उसने पूछा, "आप अभी जेल में हो, घर लौटने के बाद आपके अनुभव और विचार कैसे होंगे?" मैंने कहा, "जो काम मैंने शुरू किया है, उसे मैं जारी रखूँगी ही।" पुतुल ने मुझ पर अविश्वास नहीं किया। उसने कहा भी, "लीला अवश्य ही क्रान्तिकारी काम करेगी। वह विचारशील है और इन बातों को जानती भी है।" एक बार पुतुल ने मुझे कहा, "दीदी (वह मुझे दीदी या बड़ी बहन कहता था। हम सभी भाई-बहन के समान थे।) इस संघर्ष में मेरा घर-बार सब तहस-नहस हो चुका है– क्या हमें क्रान्तिकारी कार्यों द्वारा अपना घर-द्वार बचाना चाहिए? लोगों के दुख-दर्द और उनकी दिक्कतों को कौन दूर करेगा? हमें खुद ही इस काम को करना पड़ेगा। हालाँकि यह तभी सम्भव है जब हमारा राज्य स्थापित हो– तभी हम अपनी समस्याओं से निजात पा सकेंगे।"

इसी के बाद से मैंने राजनीति को समझना शुरू किया। तभी मेरी माँ ने मना किया, "तुम जो राजनीतिक काम कर रही हो, उसे अब और न करो।" उन्होंने बाबा से भी कहा, "मैं इसकी शादी कर दूँगी। सिर्फ तभी मेरी बेटी सुरक्षित रह सकती है।" लेकिन मैंने माँ से साफ-साफ कह दिया– "मैं किसी भी स्थिति में शादी नहीं करूँगी। मेरे जेहन में शादी का कोई ख्याल नहीं है।"

इसके दो हफ्ते बाद खेमू सिंह आए *(खेमू सिंह के ही साथ बाद में लीला का विवाह हुआ)*। इसके पहले मैंने उन्हें शायद ही कहीं देखा था और ठीक से उन्हें जानती भी नहीं थी। उन्होंने मेरी बड़ी बहन से पूछा, "क्या लीला तुम्हारी बहन है?" (तब तक नाम चर्चित हो गया था। उन्होंने मेरे बारे में सुन रखा था।) उसके 'हाँ' कहने पर उन्होंने स्थिर दृष्टि से मेरी तरफ देखते हुए कहा, "मुझे नहीं पता था कि लीला तुम्हारी बहन है।" मेरी बहन बोली, "हाँ! यह मेरी बहन है। अब तक यह दार्जिलिंग जेल में

थी। कुछ ही दिन पहले रिहा हुई है।" मुझे जेल से रिहा हुए तकरीबन 19 दिन हुए थे। उस समय भी मैं अपने घर में रात नहीं बिताया करती थी। मेरे बड़े भाई, जो खुद भी इस आन्दोलन से जुड़े थे, के खिलाफ वारंट था। वे नक्सलवादी आन्दोलन के कमांडर थे। उस समय उनको 'देखते ही गोली मारने' का आदेश था। मेरे माँ-बाप भी हम दोनों भाई-बहन की वजह से घर में नहीं रहते थे। मैं दूसरों के घरों में शरण लिए रहती थी। रात को मैं कभी-कभी खाता (धान्यागार) में तो कभी चाय बागान में भी सो जाया करती थी। सुबह को घर लौट आती। हालाँकि ऐसा मैंने कभी-कभार ही किया।

इस दरम्यान कॉमरेड खेमू सिंह के मन में मुझसे ब्याह करने का ख्याल आया। यद्यपि मैं उनके इस ख्याल से अनजान थी। उन्होंने मेरी दीदी से कहा कि वे मुझसे बात करना चाहते हैं। उन्होंने मेरे बड़े भाई, विजय किसान से भी यही आग्रह किया। मेरे दादा (बड़े भइया) ने कहा, "मैं इसमें क्या कर सकता हूँ! उसी से बोलो।" दादा ने सोचा कि आखिर यह किस बारे में बात करना चाहता होगा! बेशक राजनीति से सम्बन्धित ही कोई बात होगी।

लेकिन मेरी दीदी को अंदाजा था कि ये सारी बातें शादी को लेकर हो सकती हैं। खेमूसिंह ने मुझे बुलाया। जब मैं उनके पास गई तो मुझे आश्चर्य हो रहा था कि जाने वे क्या बात करेंगे! मेरे लिए यह एक मुश्किल क्षण था, जैसे कि मेरे ऊपर कोई भारी बोझ लाद दिया गया हो। मेरे ऊपर घबराहट और संशय हावी था। उन्होंने मुझसे मुखातिब होकर कहा, "लीला! तुमसे कुछ कहना है। क्या तुम मेरी बात सुनोगी? मेरा घर-परिवार सब बरबाद हो चुका है। लम्बे समय से क्रान्तिकारी कार्यों को करते हुए मैं काफी कठिनाइयों का सामना करता आ रहा हूँ। पुलिस के भय से इधर-उधर भागता फिरता अन्य लोगों के यहाँ आश्रय पाता रहा हूँ। लेकिन अब मैं तुमसे शादी करना चाहता हूँ। मैं तुम्हें पसन्द करता हूँ।" मैं चुप रह गई। कुछ देर बाद मैंने कहा, "अब तक शादी की बात मेरे मन में नहीं आई थी। हमें क्रान्तिधर्मी बनना है, देश में, समाज में क्रान्ति लानी है। मेरे जेहन में शादी का कोई विचार नहीं है। मैं कभी शादी नहीं करूँगी। बस, मुझे इतना ही कहना है।"

उस समय शायद यह सोचकर कि इस बारे में दबाव डालने का कोई औचित्य नहीं है, उन्होंने कह दिया, "ठीक है। तुम्हारा अपना विचार है। मैं अपना प्रस्ताव वापस लेता हूँ।" अब मैं प्रसन्न थी। लेकिन उन्होंने शादी के बारे में सम्भवतः फिर से विचार किया और उन्हें लगा कि इसके लिए कोशिश करते रहना चाहिए। इतनी आसानी से इस प्रस्ताव को नहीं छोड़ना चाहिए। वे शायद यही सब सोचकर एक दिन तड़के मेरे घर आ धमके और इस विषय पर मुझसे देर तक 'शास्त्रार्थ' किया। उन दिनों पुलिस रात में छापा मारा करती थी। हमें पहरा देना होता था कि कभी कोई छापा पड़े तो उसकी खबर कॉमरेड तक पहुँचाई जा सके। मैं सुबह जल्दी ही जग जाती थी। कॉमरेड खेमू हम पर नजदीक से नजर रखा करते थे। एक दिन फिर मेरे पास आकर कहने लगे– "मुझे उम्मीद है कि पाँच-दस साल गुजरने के बाद मुझे तुम्हारी हाँ सुनने को मिलेगी।

मैं तब तक इंतजार करूँगा।" मैंने कहा, "यह मामला खत्म हो चुका है। आप इसे फिर से क्यों उठा रहे हैं।" कॉमरेड ने कहा, "मैं जो भी काम अपने हाथ में लेता हूँ, उसमें सफल होता ही हूँ। इस मामले को अधूरा छोड़ूँ, इतनी आसानी से नाकामी कबूल करना ठीक नहीं होगा। मेहरबानी करके इस बारे में गम्भीरता से सोचो और बाद में मुझे बताओ।" मैंने कोई उत्तर नहीं दिया।

वे शुरुआती दिन थे। मैं कॉमरेड के साथ गाँवों में जा-जा कर लोगों को बताती थी कि कैसे सरकार उन पर अत्याचार कर रही है और जमींदार कैसे हमें सता रहे हैं। क्यों हम गरीबों को पेट भर भोजन नसीब नहीं होता? जनता के साथ हम इन्हीं मुद्दों पर बातें करते थे। इन्हीं गतिविधियों के दौरान लगभग सात महीने बाद मुझे पुलिस ने फिर पकड़ लिया।

हुआ यह कि रात भर बैठक करते-करते सुबह हो गई थी। कॉमरेड ने कहा, "अब पुलिस नहीं आएगी, तुम सो जाओ।" मैं पहरा छोड़ कर बाहर चली गई। मेरी कमर में कारतूस थे और कन्धे पर राइफल। नींद से मेरा बुरा हाल था। मैं लकड़ी के कुंदे पर बैठते ही सो गई। वह जगह नेपाल का बार्डर था। तभी पुलिस आ गई, जिसे देखकर कुत्ते जोर-जोर से भौंकने लगे। मुझे आश्चर्य हुआ कि कुत्ते क्यों भौंक रहे हैं? एक झटके में मैंने आँखें खोलने की कोशिश की पर मारे नींद के पलकें नहीं खुलीं। मैंने सोचा कि सुबह हो ही चुकी है, अब पुलिस क्या आएगी, और फिर सो गई।

मेरी नींद नक्सलबाड़ी थाने के एक पुलिस अधिकारी नन्दी की आवाज पर खुली। वह मेरे सामने खड़ा कह रहा था– "अरे! यह तो लीला किसान है।" उसने मेरे बालों को पकड़ कर खींचा। बाकी पुलिस वाले मुझे पीटने के लिए झपटे, पर नन्दी ने उन्हें रोक दिया, "कोई इसे यहाँ हाथ नहीं लगाएगा। जो भी होगा वह थाने में ही होगा।" उन्होंने मुझे गिरफ्तार कर लिया। मेरे पास राइफल और गोलियाँ थीं। पर मैं उनका इस्तेमाल नहीं कर पाई। सो जाने के कारण मेरे बाजू थोड़ी देर के लिए सुन्न से हो गए थे जैसे लकवा मार गया हो। पुलिस वाले दो-तीन फीट तक मुझे बाल खींचते हुए ही ले गए। तब मैंने अपना विरोध जताया, "मैं इंसान हूँ, जानवर नहीं। मुझे बाल पकड़कर इस तरह से नहीं खींचा जा सकता। मेहरबानी करके मुझे वहीं बैठने दो, जहाँ मैं बैठी थी।" तब दरोगा ने कहा, "लीला को इस तरह से बाल पकड़ कर मत खींचो। आज हम सिर्फ इस कारण गिरफ्तार कर पाए हैं कि यह नींद से बेहाल थी वरना केन्द्रीय रिजर्व पुलिस बल के जवान भी इसे नहीं पकड़ पाए। इसे वहीं बैठने दो, जहाँ वह थी।" तब पुलिस वालों ने मुझे छोड़ा। पुलिस ने बाकी कामरेडों को भी गिरफ्तार कर उनसे पूछताछ की।

इसी दौरान मैंने राइफल को लकड़ी के कुंदे में बनी एक जगह में छिपा दिया था जो ऊपर से नहीं दिखता था। केवल गोलियों को ठिकाने लगाना बाकी था। पुलिस मुझे यह करते देख नहीं पाई थी क्योंकि ठंड के कारण मैं शाल में लिपटी थी। मैंने होशियारी से गोलियों को भी राइफल के साथ ही रख दिया और उस घर के बच्चों को

आँखों के इशारे से इसकी जानकारी दी। वे समझ गए कि मैंने राइफल और गोलियाँ यहाँ छिपाकर रख दी हैं। बच्चों ने यह बात दूसरी लड़कियों तक पहुँचा दी।

पकड़े गए कॉमरेडों में पुतुल भी था लेकिन वह किसी तरह पुलिस को चकमा देकर जंगल में भाग निकला। पुलिस उसे पकड़ नहीं पाई। हालाँकि वे उस मकान से अन्य साथियों को पकड़ने में सफल हो गए। थाने ले जाने हेतु पुलिस वाले हम लोगों के हाथ पीछे की ओर बाँधने लगे। तभी मैं चिल्ला पड़ी, "तुमने क्या समझ रखा है? कि तुमने गाय या किसी मवेशी को पकड़ा है? तुम्हें बाँधना ही है तो मेरे हाथों को सामने से बाँधो– मैं इन्हें पीछे करके कभी बाँधने नहीं दूँगी।" पुलिस वालों ने ऐसा ही किया। फिर मैंने एक लड़की को घर से साड़ी तथा कुछ अन्य कपड़े लाने को कहा। कपड़ों की गठरी को काँख के नीचे दबाया और अपनी स्थानीय बोली में पास खड़ी लड़की से कहा कि यहाँ कुछ है जिसे तुम सँभाल कर अलग रख लेना। पुलिस वालों ने 'कुछ' शब्द सुन लिया। उन्होंने कहा कि लीला के पास कुछ है। वह उस लड़की से अलग रखने को कह रही है। मैंने उसकी ओर मुड़कर गुस्से में कहा, "तुम लोग कुछ समझते भी हो? मैंने इससे एक खास जगह पर रखे अपने कपड़े लाने के लिए कहा है। यही कह रही थी। सोच-समझकर बोला करो। जुबान पर काबू रखो अन्यथा तुम्हारे लिए यह अच्छा नहीं होगा।" पुलिस वाले गिरफ्तार बच्चों और महिलाओं के साथ मुझे थाने ले आए। थाने में कदम रखते ही दरोगा ने कहा, "लीला, इधर आओ।" और वह मुझ पर भद्दी गालियों की बौछार करने लगा। लेकिन मैं उसकी चाल भाँप चुकी थी इसलिए गालियों से उत्तेजित नहीं हुई।

मुझे हवालात में बन्द कर दिया गया। बाकी साथी भी वहीं थे। हम सभी को वहाँ बैठने के लिए कुर्सियाँ दी गई थीं। तभी पुलिस ने लाठियों से हम लोगों को पीटना शुरू कर दिया। मेरे घुटनों पर चोटें की गई। मैं गिर पड़ी और पुलिस वालों से कहा कि वे मेरे हाथ की कसी रस्सी ढीली कर दें। लेकिन उन्होंने मना कर दिया। थोड़ी देर बाद दूसरे पुलिस वालों ने आकर रस्सी खोल दी और लोहे की हथकड़ी पहना दी। यह थोड़ी ढीली थी। दरोगा बोला, "लीला को तो थाने लाना ही नहीं चाहिए था। इसे वहीं नेपाल बॉर्डर पर मार कर बालू में फेंक देना था।" उसने भी लाठी से पीट-पीट कर मेरे घुटनों को सुजा दिया। इसके बावजूद मैंने उससे कुछ नहीं कहा। उधर लड़कों की भी बुरी तरह पिटाई कर उनसे पूछताछ की जा रही थी। इसके बाद वे मुझे महिला वार्ड में ले गए। फिर शाम को पूछताछ के लिए मैं लायी गई और वापस भेज दी गई। अगली सुबह मैं पूछताछ के लिए थाने लायी गई। पुलिस वाले मुझसे पूछ रहे थे, "तुम्हारे कॉमरेड कहाँ हैं? तुम लोग कहाँ पनाह लेते हो?" मैंने कहा, "मैं कहीं भी रह लेती हूँ। मैं लोगों के घरों में रहती हूँ। तुझे क्यों बताऊँ? मेरे साथी भी वहीं रहते हैं।' हमने पुलिस को यह नहीं बताया कि हम लोग कहाँ रहते हैं। पुलिस मानती थी कि लीला की वजह से नक्सलबाड़ी की और लड़कियाँ भी क्रान्ति के मार्ग पर चल पड़ेंगी। यदि हम लीला को रोकने में कारगर हो जाते हैं तभी उन्हें भी रोका जा

सकेगा। इन दोनों भाई-बहन ने निकलकर पूरे देश में क्रान्ति करने की ठान रखी है।

थाने में मुझसे तरह-तरह के सवाल पूछे गए। पर मैं यही कहती रही– "मैं कुछ नहीं जानती।" मैं उन दिनों टाँगों में बम बाँधे रहती थी। पुलिस अफसर उसके सुराग की तलाश में था। जैसे ही उसने कहा कि उसे वह चिह्न मिल गया है। मैंने कहा यह झूठ है। ऐसा कोई चिह्न नहीं है। उसने कहा– "ठीक-ठीक बता दो नहीं तो ऐसी लात मारूँगा कि तुम्हारी सारी आँतें फटकर बाहर आ जाएँगी।" मैंने पलटकर उसे चुनौती दी, "हिम्मत है तो ऐसा करके दिखाओ।" जब वे मुझसे कुछ भी उगलवा नहीं सके तो कमांडिग अफसर ने स्प्रिंगदार कमानी से मुझे पीटना शुरू कर दिया।

कमानी की पिटाई से चमड़ी के चिथड़े न भी उड़ें तो भी वहाँ तत्काल सूजन हो जाती है। मेरी दोनों बाहें स्प्रिंग से पिट-पिट कर सूज गई थीं। इस पिटाई के दौरान भी मैंने मुँह नहीं खोला। तब पुलिस वाले ने मेरी ओर देखते हुए कहा कि "लीला को देखो, ओ.सी. उसे बुरी तरह पीट रहे हैं लेकिन वह उफ तक नहीं कर रही है।" मैंने कहा– "तुम मुझे खत्म भी कर डालो, पर मैं झुकूँगी नहीं।" ओ.सी. ने भी कहा, "मैंने लीला को इतना मारा लेकिन उसे आँसू तक नहीं निकले। जबकि मैं लड़कों को पीटता हूँ तो वे कितना रोते-चिल्लाते हैं। लीला चूँ तक नहीं करती। इससे हम एक भी शब्द नहीं उगलवा पाए।" मैंने उसे भी यही जवाब दिया, "पुलिस पीट-पीटकर मेरी जान ले ले फिर भी मेरी आँखों में आँसू नहीं देख पाएगी। तुम लोगों ने मुझे समझ क्या रखा है।"

जब पूछताछ समाप्त हो गई, मुझे फिर हवालात में बन्द कर दिया गया। बाद में जिला खुफिया एजेंसी से भी दो अधिकारी मेरी जाँच के लिए थाने आए। उनमें एक महिला थी जिसने मेरे कपड़े उतारकर जाँच-पड़ताल की। मेरे पास से कुछ भी नहीं निकला। मेरी कमर में रस्सी बाँध दी गई। ओ.सी. को मुझे पीटने का एक और मौका हाथ लगा। उसकेबाद मैं फिर हवालात में बन्द कर दी गई।

मैं आठ दिन तक जेल में रही। कमर में बँधी मोटी रस्सी के फोटो लेने के बाद मुझे सिलीगुड़ी केन्द्रीय जेल भेज दिया गया। वहाँ मैं तकरीबन साल-भर रही। आपातकाल के दौरान हम सभी नक्सलवादी मीसा के तहत बंदी थे। एक केस मेरे खिलाफ भी था। 1977 में जनता पार्टी की सरकार बनने के बाद मुझे रिहा कर दिया गया।

मैं लम्बे समय बाद घर लौटी। अभी फसलों की थोड़ी ही कटाई हुई थी। मैं बचे हुए काम में सहयोग करने लगी। घर आए दो हफ्ते हुए थे कि एसडीओ और कई संवाददाताओं ने आकर मुझसे अनेक सवाल पूछे, जैसे–क्या मैंने राइफल चलाने का कोई प्रशिक्षण लिया था? क्या मैं कठिनाइयों का सामना कर रही हूँ? वगैरह-वगैरह। सरकारी प्रतिनिधिमंडल ने तो मुझे जमीन देने का वादा किया बशर्ते मैं आगे राजनीति में भाग न लूँ। उन्होंने कहा, "हम तुम्हें एक मकान भी देंगे।" मैं समझ गई कि वे लोग मुझे खरीदने आए हैं। अतः मैंने पूछा, "आप मुझे जमीन कहाँ से देंगे? ये सारी जमीन तो लोगों के कब्जे में है। आप इनसे खरीदकर मुझे देंगे? मैं जमीन लेकर क्या करूँगी

जबकि इतने सारे लोग बिना जमीन के हैं। यदि देना चाहते हैं तो उन सभी लोगों को जमीन दीजिए। आप मुझे मकान देना चाहते हैं, मुझे उसकी आवश्यकता नहीं है। आप सिर्फ मुझे मकान देकर हमारी समस्याओं का निदान नहीं कर सकते।" मेरी साथी दो लड़कियों ने इस तरह के मकान का प्रस्ताव मान लिया था, लेकिन मैंने इसे लेने से साफ इनकार किया। इस वाकये के कुछ हफ्ते बाद मैंने फिर से घर छोड़ दिया और डेढ़ वर्षों तक अपने को पार्टी के कार्यों में मशगूल कर लिया। इस बीच मैं अपने साथियों सहित गाँव आती-जाती रही। हम पहले की तरह ही लोगों के घरों में रहते थे।

तब एक बार फिर मैं पहरा देते गिरफ्तार कर ली गई। सुबह के तीन बज रहे थे। पुलिस ने उस जगह को एक मील की दूरी से ही घेर लिया था। चारों ओर पुलिस की ही गाड़ियाँ दिख रही थीं।

मैं अन्य कॉमरेडों के साथ बैठी हुई पहरा दे रही थी। उस मकान के आसपास बाँस, केले और अन्य बहुत सारे पेड़ एक छोटे जंगल का रूप लिए हुए थे। पुलिस इन्हीं पेड़ों के कुंज से होकर आ धमकी। मैं उस तरफ कुछ हलचल भाँप कर सशंकित हो उठी कि पता नहीं कोई चोर-डकैत है या पुलिस। कॉमरेडों ने ठीक से पता लगाने को कहा। पल-भर में ही मेरी समझ में आ गया कि पुलिस ने हमें चारों ओर से घेर लिया है। मैंने भागकर कॉमरेडों को इसकी जानकारी दी। पर अब क्या किया जा सकता था!

अगले दिन होने वाली बैठक में शामिल होने के लिए विभिन्न स्थानों से कॉमरेड आए हुए थे। उनमें से कुछ सो रहे थे। मैंने उन्हें जगाया और उस कमरे की ओर दौड़ी, जहाँ आवश्यक कागजात तथा अन्य जरूरी चीजें रखी हुई थीं। मैं उन्हें जमा करने लगी ताकि उन्हें साथ ले जा सकूँ। कॉमरेड भी भागने लगे। मैंने उन्हें राइफल दे दी। मैं वहाँ अकेली बच गई थी। भागने के लिए मैं दरवाजे तक पहुँची थी कि बाहर से पुलिस चिल्लायी– "रुक जाओ।" सामने राइफल थी जिसकी नाल मेरी तरफ थी। आवाज आई– "दरवाजे के पीछे कौन है? बाहर आ जाओ, वरना गोली मार दूँगा।" मैं एक कदम पीछे हट गई। उसने अन्दर आकर रस्सी से मुझे बाँध दिया। फिर मेरा नाम पूछा। मैंने अपना दूसरा नाम बता दिया। उसने कहा कि मेरा नाम लीला किसान है। मैंने इससे इनकार किया। पुलिस वाले मुझे जानते थे। उनमें से एक ने कहा, "हर हालत में यह लीला किसान ही है। अब यह दुबली हो गई है– इसलिए थोड़ी अलग सी दिखती है। देखो तो, यह जिन लोगों के साथ रहती है उनके पास खुद खाने को पूरा अनाज भी नहीं है। इसलिए यह कमजोर हो गई है। लेकिन हर हालत में यह लीला किसान ही है।"

मैं लगातार लीला किसान होने को नकारती रही। दूसरे पुलिस वाले ने कहा कि यह निश्चित रूप से विजय किसान की बहन लीला ही है। विजय के पिता ने उसका घर बसा देने की कितनी कोशिश की पर उसने उनकी एक नहीं सुनी। पुलिस वालों ने मुझे सुबह होने तक वहीं बिठाए रखा। सुबह होते ही वे लोग जानकी सिंह को पकड़

लाए। वह छूट गई थी लेकिन फिर से पकड़ ली गई थी। उसे मेरे पास बिठा दिया और पूछा कि हमारे और साथी कहाँ हैं? राइफल और बम कहाँ छिपा रखे हैं?

राइफल की नोक मेरी छाती में गड़ाकर पुलिस इंस्पेक्टर मुझसे पूछ रहा था, "लीला, तुम ठीक-ठाक बताओ, ये कॉमरेड कौन हैं?" मैंने कहा कि इन लोगों के नाम नहीं जानती। मुझे रस्सी से बाँध कर आँगन में मचान में टाँग दिया गया। अब मैं हवा में लटक रही थी। एक बार फिर पुलिस इंस्पेक्टर ने पूछा, "बताओ लीला, सच-सच बता दो।" वह मेरी टाँगें खींच रहा था और राइफल की नोक मेरे सीने से सटाए हुए था। मैंने कुछ भी नहीं बताया। पुलिस ने जानकी से कहा, "ओह हो यहाँ तो कोई पार्टी थी। कोई समारोह था। देखो ये नगाड़े और ढोलक। यहाँ तो आदमी-औरतें मजे कर रहे थे।"

मैंने उसे बीच में ही रोकते हुए कहा– "ऐसी बात कहने की तुम्हारी हिम्मत कैसे हुई! हम कोई बुरी लड़कियाँ नहीं हैं। हम लोग यहाँ किसी पार्टी या सामाजिक समारोह में नहीं आए थे। हमारे साथी हजारों की संख्या में मर-खप रहे हैं, पर सरकार उनकी ओर ध्यान नहीं दे रही। आज हमें वैर और घृणा-भरी निगाहों से देखा जाता है। ऐसा क्यों? यदि हम लोग वास्तव में बुरी लड़कियाँ होतीं तो भारी संख्या में पुलिस और सेना हमें पकड़ने नहीं आती।" दरोगा यह सुनकर हमारे पास आया। उसने पुलिस वालों को डाँट लगाई और कहा लीला से ऐसी बातें मत कहो। उसे अकेला छोड़ दो। उसे यहाँ पर कुछ भी मत कहो। तब सभी पुलिस वाले चुप हो गए। मैंने दरोगा से कहा कि मैंने ढंग के कपड़े नहीं पहने हैं। मुझे कपड़े बदलने हैं। उसने बोला, "तुम्हें इसकी जरूरत नहीं है।" मैंने पूछा, "मैं कपड़े क्यों नहीं बदल सकती? जरूर बदलूँगी और तभी तुम्हारे साथ जाऊँगी।" तब दरोगा ने इसके लिए पुलिस इंस्पेक्टर से अनुमति माँगी, जो उसने दे दी। मैंने कपड़े बदले। वे मुझे दूर ले गए। लगभग एक किलोमीटर पैदल चलने के बाद मैं पुलिस वैन तक पहुँची।

जानकी सिंह और मुझे सिलीगुड़ी थाने ले जाया गया। वहाँ हमें सात दिन तक रखा गया। उन सात दिनों में मुझसे जिला खुफिया अधिकारियों द्वारा गहन पूछताछ की गई। एक ही समय में चार-पाँच व्यक्ति मुझसे पूछताछ करते। एक अधिकारी पूछ रहा होता तो अगले ही पल दूसरा सवाल दाग देता। ऐसा वे इस आशा में करते थे कि मैं असावधानी में किसी रहस्य को उगल दूँगी। यह एक तरह की व्यूह-रचना थी, जिसमें वे मुझे उलझाना-फँसाना चाहते थे। सुबह वे मुझे पूछताछ के लिए खींच ले गए तथा एक बजे वापस लाए। एक घंटा आराम को छोड़कर फिर मुझे ले गए और रात के 10-11 बजे वापस लाए। जिला खुफिया ब्यूरो के अनेक अधिकारी मुझसे कई तरह के सवाल पूछ रहे थे। सुबह पूछताछ के लिए जाने से पहले एक पुलिस इंस्पेक्टर ने समझाया– "लीला, प्लीज सब कुछ सच-सच बता दो। सवालों के सही-सही जवाब देना। यदि तुम शादी करना चाहती हो तो हम नौकरीशुदा किसी व्यक्ति को ढूँढ़ लाएँगे। प्लीज, तुम यह काम छोड़ दो।"

पुलिस सभी तरह के हथकंडे मुझ पर आजमाती रही। उसने तरह-तरह के प्रलोभन भी दिए। वह लोगों के प्रति मेरे मन में घृणा पैदा करना चाहती थी। अन्त में मेरी ओर से निराश हो चुके पुलिस इंस्पेक्टर ने कहा, "देखो, जेल जाना लीला की आदत हो गई है। वह पुलिस से बातें करने के सारे गुर जानती है।" मुझसे मुखातिब होकर उसने कहा, "लीला! सही तरीके से तुम्हें सब कुछ सच-सच बताना पड़ेगा। अन्यथा हम तुम्हारी बेहद पिटाई करेंगे।" मैंने कहा, "ठीक है, पीटो। मैं जिस कुर्सी पर बैठी हूँ, तुम्हारे ऊपर फेंक दूँगी।" इंस्पेक्टर ने कहा, "इस तरह मत बोलो लीला! नहीं तो सचमुच हम तुम्हें बहुत मारेंगे।" इसके बाद वह मुझे बेहद भद्दी-भद्दी गालियाँ देने लगा, जिन्हें सहन करना बहुत ही मुश्किल था। प्रायः पूछताछ सुबह शुरू होती और थोड़े अन्तराल के बाद देर रात तक चलती। यह सिलसिला सात दिन तक चला। इसके बाद मुझे अदालत में पेश किया गया और फिर मुझे सिलीगुड़ी भेज दिया गया।

जेल में मैं बीमार हो गई। मेरा मासिक चक्र कुछ दिनों तक रुका रहा, फिर शुरू हो गया। लीला को बच्चा होने वाला था, यह प्रचारित करके पुलिस वाले मुझे बदनाम करने लगे। वे मेरे साथ घिनौने व्यवहार पर उतर आए। मैं सफाई देती रही कि जब मैं विवाहित नहीं हूँ तो मेरे पेट में बच्चा कहाँ से आ सकता है। फिर तो जेल अधीक्षक, जेलर तथा डॉक्टर अनगिनत सवाल पूछने लगे कि क्या मैंने गुप्त विवाह किया है? मैं लगातार कहती रही कि मैंने किसी भी रूप में किसी से भी शादी नहीं की है– इसलिए मेरे पेट में बच्चा नहीं हो सकता। आप लोगों से किसने कहा कि मैं गर्भवती हूँ? उनका कहना था कि ऐसा उन्होंने बाहर सुना है। मैंने कह दिया कि यह तो सम्भव ही नहीं है।

मैंने डॉक्टर से अनुरोध किया कि मेरे गिरते स्वास्थ्य को देखते हुए वह मुझे सिलीगुड़ी मेडिकल कॉलेज अस्पताल भिजवा दें ताकि मैं वहाँ के योग्य चिकित्सकों की देखरेख में शीघ्र स्वास्थ्य लाभ कर सकूँ। वहाँ मेरी जाँच भी हो जाएगी और उसके अनुकूल उपचार भी हो सकेगा। लेकिन जेल के डॉक्टर ने यह कहते हुए मेरा अनुरोध ठुकरा दिया कि वहाँ मेरे ऊपर ठीक से निगरानी नहीं हो पाएगी। इसलिए मुझे वहाँ भर्ती कराने की अनुमति नहीं मिलेगी। हाँ, मुझे कलकत्ता की अलीपुर जेल जरूर भेजा जा सकता है। इस प्रकार मुझे कलकत्ता भेज दिया गया। वहाँ मुझे चार महीने रुकना पड़ा। लेकिन कलकत्ता मेरे लिए अनुकूल नहीं था। एक तो वहाँ अत्यधिक गर्मी थी, भोजन भी मेरे अनुरूप नहीं था और भी कई बातें थीं, जिनके साथ मैं अपना तारतम्य नहीं बैठा पा रही थी। वहाँ हम अकेले भी थे। वे हमें अन्य अपराधियों (असमियों) से मिलने-जुलने नहीं देते थे। वे लोग भूतल पर रखे गए थे, जबकि हम प्रथम तल पर। हम अलग-अलग सेल में रखे गए थे।

एक रोज हमसे कहा गया कि हमें एक जाँच समिति के समक्ष पूछताछ के लिए जाना है। उन दिनों मैं बीमार थी। मुझे बुखार था। आगन्तुक जानना चाहते थे कि लीला किसान कौन है? जेल अधिकारियों ने मेरी ओर इशारा करते हुए कहा कि यही लीला है। अभी यह बीमार है। उनमें से एक अभ्यागत ने पूछा कि यह वही लड़की है जिसके

नाम से कुछ पत्र प्रकाशित हुए हैं। एक महिला पुलिस ने इसकी पुष्टि की। तभी मैंने कहा, "मैं यहाँ अकेले रहने से इनकार करती हूँ। मुझे निचले तल पर सभी के साथ रहने दो। इस तरह अकेले रहना सम्भव नहीं है। कौन जाने हमारे केस में कितना वक्त लगेगा।" वे हमारे आग्रह पर सहमत हो गए। चूँकि सिर्फ दो लोगों को काल-कोठरी मे रखना नियम-विरुद्ध था लिहाजा उन्होंने नीचे से एक और लड़की को लाकर वहाँ रख दिया। अब हम तीन हो गए। लेकिन मैं तब भी नहीं रह सकी। मुझे वहाँ अच्छा नहीं लग रहा था। वहाँ कई समस्याएँ भी थीं। तब अधिकारियों ने सलाह दी कि मैं जेल से लगे हुए अस्पताल में रह सकती हूँ। पर मैंने यह कहते हुए मना कर दिया कि न तो मैं काल-कोठरी में रह सकती हूँ और न अस्पताल में। मेरा यहाँ से स्थानान्तरण कर दो।

इस पर वहाँ की जेल का एक भी कर्मचारी राजी नहीं था। तब हमने इस सम्बन्ध में कलकत्ता से एक प्रार्थना पत्र भेजने का निर्णय किया। लेकिन हमारी एक न सुनी गई। तभी एक घटना घटी। मुझे अच्छी तरह याद नहीं है कि यह हादसा कैसे हुआ था। जानकी सिंह ने खाना छोड़ दिया था। जब भी कोई खाना लेकर आता, वे कहतीं, "तुम्हारा भोजन नहीं चाहिए। मुझे सिर्फ यहाँ से स्थानान्तरण चाहिए।" एक चपरासी ने भी पूछा कि तुम दोनों खाना नहीं खाओगी? हमने कह दिया– "नहीं! हम सिर्फ यहाँ से अपने देश जाना चाहते हैं। यहाँ अब और नहीं रह सकते।"

वह खाने की थालियाँ लौटा ले गया और हमारे लिए दूध और पावरोटी ले आया। लेकिन हम लोगों ने उसे भी स्वीकार नहीं किया। रात में दूसरे पहरेदार अपनी ड्यूटी पर थे। वे आपस में बात कर रहे थे, "लीला और जानकी को कैसे खिलाएँ! दोनों ने दिन-भर कुछ खाया नहीं है।" वे हमारे लिए खाना लेकर ऊपर आए और कहा, "लीला खाना खा लो। इस तरह अन्न छोड़कर तुम लोग कुछ भी हासिल नहीं कर पाओगी। तुम दोनों वापस भेज दी जाओगी। इस तरह से परेशान मत हो।" "मैं कुछ भी खाने नहीं जा रही।" ऐसा कहते हुए मैंने थाली पकड़े हुई औरत को इस तरह मारा कि सारा खाना वहीं बिखर गया। अधिकारियों ने भी समझाया, "लीला, यह क्या कर रही हो? इतना अच्छा खाना बरबाद हो गया।" मैंने कहा, "हो जाने दो बरबाद। सबके बावजूद यह हमारा खाना ही तो था। अपराधियों के उस निकृष्ट भोजन में क्या रखा है? मैं तो नहीं खाऊँगी।"

अस्पताल निरीक्षिका ने मुझसे पूछा– "क्या बात है लीला, तुम खाना क्यों नहीं खा रही?" फिर वह मेरे लिए कुछ बिस्कुट और चाय लायी। वह मुझे जबर्दस्ती खिलाने-पिलाने की कोशिश करने लगी। तीन-चार लोग मुझे बलात् खिलाने की कोशिश में लगे थे पर मैंने अपना मुँह नहीं खोला। मैंने कह दिया जब तक हमारे स्थानान्तरण की औपचारिक अनुमति नहीं मिल जाती, मैं मुँह में एक दाना भी नहीं डालूँगी। तुम लोग क्यों नहीं बताते कि हमारा स्थानान्तरण क्यों नहीं हो सकता? तुम लोग क्या सोच रहे हो? हमें जेल अधीक्षक के पास ले चलो, मैं खुद उनसे बात करूँगी।"

जैसे ही हम वहाँ पहुँचे, उन्होंने पूछा, "क्या बात है लीला?" मैंने कहा, "इस

कैदखाने से मेरा तबादला कब हो रहा है? अब हम यहाँ और अधिक दिनों तक नहीं रह सकते। कृपया मुझे यहाँ से भेज दीजिए।'' उनका उत्तर था, ''मैंने तुम्हारा स्थानान्तरण कर दिया है। सुरक्षाकर्मियों को आ जाने दो, मैं तुम्हें भेज दूँगा। इनकी वजह से ही थोड़ी देरी हो रही है। मुझे तुम्हारा प्रार्थना पत्र मिला था। मैंने उसे अग्रसारित भी कर दिया था। तुम्हारे स्थानान्तरण का अनुमति पत्र मिल गया है लेकिन कोई सुरक्षाकर्मी नहीं है। चिन्ता मत करो, जिस दिन पहरेदार आएँगे मैं तुम्हें उसी दिन भेज दूँगा।'' मैंने उनसे पूछा, ''क्या सुरक्षाकर्मी बुलाने की सामर्थ्य भी नहीं है आप में? पूरे देश में हजारों की संख्या में पुलिस और सेना है। उनमें से आप एक-दो सुरक्षाकर्मी नहीं पा सकते? जब मुझे गिरफ्तार किया गया था तब तो गाड़ी भर कर पुलिस आई थी और आज कह रहे हैं कि मुझे कलकत्ता से सिलीगुड़ी ले जाने के लिए आपके पास सुरक्षाकर्मी नहीं हैं।'' मेरी बातों पर अधीक्षक हँसने लगे। मैंने पूछा, ''आप हँस क्यों रहे हैं, आपकी सरकार गरीबों की परवाह नहीं करती।''

अन्ततः हमें सिलीगुड़ी लाया गया। मेरी हालत देखकर वहाँ कोई मुझे पहचान नहीं पा रहा था। जैसे ही मैं पुलिस वैन से उतारी गई जेल में ड्यूटी पर तैनात सुरक्षाकर्मी कहने लगे, ''लीला किसान इस हालत में लायी गई है। यहाँ यह बीमार थी, इसलिए कलकत्ता भेजी गई थी लेकिन वहाँ से लौटकर और भी ज्यादा बीमार दिख रही है। यह औरत इस जेल में बचपन से ही आ रही है। हम लोगों ने इसे बड़े होते हुए देखा है और आज इसकी यह हालत हो चुकी है।''

मैं सिलीगुड़ी जेल में थी। खेमू सिंह का किशनगंज जेल से यहाँ लाया जाना, मुझे अच्छा नहीं लगा था। साक्षात्कार के दौरान वे जब भी मुझसे मिलते, आन्दोलन पर ही चर्चा होती। दरअसल कॉमरेडों को एक-दूसरे से मिलने की अनुमति थी। वे मुझसे मिलने आया करते थे। उन्होंने गुप्त रूप से मुझे एक पत्र भी भेजा था, जिसमें शादी को लेकर चर्चा थी। सहमति के बाद हमें पार्टी को भी इस बारे में सूचित करना था।

पार्टी से हमें निर्देश मिला कि हम अपनी जमानत की अर्जी पेश कर सकते हैं, लेकिन मैंने मना कर दिया। तब इस खेमू ने भी पूछा, ''क्यों? जमानत क्यों नहीं? सबके बावजूद यह निर्णय पार्टी ने लिया है कि हम जमानत की अर्जी पेश कर सकते हैं।'' जानकी सिंह अपने परिवार वालों की जमानत पर पहले ही छूट चुकी थीं। लेकिन जब से मैंने घर छोड़ दिया था मेरा परिवार इस हालत में नहीं था कि मुझे जमानत पर छुड़ा ले जाता। अन्ततः पार्टी ने जमानत पर मुझे छुड़वाया और मैं घर गई। उस समय तक मेरे विरुद्ध दो मुकदमे बचे हुए थे। दोनों ही हत्या के मामले थे। एक में मैं निर्दोष करार दे दी गई थी फिर भी दूसरे मामले को लेकर मुझे अदालत का चक्कर काटना पड़ता था।

जेल से छूट कर खेमू सिंह दो बार मुझसे मिलने मेरे घर आए। वे 1980 में जेल से रिहा हुए और मुझे अपने घर जनवरी महीने में ले गए। उन्होंने अपने पिता से पहले

ही कह दिया था कि वे जेल में मुझसे शादी कर चुके हैं? उनके पिता ने तो कह दिया कि तुम्हारी मर्जी है, मैं क्या कर सकता हूँ। पर उनकी माँ ने अपने घर में मेरा प्रवेश वर्जित कर दिया। उनके सामने जाति की समस्या थी। लेकिन खेमू ने कहा, "हमारे बीच जाति की दीवार क्यों होनी चाहिए! आखिर हम जात-पाँत, ऊँच-नीच आदि के भेदभाव को मिटाने के लिए ही तो लड़ रहे हैं। हम एक नया समाज बनाना चाहते हैं।" किन्तु माँ अपनी जिद पर अड़ी रहीं। फिर गाँव वाले और आस-पास के लोग भी इस झगड़े में शामिल हो गए। हमारे कॉमरेडों का कहना था, "किसी लड़की को इतने दिनों तक शादी की आशा में लटका कर रखना और बाद में उसे नाले में फेंक देना, यह कहाँ का न्याय है! आखिर पाँच साल की अवधि कोई छोटी अवधि नहीं होती। यदि यह ऐसी-वैसी लड़की होती तो इतने दिनों तक प्रतीक्षा नहीं करती। इससे शादी करने के लिए कई पुरुष कतार में थे। इसके बारे में वहाँ के सब लोग जानते हैं।"

खेमू सिंह का परिवार हमारी उन चिट्ठियों से छुटकारा पाना चाहता था, जिन्हें हम एक-दूसरे को भेजा करते थे। जब पार्टी के लोगों ने इसके बारे में सुना तो कहा कि "ठीक है, यदि आपको यह शादी नहीं करनी है तो हम इसकी व्यवस्था करते हैं।" लेकिन खेमू उस प्रकार का आदमी नहीं था। वह दृढ़ था। उन्होंने अपने माता-पिता से कहा कि "यदि आप लोग हमें यहाँ नहीं रहने देंगे तो हम यहाँ से चले जाएँगे और पड़ोसियों के घर जाकर रहेंगे। मैंने उस लड़की से पाँच साल तक इंतजार कराया है। मैं अपने वचन का पालन करूँगा।" तब उनकी माँ ने भी सोचा कि जो भी हो, यह मेरा बेटा है, मेरा खून है। आज यह एक लड़की से शादी करना चाहता है और मैं विरोध कर रही हूँ। यह घर छोड़कर चला जाएगा। ... नहीं, ऐसा नहीं हो सकता। अन्ततः उन्होंने स्वीकृति दे दी। तब जाकर मैं इस घर में प्रवेश कर सकी। उसके बाद से मैं यहीं हूँ। अब मैं राजनीतिक गतिविधियों में अधिक हिस्सा नहीं ले पाती। इसका कारण हमारी सामाजिक संरचना है। हमारे समाज में शादी के बाद लड़कियों के पास इतने अधिकार नहीं रह जाते। विवाह से पूर्व भी मेरे ऊपर कई बन्दिशें थीं, पर अपने माता-पिता के घर में मैं उनकी परवाह नहीं करती थी। मैं अपने मन की करती थी। मुझे जब भी जहाँ जाना होता, जाती थी। लेकिन अब मैं पराये घर में हूँ। इसलिए मैं अब अपनी गतिविधियों में पीछे हट गई हूँ। मैं इस बारे में गहराई से सोचती हूँ। खेमू के पिता ने तो जेल से लौटने के बाद अपनी गतिविधियाँ जारी रखी हैं। वे सरपंच हैं। वैसे मेरे पति कभी मेरे रास्ते में आड़े नहीं आते लेकिन मैंने कभी उनसे सीधे-सीधे इस सम्बन्ध में बात नहीं की है। जब कभी पार्टी की बैठक होती है तो वे कहते हैं कि छोटे-छोटे बच्चों के साथ वहाँ जाने की तुम्हें कोई जरूरत नहीं है। गाँव में होने वाली सभाओं में तो भाग लेती हूँ पर दूरस्थ होने वाली बैठकों में मेरे भाग लेने पर परिवार वालों को आपत्ति है।

मैंने देखा कि क्रान्तिकारी कार्य करने वालों में भी जमींदारों जैसी कठोरता है। उनके भी घर में महिला-उत्पीड़न है। ये चीजें अभी भी पूरी तरह खत्म नहीं हुई हैं। बेशक हम इसे स्वीकार नहीं करते। हम ही क्यों? हम सब क्रान्ति करने चले हैं। अतः

इन सारे अवरोधों को तोड़ना होगा और यदि हम संकीर्णताओं में कैद रह गए तो दूसरे लोग क्या करेंगे?

सब मिला कर हम नारी ही शोषित हैं। इस शोषण-उत्पीड़न का प्रतिकार हमें अकेले ही करना है। इसके विरुद्ध सिर्फ हमें ही लड़ना है। यदि हम नहीं करेंगे तो हमारे बदले कौन करेगा! बेशक इसमें पुरुषों को भी साथ देना होगा। कहा जाता है कि महिलाएँ चार तरह से उत्पीड़न का शिकार होती हैं– सामान्य उत्पीड़न, सरकारी उत्पीड़न, जमींदार का उत्पीड़न एवं सबसे बड़ा पुरुषों का उत्पीड़न। हमें अपने पतियों के पाँव तले रहना होता है। स्त्रियों को पुरुषों से एक उत्पीड़न ज्यादा झेलना पड़ता है, जबकि पुरुषों को सिर्फ तीन उत्पीड़न ही झेलने पड़ते हैं। जो लोग क्रान्ति का कार्य छोड़ चुके हैं वे अपने पुराने ढर्रे पर लौट आए हैं, लेकिन जो इस काम में लगे हुए हैं वे भी अपनी पत्नियों के साथ बुरा बरताव करते हैं।

जहाँ तक मेरे भावी जीवन की बात है, मेरी सोच स्वार्थी नहीं है। मेरा भविष्य में धन जमा करने का कोई इरादा नहीं है। हमारे लिए राजनीति ही सब कुछ है। मैं कभी-कभी सोचती हूँ कि चूँकि मेरे पति नक्सलवाद से जुड़े हैं, उनकी जवाबदेहियाँ बहुत हैं, उनके इस भारी बोझ में कौन अपना कन्धा देगा! मुझे बहुत कुछ करना है और उसके लिए बहुत कुछ सीखना है। मुझे क्रान्तिधर्मी बनने की इच्छा होती है, पर बच्चे अभी छोटे हैं। उन्हें कहाँ छोड़ूँगी! बच्चों के पिता का कहना है कि हमें ज्यादा बच्चे नहीं चाहिए। हम परिवार नियोजन करा लेंगे। अधिक बच्चों का फायदा भी क्या, अगर हम उन्हें एक अच्छा इंसान नहीं बना सके तो?

नक्सलवादी नारियाँ / दो

वायनाड की स्मृतियाँ

के. अजिता

मुझे राजनीति में आने की प्रेरणा अपने अभिभावकों से मिली। मेरे पिताजी कुनिकल नारायण (के.एन.) ने, जो एक मँजे हुए साम्यवादी क्रान्तिकारी थे, स्वतन्त्रता से पूर्व बंबई में कई वर्षों तक काम किया था। वे एझवा (सवर्ण) जाति के थे। बंबई-निवास के दौरान ही उनकी भेंट मेरी माँ मंदाकिनी से हुई और उन्होंने विवाह किया। मेरी माँ गुजराती सवर्ण जाति की थीं और विचारों से वे भी साम्यवादी थीं। 1956 में जब सोवियत संघ की कम्युनिस्ट पार्टी की बीसवीं कांग्रेस में स्टालिन की भर्त्सना की गई तो मेरे माता-पिता ने भी पार्टी की सदस्यता से त्यागपत्र दे दिया और कुछ समय बाद वे मेरे पिता के जन्म-स्थान कालीकट में आकर बस गए। वहीं मैं बड़ी हुई और एक बड़े संयुक्त परिवार में मेरा पालन-पोषण हुआ। 1965 में भारतीय कम्युनिस्ट आन्दोलन में आए बिखराव के बाद मेरे पिता पुनः पार्टी में वापस आ गए और भारतीय कम्युनिस्ट पार्टी (मार्क्सवादी) के सदस्य बन गए।

1965-66 में जब चीनी सांस्कृतिक क्रान्ति का दौर शुरू हुआ तो मेरे पिता नियमित रूप से रेडियो पेइचिंग का प्रसारण सुना करते थे। इस समय यानी पाकिस्तान युद्ध के बाद के समय में ई.एम.एस. नंबूदिरीपाद (ई.एम.एस.) को छोड़कर भारतीय कम्युनिस्ट पार्टी (मार्क्सवादी) के सभी बड़े नेता जेल में बन्द थे। इस समय ऐसा लगा कि भारतीय कम्युनिस्ट पार्टी (मार्क्सवादी) चीनी कम्युनिस्ट पार्टी के दृष्टिकोण को समर्थन दे रही है। मेरे पिता भारत में सांस्कृतिक क्रान्ति के विचारों का प्रचार-प्रसार करना चाहते थे। इसीलिए उन्होंने चीनी दस्तावेजों के मलयालम में अनुवाद का एक विस्तृत कार्यक्रम हाथ में लिया। उन्होंने चीनी कम्युनिस्ट पार्टी के संविधान के अलावा सोवियत संघ की कम्युनिस्ट पार्टी के नाम लिखे गए चीनी कम्युनिस्ट पार्टी के सभी नौ पत्रों का भी मलयालम में अनुवाद किया। भा.क.पा. (मा.) का नेतृत्व, विशेषकर ई.एम.एस. का दृष्टिकोण, इस अनुवाद और प्रकाशन कार्य के विरुद्ध होता गया। लेकिन

धीरे-धीरे एक मार्क्सवादी प्रकाशन केन्द्र के.एन. के इर्द-गिर्द पनप उठा। 1966 में जब उन्होंने माओ त्से तुंग की *उदारतावाद का विरोध करो* नामक लघु पुस्तक का अनुवाद किया तो उन्हें पार्टी से निष्कासित कर दिया गया। किन्तु भा.क.पा. (मा.) की कालीकट इकाई उनके साथ रही और उसने भी पार्टी को त्याग दिया।

इस समय हमारी माली हालत बड़ी खस्ता थी। एक बड़े संयुक्त परिवार का हिस्सा होने के कारण मेरे माता-पिता पर परिवार की अनेक जिम्मेदारियाँ थीं। पार्टी की कार्यवाही के कारण हमारे परिवार का दृष्टिकोण मेरे पिता की गतिविधियों को लेकर और कड़ा हो गया और परिवार से हमें अलग कर दिया गया। अपनी तमाम व्यावहारिक जरूरतों के लिए हम आर्थिक रूप से माँ के वेतन पर आश्रित हो गए, जो कालीकट के एक गुजराती हाईस्कूल में प्रधानाध्यापिका थीं। यही समय था जब नक्सलबाड़ी संघर्ष फूटकर सामने आया था। भा.क.पा. (मा.) के नेतृत्व में वामपन्थी मोर्चा केरल में सत्ता में आ गया और ई.एम.एस. राज्य के मुख्यमन्त्री बन गए थे। पार्टी की चुनावी राजनीति के कारण पार्टी के आम कार्यकर्ताओं में हताशा फैली हुई थी और बहुत-सी इकाइयाँ पार्टी नेतृत्व के विरुद्ध विद्रोह करके के.एन. के इर्द-गिर्द उभरे समूह में शामिल हो गईं। बहुत से स्थानीय नेता, खासकर छात्र मोर्चों के सदस्य भी इस समूह से जुड़ गए। यह लचीला समूह अपने आपको 'नक्सलबाड़ी समूह' कहने लगा।

इस समूह ने पाया कि उसका कार्य बहुत कुछ भा.क.पा. (माले) से मिलता-जुलता है जो भारत के अन्य क्षेत्रों में भी विकसित हो रही थी। मेरे पिता के समूह से जुड़े कई कार्यकर्ताओं में हमारे ग्रामीण समाज की विषमताओं को लेकर बहुत आक्रोश था और वे ग्रामीण ढाँचे के परिवर्तन हेतु सीधी कार्रवाई पर जोर देते थे। मैं अपने पिताजी को अनुवाद और प्रूफरीडिंग में सहयोग देने लगी और इस तरह धीरे-धीरे समूह की गतिविधियों से ज्यादा से ज्यादा जुड़ने लगी; यहाँ तक कि मैंने अपनी पढ़ाई भी छोड़ दी।

उत्तरी मालाबार का क्षेत्र यानी आज का वायनाड जिला, उस समय कालीकट और कैनानोर जिलों के बीच बँटा था। यह एक पहाड़ी और जंगली इलाका है जिसमें चाय, काफी और रबर उगाए जाते हैं। यहाँ की कुल जनसंख्या में 60 प्रतिशत आदिवासी हैं और शेष 40 प्रतिशत बाहर से आकर बसे हुए लोग हैं। ये लोग बहुत मेहनती हैं। कुछ ने भूमि का स्वामित्व भी प्राप्त कर लिया है। त्रावणकोर क्षेत्र से आए लोगों में चर्च का प्रभाव बहुत ज्यादा था। इन्हें इस क्षेत्र में अंग्रेज लाए थे जिन्होंने सड़कों का निर्माण करके कई नए क्षेत्र खोल दिए थे। हमारे संघर्ष के समय सातवें दशक के आखिरी सालों में चाय, काफी, रबर के बागों के तीन-चौथाई हिस्से पर अंग्रेजों का स्वामित्व था। इन नए बसे लोगों ने आदिवासियों की जमीनें हड़प ली थीं और उनमें से कुछ बड़े जमींदार तथा बागानों के मालिक हो गए थे। आदिवासियों के पास इस समय तक सिर्फ दो प्रतिशत भूमि ही रह गई थी और वे घोर निर्धनता की स्थिति में पहुँच गए थे।

विषमताएँ यहाँ आकर बसे बाहरी लोगों के बीच भी थीं। कुछ पुराने निवासी बहुत अमीर थे, जबकि बाद में बसने वाले बड़ी मेहनत से जंगली इलाके को साफ करके

उस पर खेती कर रहे थे, पर उन्हें भू-स्वामित्व के पट्टे नहीं दिए गए थे। पुल्पैली के आसपास कालीकट (दक्षिण वायनाड) में ये लोग इस बात को लेकर काफी उद्वेलित थे। कारण यह कि वाम मोर्चा सरकार ने चुनाव से पहले उन्हें पट्टे देने का वादा किया था। पर चुनाव के बाद सरकार, खासकर तत्कालीन राजस्वमन्त्री के.आर. गौरी अपने पाँव पीछे घसीट रहे थे।

एक मन्दिर के ट्रस्ट (देवस्थान) की जमीन पर इन बाहर से आकर बसे लोगों ने अतिक्रमण करके जब खेती की तैयारी शुरू कर दी तो मालाबार विशेष पुलिस बल का शिविर मन्दिर के अहाते में लगा दिया गया ताकि लगे कि प्रशासन देवस्थान की सुरक्षा के प्रति बहुत उत्सुक है। वहाँ के निवासियों में वैसे भी असंतोष व्याप्त था। अतः कुछ लोगों ने के.एन. को लिखकर उनके समूह की मदद माँगी। पार्टी विघटन के बाद नए ग्रुप में शामिल होने वाले कई पुराने कम्युनिस्ट कार्यकर्ता उसी क्षेत्र में लम्बे अरसे से कार्य करते रहे थे।

उनके सम्पर्कों के आधार पर, बाहर से आकर बसे प्रभावित निवासियों के बीच राजनीतिक शिक्षा और प्रचार का काम शुरू किया गया। ऐसा लगा कि यहाँ के लोग सशस्त्र संघर्ष के लिए तैयार हैं। के.एन. समूह के कुछ लोगों ने बागान मजदूरों के साथ भी काम किया हुआ था, इसलिए बहुत कठिन परिस्थितियों में काम करने वाले और एक-एक कमरे के छोटे-छोटे घरों में रहने वाले इन मजदूरों को संगठित करना आसान था। इसके साथ ही आदिवासियों के बीच लम्बे समय से कार्यरत कॉमरेडों के माध्यम से गिरिजनों (आदिवासियों) का सहयोग समूह को प्राप्त हो सका।

यह पृष्ठभूमि महत्त्वपूर्ण है क्योंकि इन्हीं कारकों ने पुल्पैली और तेलीचेरी संघर्षों को जन्म दिया। संगठन को इस निर्णायक स्थिति में लाने में निलम्बित बीड़ी मजदूरों की अहम भूमिका थी। मंगलोरियनों की तेलीचेरी स्थित गणेश बीड़ी फैक्ट्री में लगभग 18,000 मजदूर काम करते थे। सत्ता में आने के बाद वाम मोर्चा सरकार ने मजदूरों के लिए न्यूनतम मजदूरी सम्बन्धी एक अधिनियम पारित किया। इसकी प्रतिक्रिया के रूप में मैनेजमेंट ने फैक्ट्री में तालाबन्दी की घोषणा कर दी। साथ ही कैनानोर जिले में कम्पनी के सारे तेंदूपत्ता गोदाम बन्द करवा दिए।

इधर तेलीचेरी इलाके की भा.क.पा. (मा.) ने पार्टी हाईकमान के विरुद्ध विद्रोह कर रखा था और उसके कार्यकर्ता के.एन. गुट के कार्यों की ओर आकृष्ट थे। उन्होंने तुरन्त बीड़ी मजदूरों का यह मुद्दा उठाया और प्रचार के कार्य में जुट गए। प्रचार-कार्य चीनी कंम्युनिस्ट पार्टी द्वारा दर्शाए तरीके से किया गया। 18,000 निलंबित बीड़ी मजदूरों की समस्या का हल निकालना जरूरी था। पार्टी कार्यकर्ताओं ने राजसत्ता को टक्कर देने का एक कार्यक्रम बनाया जिसके तहत तेलीचेरी के ग्रुप को 22 नवंबर, 1968 को शहर के बीचोंबीच स्थित पुलिस स्टेशन पर तथा पुल्पैली के ग्रुप को 24 नवंबर को एम.एस.पी. (मालाबार विशेष पुलिस) के शिविर पर हमला करना था। दोनों समूहों को मुख्यतः हथियारों पर कब्जा करके वायनाड के जंगलों में मिल जाना था और जंगल

में गिरिजनों के साथ मिलकर स्वतन्त्र वायनाड बनाने के लिए सशस्त्र संघर्ष आरम्भ करना था। प्रस्तावित कार्यक्रम के पहले प्रचार-कार्य और अध्ययन-कक्षाओं की शुरुआत हुई। इसमें बीड़ी मजदूरों और अन्य निवासियों ने भी इसके प्रति बहुत सकारात्मक प्रतिक्रिया व्यक्त की और कक्षाओं में उपस्थिति संतोषजनक रही। महिलाएँ भी, खासकर किसान महिलाएँ और ग्रामीण कार्यकर्ताओं की पत्नियाँ, कक्षाओं में आईं। इससे ग्रुप ने सोचा कि आने वाले समय में मुक्ति-संघर्ष में जनता का सहयोग मिलेगा।

22 नवंबर को, जैसी कि योजना बनाई गई थी, लगभग एक हजार लोग तेलीचेरी पुलिस स्टेशन पर हमला करने गए। किन्तु हमला किया नहीं जा सका क्योंकि अन्दर बैठे पुलिसकर्मी सावधान हो गए थे और उन्होंने जवाबी हमले की धमकियाँ दीं जिससे भीड़ तितर-बितर हो गई। इधर पुल्पैली में हमला करने वाला ग्रुप इस घटना से अनभिज्ञ था, इसलिए 24 नवंबर को 50-60 लोगों ने (जिनमें सभी पुरुष थे और महिलाओं में सिर्फ मैं थी) एम.एस.पी. शिविर पर आक्रमण कर दिया। यह संघर्ष ज्यादा सफल रहा। हमने एकाएक हमला करके पुलिस को सकते में डाल दिया और एक कांस्टेबिल तथा एक सब-इंस्पेक्टर को मार डाला, जिसके बारे में प्रसिद्ध था कि उसे जनता को यातनाएँ देने में मजा आता था। हमने बड़ी संख्या में हथियार भी कब्जे में ले लिए। इसके बाद हम वापस लौटे और जंगल में दूसरे समूह का इंतजार करने लगे।

जंगल जाने से पहले गाँवों में हमने दो जमींदारों के यहाँ हमला किया। उनके अनाज के गोदाम व अन्य बहुमूल्य वस्तुएँ लूटीं और उन्हें गाँववालों में बाँट दिया। इस समय आदिवासियों का विशाल जनसमूह हमसे आकर जुड़ा। वे सभी, महिलाएँ व पुरुष संघर्ष को लेकर अति उत्साहित थे। बाद में वे लोग काबानी जंगल तक हमारे साथ गए और मैसूर की सीमारेखा पर काबानी नदी पार करने में हमारी मदद की। वे हमारे साथ नदी के उस पार नहीं आए।

हमारा दल जंगल में रहकर दूसरे दल का इंतजार करता रहा। किन्तु उसके आने का तो प्रश्न ही न था। हम जंगल में घूमते और हर रोज हममें से दो या तीन लोग जाकर भोजन लाते। हममें से एक-दो लोग पकड़े गए। पुलिस हमारी सरगर्मी से तलाश कर रही थी। वे जंगलों और पहाड़ों को छान रहे थे और हमारे दल के बारे में गाँव के लोगों से सूचनाएँ उगलवाने की कोशिश कर रहे थे। धीरे-धीरे गुट छोटा होने लगा और लोग हतोत्साह होने लगे। इसी बीच एक हथगोला फट जाने से हमारे एक पुराने साथी की मृत्यु हो गई। अन्त में हम पंद्रह लोग ही बचे और अब हम सामूहिक रूप से भोजन और संरक्षण के लिए गाँव गए। गाँववालों ने इसकी सूचना तत्काल चर्च को दे दी। चर्च ने खतरे की घंटियाँ बजाकर इलाके में गश्त कर रही पुलिस को चौकस कर दिया और इस तरह हम पकड़े गए।

इस संघर्ष में भाग लेने वाली मैं अकेली महिला थी। हालाँकि मेरी माँ ने एम.एस.पी. शिविर के आक्रमण में भागीदारी नहीं की थी पर वह भी अपने राजनीतिक जुड़ाव के

कारण जल्दी ही गिरफ्तार कर ली गई। पुलिस की हिरासत में मुझे मारा गया, सताया गया, साथ ही गंदी गालियाँ भी वहाँ सुनने को मिलीं। मुझे कई बार वहाँ बलात्कार की धमकी दी गई, पर ऐसा शायद इसलिए नहीं हुआ क्योंकि वाम मोर्चा सरकार को भय था कि यदि बात जनता तक पहुँची तो बहुत हंगामा मचेगा। पुलिस और पूछताछ करने वाले अधिकारी लगातार मुझ पर आरोप लगाते रहे कि मैं अपने साथियों की कामुक इच्छाओं की पूर्ति हेतु वेश्यावृत्ति करती हूँ। ऐसा उन्होंने मेरा आत्मसम्मान कम करने के लिए किया था। मुझे पाँच वर्षों के लिए काल-कोठरी में एकान्त में रखा गया था। मेरे माँ-बाप भी जेल में थे, पर मैं उनसे मिल नहीं सकती थी। इस तरह से छूटते-छूटते मैं पागलपन की सीमा तक पहुँच गई थी। 1977 में मेरे माता-पिता जेल से रिहा हुए और मुझे देखने आए। उनके मिलने से मुझमें एक बार फिर आशा जगी। कुछ दिन बाद मैं भी रिहा हो गई।

अपने कारावास के दौरान और खासकर पुलिस की पूर्वग्रहपूर्ण पूछताछ के दौरान मैंने अपने आन्दोलन के बारे में, इसमें अपनी भूमिका के बारे में और साथ ही अन्य महिलाओं की भूमिका के बारे में भी सोचना शुरू कर दिया था। जो पुलिस ने कहा वह तो खैर असत्य था, पर यह सच था कि कुछ साथी मुझसे शारीरिक सम्बन्ध बनाना चाहते थे। क्या वे भी मुझे एक साथी की जगह उपभोग की वस्तु समझते थे? महिला-समानता और महिलाओं की भागीदारी बनाने के प्रति पार्टी कितनी जागरूक थी? मैंने महसूस किया कि हमारी पार्टी और राजनीति इस मुद्दे के प्रति जरा भी संवेदनशील नहीं रही। यह सच है कि महिलाएँ हमारी अध्ययन-कक्षाओं में आती थीं। यह भी सच है कि जब हम गाँवों में पठन-कक्षाओं या प्रचार के लिए जाया करते थे तो महिलाएँ हमारे भोजन और रहने की व्यवस्था के प्रति बहुत सतर्क दिखाई देती थीं। पर ये महिलाएँ संघर्ष में शामिल मुद्दों के प्रति जरा भी दिलचस्पी नहीं दिखाती थीं और न इनके बारे में समझकर कुछ बोल पाती थीं। जब वे बातें करतीं तो अधिकतर अपने पुरुषों की राजनीति में भागीदारी की शिकायतें ही करतीं। तो भी महिलाओं ने हमारी अच्छी देखरेख की, और एक तरह से आन्दोलन में अपनी भागीदारी को वे अपनी नियति मानकर चलती थीं। यहाँ तक कि वे महिलाएँ भी, जिनकी गिनती अन्यथा जुझारू महिलाओं में होती थीं, हमारे इर्द-गिर्द एकजुट नहीं हुई।

मुझे अच्छी तरह याद है कि चैलपमुंडा बागान क्षेत्र में अपने क्षेत्र की ट्रेड यूनियन की एक सक्रिय महिला ने भी हमारे संघर्ष के प्रति कोई सहानुभूति नहीं दिखाई थी। पुल्पैली आन्दोलन के बाद ही ऐसा समय आया जब महिलाएँ इस आन्दोलन में हमसे आकर जुड़ीं और आदिवासियों का एक बड़ा समूह हमारे समर्थन में सामने आया जिसमें बहुत-सी महिलाएँ भी थीं। पर इन महिलाओं को इस संघर्ष के समर्थन का मूल्य बाद में चुकाना पड़ा। हमारी गिरफ्तारी के बाद पुलिस आदिवासियों पर टूट पड़ी। कइयों को गिरफ्तार कर लिया, साथ ही डरा-धमकाकर बंदूक की नोक पर महिलाओं के साथ बड़े पैमाने पर बलात्कार भी हुए।

ये सारे प्रश्न मुझे बाद में सताते रह : लोगों ने इस तरह का व्यवहार क्यों किया? महिलाएँ हमारे समर्थन में सामने क्यों नहीं आई? क्यों सिर्फ मैं और मेरी माँ ही पार्टी की सक्रिय कार्यकर्ता रहीं? और इन सवालों से मैं अकेली जूझ रही थी। ये सारे प्रश्न मुझे बहुत निराश और उदास करते थे। जब मैं 1977 में जेल से बाहर आई तब मैंने पढ़ना शुरू किया और महिला आन्दोलन से सम्बन्धित विचार-विमर्शों के माध्यम से मेरी स्पष्टता की खोज जारी रही। आज जब मैं पुल्पैली आन्दोलन के बारे में सोचती हूँ तो मुझे महसूस होता है कि यह आन्दोलन अपरिपक्क था, पर इस दौरान जो अनुभव मुझे मिला, उसका अपना मूल्य है, क्योंकि इससे संघर्ष की कार्यविधि पर कई सीखें हमें मिलीं। यहाँ तक कि आन्दोलन की सीमाओं और भूलों में भी भविष्य के आन्दोलन के लिए कई सबक निहित थे।

नक्सलवादी नारियाँ / तीन

श्रीकाकुलम में संघर्ष

यू. विंध्या

आन्ध्र प्रदेश के कृषक समाज का एक महत्त्वपूर्ण पहलू है वहाँ के आदिवासी लोगों का जीवन और संघर्ष। ये आदिवासी मुख्यतः पूर्वी घाट से लगे, 78,000 वर्ग कि.मी. में फैले जंगलों, श्रीकाकुलम, विशाखापतनम तथा पूर्वी गोदावरी जिलों के तटीय क्षेत्रों और तेलंगाना क्षेत्र के खम्मम, वारंगल तथा आदिलाबाद जिलों में फैले हुए हैं। तटीय आन्ध्र के पहाड़ी क्षेत्रों को 'एजेंसी क्षेत्र' भी कहा जाता है, क्योंकि एक बार अंग्रेजों ने यहाँ प्रशासन चलाने के लिए एक एजेंट नियुक्त किया था। ईस्ट इंडिया कंपनी के समय से ही यहाँ के आदिवासियों को उनके बुनियादी अधिकारों और जंगलों की जमीनों व वनोपज पर उनके परंपरागत अधिकारों से धीरे-धीरे वंचित किया जाने लगा था। इसका कारण यह था कि सरकारी कानून का लाभ उठाकर मैदानी इलाकों से बड़ी संख्या में लोग यहाँ आकर बसने लगे थे।

इस स्थिति के कारण कई विद्रोह हुए जिनका सिलसिला औपनिवेशिक दौर में ही चल पड़ा था। स्वतन्त्रता के बाद के दौर में श्रीकाकुलम पहला ऐसा जिला था जिसमें सशस्त्र विद्रोह हुए। साठ के दौर के अन्तिम वर्षों में हुए इन विद्रोहों का आधार मुख्यतः इस क्षेत्र की आदिवासी जनता थी। यह आन्दोलन मार्क्सवादी-लेनिनवादियों के नेतृत्व में चला, जिन्हें नक्सलवादियों के रूप में जाना गया। उत्तरी बंगाल में नक्सलबाड़ी के किसान आन्दोलन के साथ चला यह आन्दोलन भारतीय राज्य के विरुद्ध पहला सशस्त्र विद्रोह था। 1951 में तेलंगाना क्षेत्र में सशस्त्र संघर्ष के बाद भारतीय कम्युनिस्टों ने सशस्त्र आन्दोलन का रास्ता छोड़ दिया था, उसके 17 साल बाद यह घटना घटी।

सशस्त्र संघर्ष के इतिहास में श्रीकाकुलम आन्दोलन ने पिछले वर्षों में प्रतीकात्मक महत्त्व धारण कर लिया और आज भी यह स्थिति बनी हुई है।लेकिन समकालीन नक्सलबाड़ी आन्दोलन की तरह इसे लेकर कुछ खास अध्ययन नहीं हुए। इस पर

उपलब्ध साहित्य बहुत ही सीमित है और इस सीमित अध्ययन में भी महिलाओं की भूमिका और भागीदारी का उल्लेख न के बराबर है। इस निबंध में श्रीकाकुलम आन्दोलन में महिलाओं की भागीदारी से सम्बन्धित कुछ पहलुओं को उद्घाटित करने का प्रयास किया गया है। यह अध्ययन उपलब्ध साहित्य को तो आधार बनाता ही है, साथ ही इसमें संघर्ष के लगभग दो दशक बाद 1989 के आरम्भ में इस आन्दोलन के कुछ जीवित कार्यकर्ताओं के साक्षात्कारों को भी आधार बनाया गया है, जो अधिक महत्त्वपूर्ण है।

अनेक ऐतिहासिक और पद्धतिशास्त्रीय कारकों के चलते इस अध्ययन की अपनी कुछ गम्भीर सीमाएँ भी हैं। कम्युनिस्टों के नेतृत्व में चले जन-संघर्षों सहित जन-संघर्षों में महिलाओं की भूमिका के प्रति चेतना अपेक्षाकृत हाल ही में पैदा हुई है। महिला-आन्दोलन का विकास, महिलाओं सम्बन्धी अध्ययनों में वृद्धि और इनके फलस्वरूप जन्मी महिलावादी इतिहास-लेखन की नवोन्मेषी विद्या– ये सभी आठवें दशक के मध्य की उपज हैं। इस समय तक श्रीकाकुलम आन्दोलन को दबाया जा चुका था। आन्दोलन के नेतृत्व में महिलाओं के प्रश्न पर चेतना का स्पष्ट अभाव था, जिसमें साफ हो जाता है कि उपलब्ध साहित्य में महिलाओं का अत्यल्प उल्लेख है। बेशक, यह बात सच है कि इस सम्बन्ध में श्रीकाकुलम आन्दोलन अन्य आन्दोलनों से भिन्न नहीं था। किन्तु इस बात का और अधिक खुलासा किए जाने की जरूरत है। अक्सर समकालीन इतिहासकार विगत की अपनी समझ का लाभ उठाते हुए, आन्दोलन की शक्ति और कमजोरियों की तह में गए बगैर, उसमें मौजूद पितृसत्तात्मक प्रवृत्तियों की पूर्णतः भर्त्सना कर देते हैं। इस तरह की भर्त्सना का आधार वह सामान्य पद्धति-विषयक दोष है जो महिलाओं को समाज से तथा जिस आन्दोलन की गतिशीलता के मातहत वे होती हैं, उससे अलग कर देता है और उन्हें शोध एवं विश्लेषण के एक स्वतन्त्र विषय के रूप में प्रस्तुत करता है।

जहाँ पितृसत्तात्मक प्रणाली का ऐसा निरूपण तर्कसंगत है, वहाँ भी यह प्रवृत्ति उस प्रक्रिया को आच्छादित कर देती है जिसे वह तोड़ना चाहती है। हमारी दृष्टि में जब किसी भी प्रकार की महिलावादी चेतना का अस्तित्व नहीं था, तब भी पितृसत्तात्मक प्रणाली के टूटने की प्रक्रियाओं का प्रलेखन और विश्लेषण आवश्यक है। तभी इतिहास हमें रास्ता दिखाता है, नहीं तो, वह हमें अपने बिना दरवाजों के पागलखाने में बन्द कर देता है। इस निबंध में कृषक आन्दोलन के कार्यक्षेत्र और सारतत्त्व के व्यापक मसले के अन्तर्गत महिलाओं के प्रश्न पर विचार करने का प्रयास किया गया है।

इस प्रकार, निबंध के पहले भाग में, आदिवासी समाज के कुछ पहलुओं की, महिलाओं की स्थिति के विशिष्ट सन्दर्भ में, विवेचना की गई है। इसके बाद दूसरे भाग में, आन्दोलन का संक्षिप्त विवरण दिया गया है और अन्तिम भाग में आन्दोलन में महिलाओं की सहभागिता से सम्बन्धित पहलुओं को समेटा गया है।

❑❑❑

स्थलाकृति विज्ञान की दृष्टि से देखें तो श्रीकाकुलम जिले में दो भिन्न प्रकार के क्षेत्र हैं– पहाड़ी या एजेंसी इलाके और मैदानी या तटीय इलाके। पालकोंडा, पार्वतीकुलम, पथपतनम और सालूट तालुक एजेंसी क्षेत्र में आते हैं, जहाँ ज्यादातर आदिवासी रहते हैं। मैदानी इलाकों के अन्तर्गत इच्छापुरम, नरसन्नपेटा, श्रीकाकुलम और तक्काली व सोमपेट तालुक आते हैं। सोमपेट के आसपास का इलाका मैदानी इलाकों के आन्दोलन का आधार था। काजू और नारियल के बड़े-बड़े बगीचों के कारण यह इलाका 'उद्यानम' कहलाता है।

श्रीकाकुलम जिले के विभाजन से पूर्व, राज्य के अनुसूचित क्षेत्रों में, यह आदिवासी आबादी का सर्वाधिक घनत्ववाला क्षेत्र था (1971 की जनगणना के अनुसार, 260 व्यक्ति प्रति वर्ग किलोमीटर)। यहाँ के मुख्य आदिवासी थे– सबारा, जतापु, मुखदोरा, कोंडादोरा और कड़वी। सबारा और जतापु आदिवासी– जो जिले की आदिवासी आबादी का 70 प्रतिशत हैं– विद्रोह की रीढ़ और मुख्य आधार बने।

ये दोनों आदिवासी समूह सगोत्रीय हैं और छितरी हुई छोटी-छोटी बस्तियों में तथा कहीं-कहीं छोटे-छोटे गाँवों में रहते हैं। इनके घर समानान्तर कतारों में बने हैं और एक कतार के सभी घरों की छत एक ही होती है। नृवंश-वैज्ञानिक साहित्य में इन दोनों जनजातियों को पितृसत्तात्मक बताते हुए पैतृक आवास व पितृवंशजता को इनकी मुख्य विशेषता कहा गया है। तो भी इन आदिवासी समाजों में महिलाओं की स्थिति उल्लेखनीय रूप से भिन्न है। ऐसा लगता है कि यह आर्थिक उत्पादक कार्यों में उनकी भूमिका के कारण है।

सबारा लोगों को 'संरक्षित जनजातियों' की कोटि में रखा गया है और ये 'पोदू' या घुमंतू खेती करते हैं। किन्तु जतापुओं के बीच घुमंतू खेती का प्रचलन पिछले कई वर्षों से कम होता गया है और कई स्थानों पर उन्होंने स्थायी रूप से बसकर खेती करना आरम्भ कर दिया है। हालाँकि गैर-आदिवासी साहूकारों और जमींदारों ने इनकी जमीनें छीनकर इनमें से बहुतों को पुनः घुमंतू खेती अपनाने पर मजबूर कर दिया। दोनों ही जनजातियों के रीति-रिवाजों और संस्कृति में निजी भू-सम्पत्ति की परम्परा नहीं है। यह भी एक कारण है कि वे राज्य के न्यायिक और कानूनी कार्यों के बारे में नहीं जानते। बाद में यही अनभिज्ञता राज्य के प्रति उनके दोहरे बर्ताव का कारण बनी। जहाँ एक ओर वे राज्य को दमनकारी तन्त्र मानते थे और उसकी सशस्त्र ताकत के विरुद्ध उन्होंने बड़े विकट और शौर्यपूर्ण संघर्ष चलाए, वहीं दूसरी ओर वे उसकी न्यायिक व प्रशासनिक प्रक्रियाओं से हमेशा घबराए हुए और भ्रमित भी रहते थे। जिन महिलाओं और पुरुषों ने भूस्वामियों और पुलिस के विरुद्ध हथियार उठाए थे, मिर्च के बूरे और देशी विस्फोटकों तक से उनका सामना किया था, वे लगता है राज्य की कार्यविधियों को नहीं समझ पाए। इस लेखिका को बताई गई एक घटना इस तथ्य को बड़ी स्पष्टता से सामने लाती है। आन्दोलन के दौरान बीस आदिवासी महिलाओं और पुरुषों को

गिरफ्तार करके राजमुंद्री जेल में भेजा गया। बाद में उन्हें रिहा करते समय सत्र न्यायाधीश ने पुलिस को आदेश दिया कि वह उन्हें उनके गाँव तक पहुँचाकर आए। पुलिस ने ऐसा करने की बजाय उन्हें पार्वतीपुरम के रेल टिकट थमा दिए और राजमुंद्री रेलवे स्टेशन पर छोड़ दिया। आदिवासी रेल से जाने की बजाय रेल की पटरी पर लगभग 350 किलोमीटर की यात्रा पैदल तय करते हुए पार्वतीपुरम पहुँचे। वहाँ पहुँचकर उन्होंने रेलवे टिकट स्थानीय मजिस्ट्रेट को सौंप दिए और कहा कि अब उन्हें ज्यादा परेशान न किया जाए। इसके बाद वे अपने घर पहाड़ों पर वापस चले गए। इस तरह उत्तर-औपनिवेशिक कल्याणकारी राज्य के क्रियाकलाप आदिवासी समाज की परिधि से बाहर ही रहे– सिवाय उसके दमनकारी कार्यों के। और, यही तथ्य आन्दोलन की पृष्ठभूमि बना।

सबारा और जतापु आदिवासी समाजों में महिलाओं की स्थिति के कुछ विशिष्ट पहलू हैं। दोनों को ही पितृसत्तात्मक माना गया है। पर उत्पादन-प्रक्रियाओं में अन्तर के कारण इन दोनों समाजों में महिलाओं की स्थिति में काफी फर्क है। पुरुष, खासकर सबारा पुरुष, मुख्य रूप से शिकार करते हैं और ताड़ी उतारने का काम या जंगल में मजदूरी करते हैं। महिलाओं के ऊपर आमतौर पर ढलानों पर की जाने वाली खेती की पूरी जिम्मेदारी होती है। इसमें झाड़ियाँ साफ करना, सिंचाई, निराई, कटाई, फसल का दावन करना, नालाबंदी, मेंड़बंदी इत्यादि सभी अत्यंत मुश्किल काम शामिल हैं। पानी लाना, लकड़ी व वनोपज इकट्ठी करना, अनाज पीसना, खाना बनाना और जानवरों की देखभाल व रस्सी बनाना भी उन्हीं के जिम्मे है। खेतीबाड़ी में महिलाओं को पुरुषों की तुलना में अधिक कठोर श्रम करना पड़ता है। सबारा जाति के पुरुष नाच-गाने के शौकीन होते हैं, और शराब की लत में डूबे रहते हैं, जबकि मजदूरी का अधिकांश बोझ महिलाओं पर होता है।

उनके लिए विवाह का अर्थ समुदाय के भीतर पुरुष और महिला के बीच एक शिथिल बंधन होता है। शादी के बंधनों को आसानी से तोड़ा जा सकता है। ऐसा इसलिए है कि बच्चों के लालन-पालन की जिम्मेदारी पूरी तरह परिवार की नहीं बल्कि समाज की होती है। बच्चों का लालन-पालन, उनकी वैधता साबित करना या सम्पत्ति के अधिकार की रक्षा करना– किसी के लिए भी परिवार का एक इकाई के रूप में चलते रहना जरूरी नहीं होता। और, इस कारण वैवाहिक जिन्दगी के सम्बन्ध में फैसले करने के लिए महिलाएँ अधिक स्वतन्त्र होती हैं। जीवन-साथी का चुनाव साप्ताहिक बैठकों में किया जाता है। भागकर शादी करना भी आम बात है। लड़की के पिता लड़केवालों को दहेज या 'बोली' के रूप में नक़द पैसा, कपड़े, अनाज व दारू इत्यादि देते हैं। दोनों ही जातियों में एक से अधिक पत्नियाँ रखने का प्रचलन है जो बेहतर आर्थिक स्थिति का परिचायक होता है।

आदिवासी समाज में औरतों की इस तरह की स्थिति के, आन्दोलन के लिए, कुछ निहितार्थ थे। आन्दोलन के तात्कालिक आर्थिक मुद्दों से महिलाओं व पुरुषों का एक

जैसा सरोकार था। इनमें जमीन, खासकर सरकार द्वारा 'अवैधानिक' घोषित की गई 'पोदू' जमीन पर खेती का हक, जंगल में काम के लिए उचित मजदूरी, बेट्टी या पारम्परिक बँधुआ मजदूरी को खत्म करने, गैर-आदिवासी साहूकारों द्वारा जमीन का हक छीनने, साहूकारों द्वारा ब्याज की ऊँची दरें लेने, बनियों व सरकार द्वारा वनोपज के लिए उचित दाम न देने और जंगल विभाग के कर्मचारियों द्वारा लोगों को प्रताड़ित करने जैसे मुद्दे शामिल थे।

उत्पादन तन्त्र में अपनी जिम्मेदारियों के कारण महिलाएँ न केवल आन्दोलन से जुड़ीं, बल्कि सामाजिक व सांस्कृतिक परिस्थितियों के कारण उनकी भागीदारी को बल मिला और सबने मिलकर आन्दोलन की भूमिका निर्धारित की। आन्दोलन के प्रखर दौर में सैकड़ों महिलाएँ घर छोड़कर संघर्ष में उतरीं और उन्होंने लम्बे समय तक कारावास झेला। पर आमतौर पर यह सब पुरुषों के लिए तनाव और नाराजगी का कारण नहीं बना।

जैसा पहले बताया गया है– श्रीकाकुलम आन्दोलन में जिले के मैदानी व पहाड़ी, दोनों इलाकों से भागीदारी थी। मैदानी इलाकों में आन्दोलन का असर कम था, हालाँकि सशस्त्र विद्रोह बाद में यहीं से शुरू हुआ। मैदानी इलाकों की महिलाओं को अपेक्षाकृत कम छूट थी, इसलिए संघर्ष में कम महिलाएँ जुड़ीं, और इन कम जुड़ने वाली महिलाओं में कुछ तो नेताओं की पत्नियाँ ही थीं। जब कम्युनिस्ट पार्टी के महिला संघम ने इन्हें संगठित किया उस समय तक ये महिलाएँ आदिवासी महिलाओं की अपेक्षा अधिक शिक्षित और राजनीतिक रूप से अधिक जागरूक थीं।

मैदानी इलाके के मुद्दे भी थोड़े अलग थे। आन्दोलन ने यहाँ के खेतिहर मजदूरों, खासकर बँधुआ मजदूरों यानी 'पालेरु' की मजदूरी के सवाल के अलावा परती, बंधक और गैर-कानूनी तरीकों से हथियाई गई गरीबों की जमीन पर अधिकार के सवाल उठाए। कर्ज के दुष्चक्र में हमेशा के लिए जकड़े हुए गरीब या भूमिहीन खेतिहरों को अक्सर साहूकारों के घरों में बेट्टी या बेगार करना पड़ता था। औरतों के लिए इसका अर्थ था– उनके घरों में नौकरी करना और उनके यौन-अत्याचारों का शिकार होना। आन्दोलन के चन्द जीवित कार्यकर्ताओं में से एक सम्पूर्णम्मा के अनुसार, यह महिला संघम के साथ महिलाओं के जुड़ने का एक प्रमुख कारण बना।

दस रुपए तक के छोटे-से कर्ज से जिन्दगी-भर के लिए कर्जदार हो जाना आम था और अक्सर साहूकार किसी-न-किसी बहाने मूल धन वापस लेते ही नहीं थे, ताकि कर्ज की अवधि बढ़ती जाए और किसान को बेगार के लिए फँसा लिया जाए। ये किसान कर्ज के बोझ के कारण आमतौर पर अपनी पत्नियों के शारीरिक उत्पीड़न की ओर से आँखें मूँद लेते थे। महिला संघम ने महिलाओं को न केवल व्यक्तिगत स्तर पर सहारा दिया, बल्कि उन्हें उनकी सामूहिक शक्ति का अहसास भी कराया।

पुरुषों की शराब की लत भी महिलाओं की परेशानी का कारण थी। साहूकार अक्सर शराब-विक्रेता होते और शराब की लत की वजह से ग्रामीण पुरुष उनके

कर्जदार बनते जाते थे। फलतः महिला संघम ने शराब-विरोधी अभियान भी चलाया। बड़ी संख्या में महिलाओं ने इकट्ठे होकर शराब बनाने के बर्तन तोड़ डाले। स्थानीय बनिया जाति 'सोंदी' भी उनके विरोध का निशाना बनी। यहाँ यह जोड़ देना जरूरी है कि मैदानी इलाके की महिलाओं को आन्दोलन की भागीदारी से रोकने वाले मुख्यतया पारिवारिक बंधन थे।

इस तरह श्रीकाकुलम आन्दोलन में महिलाओं की भूमिका पितृसत्तात्मक समाज में उनकी आर्थिक व सामाजिक स्थिति और पारिवारिक व सांस्कृतिक रीतियों द्वारा निर्धारित हुई।

❑ ❑ ❑

सन् 1958 में अविभाजित भारतीय कम्युनिस्ट पार्टी ने 'गिरिजन संघम' के अन्तर्गत आदिवासियों को संगठित किया था। यही संगठन आगे चलकर सशस्त्र विद्रोह का मूल स्रोत बना। 1964 में पार्टी के टूटने के बाद गिरिजन संघम भारतीय कम्युनिस्ट पार्टी (मार्क्सवादी) के साथ जुड़ गया। वी. रामुलु और वेम्पतापु सत्यनारायण नामक दो बेहद लोकप्रिय शिक्षकों ने पटवारियों की रिश्वतखोरी के खिलाफ आदिवासियों को संगठित किया था। सत्यनारायण सत्यम मास्टर के रूप में जाने जाते थे। वे आदिवासियों के बीच बहुत लोकप्रिय थे और आन्दोलन की कथाओं के नायक बने। बाद में आदिभातला केलासम भी उनके साथ जुड़ गए। संघम का प्रभाव पहले-पहल पार्वतीपुरम और पालाकोंडा तालुकों तक सीमित था, जो धीरे-धीरे पहाड़ी क्षेत्रों में फैलने लगा।

गैर-आदिवासी जमींदारों व साहूकारों द्वारा जमीन हड़पने का विरोध संघम का एक प्रमुख मुद्दा था। एजेंसी इलाकों में छोटे दुकानदार बनकर आए ये लोग आदिवासियों को घर का सामान उधार बेच कर, और बीज इत्यादि खरीदने, करों का भुगतान करने तथा पटवारी, नाकेदारों व पुलिस को रिश्वत देने के लिए मोटे ब्याज पर पैसा दिया करते थे। ब्याज की ऊँची दरों के कारण आदिवासी पैसा वापस नहीं कर पाते थे और दोबारा कर्ज माँगने पर उन्हें अपनी जमीन गिरवी रखनी पड़ती थी। अपनी जमीन और लगभग पूरी फसल दे देने के बावजूद, उन्हें साहूकारों के पास बेट्टी या बँधुआ मजदूरी करनी पड़ती थी।

इस तरह से स्थायी खेती करने वाले जतापु लोग जंगल की जमीन पर घुमंतू खेती– 'पोदू'– करने पर मजबूर हो गए। वन-संरक्षण के नाम पर इस तरह खेती करना गैर-कानूनी था, अतः इन्हें वन-विभाग के कर्मचारियों का सामना करना पड़ा था। वन-विभाग के कर्मचारियों द्वारा शोषण और बिना पैसा दिए काम कराना, राजस्व अधिकारियों द्वारा सरकारी दर से ज्यादा पैसा वसूलना आम था। पुलिस भी शोषकों का साथ देकर आदिवासियों को झूठे मुकदमों में फँसाती, मारती-पीटती और उनकी मुर्गियाँ, बकरियाँ, कृषि-उपकरण छीन लेती थी। संघम ने इन सभी मुद्दों को उठाया।

संघम ने शोषकों की साँठगाँठ के खिलाफ मुहिम छेड़ी। 1967 तक संगठन के

प्रयासों के कारण कुछ ठोस उपलब्धियाँ भी हासिल हुई, जैसे खेतिहर मजदूरों की दैनिक मजदूरी बढ़ी, जमीन जोतने वालों को उत्पादन का दो-तिहाई हिस्सा मिलने लगा, करीब 2,000 एकड़ गिरवी रखी जमीन जमींदारों से वापस ली गई, तीन लाख रुपए के कर्ज माफ किए गए, आदिवासियों के लिए व्यापार की बेहतर शर्तें तय हुई और 5,000 एकड़ परती जमीन आदिवासियों के बीच बाँटी गई। पुलिस के सहयोग से जमींदारों द्वारा आन्दोलन को कुचलने की कोशिशों के बावजूद संघम अपने आधार को विस्तृत करता गया। इससे राजनीतिक संगठन में आदिवासियों का विश्वास बढ़ा।

जैसे-जैसे आन्दोलन वेग पकड़ता गया, राज्य की ओर से दमन भी बढ़ता गया। 1967 की शुरुआत तक शान्तिपूर्ण और कानूनी ढंग से चल रहे आन्दोलन को कुचलने के लिए सशस्त्र पुलिस का इस्तेमाल होने लगा। इस दौरान सैकड़ों आदिवासियों को गिरफ्तार किया गया। इस सम्बन्ध में एक घटना उल्लेखनीय है: 31 अक्तूबर 1967 को गुम्मा गाँव की 4,000 आदिवासी औरतें जब लाल साड़ियाँ पहनकर, क्रान्तिकारी गीत गाते हुए मोदेखल में आयोजित गिरिजन सम्मेलन में भाग लेने जा रही थीं, तब लेबिड़ी गाँव में जमींदार के गुंडों ने उन पर हमला किया– उनके साथ छेड़छाड़ की गई, उनके कपड़े फाड़े गए और झंडे जला दिए गए। दो औरतों ने किसी तरह यह खबर सम्मेलन में आए साथियों तक मोदेखल पहुँचाई। सैकड़ों महिलाएँ और कुछ पुरुष उसी समय मोदेखल से लेबिड़ी आए। औरतों ने मिर्च पाउडर फेंककर गुंडों को डंडों व गेहूँ कूटने वाले मूसलों से पीटा। इस समय पास के घर में छिपे एक जमींदार ने गोली चलाकर दो आदिवासियों को मार डाला। इस घटना से आन्दोलन का स्वरूप बदला और उसने हिंसक मोड़ ले लिया। जमींदारों के खिलाफ पुलिस ने समय पर कार्यवाही नहीं की और बाद में अदालत ने भी उन्हें छोड़ दिया। इससे भी आदिवासियों को अधिक जुझारू संघर्ष की जरूरत महसूस हुई। इस घटना के बाद भारी संख्या में आदिवासियों को गिरफ्तार किया गया। तब महिलाओं ने ही पुलिस का सामना करने और पुरुषों को गिरफ्तारी से बचाने में सक्रिय भूमिका निभाई। कई बार वे सफल भी रहीं, जैसे एक बार गुम्मा गाँव में महिलाओं ने पुलिस दल को मिर्च पाउडर, झाड़ू और डंडे का इस्तेमाल करके भगा दिया। पांचादी कृष्णमूर्ति, पांचादी निर्मला, चौधरी तेजेश्वर राव, सम्पूर्णम्मा, तमादा गणपति, सुब्बा राव पाणिग्रही जैसे नेताओं– जिनमें कुछ श्रीकाकुलम जिले के भा.क.पा. (मा.) के सदस्य थे– के प्रयासों से उद्यानम इलाके में गैर-आदिवासी खेतिहर संगठित हुए। 1967 में लोकप्रिय स्नातकोत्तर पांचादी कृष्णमूर्ति और तमादा गणपति ने मिलकर गरीब किसानों को संगठित किया और अकाल में भू-कर छूट, नारियल व काजू के बगीचे पट्टे पर देने में बिचौलियों द्वारा शोषण, साहूकारों द्वारा अधिक सूद लिए जाने व बेहतर मजदूरी के सवाल उठाए गए।

1968 तक नक्सलबाड़ी संघर्ष के कारण भा.क.पा. (मा.) में बहुत उतार-चढ़ाव आते रहे थे। उद्यानम नेताओं ने इसमें मुख्य भूमिका निभाई और अन्ततः अप्रैल, 1969

में श्रीकाकुलम आन्दोलन चारू मजूमदार के नेतृत्व वाली भा.क.पा. (मा.) से जुड़ा। लेकिन मुख्यतः पहाड़ी इलाकों के जुझारू संघर्ष की गतिशीलता के प्रभाव के कारण ही जिला नेतृत्व ने खेतिहर क्रान्ति के लिए सशस्त्र संघर्ष का पथ अपनाने का निर्णय लिया और छापामार गुरिल्ला पद्धति से राज्य की शक्ति छीनने का समर्थन किया।

छापामार पद्धति से संघर्ष का पहला दौर 24 नवंबर, 1968 को कासीबुग्गा पुलिस थाने की सीमा में स्थित गरुड़भद्र के मैदानी इलाके में शुरू हुआ। पांचादी निर्मला और सुब्बा राव पाणिग्रही के नेतृत्व में दलम ने अपनी ताकत के बल पर एक अमीर जमींदार की फसल काट ली। अगले ही दिन वेम्पतापु सत्यनारायण के नेतृत्व में पार्वतीपुरम एजेंसी इलाके में स्थित पेड्डागोट्टिली गाँव के एक जमींदार के घर पर हमले के साथ ही जमींदारों, साहूकारों व पुलिस-भेदियों के घरों पर हमले शुरू कर दिए। सम्पत्ति जब्त करना, साहूकारों की हुंडियाँ तथा अन्य ऋण व जमीन-सम्बन्धी दस्तावेज नष्ट करना और अन्न भंडारों में से अन्न निकाल कर ले जाना संघर्ष का प्रमुख रूप बन गया। कम्युनिस्ट पार्टी (माले.) की स्थापना के बाद वर्ग-शत्रु के नाश का रास्ता अपनाया गया। दो तालुकों के लगभग 300 गाँव एवं बस्तियाँ और लगभग दो लाख की आबादी सशस्त्र विद्रोह के प्रभाव में थी। बहुत से जमींदारों की जानें ले ली गईं। गाँव प्रशासन चलाने के लिए समितियाँ बनीं और झगड़ों का निपटारा करने के लिए लोक अदालतें बनाई गईं।

एक जुझारू खेतिहर संघर्ष को राज्य के खिलाफ जागरूक राजनीतिक संघर्ष का रूप धारण करते देख, राज्य ने व्यापक दमन शुरू कर दिया। 27 मई, 1969 को पांचादी कृष्णमूर्ति व छः अन्य साथियों को गिरफ्तार करके, जलनतारा कोटा के पहाड़ों में ले जाकर गोली मार कर खत्म कर दिया गया। पुलिस द्वारा इसे 'मुठभेड़' का नाम दिया गया। बाद में सक्रिय कार्यकर्ताओं को इसी तरह मार देना और इसे 'मुठभेड़' का नाम देना, आन्दोलन से निपटने का आम तरीका हो गया। राजनीतिक शब्दावली में मुठभेड़ का सामान्य अर्थ ही राज्य के विरोधियों की राज्य द्वारा गैर-कानूनी तरीकों से हत्या करना हो गया।

पार्वतीपुरम व पालाकोंडा के पहाड़ी इलाकों तथा सोमपेट, इच्छापुरम व टक्काली के मैदानी तालुकों को 'अशांत क्षेत्र नियन्त्रण कानून' के अन्तर्गत अशांत इलाके घोषित कर दिया गया। इन अशांत इलाकों में बहुत-सी आदिवासी बस्तियाँ जला दी गईं और आदिवासियों को यातना-शिविरों में रखा गया। राज्य के विभिन्न भागों से हजारों लोगों को गिरफ्तार किया गया और यातनाएँ दी गईं। सशस्त्र संघर्ष के दो वर्ष के भीतर पूरा नेतृत्व और कार्यकर्ताओं का बड़ा हिस्सा खत्म हो चुका था। मार्च, 1968 से जुलायी, 1970 के बीच कम से कम 157 लोगों को मुठभेड़ में मारा गया। जो कार्यकर्ता बच रहे, उन्होंने गुरिल्ला युद्ध जारी रखा। बाद में उनमें से भी 19 लोग और मारे गए। आन्दोलन को अन्तिम आघात जुलायी, 1970 में वेम्पतापु सत्यनारायण व आदिभातला कैलासम के मारे जाने से लगा।

यहाँ श्रीकाकुलम सशस्त्र संघर्ष के कुछ विशिष्ट पहलुओं पर गौर करना प्रासंगिक होगा। 19वीं सदी के मध्य में पूर्वी घाट के एजेंसी इलाकों के आदिवासियों ने जंगल पर अंग्रेजों के नियन्त्रण व अधिकार की शुरुआत के विरोध में सक्रिय भाग लिया था। इस तरह सत्तर के दशक के उत्तरार्ध का आन्दोलन विद्रोह की इसी परम्परा का हिस्सा था। पहले के विद्रोहों की तरह यह आन्दोलन भी एक केन्द्रीय व्यक्ति, सत्यम मास्टर, की मिथकीय क्षमताओं के इर्द-गिर्द केन्द्रित था। इन सभी विद्रोहों को आदिवासी तिरुगुबतु (बगावत) कहते हैं। यही शब्द पुराने संघर्षों के लिए भी इस्तेमाल हुआ। पर श्रीकाकुलम का संघर्ष पारम्परिक आदिवासी पुनरुत्थानवादी दर्शन तक सीमित न रहकर मार्क्सवादी-लेनिनवादी पार्टी के नेतृत्व में समाजवादी दर्शन से प्रेरित था, जिसमें एक समाजवादी समाज की कल्पना थी। इस तरह यह मिथकीय इतिहास में एक निर्णायक मोड़ था।

सशस्त्र संघर्ष की एक और विशेषता यह थी कि इसमें पहली बार आदिवासियों व गैर-आदिवासियों के हितों में अन्तर्विरोध की भावना नहीं थी और आदिवासियों ने मैदानी इलाकों के लोगों का नेतृत्व तथा भागीदारी स्वीकार की थी।

आर्थिक व राजनीतिक माँगों के अलावा आन्दोलन ने सामाजिक व सांस्कृतिक रीतियों को भी अपनी परिधि में लिया। जनता का संघर्ष हेतु आह्वान करने के लिए 'बुर्रा कथा' व 'जामकला कथा' जैसी जनप्रिय सांस्कृतिक शैलियों का इसी तरह प्रयोग किया गया था। सत्यम मास्टर व सुब्बा राव पाणिग्रही के गीतों का उपयोग सामाजिक सवालों को उजागर करने के लिए किया गया।

गिरिजन संघर्ष ने खान-पान, साफ-सफाई की आदतों, स्वास्थ्य व्यवस्था आदि में बदलाव द्वारा आदिवासी समाज में व्याप्त संकीर्णताओं को तोड़ने की कोशिश की। उसने बाहरी लोगों द्वारा बनाई गई आदिवासी जनजीवन की रूमानी छवि को तोड़ा। संघम के प्राथमिक साहित्य (जिसमें वेम्पतापु सत्यनारायण की संक्षिप्त पुस्तिका भी शामिल है) में आदिवासी जनजीवन की रूमानी छवि बनाने की जगह उसका यथार्थ चित्र खींचा गया है। कहना मुश्किल है कि नेतृत्व की यह समझ कहाँ तक सुनियोजित नीति थी। पर इसके नतीजे जाहिर हैं– खासकर महिलाओं के सम्बन्ध में।

❑ ❑ ❑

सातवें दशक के मध्य से आन्दोलन के अन्त तक पहाड़ी महिलाओं ने बड़ी संख्या में आन्दोलन में हिस्सा लिया। जिस गाँव से जितने पुरुष आन्दोलन से जुड़े, उतनी ही संख्या में महिलाएँ भी आकर आन्दोलन से जुड़ीं। इलाके के अलग-अलग पुलिस थानों में दर्ज 1800 प्रथम सूचना रपटों में 1967-69 के दौर में पहाड़ी इलाकों में बड़ी संख्या में महिलाओं के शामिल होने का पता चलता है। महिलाओं के लिए अलग संगठन, 'महिला संघम' पहले मैदानी इलाकों में बने, जबकि यहाँ उनकी भागीदारी उतने बड़े स्तर पर नहीं थी। भा.क.पा. (मा.) ने उद्यानम में सातवें दशक की शुरुआत में

स्थापित महिला संगठनों के माध्यम से ही महिलाओं को 1967 के चुनावों के लिए संगठित किया। पहाड़ों में जुझारू दौर आने के बाद ही गिरिजन महिला संघम स्थापित हुआ। इन संघमों के माध्यम से ही सैकड़ों महिलाओं ने बैठकों, सभाओं, जुलूसों, धरनों, हड़तालों में हिस्सा लेना शुरू किया। हाथ में लाल झंडे, बर्तन और बच्चे लेकर कभी-कभी 100-100 कि.मी. दूर पैदल चल कर वे बड़ी सभाओं में भाग लेने जाती थीं। महिला संघम लचीले संगठन थे, जो मुख्य गिरिजन संघमों के ढाँचे से अलग नहीं थे।

यहाँ हम महिलाओं की भागीदारी के तीन मुख्य पहलुओं पर ध्यान केन्द्रित करेंगे। पहला है– आन्दोलन में महिलाओं का नेतृत्व और सशस्त्र दलमों में उनकी भूमिका, दूसरा– दलमों से जुड़ने पर घरों में बच्चों को छोड़ने का सवाल, और तीसरा है– पुरुष-महिला सम्बन्धों का सवाल।

1958 से 1968 तक आन्दोलन के नेतृत्व में महिलाएँ नहीं थीं, आन्दोलन के अन्तिम दौर में ही स्त्रियाँ आगे आईं। महत्त्वपूर्ण यह है कि इनमें कोई भी पहाड़ों की नहीं थी और सभी पुरुष-नेताओं की पत्नियाँ थीं। वरलक्ष्मी नाम की एक आदिवासी महिला एक अपवाद थीं, जिन्होंने पति के विरोध के बावजूद आन्दोलन में हिस्सा लिया और सशस्त्र कार्यकर्ता के रूप में उभरीं। जिला समिति और क्षेत्रीय समितियों में आदिवासी महिलाओं का नेतृत्व शायद इसलिए नहीं हो पाया क्योंकि वे महिलाएँ थीं और साथ ही अनपढ़ भी। लोकप्रिय नेता सत्यम मास्टर ने दो आदिवासी महिलाओं से शादी की, पर वे दोनों ही नेतृत्व की स्थिति में नहीं पहुँचीं। उनकी हाईस्कूल तक पढ़ी बेटी, जो पूर्णतः आदिवासी नहीं थी, जरूर सशक्त नेता बनीं।

श्रीकाकुलम आन्दोलन के अन्तिम चरण में जब सशस्त्र संघर्ष के दौरान गुरिल्ला दलों को जगह-जगह भटकना पड़ता था, बच्चों को सँभालना एक बड़ी समस्या बन गई। दिलचस्प यह है कि इस समस्या से निबटने का काम पूरी तरह औरतों पर छोड़ दिया गया। तब कुछ महिलाओं ने पूर्णतः अपनी इच्छा से बच्चों को रिश्तेदारों के पास छोड़कर दलमों से जुड़ने का निर्णय लिया। यह दलमों का नहीं, बल्कि उनका अपना निर्णय था। हालाँकि यह एक कठोर कदम था, पर व्यावहारिक कारणों से ऐसा करना जरूरी हो गया था। एक बार पुलिस के बहुत निकट ही दलम की एक महिला नेता पांचादी निर्मला का बच्चा बहुत जोर-जोर से रोने लगा और इस पर उनका और उनके पति पांचादी कृष्णमूर्ति का परस्पर बहुत झगड़ा हुआ। तब उन्होंने अपने पति के कहने पर बच्चे को माँ-बाप के पास छोड़ा और दलम से जुड़ी रहीं।

आन्दोलन के दौरान पुरुष-महिला सम्बन्धों का सवाल भी महत्त्वपूर्ण बन गया था। भूमिगत जीवन में आपसी रिश्ते कभी-कभी अनुचित रूप भी धारण कर लेते थे। पार्टी के नियमों के अनुसार महिलाओं और पुरुषों को एक स्थान पर सोने को मनाही थी। नेताओं का मत था कि सदस्यों के व्यक्तिगत जीवन के बारे में चर्चा नहीं होनी चाहिए, मगर असल में पुरुष व महिला कार्यकर्ताओं के सम्बन्धों पर नजर रखी जाती थी, यहाँ तक कि दोस्तों की बातचीत पर भी। वैसे पार्टी नेतृत्व की इस सम्बन्ध में कोई एक-सी

नीति नहीं थी। सामन्ती, पितृसत्तात्मक मूल्यों पर आधारित और बराबरी व दोस्ती पर आधारित दोनों ही प्रवृत्तियाँ प्रचलित थीं, जिनमें टकराव भी होता था।

जैसे दो घटनाओं में अलग-अलग सदस्यों ने जब आपस में विवाह का निर्णय किया तो स्थानीय समितियों ने इसका विरोध किया, हालाँकि दोनों बार जिला समिति ने इस निर्णय को बदल कर विवाह करवाए। कठिन संघर्ष के दौरान साथ काम करने पर अन्तरंग आपसी सम्बन्ध बनना स्वाभाविक है। आन्दोलन का नेतृत्व अक्सर अपने को एक तरफ सामाजिक बंधनों व पितृसत्तात्मक रीतियों और दूसरी तरफ बराबरी पर आधारित मानवीय सम्बन्धों के आदर्श के बीच फँसा पाता था। इस विरोधाभास को कभी भी सामाजिक या राजनीतिक सवाल के रूप में नहीं उठाया गया। इसलिए ऐसे सम्बन्धों की जानकारी हमेशा गुप्त चर्चाओं को जन्म देती थी। श्रीकाकुलम आन्दोलन में इन मुद्दों की कोई ठोस सैद्धान्तिक समझ नहीं उभर सकी। सशस्त्र संघर्ष के छोटे और कठिन दौर में इन मुद्दों पर कोई सचेत नीति अपनाना सम्भव नहीं था। पर हर घटना की अच्छाइयों-बुराइयों पर जोरदार विचार-विमर्श के बाद ही निर्णय होता था।

जनसम्पर्क के दौरान महिलाओं की आन्दोलन में जितनी हिस्सेदारी थी, वह सशस्त्र संघर्ष के दौरान और सीमित हो गई। छापामार हमले के शुरुआती दौर में बथुपुरम, पदमापुरम व कोनाका में वर्ग-शत्रुओं पर किए गए आक्रमण से उन्हें बाहर रखा गया। नेता व सामान्य पुरुष कार्यकर्ता उनसे संरक्षणात्मक व्यवहार करते थे, जिसका विरोध क्षेत्रीय समिति की एक बैठक में महिलाओं ने खुद ही किया। एक बैठक में महिलाओं ने एक तो इस बात का विरोध किया कि उनसे छिपा कर कुछ हमले किए गए थे और दूसरे, उन्हें लग रहा था कि पार्टी में खासकर निर्मला की, और आम तौर पर सभी औरतों की, क्षमताओं का पूरा इस्तेमाल नहीं हो रहा था।

इस बैठक में निर्मला ने स्वीकार किया कि उन्होंने अपने पति की मृत्यु के बाद ज्यादा योगदान नहीं किया था, लेकिन आगे खूब काम करने की उम्मीद जाहिर की और उन्होंने ऐसा किया भी। अपने पति की मृत्यु के कुछ दिनों बाद ही उन्होंने खुद को सँभाल लिया। अपने नवजात बेटे और बेटी को माँ-बाप के पास छोड़कर वे दलम में वापस आ गईं। माँ-बाप द्वारा निरुत्साहित करने और पुलिस द्वारा संरक्षण दिए जाने का उन पर कोई असर नहीं हुआ। थोड़े ही समय में अपने कार्यकलापों के कारण वे जमींदारों के लिए आतंक बन गईं और भारी प्रसिद्धि अर्जित की। अन्ततः दिसंबर, 1969 में उन्हें तथाकथित मुठभेड़ में मार दिया गया।

सशस्त्र संघर्ष जब जोरों पर था तो वहाँ कुल 100 दलम थे, जिनमें 500 पुरुष और 50 महिलाएँ थीं। दलम के सदस्यों का जीवन कठिन था। खाना, बर्तन और हथियार उठाकर घूमना पड़ता था। रोज की जिन्दगी में पहरेदारी, ईंधन के लिए लकड़ी इकट्ठा करना, खाना बनाना, सफाई, राजनीतिक और शैक्षणिक कक्षाएँ लेना, लाल झंडा फहराना, आलोचना-स्वालोचना सत्र चलाना और धावों पर जाना, साक्षरता-अभियान के अन्तर्गत गाँववासियों को प्राथमिक उपचार, सफाई का प्रशिक्षण

दिया जाना और खुद माओ जेदोंग की शिक्षाएँ याद करना और उन पर विचार करना शामिल था। आलोचना और स्वालोचना के सत्रों में महिलाएँ खुलकर भाग लेती थीं। रोजमर्रा के काम में महिलाएँ बराबरी से भागीदार होती थीं। शुरू-शुरू में महिलाओं और पुरुषों के बीच काम का विभाजन परम्परागत ढंग से होता था और महिलाओं को कठिन कामों से बचाया जाता था, पर जल्दी ही यह भेदभाव मिट गया। बाद में यहाँ तक स्वीकार किया गया कि महिलाएँ बेहतर पहरेदार साबित हुई हैं। शस्त्रों, गोला-बारूद के रख-रखाव और आक्रमणों में औरतों की भूमिका जैसे मुद्दों पर काफी बहस होती थी। इन कामों से महिलाओं को दूर रखने के प्रयास किए जाते थे क्योंकि उनके अज्ञान के कारण कई बार दुर्घटनाएँ हुईं जिनसे उनको शारीरिक क्षति पहुँची। शस्त्र व गोला-बारूद के विषय में जानकारी की कमी और प्रशिक्षण के अभाव में वे इन कामों में सक्रिय हिस्सा नहीं ले पाती थीं। समिति की बैठकों में महिलाएँ व कुछ पुरुष इस बात की बार-बार आलोचना करते थे।

निर्णय-प्रक्रियाओं व दलमों में भागीदारी के बावजूद समूचे आन्दोलन में महिलाओं की भागीदारी दमन बढ़ने के साथ-साथ घटने लगी। पर इस दौर में गाँव की साधारण महिलाओं ने आन्दोलन के प्रति संवेदनशील व सहायतापूर्ण रुख अपना कर छापामार संघर्ष को कुछ समय और जीवित रखा। गाँव के आदमियों के पीछे हट जाने तथा विरोध करने के बावजूद वे खतरे उठा कर दलम के लोगों के लिए खाने-पीने की व्यवस्था करती थीं। कपड़े के टुकड़ों में आटा बाँध कर कमर के नीचे छिपा कर वे जंगलों में ले जातीं। पानी के मटके गुरिल्लों तक पहुँचातीं और इस तरह पुलिस द्वारा पानी के स्रोतों के पास से छापामारों को पकड़ने की योजनाएँ विफल कर देतीं। जिन गाँवों को पुलिस-निगरानी के अन्तर्गत रखा गया था, वहाँ तक से औरतें पोदू के खेतों में अपना खाना ले जाने के बहाने पका हुआ चावल व तम्बाकू गुरिल्लों तक पहुँचाती थीं।

पुलिस-यातना से घबराकर जानकारी देना छापामारों के लिए जानलेवा सिद्ध हो सकता था। पर इस मामले में इन मददगार महिलाओं ने बार-बार अपनी दृढ़ता का परिचय दिया। पुलिस-यातना की क्रूरतम परिस्थितियों में भी उन्होंने पुलिस को दलमों या नेताओं की जानकारी देने से साफ मना कर दिया। कुल दो से तीन हजार महिलाओं को गिरफ्तारी व दंड का सामना करना पड़ा। एक हजार से भी अधिक महिलाओं को लम्बी कैद की सजा भुगतनी पड़ी। प्रमुख कार्यकर्ताओं को सरकार द्वारा चलाए गए पार्वतीपुरम षड्यन्त्र केस का सामना करना पड़ा।

इस मुकदमे में 140 लोगों पर आरोप लगाया गया था जिनमें छः महिलाएँ थीं। जब सरकार ने गाँवों के समूहों में पुनर्विभाजन का काम शुरू किया तब औरतों को तरह-तरह से तंग किया गया। उन्हें शारीरिक छेड़छाड़ व यातनाओं का सामना करना पड़ा। तथाकथित 'मुठभेड़ों' में मारे गए 157 लोगों में से 17 महिलाएँ थीं जिनमें 13 आदिवासी महिलाएँ भी शामिल थीं।

निष्कर्ष

जैसा कि हमने देखा, श्रीकाकुलम आन्दोलन में सिर्फ महिलाओं के सवालों को नहीं उठाया गया, लेकिन महिलाओं को संघम के एक हिस्से के रूप में संगठित किया गया। महिलाओं ने भी संगठन में शामिल होने में तत्परता दर्शाई क्योंकि जंगल और राजस्व विभाग के कर्मचारियों, साहूकारों और जमींदारों की साँठगाँठ वाले गठजोड़ और शोषित आदिवासियों के बीच तीव्र टकराव था। संघम ने इस टकराव पर तात्कालिक सरोकार के रूप में अपना ध्यान केन्द्रित किया। इसे सामूहिक कार्यवाही द्वारा ही सुलझाया जा सकता था। महिलाओं को लगा कि इसमें उनका भी हित है और इसलिए उन्होंने आन्दोलन के विभिन्न दौरों में सक्रिय हिस्सेदारी निभाई।

इसके अलावा जमींदारों पर आक्रमण और उसके बाद होने वाली जनसभाओं तथा प्रचार-गतिविधियों में महिलाएँ भारी संख्या में हिस्सेदारी करती थीं। जब आन्दोलन फौज व सरकार की पूरी ताकत का सामना करने वाले सबसे आखिरी व कठोरतम दौर से गुजर रहा था तभी औरतों की भूमिका कुछ सीमित हुई। महिलाओं की भूमिका, नेतृत्व की दृष्टि से उनकी स्थिति और दलमों में उनका जीवन, आम समाज व आन्दोलन में पितृसत्तात्मक मूल्यों के प्रभाव का द्योतक है। लेकिन श्रीकाकुलम आन्दोलन में एक स्पष्ट प्रवृत्ति नजर आती है जो पितृसत्तात्मक समाज के दमन के विपरीत है। आदिवासी व मैदानी क्षेत्रों की महिलाओं के बीच महत्त्वपूर्ण अन्तर था जो कृषि व उत्पादन में उनकी हिस्सेदारी, विवाह और पुरुषों के साथ उनके सम्बन्ध, बच्चों के लालन-पालन, पारिवारिक जिम्मेदारियों और घरेलू काम के क्षेत्र, आदि में परिलक्षित होता था। आर्थिक और सामाजिक स्थिति में अन्तर होने के कारण आन्दोलन में उनकी भागीदारी में भी अन्तर था। पितृसत्तात्मक समाज ने आन्दोलन में भागीदारी पर तरह-तरह से रोक भी लगाई। महिला-विरोधी कुछ परम्पराओं का आन्दोलन के दौरान जमकर विरोध हुआ। महिला-पुरुष की बराबरी के समाजवादी आदर्श को आन्दोलन के दौरान काफी हद तक व्यावहारिक स्वरूप दिया गया। सैद्धान्तिक रूप से शायद इस पर इतनी साफ-साफ बातचीत नहीं हुई होगी। पितृसत्तात्मक रीतियों का टूटना एक लम्बी और जटिल प्रक्रिया है, जो बाहरी हस्तक्षेप से अचानक नहीं बदलती।

गिरिजन संघम ने एक दशक तक आर्थिक मुद्दों पर संघर्ष किया जिसमें आदिवासियों को कुछ ठोस फायदे भी मिले। इसी कारण, बुरे से बुरे दौर में भी जब पुलिस ने दलमों का पीछा किया, गाँव की सामान्य औरतों ने हिम्मत से क्रान्तिकारियों का साथ दिया। दलम पुरुषों से अधिक महिलाओं पर ही निर्भर करते थे।

सशस्त्र संघर्ष का दौर इतना छोटा था कि पार्टी के लिए यह सम्भव ही नहीं था कि महिलाओं की भागीदारी बढ़ाने के लिए वह कोई तयशुदा नीति अपनाए या गाँव के स्त्री-पुरुषों को भी छापामार युद्ध का प्रशिक्षण दे। 'एजेंसी' व पार्टी के क्षेत्र में ज्यादातर पुरुष अपनी महिला साथियों के प्रति संरक्षणशील होने के कारण, जाने-अनजाने उनकी सक्रिय भूमिका पर रोक लगा देते थे। कम से कम 'उद्यानम' के दलों में

महिलाओं ने इस प्रवृत्ति के खिलाफ आवाज उठाई और संघर्ष में बराबरी की भूमिका की माँग की।

पार्टी के पक्ष में यह कहना जरूरी है कि काम के बँटवारे, राजनीतिक शिक्षा और साक्षरता-अभियान के मामले में स्त्री-पुरुष के बीच भेदभाव नहीं करने की नीति अपनाई गई।

जब एक आन्दोलन को कुचल दिया जाता है (या फिर वापस ले लिया जाता है, जैसे कि तेलंगाना आन्दोलन), तो उसमें हिस्सा लेने वाले लोगों के पुनर्वास की समस्या महत्त्वपूर्ण होती है। श्रीकाकुलम संघर्ष के बाद, जब 'यातना शिविरों' से महिलाओं और बच्चों को अपने-अपने गाँव वापस जाने दिया गया तो वहाँ उन्होंने अपने घरों का नामो-निशान तक नहीं पाया। उनके घरों को या तो जला दिया गया था या तोड़-फोड़ दिया गया था। उस समय ज्यादातर पुरुष व कई महिलाएँ जेल में थीं। इसलिए पीछे रह गई महिलाओं को ही घरों को फिर से बनाने की जिम्मेदारी उठानी पड़ी। जब महिलाएँ कैद से छूटीं तो उन्हें अपने समाज के साथ खासकर भावनात्मक रूप से जुड़ने में कोई कठिनाई नहीं हुई। न केवल उनका भव्य स्वागत किया गया, बल्कि संघर्ष में अपनी महिलाओं की हिस्सेदारी पर आदिवासियों को नाज भी था। यह गर्व दो दशक बाद, आज भी उनमें साफ झलकता है।

श्रीकाकुलम आन्दोलन में भाग लेने वाली कुछ महिलाएँ

(आदिवासी महिलाओं के नाम तारांकित हैं)

*1. विद्दिका सुक्कू : पार्वतीपुरम के पास किदवाए में मार्च, 1968 में उन्हें गिरफ्तार करके मारा गया।

*2. निम्मका सुक्कुल : 24 मार्च, 1969 को उदिदी में गिरफ्तारी के बाद उनकी हत्या कर दी गई।

*3. कदराका पूर्णा : उन्हें जोरिदिगडा में गिरफ्तार किया गया और 5 जून, 1969 को काकीताड़ा में मार डाला गया।

*4. सवारा सेलजा : मंतीकोंडा में गिरफ्तार और प्रताड़ित करके जुलायी, 1969 में उनकी हत्या कर दी गई।

*5. मनदांगी सवम्मा : उन्हें अपने पति मछय्या के साथ बक्तारू में गिरफ्तार किया गया और जुलाई, 1969 में हत्या कर दी गई।

*6. सबरा सुक्कू : उन्हें तुम्मागुढ़ा में गिरफ्तार व प्रताड़ित करने के बाद मार डाला गया।

7. सबारा सुक्कू : तीन अन्य लोगों के साथ अंतिकोंडा में गिरफ्तारी के बाद 5 अगस्त, 1969 को उनकी हत्या कर दी गई।

*8. जगाती बिरी : जंकुलबद्र के पास गिरफ्तारी के बाद 20 अगस्त, 1969 को उनकी हत्या कर दी गई।

*९. विदि्दका चन्द्रम्मा : काकिली में 18 अक्तूबर, 1969 को उनकी हत्या कर दी गई।

*10. आरिका जयम्मा : अपने पति और कुछ और लोगों के साथ बोद्दामनुगुड़ा में गिरफ्तार हुई और 11 दिसंबर, 1969 को उनकी हत्या कर दी गई।

*12. विदि्दका सुरू : अपने पति के साथ गिरफ्तार हुई और 11 जनवरी, 1970 को साकी में उनकी हत्या कर दी गई।

*11. आरिका गाया : 11 दिसंबर, 1969 को उनकी हत्या कर दी गई।

*13. कोरांगी सुन्दरी : गद्दीदापाल में गिरफ्तार किया गया और 11 जनवरी, 1970 को उनकी हत्या कर दी गई।

*14. पत्ती सुक्कू : ताडीकोंडा में गिरफ्तारी के बाद 6 अप्रैल, 1971 को उनकी हत्या कर दी गई।

15. पांचादी निर्मला : पालाकोंडा तालुका में कवाली गाँव के एक गरीब परिवार में उनका जन्म हुआ था। अपने पति पांचादी कृष्णमूर्ति की मदद से निर्मला ने राजनीतिक व संगठनात्मक अनुभव हासिल किया। विवाह के बाद वे वोद्दापाडू गाँव में रहती थीं और वहाँ की महिलाओं के बीच बहुत ही लोकप्रिय थीं। महिलाएँ उनके पास सभी मुद्दों पर सलाह और मार्गदर्शन के लिए आती थीं। अपने पति के साथ छापामार दलमों से जुड़ने के बाद का कुछ समय उन्होंने दुख और निराशा में गुजारा। फिर अपने माँ-बाप के पास अपने लड़के व लड़की को छोड़ कर फिर से 'दलम' में सक्रिय हो गई। भू-स्वामियों व शोषक वर्गों पर सबसे भीषण आक्रमणों का उन्होंने नेतृत्व किया। उनका नाम सुनकर उद्यानम इलाके के जमींदार और साहूकार काँपते थे और उनके बारे में तरह-तरह की अफवाहें फैलाते थे। कवि सुब्बा राव पाणिग्रही, अनकम्मा, सरस्वती व साहू के साथ उन्हें भी 22 दिसंबर, 1969 की भोर में गिरफ्तार किया गया था। पुलिस ने उन्हें कई घंटों तक अमानवीय यातना दी और फिर रंगमेतिया पहाड़ों में मार डाला। आज भी उद्यानम इलाके में खेतिहर उन्हें सम्मान के साथ याद करते हैं।

16. जी. अनकम्मा : तेक्काली तालुका के राजम गाँव के एक गरीब किसान परिवार में जन्म हुआ। दलम से जुड़ने के पहले वे महिला संघम के अभियानों में सक्रिय थीं। प्रांतीय कार्यकर्ता समिति की एक बैठक में उन्होंने सशस्त्र संघर्ष के महत्त्व पर छोटा, किन्तु जोरदार भाषण दिया। आलोचना व आत्मालोचना की बैठकों में भी वे सक्रिय रहती थीं। एक बार उन्होंने महिला-कार्यकर्ताओं की 'टेरीलीन' की साड़ियाँ व जेवर पहनने की आदत की 'बुर्जुआ' आदत कहकर निन्दा की थी। निर्मला के उदाहरण का अनुसरण करते हुए उन्होंने अपने कान की बालियाँ पार्टी के फंड में दान कर दी थीं। जब उन्हें मारा गया, वे सिर्फ 18 साल की थीं।

17. टी. सरस्वती : सरस्वती एक गरीब किसान महिला थीं। उनके पास न भूमि थी, न घर। अपनी बड़ी बहन के साथ वे वोद्दापाडू में कम्युनिस्ट पार्टी के युवजन

संघम दफ्तर में रहती थीं। सशस्त्र क्रान्ति के आह्वान से प्रेरित होकर वे दलमों के साथ जुड़ीं। मृत्यु के समय उनकी उम्र सिर्फ 19 साल थी।

18. चौधरी सम्पूर्णम्मा : वे आन्दोलन के मुख्य नेताओं में से एक, चौधरी तेजेश्वर राव की पत्नी थीं। वे संघर्ष में पति के प्रभाव के कारण आई। 1960 में उनका विवाह हुआ, लेकिन 1967 तक ही वे राजनीतिक क्षेत्र में आ पाईं। वे पार्टी के कोट्टुरू और बोद्दापाडू गाँव के महिला संघम में सक्रिय कार्यकर्ता रहीं। बाद में पार्टी के निर्देश पर वे और उनके पति बच्चों को अपने माँ-बाप के पास छोड़कर 'एजेंसी' इलाके में चले गए। उन्होंने बहुत से आक्रमणों में और शोषकों के 'वध' में हिस्सेदारी की। पार्वतीपुरम षड्यन्त्र केस की छः महिला अभियुक्तों में से वे भी एक थीं और 8 साल तक विशाखापतनम केन्द्रीय जेल में रहीं। अभी वे और तेजेश्वर राव दोनों श्रीकाकुलम में भा.क.पा. (मा.) के कार्यकर्ता हैं। वे पार्टी की महिला मंच की जिला सचिव हैं।

19. वेम्पतापु गुन्नम्मा : वे एक जतापु जाति की महिला थीं और वेम्पतापु सत्यम की दूसरी पत्नी थीं। वे केन्द्रीय दलम की सदस्या थीं, लेकिन सशस्त्र संघर्ष की शुरुआत में ही एक विस्फोट में उनका हाथ उड़ जाने से वे छापामार संघर्षों में भाग नहीं ले पाईं। दलम में हथियारों के रख-रखाव की जिम्मेदारी उन्हीं पर थी। अभी वे गाँव में अपनी बेटी भारती के साथ रहती हैं और तेलुगुदेशम पार्टी की कार्यकर्ता हैं।

20. वेम्पतापु माणिक्यम : पार्वतीपुरम एजेंसी के सोब्बा गाँव की ये जतापु महिला, वेम्पतापु सत्यम की तीसरी पत्नी थीं। जब सत्यम के दलम ने उनके घर में आश्रय लिया, तब उनकी सत्यम से मुलाकात हुई। जब पुलिस दमन तेज हो गया तो वे अपना घर छोड़कर सत्यम के दलम से जुड़ गईं और उनसे विवाह कर लिया। उस समय उनकी उम्र 15 साल की थी। सत्यम की मृत्यु के बाद वे गिरफ्तारी से बचने के लिए लगभग एक महीने तक कन्धमूल खाते हुए पहाड़ी इलाकों में घूमती रहीं। आखिरकार उन्हें तोट्टाडा में पकड़ा गया, लेकिन थोड़े दिनों बाद छोड़ दिया गया। फिलहाल वे सोब्बा में एक आदिवासी कल्याण आश्रम स्कूल में पानी लाने का काम करती हैं।

21. वेम्पतापु भारती : वे वेम्पतापु सत्यम और गुन्नम्मा की बेटी थीं जो हाई स्कूल की शिक्षा के बाद ही आन्दोलन में शामिल हो गईं। गुरिल्ला संघर्षों में उनकी सक्रिय भागीदारी रही और शस्त्र चलाने वाली बहुत कम महिलाओं में से वे एक थीं। पार्वतीपुरम षड्यन्त्र केस में उनका भी नाम था और कई साल तक उन्हें विशाखापत्तनम केन्द्रीय जेल में रहना पड़ा। अब वे विवाहित हैं और अपने दो बच्चों के साथ गुम्मा गाँव में रहती हैं जहाँ वे तेलुगुदेशम पार्टी की कार्यकर्ता हैं।

22. संथम्मा : छापामारों को खिलाने व आश्रय देने के लिए उन्हें गिरफ्तार किया गया। एक झाड़ से बाँधकर उनसे पूछताछ की गई और उनके सामने ही उनके गाँव के दो पुरुष कार्यकर्ताओं की हत्या कर दी गई। अपनी रिहाई के बाद उन्होंने विवाह कर लिया और अब पार्वतीपुरम एजेंसी के ओपांगी गाँव में रहती हैं।

23.मेदावारापु रामसीता : उनके पति मेदावारापु रमन्ना मूर्ति पार्टी में वड़ेवलासा

गाँव में शिक्षक थे और आन्दोलन के नेताओं में से थे। जब उनके पति नौकरी छोड़ कर पार्टी के एक पूर्णकालिक कार्यकर्ता बने तो स्थानीय जमींदारों ने उनकी शिकायत की और उनके नाम से गिरफ्तारी वारंट जारी कर दिया। वे भूमिगत हो गए। रामसीता अपने दो बच्चों के साथ अकेली गाँव में रहने लगीं, जहाँ जमींदारों ने उन्हें बहुत तंग किया। 1969 की शुरुआत में अपने बच्चों को रिश्तेदारों के पास छोड़कर वे भी आन्दोलन से जुड़ गईं। रामसीता गाती अच्छा थीं और गिरिजन संघमों के अभियानों में वह मुख्य गायिका थीं। पार्वतीपुरम षड्यन्त्र में वे भी एक अभियुक्त थीं और कई सालों तक उन्हें जेल में रहना पड़ा। उनके पति जून, 1970 में एक 'मुठभेड़' में मारे गए। कहा जाता है कि फिलहाल वे पूर्वी गोदावरी जिले के भीमावरम इलाके में हैं, लेकिन आगे हमें कोई सूचना नहीं मिली।

*24. वरलक्ष्मी : कोट्टुरू की ये आदिवासी महिला अपने पति के विरोध के बावजूद आन्दोलन से जुड़ी थीं। शुरुआत में वे कार्यकर्ताओं को खिलाती व आश्रय देती थीं, जिससे उनका पति उनसे नाराज रहता था। दोनों के बीच झगड़े बढ़े और जब पार्टी की सलाह पर उनके पति के साथ उनका समझौता नहीं हो पाया तो वे खुद ही दलम की सदस्या बन गईं। बाद में उन्हें गिरफ्तार कर लिया गया और उन्होंने जेल में एक लड़की को जन्म दिया। जेल से 5 साल बाद रिहा होने पर उनके पति ने उन्हें नहीं अपनाया। अब वह घनासारा में रहती हैं और खेत-मजदूरी करके अपना और अपनी बेटी का पेट पालती हैं।

स्रोत / अंग्रेजी

1. अरुण कुमार पिल्लै : *ए स्टडी आन कास्ट एंड क्लास पालिटिक्स इन श्रीकाकुलम डिस्ट्रिक्ट (ए.पी.) 1967-72*
2. सुमंत बैनर्जी : *इन दि वेक आफ नक्सलबाड़ी*, कलकत्ता, सुवर्णरिखा, 1980
3. *सेंसस आफ इंडिया 1971:* श्रीकाकुलम डिस्ट्रिक्ट
4. विप्लव दास गुप्ता : *दि नक्सलाइट मूवमेंट*, बंबई, एलाइड पब्लिशर्स, 1974
5. शंकर घोष : *दि नक्सलाइट मूवमेंट: ए माओइस्ट एक्सपेरिमेंट*, कलकत्ता, के. एल. मुखोपाध्याय, 1974
6. *लिबरेशन*, सी.पी.आई. (एम.एल.) का मुखपत्र
7. मनोरंजन मोहंती : *रेवोल्युशनरी वायलेंस (ए स्टडी आफ माओइस्ट मूवमेंट्स इन इंडिया)*, नई दिल्ली, स्टर्लिंग पब्लिशर्स, 1977
8. *नक्सलाइट कांसपेरेसी केस, कंप्लेंट-कम-चार्जशीट्स*, खंड 1-20

स्रोत / तेलुगु

1. *अमरा वीरुला जीविया चरित्रालु* (शहीदों की जीवन-कथा), भाग-1, हैदराबाद, क्रान्ति प्रचुरानालू, 1987
2. आदिभातला केलासम, आरिका सोमुलू, डा. देवीनेनी मल्लिकारजूनूडु, पांचादी कृष्णमूर्ति, पी.यू.सी.

अप्पा राव की डायरी व पुस्तक (नक्सलबाड़ी साजिश केस में संलग्न)।

3. टी. वी., *सवराला जीवन सराली* (सवारों की जीवन पद्धति)।
4. वसंतदा, रामलिंगचारी, सिकन्धराबाद साजिश केस में सेशन कोर्ट में दिया गया बयान।
5. वेम्पतापु सत्यनाराण, *श्रीकाकुलम गिरीजनोदयाम संक्षिप्त चरित्र* (श्रीकाकुलम गिरिजन आन्दोलन का संक्षिप्त इतिहास), विजयवाड़ा सोशलिस्ट पब्लिकेशन।
6. 'मुठभेड़ मृत्यु' पर आन्ध्र प्रदेश सिविल लिबर्टी कमेटी और आर्गेनाइजेशन फार प्रोटेक्शन आफ डेमोक्रेटिक राइट्स की रपट।

साक्षात्कार

1. आन्दोलन, महिला हिस्सेदारी तथा सबारा और जतापु आदिवासियों की रीतियों की जानकारी गुम्मा, सोब्बा, ओपांगी और चिलकम गाँव (पार्वतीपुरम एजेंसी) की महिलाओं और पुरुषों के साथ बातचीत में प्राप्त हुई।
2. चिला मेरांगी गाँव (पार्वतीपुरम से लगभग 20 कि.मी. दूर) में रहने वाले तेलुगु लेखक भूषणम, वी. चिन्ना वीरभद्रुदु आदिवासी कल्याण अधिकारी, पार्वतीपुरम, दिगुमाती कमलम्मा शिक्षक व श्रीकाकुलम में मा.क.पा. कार्यकर्ता, बी. चंद्रशेखर राव अब विशाखपत्तनम निवासी पूर्व दलम सेनापति, चिलकम नायडू चिलकम गाँव के बालाराम, चिलकम के सरपंच, व श्रीकाकुलम आन्दोलन की महिला-कार्यकर्ता चौधरी सम्पूर्णम्मा, वेम्पतापु गुन्नम्मा, वेम्पतापु माणिक्यम व संघम्मा के साथ विस्तार से साक्षात्कार किए गए।

सबल स्त्री का शास्त्र

अशोक झा

यदि कुछ अपवादों को छोड़ दिया जाए तो पुरुष और स्त्री का सम्बन्ध अपने सभी आयामों में श्रेष्ठता और हीनता के समीकरण द्वारा परिभाषित होता है। प्रागैतिहासिक काल से ही पुरुषों की श्रेष्ठता के प्रमाण सामने लाए जाते रहे हैं। बताया जाता है कि पुरुष शिकार करने जाते थे और स्त्रियाँ घर की रखवाली करती थीं। पर अपने कार्यों को श्रेष्ठ बताने के क्रम में पुरुषों ने स्त्रियों के घर में रहने को अपेक्षाकृत सुरक्षित और कम मेहनत वाला काम बताया जबकि जंगल में शिकार करने के लिए जाने के अपने कार्य को वीरतापूर्ण और जोखिम भरा बताया। आमतौर पर यह नहीं सोचा गया कि उस जमाने में अपने घर में बैठी किसी स्त्री के लिए स्वयं को जंगली जानवरों के आक्रमण से बचाना कितना कठिन होता होगा और यह उसे अकेले ही करना पड़ता होगा।

ऐसे पहलुओं की उपेक्षा करते पुरुषों ने हर तरह से अपनी श्रेष्ठता को स्थापित किया और स्त्रियों की सभी खूबियों को उनकी पराधीनता के कारणों में तब्दील कर दिया। शारीरिक रूप से उनके कमजोर होने की बात को तूल इसलिए दिया गया ताकि महिलाओं को घर तक ही सीमित रखा जा सके। शारीरिक बनावट के अलावा पुरुषों ने प्रजनन के आधार पर अपने को श्रेष्ठ व स्त्रियों को निकृष्ट माना। संतान तो पुरुषों के लिए बहुत महत्त्वपूर्ण थी क्योंकि वह उनके वंश को आगे बढ़ाती है लेकिन उन्होंने मासिक स्राव को अशुद्धि का प्रमाण माना। संतान की उत्पत्ति की खुशी में ढोल व नगाड़े पीटे जाते हैं, मिठाइयाँ बाँटी जाती हैं, पर प्रसव को अपने आपमें इतना खराब माना जाता है कि घर में कम से कम छह दिनों तक कोई शुभ कार्य नहीं होता, कोई पूजा-पाठ नहीं होता और प्रसूति-घर में सबका प्रवेश तक वर्जित होता है। इस तरह मातृत्व को संतान-प्राप्ति का साधन मात्र मानकर उसे तुच्छ बना दिया गया और यह सब

इसलिए जान-बूझकर किया गया ताकि स्त्रियों को समाज में ज्यादा महत्त्व न मिल सके। इस तरह की धारणाओं ने हजारों वर्षों में धीरे-धीरे मानव के दिमाग में घर कर लिया है और उन्हें गढ़ा हुआ न मानकर स्वाभाविक, नैसर्गिक और सर्वकालिक सत्य माना जाता है।

तथ्य यह है कि पुरुष-श्रेष्ठता का यह विचार विज्ञान की कसौटी पर खरा नहीं उतरता। विज्ञान के क्षेत्र में निरंतर हो रही नई-नई खोजों से झूठ की बुनियाद पर खड़ी पुरुषों की लैंगिक श्रेष्ठता की अट्टालिका धराशायी हो सकती है। विशेषकर विकासात्मक जीव विज्ञान तो पुरुषों के इस सहस्राब्दियों पुराने झूठ का पर्दाफाश करने पर आमादा है। चूँकि पुरुष-प्रधान समाज विज्ञान को सत्य का पर्याय मान चुका है इसलिए उसे इन नई खोजों के सामने देर-सबेर सिर झुकाना ही होगा।

अगर नई वैज्ञानिक खोजों की मानी जाए तो स्त्रियों पर पुरुषों की शारीरिक, मानसिक, आर्थिक, सामाजिक या नैतिक श्रेष्ठता का ढोल पीटने वाला व्यक्ति विक्षिप्त ही समझा जाएगा। विज्ञान अपने शोधों एवं खोजों से यह लगातार साबित करता जा रहा है कि स्त्रियाँ पुरुषों से किसी भी मायने में कम नहीं हैं। आज उन सभी क्षेत्रों में महिलाएँ सक्रिय हैं जिनमें उनके प्रवेश की कल्पना पुरुषों ने नहीं की थी। खिलाड़ी, प्राध्यापक, अन्तरिक्ष यात्री, पर्वतारोही, वैज्ञानिक, उद्योगपति, बैंकर, राजनीतिज्ञ—कोई भी क्षेत्र ऐसा नहीं है जिसमें महिलाओं का प्रवेश नहीं हुआ है। सबसे अहम बात यह है कि उपरोक्त भूमिकाओं के बाद भी स्त्रियों ने संतानोत्पादन और बच्चों के लालन-पालन के अपने प्राथमिक उत्तरदायित्व का परित्याग नहीं किया है। आश्चर्य की बात यह है कि महिलाएँ अपनी यह लड़ाई अकेले ही लड़ रही हैं और उसमें उनका अगर कोई साथ दे रहा है तो वह है वैज्ञानिक तथ्य।

विज्ञान ने स्त्रियों के सोचने के ढर्रे को बदला है और उन्हें साहसिक बनाया है। यह विज्ञान की शिक्षा का ही परिणाम है कि आज युवतियाँ मासिक स्राव के बारे में समाज की पुरातन मान्यताओं से अलग दृष्टिकोण रखती हैं और इसे अपने जीवन की एक महत्त्वपूर्ण अवस्था मानती हैं। अब वे इसे अपने परिवार और समाज से छिपाने की कोशिश के क्रम में मानसिक तनाव लेकर नहीं बैठ जातीं। आज की युवतियाँ अपने शरीर के साथ पहले से कहीं ज्यादा लगाव रखने लगी हैं जिसकी स्वाभाविक परिणति है सुन्दर लगने और दिखने की बढ़ती प्रवृत्ति जो कहीं से भी अवैज्ञानिक नहीं है।

हाल ही में विज्ञान की कुछ ऐसी शोधों एवं नई खोजों को एक साथ रखने की कोशिश की गई है जो स्त्रियों पर पुरुषों की लैंगिक श्रेष्ठता की अवैज्ञानिकता और झूठ की धज्जियाँ उड़ाते हैं। न्यूयार्क टाइम्स में विज्ञान लेखिका नैताली एंजियर ने ऐसी ही एक पुस्तक लिखी है जिसका नाम है 'वूमेन : एन इंटीमेट जियोग्राफी'। इसके अलावा डियान हेल की विचारोत्तेजक पुस्तक 'जस्ट लाइक अ वूमेन : हाउ जेंडर साइंस इज रिडिफाइनिंग फीमेल'। इसी सिलसिले में शरीर-विज्ञान की विशेषज्ञ हेलन फिशर की पुस्तक 'द फर्स्ट सेक्स : द नेचुरल टैलेंट्स ऑफ वीमेन एंड हाउ दे विल चेंज द

वर्ल्ड'। इनमें से एंजियर की पुस्तक सर्वाधिक चर्चित है। इसके लिए वह पुलित्ज़र पुरस्कार भी जीत चुकी हैं। यह पुस्तक स्त्रियों की परम्परागत मिथ्या स्थिति को चुनौती देती है। इस पुस्तक में उन्होंने एस्ट्रोजेन (महिलाओं में होने वाला एक हार्मोनल स्राव) और एम्फीटैमिन दोनों की ही भूमिकाओं के बारे में लिखा है जो अंडाशय को सक्रिय रखने के साथ-साथ दिमाग की कोशिकाओं को भी ऊर्जा देता है। वैज्ञानिक खोजों ने सिद्ध किया है कि स्त्रियों का मस्तिष्क उनके शरीर के आकार के अनुरूप ही छोटा होता है लेकिन उनमें तन्त्रिकाओं का घनत्व पुरुषों की अपेक्षा कहीं ज्यादा रहता है। महिलाओं के रक्त में शरीर की रक्षा-प्रणालियों को मजबूत बनाने वाले इम्यूनोग्लोबिन की मात्रा ज्यादा होती है जबकि पुरुषों के रक्त में हीमोग्लोबिन अधिक होता है। पुरुषों का शरीर आन्तरिक पीड़ाओं के प्रति ज्यादा तैयार होता है जबकि महिलाओं के मस्तिष्क का अधिकांश भाग उदासी को समर्पित होता है।

शारीरिक रूप से पुरुष ज्यादा गठीला होता है। औसतन महिलाओं की तुलना में वे 10 फीसदी ज्यादा लम्बे, 20 फीसदी ज्यादा भारी और 30 फीसदी ज्यादा ताकतवर होते हैं। लेकिन महिलाओं के शरीर की कुछ खूबियाँ इन विषमताओं को संतुलित कर देती हैं। महिलाओं का शरीर थकान को ज्यादा बर्दाश्त कर पाता है और वे ज्यादा समय तक बिना थके काम कर सकती हैं। लाखों महिलाएँ विश्व भर में शरीर तोड़ मेहनत करती हैं। यह इस बात का सबूत है कि पुरुषों के मुकाबले मांसपेशियों की कमी उन्हें किसी भी तरह से कमतर नहीं बनाती।

डियान हेल्स ने 1995 में अमेरिकी सेना द्वारा महिलाओं के शारीरिक बल का एक अध्ययन कराया था जिसमें विभिन्न क्षेत्रों की ऐसी महिलाओं का चयन किया गया था जिनके शरीर बेडौल थे। इनमें छात्र, वकील, बार-गर्ल एवं हाल ही में माँ बनी महिलाएँ शामिल थीं। इन महिलाओं ने मात्र छह महीनों में ही पुरुष सैनिकों के बराबर की शारीरिक कुशलता हासिल की थी। ये महिलाएँ 34 किलो वज़न लादकर तीन किलोमीटर तक जॉगिंग करने में सक्षम थीं और अपने कन्धे पर 45 किलो वजन लादकर कई काम बखूबी करने लगी थीं। आजकल की महिलाएँ हर तरह के खेलों में हिस्सा लेती हैं और प्रदर्शन के हिसाब से पुरुषों के काफी नजदीक जा पहुँची हैं। कुछ दशक पहले के पुरुषों की तुलना में आज की स्त्रियाँ ज्यादा तेजी से दौड़ और तैर सकती हैं। आज के पुरुषों की तुलना में उनके समय में जो अन्तर दिखाई दे रहा है वह भी शीघ्र ही समाप्त हो जाएगा। उदाहरण के लिए 1964 में महिलाओं की मैराथन प्रतियोगिता का जो समय था उसमें अब तक 32 फीसदी की कमी हो चुकी है जबकि इसकी तुलना में पुरुषों की मैराथन प्रतियोगिता का समय मात्र 4.2 फीसदी ही कम हुआ है। अगर यह क्रम जारी रहा तो अगली सदी में महिला मैराथन प्रतियोगी पुरुषों को कहीं पीछे छोड़ देंगी।

जीव-विज्ञान ने पुरुष-श्रेष्ठता की स्थापित धारणा पर सबसे ज्यादा आघात किया है। एक जमाना था जब टेस्टोस्टिरोन को पूर्णरूप से पुरुषों का और एस्ट्रोजेन को

महिलाओं का हार्मोन माना जाता था। जीवविज्ञान ने बता दिया है कि दोनों हार्मोन दोनों ही लिंगों में पाए जाते हैं। इतना ही नहीं, जीवविज्ञान ने एस्ट्रोजेन को टेस्टोस्टिरोन की तुलना में ज्यादा उपयोगी माना है। यह हार्मोन शरीर में किसी भी तरह के ऊतकों को प्रभावित करने में समर्थ होता है। एंजियर ने इसे एक ऐसे चॉकलेट की तरह बताया है जिसे खाने की इच्छा हर अंग और ऊतकों की होती है। कम एस्ट्रोजेन वाले पुरुषों का शरीर वैसा नहीं होता जैसा स्वाभाविक रूप से किसी पुरुष का होना चाहिए। इसके अलावा ऐसे लोगों में कई तरह की बीमारियाँ, जैसे घुटने के जोड़ की बीमारी (ऑस्टीयोपोरोसिस), होने की आशंकाएँ ज्यादा होती हैं। जिस टेस्टोस्टिरोन हार्मोन के बारे में यह माना जाता था कि वह केवल पुरुषों में ही पाया जाता है, उसके स्त्रियों में भी पाए जाने की बात सिद्ध हो चुकी है। यह हार्मोन उनमें कामेच्छा जगाने का भी काम करता है। वैज्ञानिकों को अभी तक पुरुषों के टेस्टोस्टिरोन और उनके स्वभाव में क्रोध के बीच किसी तरह के सम्बन्ध का पता नहीं चल पाया है।

स्त्री और पुरुष के बीच कुछ वास्तविक अन्तर होते हैं लेकिन इन अन्तरों के आधार पर यह नहीं कहा जा सकता कि दूसरे पर शासन का अधिकार किसे है। महिलाओं के शरीर की आन्तरिक बनावट समाज के ज्यादा अनुकूल होती है। उनके शरीर में एक गर्भाशय होता है जो महीने में एक बार खुलता है ताकि वह गर्भवती हो सके। प्रकृति ने उसे अपने स्तनों का दूध पिलाकर बच्चे को जिन रखने की युक्तियों से लैस किया है। ऐसी कई बातें जिन्हें हम स्त्रियों के लिए भार समझते हैं, वे वास्तव में उनकी शक्तियाँ होती हैं। मासिक स्राव से पहले की पीड़ा के कारण स्त्रियों में जिस चिड़चिड़ेपन के आने की बात कही जाती है, वह असल में उनके अन्दर नई ऊर्जा का संचार करता है। एंजियर कहती हैं, "कॉलेज के दिनों का मेरा सर्वाधिक यादगार दिन वह है जब पहली बार मुझे मासिक स्राव हुआ। मैं अपने कमरे में बैठी हुई पढ़ रही थी—लगा जैसे मेरा पूरा शरीर अपरिमित आनन्द से झूम उठा है। अपनी किताब से नज़रें उठाकर मैंने खिड़की के बाहर झाँका। मैं अपने अन्दर की खुशी से अभिभूत थी।" हेल्स ने लिखा है, "स्त्री एवं पुरुष के बीच जो अन्तर है वह वास्तव में एक अन्तर-भर है, न कि किसी तरह की गड़बड़ी, क्षति या बीमारी का कोई संकेत। महिलाएँ 'अन्या' नहीं, बस एक अलग लिंग हैं।'

सातवें दशक में महिलाओं ने मानव के विकास के बारे में उस समय तक स्वीकृत मान्यताओं को चुनौती देना शुरू किया। उन्होंने स्थापित व्याख्याओं को नकारना शुरू कर दिया, चाहे उनका प्रतिपादन किसी महिला वैज्ञानिक ने ही क्यों न किया हो। इसी दशक के मध्य में शरीरविज्ञान की विशेषज्ञ एड्रिएन झिल्मैन एवं नैंसी टैनर ने पहली बार यह दिखाया कि शिकार करने वाले जीवित लोगों की 70 फीसदी कैलोरी का स्रोत महिलाओं द्वारा संचित पौधों से प्राप्त होने वाले खाद्य पदार्थ थे न कि वह मांस जिसे शिकार द्वारा वे प्राप्त करते थे। उसके बाद से पाषाण युग के लोगों द्वारा पौधों से प्राप्त होने वाले आहारों को खाने के प्रमाण ज्यादा मिलने लगे हैं। 1994 में जीवाश्म-

वैज्ञानिक सारा मैसन ने बताया कि चेक गणराज्य में जीवश्म प्राप्त होने वाले जगह के आसपास कई तरह की खाद्य वस्तुएँ मिली हैं, वे वास्तव में पौधों के खाए जा सकनेवाली कन्द-मूल और बीज थे। इस आहार के अधिकांश हिस्से का जुगाड़ स्त्रियाँ ही करती थीं।

जरा कल्पना कीजिए कि जिस पाँच सौ कैलोरी को जलाने के लिए आपको आठ किलोमीटर तक चलना पड़ेगा उतनी कैलोरी स्त्रियाँ अपने बच्चों के कई तरह के कामों को अंजाम देते हुए खर्च कर देती हैं। अब जरा महिलाओं में एक उम्र के बाद मासिक स्राव के बन्द होने की प्रकृति के विधान को देखें। कई स्तनपायी जीव प्रजनन क्षमता समाप्त होने के बाद ज्यादा समय तक जिन नहीं रह पाते जबकि मानवों में ऐसा नहीं है। महिलाएँ अपनी प्रजनन-क्षमता के समाप्त होने के वर्षों बाद तक जीवित रहती हैं। क्या ऐसा नहीं लगता कि उनके लिए यह विधान इसलिए किया गया है कि वह परिवार के नवजात शिशुओं की उस समय देखभाल कर सकें जब उनकी माताएँ अन्यत्र व्यस्त हों? अगर इस उम्र में ये बूढ़ी महिलाएँ प्रजनन-क्षमता से युक्त होतीं तो भला नई पीढ़ी के शिशुओं की देखभाल कहाँ से कर पातीं? तंजानिया में आखेट पर निर्भर रहने वाले हाज्दा जनजाति के बारे में किए गए एक अध्ययन का हवाला देते हुए एंजियर ने लिखा है कि ऐसे परिवारों के बच्चों की स्थिति अच्छी थी जहाँ बच्चों की देखभाल के लिए दादी, चाची या कोई अन्य वृद्ध महिला मौजूद थी। यह स्पष्ट करता है कि पाषाण युग में भोजन सिर्फ परिवार का पुरुष ही उपलब्ध नहीं करता था। अगर इस बात में दम है तो हम यह निष्कर्ष भी निकाल सकते हैं कि मानव-विकास के सिद्धान्तों को आगे बढ़ाने वाले उन वैज्ञानिकों के मतों के विपरीत उस काल में जीवित रहने के लिए स्त्री-पुरुष के बीच सम्बन्ध सर्वाधिक महत्त्वपूर्ण नहीं था। शरीर विज्ञान के एक ब्रिटिश विशेषज्ञ क्रिस नाइट का कहना है कि जीवाश्म काल में स्त्रियों का आपसी सम्बन्ध उस काल की राजनीतिक अर्थव्यवस्था को आकार देने के लिए अहम रहा होगा।

अब जरा पुरुषों के कुछ ऐसे लक्षणों की पड़ताल करें जिन्हें विशिष्ट रूप से पुरुषों के साथ जोड़ा जाता है। इस तरह की पहली विशेषता है पुरुषों का गुस्सा। अगर आप गालियाँ देकर अथवा घूँसे चला कर दिखाए जाने वाले क्रोध की बात करें तब तो ऐसा ही लगेगा। पर, पुरुष हो-हल्ला ज्यादा मचाते हैं। प्रयोगशालाओं में किए गए अध्ययनों से स्पष्ट हुआ है कि अगर किसी व्यक्ति को बिजली का झटका देना हो तो महिला अपने पुरुष साथियों के मुकाबले तनिक भी कम दृढ़ता का प्रदर्शन नहीं करती। अलग-अलग संस्कृतियों के बच्चों के अध्ययन से पता चला है कि तीन वर्ष की आयु तक दोनों ही लिंगों के बच्चों में बराबर आक्रामकता होती है और यही वह समय होता है जब लड़कियों को यह आभास कराया जाता है कि वह लड़की है और इसीलिए उसे दब कर रहना चाहिए।

क्या पुरुषों में महिलाओं की अपेक्षा कामेच्छा ज्यादा होती है और वह एक से ज्यादा स्त्रियों से विवाहेतर सम्बन्ध रखना चाहते हैं? इस बात को शायद सभी स्वीकार

करेंगे कि पुरुष में यह गुण सबसे ज्यादा होता है और वह सम्भवतः इसमें अपने आनुवंशिक गुणों से निर्देशित होता है। पर प्रश्न उठता है कि अगर मौका मिले तो क्या महिलाएँ अपने लिए एक से ज्यादा 'पार्टनरों' की तलाश नहीं करेंगी? पहली बात तो यह है कि अधिकांश 'सभ्य' संस्कृतियों में ऐसा करने वाली महिला को समाज भयंकर दंड देता है ताकि इस तरह की घटनाएँ फिर कभी न हों। उन्हें घटिया औरत साबित करने के लिए उनके साथ बलात्कार किया जाता है और उन्हें मार दिया जाता है। पश्चिम एशिया व कुछ अफ्रीकी देशों में अपनी इज्जत बचाने के लिए पत्नी या बेटी की हत्या कर देना बहुत ही आम है। ऐसे समाज में स्त्रियों को सिर्फ और सिर्फ उपभोग की वस्तु समझा जाता है। पाकिस्तान में एक व्यक्ति ने अपनी पत्नी की हत्या सिर्फ इसलिए कर दी कि खेत में, जहाँ वह काम कर रही थी, एक ऐसे पुरुष को देखा गया था जो उस परिवार का परिचित नहीं था। दक्षिण अफ्रीका के एक देश में एक व्यक्ति ने अपनी बेटी की हत्या कर दी क्योंकि उसका दामाद सुहागरात के कमरे से यह कहते हुए निकल गया कि लड़की 'क्वाँरी' नहीं है। बेटी की माँ के बहुत जोर देने पर उस लड़की का डॉक्टरी परीक्षण कराया गया तो पता चला कि लड़की क्वाँरी थी पर लड़का नपुसंक था। कई ऐसे दक्षिण अफ्रीकी मुस्लिम देश हैं जहाँ कुछ ही वर्षों की होने के बाद लड़कियों की योनि को बन्द करा दिया जाता है। जाहिर है कि अगर स्त्रियों के बारे में यह धारणा न हो कि उन्हें सिर्फ एक ही पुरुष का होकर रहना चाहिए तो शायद उन पर इस तरह की पाबन्दियाँ नहीं लगाई जातीं।

अब जरा महिलाओं के शरीर के कुछ महत्त्वपूर्ण अंगों की तुलना पुरुषों के अंगों से करें। महिलाओं के शरीर की प्रतिरक्षा प्रणाली (इम्यून सिस्टम) पुरुषों के शरीर की प्रतिरक्षा प्रणाली से कहीं ज्यादा मजबूत होती है। शरीर में बाहरी विषाणुओं के प्रवेश के प्रति स्त्रियों की प्रतिरक्षा-प्रणाली ज्यादा तत्परता से उनका मुकाबला करती है। फिर जब कोई स्त्री गर्भवती होती है तो बाहरी अणुओं के प्रति शरीर की प्रतिरक्षा-प्रणाली की सक्रियता थोड़ी कम हो जाती है ताकि वह भ्रूण के खिलाफ ही कोई युद्ध न छेड़ दे। शरीर में 'इम्यून सिस्टम' की भूमिका के इसी उतार-चढ़ाव के कारण महिलाओं में त्वचा रोग, गठिया व तन्त्रिका-क्षय रोग आदि काफी ज्यादा होते हैं। ये सभी बीमारियाँ ऐसी हैं जिनमें शरीर का 'इम्यून सिस्टम' स्वस्थ ऊतकों पर हमला करता है। शोधकर्ताओं ने अब यह खोजने का प्रयास शुरू कर दिया है कि कहीं एस्ट्रोजेन हार्मोन के कारण इम्यून सिस्टम अतिउत्साह में तो नहीं आ जाता!

स्त्रियों को हृदयाघात के दौरान पुरुषों की तरह बहुत भयानक दर्द नहीं होता। स्त्रियों में हृदयाघात की उम्र पुरुषों में इसकी उम्र से 10 वर्ष अधिक है। चूँकि महिलाओं को अपेक्षाकृत अधिक उम्र में हृदयाघात होता है, इसलिए वह अधिकांशतः जानलेवा साबित होता है। स्त्रियों को हृदयाघात शरीर में एस्ट्रोजेन बनना समाप्त होने के कई वर्षों के बाद होता है इसलिए इस हार्मोन के कारण मिलने वाली सुरक्षा से वे वंचित रहती हैं। एस्ट्रोजेन में रक्त-वाहिकाओं के भीनी होने से उनमें कड़ापन नहीं आता। इसके अलावा

एस्ट्रोजेन शरीर में एचडीएल के निर्माण का निर्देश देता है जिससे हृदयाघात की आशंका कम हो जाती है। जो औषधि पुरुषों को उनकी रक्त-धमनियों में रक्त के संचार में आए अवरोधों को दूर करने के लिए दी जाती है उसका असर स्त्रियों पर कम होता है।

हार्मोन चिकित्सा की वजह से स्त्रियों में गर्भाशय, अंडाशय एवं गर्भमुख में कैंसरों की आशंका कम हुई है। पैप स्मीयर्स से गर्भमुख में कैंसर का पता बहुत पहले चल जाता है और इसलिए इसके संक्रामक बनने से पहले ही इसका इलाज कर दिया जाता है। अंडाशय एवं गर्भाशय के कैंसरों में भी गर्भनिरोधी गोलियों एवं हार्मोन रिप्लेसमेंट चिकित्सा की वजह से कमी आई है। चूँकि महिलाएँ अब खेलकूद में ज्यादा भाग लेने लगी हैं इसलिए उनके घुटनों के 'लिगामेंट्स के टूटने की आशंका काफी ज्यादा होती है। कई बार घुटने में ऐसी टूट-फूट हो जाती है जो काफी विलम्ब से भरती है। डॉक्टरों का कहना है कि महिलाओं के साथ यह ज्यादा इसलिए होता है क्योंकि उनकी कमर के नीचे का हिस्सा ज्यादा भारी होता है। महिलाओं में घुटने के लिगामेंट वैसे भी काफी कमजोर होते हैं।

महिलाओं में पुरुषों की तुलना में 'डिप्रेशन' के शिकार होने की आशंका ज्यादा होती है और दैनिक जीवन के तनावों का इस पर उतना ही असर होता है जितना महिलाओं की जीवशास्त्रीय विशिष्टताओं का। इस बात के अब ज्यादा प्रमाण मिलने लगे हैं कि स्त्रियों एवं पुरुषों के मस्तिष्क हार्मोनों एवं मस्तिष्क से निकलने वाले अन्य रसायनों के प्रति अलग-अलग तरह से संवेदनशील होते हैं। महिलाओं में पुरुषों की तुलना में सिरोटोनिन का उत्पादन कम होता है जो उनके 'मूड' को प्रभावित करता है और सिरोटोनिन के स्तर में परिवर्तन से वह काफी प्रभावित होता है। इसको भी एस्ट्रोजेन विनियन्त्रित करता है। इस तरह महिलाओं में उन औषधियों का अच्छा असर होता है जो सिरोटोनिन प्रणाली को प्रभावित करते हैं। पुरुष ऐसी औषधियों के प्रति ज्यादा संवेदनशील होता है जो नोरपिनफ्रिन को प्रभावित करती हैं। नोरपिनफ्रिन एक तन्त्रिका-संवाही है जो तनाव के दौरान एड्रीनल ग्रन्थि व स्नायु तन्त्र के छोरों से पैदा होता है।

एस्ट्रोजेन अल्झमेर की बीमारी होने की स्थिति में मस्तिष्क की तन्त्रिकाओं को नई तन्त्रिकाओं के निर्माण का निर्देश देकर बौद्धिक क्षमता व याददाश्त के क्षरण को रोक सकता है। ऐसी महिलाओं को, जिनका मासिक स्राव रुक चुका है और जिनकी हार्मोन चिकित्सा नहीं हुई है, अपनी उम्र के पुरुष की तुलना में अल्झमेर की बीमारी होने व याददाश्त खोने की आशंका ज्यादा रहती है। इसका कारण यह है कि पुरुषों में टेस्टोस्टिरोन मेटाबॉलिज्म के बाद एस्ट्राडियोल में परिवर्तित हो जाता है जो एक तरह का एस्ट्रोजेन होता है।

नवीनतम शोधों के अनुसार ऐसी महिलाएँ जिनमें जीन बीआरसीए-1 या जीन बीआरसीए-2 का उत्परिवर्तित जीन है, उनमें 70 वर्ष की उम्र तक स्तन कैंसर होने की

50 फीसदी आशंका रहती है। इस कैंसर के उपचार में हाल में काफी सुधार हुआ है और एस्ट्रोजेन जैसी एक दवा के, जिसे ऑस्टीयोपोरोसिस रोकने के लिए बनाया गया था, स्तन कैंसर में भी प्रभावी होने का पता चला है। यह कैंसर की गाँठ को आगे बढ़ने से रोकता है। टैमोक्सीफेन नामक एक पुरानी दवा कैंसर के खतरे को चार वर्षों में 45 फीसदी तक कम कर सकती है।

महिलाओं का शरीर एक ही चीज को पचाने में पुरुषों के शरीर की अपेक्षा ज्यादा समय लेता है। इसकी वजह से महिलाओं को पुरुषों की तुलना में कब्ज की शिकायत तीन गुना अधिक होती है और आँत सम्बन्धी गडबड़ियाँ पैदा होने की आशंका दोगुनी होती है। लिंग के कारण इस विभेद की शुरुआत किसी वस्तु के चबाने से ही शुरू हो जाती है। अध्ययनों से यह सिद्ध हुआ है कि महिलाओं की लार की संरचना पुरुषों की लार से रासायनिक रूप में अलग होती है।

जरा अब अमेरिका में 1999 में विभिन्न कैंसरों से मरने वाले पुरुषों एवं महिलाओं की संख्या पर ध्यान दें। फेफड़े और साँस की नली के कैंसर से इस दौरान 68 हजार महिलाओं व 90,900 पुरुषों की मौत हुई। स्तन कैंसर से 43,300 महिलाओं व प्रोस्टेट के कैंसर से 37 हजार पुरुषों की जानें गईं। गुदा कैंसर से मरने वाली महिलाओं की संख्या इस दौरान 28,800 रही जबकि इस बीमारी से 27,800 पुरुषों की मौत हुई। पैंक्रियाज़ में कैंसर की वजह से 14,700 महिलाओं व 13,900 पुरुषों की तथा गर्भाशय के कैंसर से 14,500 महिलाओं तथा गैर-हॉजकिंस लिम्फोमा से 13,400 पुरुषों की जानें गईं।

कई अध्ययनों ने इस बात को सिद्ध किया है कि पुरुषों की तुलना में महिलाएँ दर्द को ज्यादा सहती हैं और ये इससे ग्रस्त भी ज्यादा होती हैं। स्त्री और पुरुष के शरीर अलग-अलग तरह से दर्द की खोज एवं उसको शान्ति करते हैं। इसके अलावा महिलाएँ इब्यूप्रोफेन नामक दर्द-निवारक औषधि के प्रति ज्यादा संवेदनशील नहीं होतीं। पुरुषों की तुलना में स्त्रियों में बाद के वर्षों में उनकी हड्डियों में महत्त्वपूर्ण परिवर्तन आते हैं। ऐसी महिलाओं की, जिनमें मासिक स्राव बन्द हो चुका है, हड्डियाँ पतली हो जाती हैं। ऑस्टीयोपोरोसिस की वजह से उनकी हड्डियाँ छिद्रों से भर जाती हैं। इसका एकमात्र कारण है ऐसी महिलाओं में एस्ट्रोजेन हार्मोन का कम बनना। यह हार्मोन हड्डियों का क्षय रोकता है। इसलिए जो महिलाएँ एस्ट्रोजेन चिकित्सा का लाभ उठाती हैं उनमें हड्डियों का क्षय 75 फीसदी कम हो जाता है और कमर के निचले हिस्से में फ्रैक्चर की आशंका 50 फीसदी कम हो जाती है।

ऐसे अनेक वैज्ञानिक आधार हैं, जिनकी बिना पर यह कहा जा सकता है कि स्त्रियाँ 'अन्या' नहीं हैं। औसतन एक स्त्री अपने पुरुष प्रतिद्वन्द्वी के मुकाबिले कहीं ज्यादा शांत व धैर्यवान होती है। इस समय कई कारणों से महिलाएँ पुरुषों से पीछे हैं लेकिन यह स्थिति आगे नहीं रहने वाली है। एक स्त्री के हृदय की क्षमता उसी आकार के एक पुरुष से दस फीसदी कम होती है। स्त्रियों में उसी वजन वाले पुरुष की तुलना में रक्त

20 फीसदी कम होता है। महिलाओं की कमर के नीचे का हिस्सा पुरुषों की तुलना में ज्यादा भारी होता है। इसकी वजह से जब वे अपने घुटनों को एक-दूसरे के नजदीक लाती हैं तो उनकी जाँघों की हड्डियों का कोण बढ़ जाता है। यह भी ध्यान देने योग्य बात है कि महिलाओं के शरीर में पुरुषों की तुलना में ज्यादा वसा होती है। इस वजह से खेलों में उन्हें ज्यादा वजन ढोना पड़ता है। लेकिन इन सब शारीरिक भिन्नताओं व कुछ हद तक कमियों के बावजूद स्त्रियाँ पुरुषों को चुनौती दे सकती हैं।

महिला आरक्षण

माँग नहीं अधिकार है!

विजय शर्मा

महिलाएँ अब 'माँग नहीं अधिकार है। संविधान के अनुसार है' के नारों के साथ महिला आरक्षण विधेयक संसद से पारित कराने की माँग पर जोर देने के लिए सड़कों पर उतर आई हैं। वे विधानसभाओं और लोकसभा में अपने लिए 33 फीसदी आरक्षण के लिए संविधान में 89वाँ संशोधन चाहती हैं। सत्ता और विपक्ष में बैठे पुरुष सांसद इस विधेयक पर चर्चा को राजी ही नहीं हैं, पारित कराना तो दूर की बात है। अपने-अपने समीकरणों के तहत वे लोग जो करते हैं; उसका सार यह है कि इस आरक्षण से सत्ता के अविकल स्वाद का उनका एकाधिकार टूट जाएगा। इसलिए स्त्रियों में नाना प्रकार की खामियाँ ढूँढ़ी जा रही हैं। जीवन-संग्राम के इतने मोर्चों पर जोरदार लोहा लेने के बावजूद उन्हें इस लायक भी नहीं समझा जा रहा है कि देश के हक में फैसले लेने लायक कोई क्षमता भी उनमें है। विगत चार वर्षों से इस मुद्दे पर जारी गतिरोध के न टूट पाने का प्रत्यक्षतः यही कारण है, भले ही वह अनेक आदर्शवादी और कभी-कभी 'जायज का आभास' देने वाली अवधारणाओं के 'किन्तु-परन्तु' में छिपा हो।

महिला आरक्षण विधेयक की धुर विरोधी समाजवादी पार्टी और लालूप्रसाद यादव का राष्ट्रीय जनता दल है। उन्हें इस विधेयक के राजनीतिक-सामाजिक मायने (इसके तकनीकी पहलुओं से नहीं) को लेकर अनेक स्तरों पर सख्त एतराज है। इनकी आपत्तियाँ महिलाओं की कद-काठीजनित अक्षमताओं और मानसिक सीमाओं को लेकर हैं। दूसरे, इनका मानना है कि आरक्षण का लाभ सवर्णों की दबंग महिलाएँ उठा ले जाएँगी। और विधायिका में इनका दखल फिर से बढ़ जाएगा। इसलिए आरक्षण का विरोध करने के बावजूद ये चाहते हैं कि पिछड़े वर्गों की स्त्रियों को भी इस लाभ में शामिल किया जाए।

विधेयक के 'समर्थन' में सत्ताधारी राजग, कांग्रेस, माकपा, राष्ट्रवादी कांग्रेस पार्टी

और अन्नाद्रमुक हैं, लेकिन पिछड़े वर्ग की स्त्रियों को आरक्षण का लाभ दिए जाने के लिए भाजपा के पिछड़े सांसद भी जोर दे रहे हैं। वास्तविकता यह है कि इस विधेयक पर संसद में जब-तब मचता बवाल और हंगामा विधायिका में पुरुषों के वर्चस्व को अन्तिम क्षण तक बचाने के लिए परस्पर मौन सहमति से लगाया गया अड़ंगा है। इसका पिछड़ी और अल्पसंख्यक महिलाओं के उत्थान से कोई लेना-देना नहीं है। संसद के शीतकालीन सत्र की समाप्ति के दिन एक पिछड़े सांसद ने निजी बातचीत में स्वीकार भी किया : 'अन्य पिछड़े वर्ग और अल्पसंख्यक महिलाओं के लिए आरक्षण के भीतर आरक्षण की माँग एक फंदा है। दरअसल हम नहीं चाहते कि महिलाएँ देश की सर्वोच्च संस्थाओं में हमारी बराबरी पर उतर आए।' समाजवादी पार्टी के मुखिया मुलायम सिंह के बदलते बयानों का सच इससे ज्यादा दूर नहीं है। पुरुष सांसद लोकसभा या विधानसभाओं का वर्तमान चेहरा नहीं बदलना चाहते।

विधेयक की समस्याएँ

महिला आरक्षण विधेयक की खास बाते हैं—

(क) विधानसभाओं व लोकसभा में स्त्रियों के लिए 33 फीसदी सीट (लगभग 163) आरक्षित करना; (ख) आरक्षण की अवधि 15 साल की होगी; (ग) सीटों का आरक्षण लाटरी पद्धति से चुनाव के वक्त ही किया जाएगा; (घ) प्रत्येक पाँच वर्ष बाद यही प्रक्रिया दूसरे निर्वाचन क्षेत्रों में दुहराई जाएगी। अटल बिहारी वाजपेयी सरकार द्वारा लोकसभा में पेश यह मौजूदा विधेयक संसद की संयुक्त चयन समिति द्वारा संशोधित और परिवर्द्धित है, जिसे न्यूनतम साझा कार्यक्रम के तहत संयुक्त मोर्चे की सरकार चला रहे तत्कालीन प्रधानमन्त्री एच.डी. देवगौड़ा ने पहली बार पेश किया था। इसी सरकार के मन्त्री शरद यादव ने सबसे पहले इस विधेयक को 'बालकटी-परकटी' महिलाओं का प्रभुत्व बढ़ाने वाला बताते हुए विधेयक की प्रतियाँ फाड़ दी थीं। तब देवगौड़ा ने इसे चयन समिति को सौंप दिया था।

इसके बावजूद विधेयक की खामियाँ पूरी तरह खत्म नहीं हुई। पहला सवाल विधेयक की तकनीकी त्रुटियों को लेकर उठा। कहा गया कि निर्वाचन क्षेत्रों का हर पाँच साल बाद प्रत्यावर्तन गम्भीर संकट खड़ा करेगा। किसी भी दल का विधायक या सांसद अपने क्षेत्र की जनता की पूरे मन से सेवा नहीं करेगा। उसे भय रहेगा कि अगली विधानसभा या लोकसभा चुनाव में वह सीट ही उसके पास नहीं रहेगी। किसी भी पार्टी का प्रत्याशी प्रतिनिधि चुने जाने के बाद अपने क्षेत्र की देखभाल इसीलिए करता है ताकि अगले चुनाव में भी उसकी जीत सुनिश्चित हो सके। यदि महिलाओं के लिए आरक्षित सीटों का पाँच वर्ष बाद प्रत्यावर्त्तन स्वाभाविक रूप से उन्हें भी यही भय सताएगा और वे क्षेत्र के विकास की परवाह नहीं करेंगी। उन्हें यह पता तो होगा ही कि अगली बार यह सीट उनकी नहीं रहेगी। एक महिला आरक्षित सीट से एक ही बार चुनाव लड़ सकेगी इसलिए अंदेशा यह है कि उसे पहली बार सांसद बनने के बाद

दोबारा उस अनुभव का लाभ उठाने का मौका ही न मिले। विधेयक की दूसरी तकनीकी खामी यह है कि इसमें विधान परिषद और राज्यसभा में महिलाओं के लिए आरक्षण का प्रावधान नहीं किया गया है।

विधेयक की खूबियाँ

सरकारी विधेयक के पक्ष में ठोस दलील दी जा रही है कि यह लोकतान्त्रिक है जिसमें हर किसी को प्रति पाँच साल बाद समान अवसर दिए जाने के संवैधानिक प्रावधान का पालन होता है। माकपा की वृन्दा करात निर्वाचन क्षेत्रों के प्रत्यावर्त्तन को जनप्रतिनिधित्व के दायरे को और व्यापक करने वाला, जनतान्त्रिक और उचित बताती हैं।

यहाँ यह उल्लेखनीय है कि अमेरिकी संविधान भी किसी महिला को एक बार ही चुनाव लड़ने का अधिकार देता है। स्थानीय निकायों के चुनाव में भी सीटों के प्रत्यावर्त्तन का प्रावधान सफलतापूर्वक लागू है। स्थानीय निकायों में आरक्षित सीट पर चुनाव जीतने वाली कई महिला उम्मीदवारों ने अगली बार सामान्य सीटों पर चुनाव लड़े और विजयी रहीं। इसलिए यह आशंका भी निर्मूल साबित हुई कि एक बार की सीट की गारंटी की सुविधा खत्म हो जाने के बाद उस महिला की सार्वजनिक जीवन की तमाम सम्भावनाओं का पटाक्षेप हो जाता है। हालाँकि कुछ संगठनों ने अपने अध्ययन के आधार पर मिले निष्कर्षों के तहत आरक्षण विधानसभा-लोकसभा में दो बार तक किए जाने की सिफारिश की है। मल्टीपल एक्शन रिसर्च ग्रुप (मार्ग) ने दिल्ली नगर निगम और हरियाणा के करनाल जिले के स्थानीय निकायों में विजयी महिलाओं के अनुभवों पर आधारित '74वें संविधान संशोधन की बेटियाँ' नाम से एक रिपोर्ट तैयार की है, जिसमें आरक्षण के तहत एक महिला को कम से कम दो बार चुनाव में उतरने का मौका दिए जाने का सुझाव दिया गया है।

विधान परिषद या राज्यसभा के लिए सरकारी विधेयक में प्रावधान न होने का कारण यह है कि वहाँ अनुसूचित जाति-जनजाति के लिए भी आरक्षण की व्यवस्था नहीं है। इन प्रतिनिधि संस्थाओं में महिला आरक्षण से पहले इन समुदायों के लिए आरक्षण का प्रावधान लाना पड़ेगा।

वैकल्पिक सुझाव

सरकारी महिला आरक्षण विधेयक में खामियों का यथासम्भव परिमार्जन करते हुए इसके लिए एक वैकल्पिक विधेयक प्रस्तुत किया गया है। इसे 'मानुषी' पत्रिका की सम्पादक मधु किश्वर, 'लोकायन' के धीरूभाई शेठ और 'सेंटर फॉर स्टडीज ऑव डेवलपिंग सोसाइटी' के योगेंद्र यादव ने मिल कर तैयार किया है। सरकारी विधेयक को सात साल पुराना और आरक्षण पद्धति को तहस-नहस करने वाला बताते हुए मधु किश्वर ने इसे 'जनाना डिब्बा' और महिलाओं को आश्रित बनाने वाला कहकर

आलोचना की है।

वैकल्पिक विधेयक और महिला आरक्षण विधेयक में खास फर्क यह है कि इसमें निर्वाचन क्षेत्रों का चयन लॉटरी या प्रत्यावर्त्तन तरीके से न कर महिलाओं के लिए राजनीतिक दलों द्वारा ही एक तिहाई टिकट दिया जाना बाध्यकारी बना दिया गया है। एक यूनिट बनाया गया है जिसमें तीन उम्मीदवारों में से एक महिला का होना आवश्यक कर दिया गया है। राजनीतिक दलों की जीत की सम्भावना वाले क्षेत्र से महिलाओं को टिकट न देने की स्थिति में उनके चुनाव चिह्न, उनकी मान्यता और इससे जुड़े अन्य लाभों से उसे वंचित कर देने का कड़ा प्रावधान भी वैकल्पिक विधेयक में है। किश्वर अपने इस विधेयक के त्रुटिरहित होने के दावे के समर्थन में विश्व के अन्य देशों के उदाहरण पेश करती हैं। उनका कहना है : 'स्वीडन, डेनमार्क, फिनलैंड, जर्मनी और नीदरलैंड में दलों द्वारा ही आरक्षण दिये जाने से राजनीतिक क्षेत्रमें महिलाओं की भागीदारी में काफी इजाफा हुआ है।' उनका दावा है, 'भारत में महिला विधायक या सांसदों का अपेक्षाकृत कम संख्या का एकमात्र कारण विभिन्न राजनीतिक दलों द्वारा स्त्रियों की उपेक्षा है।'

वैकल्पिक विधेयक भी आलोचनाओं से अछूता नहीं रहा। पूर्व न्यायाधीश राजेन्द्र सच्चर ने इसकी निर्दोषता पर सवाल उठाए हैं। उनका तर्क है कि राजनीतिक दलों को महिला प्रत्याशी चुनने के लिए बाध्य किया जाना विशुद्ध 'ब्लैकमेलिंग' है। किश्वर पलटकर पूछती हैं कि अनुसूचित जाति या जनजाति के लिए सीटें सुरक्षित करने को क्या कहा जाएगा जिसमें मतदाताओं की मर्जी का ख्याल नहीं किया जाता।

महिला आरक्षण विधेयक के प्रारूप पर छिड़ी बहस को पूर्णता तक पहुँचाने तथा संसद में टकराव टालने के लिए चुनाव आयोग ने भी एक मशविरा दिया है, जो वैकल्पिक विधेयक की तर्ज पर है। आयोग चाहता है कि जनप्रतिनिधित्व कानून में संशोधन कर महिलाओं को दल-आधारित आरक्षण दिया जाए। लेकिन महिला सांसद और उनके संगठन न तो वैकल्पिक विधेयक के और न ही आयोग की इस राय के पक्षधर हैं। इन महिलाओं को राजनीतिक दलों की 'उदारता व सम्यक दृष्टि' पर जरा भी भरोसा नहीं है। वृंदा करात पूछती हैं : 'इस बात की गारंटी कौन देगा कि पार्टियाँ उन सीटों से महिलाओं को चुनाव लड़ने देंगी, जहाँ उनका मजबूत जनाधार होगा। यह सुझाव जीत की सम्भावनायुक्त सीटें महिलाओं को दिलाने में सहभागी बनेगा। इससे पार्टी में तो स्त्रियों की संख्या बढ़ जाएगी किन्तु विधानसभा-लोकसभा में उनकी भागीदारी हाशिए पर ही रहेगी।'

न्यायमूर्ति सच्चर को इस बात की भी आशंका है कि मतदाता एक पुरुष प्रत्याशी के मुकाबले महिला को कम तरजीह देंगे। विवाद से बचने के लिए उनकी राय यह है कि विधानसभा/संसद की वर्तमान संस्था को जस का तस रखते हुए उसे पुरुषों के लिए छोड़ दिया जाए और महिलाओं के लिए एक तिहाई नए निर्वाचन क्षेत्रों का गठन हो। यानी लोकसभा की मौजूदा सीटों की संख्या 543 से बढ़ाकर 750 कर दी जाए। इसी

तरह से एक सुझाव यह भी आया कि लोकसभा की सीटें दुगनी (1080) कर दी जाएँ और हर सीट का प्रतिनिधित्व एक महिला व एक पुरुष सांसद करे। यानी द्वि-प्रतिनिधि प्रणाली शुरू हो।

यहाँ यह सवाल उठता है कि अगर लोकसभा के क्षेत्रों में द्वि-प्रतिनिधि प्रणाली व्यवस्था लागू करनी ही थी और यदि यह व्यावहारिक था तो संविधान में इसकी व्यवस्था की जानी चाहिए थी। संविधान सभा ने शायद इसे व्यावहारिक नहीं माना था, तभी इस पर कोई विचार नहीं हुआ। दूसरी बात यह है कि दलितों-आदिवासियों की आबादी के अनुपात के मुताबिक ही संविधान में आरक्षण का प्रावधान किया गया है। यही मानदंड –आधी आबादी–महिलाओं के सन्दर्भ में लागू करते हुए मौजूदा संस्था में ही उनकी आधी भागीदारी सुनिश्चित करना चाहिए। वर्तमान गतिरोध टालने की गरज से राजनीतिक दलों की ओर से एक 'व्यावहारिक सुझाव' यह भी आया है कि महिलाएँ 15 फीसदी पर राजी हो जाएँ तो लोकसभा की सदस्य संख्या में छह प्रतिशत की वृद्धि की जा सकती है।

राजनीतिक दलों में विधेयक की इन तकनीकी खामियों को लेकर कोई चेतना नहीं है। वह सिर्फ इसके राजनीतिक नतीजों को लेकर परेशान और मुखर हैं। उनका मानना है कि यह विधेयक राजनीतिक कारणों से लाया गया है और इसका उत्तर भी इसी स्तर पर देकर इसे यहीं खत्म कर देना चाहिए। समाजवादी पार्टी के अध्यक्ष मुलायम सिंह यादव, बसपा की उपाध्यक्ष मायावती और राष्ट्रीय जनता दल के अध्यक्ष लालू प्रसाद यादव इस विधेयक के कड़े विरोधी हैं। मुलायम ज्यादा मुखर हैं। वे महिलाओं को विधायिका में आरक्षण की बात को ही खारिज कर देते हैं : 'महिलाओं को राजनीति में क्यों आना चाहिए? इसकी क्या जरूरत है उन्हें?' उनका गहरा विश्वास है, "महिलाएँ राजनीतिक क्षेत्र में अनुभवहीन होती हैं। अगर उन्हें आरक्षण देकर विधायिका में जगह दी गई तो देश की सुरक्षा खतरे में पड़ जाएगी।" वे बहुत कठिनाई से महिलाओं को ज्यादा से ज्यादा दस फीसदी आरक्षण देने पर राजी हो पाते हैं। मुलायम के कथन का विरोधाभास यह है कि वे अन्य पिछड़े वर्ग की महिलाओं के सन्दर्भ में इस सीमा को बिल्कुल गोल कर जाते हैं। वे इस कोटि की स्त्रियों के लिए 15 फीसदी आरक्षण की व्यवस्था के आग्रही हैं। मुलायम सहित अनेक सांसदों की आपत्ति महिलाओं की कदकाठी और मानसिक अक्षमताओं को लेकर है। कहा जा रहा है कि राजनीति का मौजूदा दौर बेहद ऊबड़-खाबड़ है, जिसमें अपने को समायोजित करना उनके लिए निहायत ही कठिन होगा। देश की चुनावी राजनीति में जिस तरह से बाहुबलियों का दखल बढ़ा है, भ्रष्टाचार फैला है उसे देखते हुए यह जमीन स्त्रियों के लिए मुफीद नहीं लगती। राजनीति में सिर्फ चुनाव जीत जाना ही मैदान मार लेना नहीं है, उसे बचाए रखकर अपनी ताकत में इजाफा करते जाना सबसे बड़ा दाँव होता है। यह न थकने वाली दौड़ है जिसमें टिके रहने के लिए पुरुष जैसी दुर्धर्षता, जुझारूपन और अन्तिम दम तक हार न मानने की जिद, जैसे को तैसा उत्तर देने की ताकत, शिकार पर

झपट्टा मार लेने जैसी फुर्ती और आक्रामकता की आवश्यकता है। स्त्रियों में ये गुण बिरले ही होते हैं। यही पुरुष और स्त्री में जैविक-मानसिक फर्क है।

इस वजह से स्त्रियाँ अपनी सुरक्षा तक नहीं कर सकतीं। राजनीतिक जीवन में ऐसी अप्रिय स्थितियों से मुठभेड़ हो जाने पर वह अपनी जैविक संरचनागत सीमाओं के कारण उसका खुलकर मुकाबला करने के बजाय अपने में सिमट जाने के लिए बाध्य हो जाएँगी। यह ठीक है कि शिक्षा बढ़ने के साथ-साथ समाज सभ्य होता गया है लेकिन महिलाओं के खिलाफ अपराधों में भी बढ़ोतरी हुई है।

स्त्री-पुरुष में निश्चित रूप से जैविक अन्तर है लेकिन यह भी सच है कि महिलाओं ने अपनी अकूत श्रम-शक्ति से असाध्य को साध लिया है। आज वह जीवन-कर्म के हर क्षेत्र में, खेल से लेकर जंग के मैदान तक, धरती से आकाश तक के क्रिया-व्यापारों में पुरुष की सहभागिनी है। 'अमुक कार्य तो महिलाएँ नहीं कर सकतीं'– इस खाई को पाटने के लिए उसने रात-दिन एक कर दिया। दुर्धर्षता-जुझारूपन, लक्ष्य के प्रति गिद्ध दृष्टि, फुर्ती और आक्रामकता भी समानुपातिक रूप में महिलाओं में अन्तर्निहित हैं। बगैर इसके राजनीति क्या जीवन के किसी भी क्षेत्र में सफलता नहीं मिलती।

विधायिका में महिलाओं की 33 फीसदी भागीदारी सुनिश्चित कर देने से कई सामाजिक समस्याओं, जैसे जनसंख्या, गरीबी, स्वास्थ्य कल्याण, लिंग-भेद से उपजी असमानता और साक्षरता जैसे कार्यक्रमों (जिन पर पर्याप्त गम्भीरता से ध्यान नहीं दिया गया है) को गति दी जा सकेगी। हिमाचल प्रदेश के स्थानीय निकायों का चुनाव लड़ रही साधना नेपाली के कथन में इसकी झलक देखी जा सकती है : 'चुनाव प्रचार के दौरान मैं लोगों से यह बात नहीं करती कि चुनाव जीतने पर वह सड़क बनवाऊँगी या पुल खड़े करूँगी। मेरा ध्यान बच्चों पर है, मैं चाहती हूँ कि कंप्यूटर के युग में उनकी परवरिश व शिक्षा-दीक्षा बेहतर तरीके से हो। आखिरकार वे देश का भविष्य हैं।' स्पष्ट है कि महिला राजनीतिकों का नजरिया भिन्न होगा, उनकी प्राथमिकता दूसरी होगी। अगर वे फैसले लेने वालों की जमात में शामिल हो जाएँ तो वे जमीन से जुड़ी नीतियाँ लागू करके उसका क्रियान्वयन सुनिश्चित कर सकेंगी।

यह वास्तविकता है कि राजनीति भारतीय महिलाओं की पहली पसन्द नहीं रही है। यह उनके लिए सर्वथा भिन्न लोक है। तिकड़मी, भ्रष्ट और बाहुबलियों की बेरहम दुनिया में महिलाओं को यह पाठ पढ़ने में मुश्किल होती है। लेकिन इस वजह से क्या महिलाओं को नए क्षेत्र में भागीदारी का मौका ही नहीं दिया जाना चाहिए? महिलाओं को आवश्यक राजनीतिक शिक्षा देकर उन्हें काबिल बनाया जा सकता है। संसदीय क्रिया-कलापों, नियम-कानूनों का बेहतर शिक्षण उपलब्ध कराकर उन्हें सरकार व प्रशासन चलाने में दक्ष बनाया जा सकता है।

रही बात राजनीतिक संस्कृति की। अगर हालात गड़बड़ हैं तो इनका खामियाजा अकेले महिलाओं को ही क्यों भुगतना पड़े? इसलिए गंदले हो रहे समाज और विषैली

हो रही राजनीति के शुद्धिकरण की शुरुआत की समवेत पहल के लिए समाज के दोनों ही अंगों की सम्यक् साझेदारी की जरूरत है। 'सुसंस्कृत राजनीतिक युग' के सूत्रपात की कोई अवधि तय नहीं की जा सकती है।

महिला आरक्षण के विरोध में यह भी तर्क दिया जा रहा है कि दुनिया के किसी भी देश में लिंग-भेद के आधार पर या स्त्रियों को आरक्षण नहीं दिया गया है। इससे नई समस्याएँ उठ खड़ी होंगी। प्रख्यात टिप्पणीकार राजकिशोर की बेबाक राय है : 'लिंग के आधार पर कोई आरक्षण नहीं होना चाहिए।' राजकिशोर जी का विचार है कि पश्चिमी के देशों की भाँति पहले स्त्रियों की सामाजिक-राजनीतिक भागीदारी बढ़ाई जाए और उसके बाद विधानसभा या लोकसभा में उनकी हिस्सेदारी सुनिश्चित की जाए। 'पहले शिक्षा के द्वार खुले, फिर रोजगार-सम्पत्ति के, फिर मताधिकार के और अन्त में राजनीतिक जीवन में उन्हें प्रवेश मिला, किन्तु वहाँ भी उनकी भागीदारी की कुछ निश्चित सीमा है।' यह सही है कि स्कैंडेनेवियाई देशों में स्त्री-पुरुष समानता के सिद्धान्त पर ज्यादा ईमानदारी से अमल के सार्थक परिणाम मिले हैं। वहाँ के सार्वजनिक जीवन में महिलाओं की स्थिति अनेक पश्चिमी देशों की तुलना में बेहतर है।

यहाँ यह कहना प्रासंगिक होगा कि किसी अन्य देश के मानदंड दूसरे देश में यथावत लागू नहीं किए जा सकते। हाँ, उसकी रोशनी में अपनी परिस्थितियों का सम्यक्-समग्र विश्लेषण करने और सही मार्ग ढूँढ़ने में सहूलियत मिल सकती है। पश्चिमी देशों के उदाहरण इसी अर्थ में काम आ सकते हैं। बिना सामाजिक-राजनीतिक भागीदारी बढ़ाए आरक्षण के आधार पर महिलाओं की हिस्सेदारी सुनिश्चित करने से कुछ ऐसी प्रत्याशियों के चुने जाने का खतरा है जो विधायिका पर बोझ ही साबित होंगी। इस तरह के अनेक आरक्षण-आधारित सांसदों को देखा जा चुका है जो सदन में हो रही गम्भीर चर्चाओं के दौरान या तो गायब रहते हैं या ऊँघते रहते हैं।

दरअसल, जो आरक्षण पैमाना आज हम महिलाओं के सन्दर्भ में लागू करना चाहते हैं, वह यदि जनप्रतिनिधियों की योग्यता के मामले में अपनाया गया होता तो हम एक सक्षम संसद की मिसाल दुनिया के सामने रख पाते। ऐसे में महिला आरक्षण पर आपत्तियाँ उठाना ठीक नहीं है। यह विकास की एकांगिता का परिणाम है कि हमें आरक्षण जैसे 'कड़वे' उपचार की मदद लेनी पड़ रही है। समाज के सभी अंगों को विभिन्न स्तरों पर सक्रिय बनाए रखने की जरूरत है।

दरअसल, आरक्षण के भीतर आरक्षण या उप-आरक्षण का मुद्दा पिछड़े वर्गों में जनाधार वाली पार्टियाँ इसलिए उठा रही हैं कि आजादी के पाँच दशकों की कश्मकश के बाद पिछड़े राजनीतिक हैसियत हासिल कर सके हैं, आरक्षण की आड़ में सवर्णों की दबंग महिलाएँ कहीं उसे न हड़प लें। उनका मानना है कि नौवें दशक से संसद में और विधानसभाओं में 'ग्रास-रूट' के सांसदों विधायकों की घनी और बुलंद होती

आवाज से अगड़ों में हड़कंप मचा हुआ है। ये पिछड़े सांसद महिला आरक्षण विधेयक को दबे-कुचलों के प्रति सवर्णों की दूरभिसन्धि के रूप में देखते हैं। इसलिए उन्होंने आरक्षण के भीतर आरक्षण का 'फंदा' लगा दिया है।

पिछड़ों का यह भय अकारण भी नहीं है। कर्नाटक और गुजरात में किये गए अध्ययनों के नतीजे बताते हैं कि महिलाओं के लिए आरक्षण से दबंग जातियों की राजनीतिक ताकत में इजाफा हुआ है। इन्हें यह भी भय है कि अगड़ी जातियों की स्त्रियाँ दबंग होती है, इस कारण वे ज्यादा फायदा उठा ले जाएँगी। इसलिए मुलायम सिंह यादव और मायावती इस विधेयक को पिछड़ा वर्ग विरोधी तथा अल्पसंख्यक विरोधी बताते हैं। मायावती आबादी के लिहाज से महिलाओं के लिए पचास फीसदी आरक्षण की माँग करती हैं और उसमें 15 फीसदी जगह अन्य पिछड़े वर्ग की स्त्रियों के लिए आरक्षित करने का आग्रह करती हैं। अनेक महिला संगठन भी आरक्षण के भीतर आरक्षण के पक्ष में हैं।

आरक्षण के भीतर आरक्षण की यह माँग विपक्ष ही नहीं, सत्ता के हलकों से भी उठ रही है। पिछड़े वर्ग की भाजपा सांसद उमा भारती देवगौड़ा के समय से ही यह माँग करती आ रही हैं। आज भी वे इस मुद्दे पर मुखर हैं। पार्टी के इसी वर्ग के अन्य सांसद मौन समर्थन देकर उनकी हौसलाअफजाई कर रहे हैं। उमा भारती का कहना है : 'पिछड़ी जातियों और दलितों का दोहरे स्तर पर शोषण हुआ है। लिहाजा इन्हें आरक्षण दिया जाना चाहिए।' हालाँकि यह जानते-मानते हुए कि मुस्लिम महिलाओं का सर्वाधिक शोषण हुआ है, वे उन्हें आरक्षण का लाभ देने के खिलाफ हैं। अगड़ी जाति की भाजपा सांसद पिछड़ा वर्ग व मुस्लिम महिलाओं के लिए अलग से आरक्षण के खिलाफ हैं। वे चाहती हैं कि विधेयक यथावत पारित हो जाए और बाद में इस प्रश्न पर विचार किया जाए।

वसंती रमण का मंतव्य है : 'पिछड़े और मुस्लिम अपने संख्या-बल और स्थानिक आधार के कारण, अनुसूचित जाति व अनुसूचित जनजाति की तुलना में अगड़ों के लिए गम्भीर खतरा हैं। इसलिए सवर्णों के हितों की पोषक पार्टियाँ इन्हें एक मंच पर लाकर अपने लिए गड्ढा खोदने के लिए तैयार नहीं हैं।

गीता मुखर्जी ने इस विधेयक को संशोधित-परिवर्द्धित करते समय यह सिफारिश की थी कि अन्य पिछड़ा वर्ग व मुस्लिम महिलाओं के लिए अलग से आरक्षण पर चर्चा कराई जा सकती है। वाम पार्टियाँ भी चाहती हैं कि विधेयक अपने मौजूदा स्वरूप में पारित कर दिया जाए और अन्य आरक्षण का मुद्दा बाद में हल कर लिया जाए।

यह आशंका अकारण है कि अन्य पिछड़ा वर्ग या मुस्लिम महिलाओं की जीत की सम्भावना अगड़ों की तुलना में न्यून है। वास्तविकता यह है कि मौका मिलने पर पिछड़े वर्ग की महिलाओं ने अपने बारे में सभी पूर्वानुमानों को ध्वस्त कर दिया है और बेहतर प्रदर्शन किए हैं। नौ राज्यों में हुए हालिया चुनाव में कुल निर्वाचित अस्सी

महिलाओं में 34 अनुसूचित जाति व अनुसूचित जनजाति से आई हैं।

जीत का यह अनुपात 40 फीसदी ठहरता है। एक मोटे अनुमान के मुताबिक शेष 51 महिलाएँ पिछड़े वर्ग से आती हैं। ये आँकड़े आश्वस्त करते हैं कि जिन राज्यों में पिछड़े वर्ग का राजनीतिक अस्तित्व है, वहाँ इस वर्ग की उम्मीदवार होना लाभदायक ही है, हानिकर नहीं।

तथ्य-सत्य

औरत की जगह

अलका आर्य

फैसला लेने की आजादी

करोड़ों भारतीय महिलाओं में से कुछ महिलाएँ को ही अपने मन से फैसला करने का अधिकार है। उत्तर प्रदेश में करीब 90 फीसदी और बिहार, मध्य प्रदेश, हरियाणा और आन्ध्र प्रदेश की करीब 80 फीसदी महिलाओं को अपने रिश्तेदारों या दोस्तों से मिलने के लिए घरवालों की इजाजत लेनी पड़ती है। बाजार तक जाने के लिए भी इजाजत माँगने वाली महिलाओं की संख्या बहुत ज्यादा है। यहाँ तक कि केरल जैसे प्रगतिशील राज्य में भी 50 फीसदी से ज्यादा महिलाओं को इस तरह की इजाजत लेनी पड़ती है। फैसला करने की सबसे ज्यादा भागीदारी रसोई से जुड़ी हुई है। पंजाब में 97 फीसदी और उत्तर प्रदेश में 78 फीसदी महिलाएँ भोजन बनाने के फैसले में शिरकत करती हैं। बिहार, उत्तर प्रदेश और मध्य प्रदेश में 15 फीसदी महिलाओं ने कभी भी किसी भी प्रकार के फैसले में हिस्सा नहीं लिया। यह पाया गया कि मध्य प्रदेश और उत्तर प्रदेश में करीब 50 फीसदी महिलाओं के पास घरेलू खर्चों के लिए धन रहता है।

(स्रोत : राष्ट्रीय परिवार स्वास्थ्य सर्वेक्षण-2, 1998-99)

राजनीति

महिला सशक्तीकरण पर विचार करते समय महिलाओं के फैसले लेने वाली भूमिका का सवाल बहुत महत्त्वपूर्ण है। आधी आबादी होने के बावजूद आजादी के 53 साल बाद राजनीति, न्यायपालिका, भारतीय सिविल सेवा में उनकी स्थिति निराश ही करती है।

1952 में पहली लोकसभा की 499 सीटों में से 22 पर (4.4 फीसदी) महिलाओं की जीत हुई। 1957 में 500 सांसदों में से 27 (5.4) महिलाएँ लोकसभा में पहुँची। 1962 में 503 में से 34 (6.8) और 1962 में 523 में से 31 (5.9) महिलाएँ सांसद

चुनी गई। 1971 व 1977 में 521 में से 22 (4.2) और 544 में से 19 (3.3) महिलाओं को जनता ने अपना प्रतिनिधि चुना। 1980 व 1984 में लोकसभा सीटों की संख्या 544 ही थी लेकिन 1980 में 28 (5.2) महिलाएँ संसद में पहुँचीं जबकि 1984 में यह आँकड़ा 44 (8.1) तक पहुँच गया। भारतीय संसद के इतिहास में पहली बार इतनी भारी संख्या में सांसद चुनी गई। 1989 में 517 सांसदों में से 27 (5.2) महिलाएँ ही लोकसभा का चुनाव जीत पाई। 1991 में 544 में से 39 (7.2) महिलाएँ और 1996 में 543 में से 39 (7.2) महिलाएँ सांसद चुनी गई। 1998 में 543 में से 43 (7.9) और 1999 में 545 सांसदों में से 49 (11.12) महिलाओं को जनता ने लोकसभा में चुनाव जितवाया। वर्तमान लोकसभा में महिला सांसदों की संख्या पिछली सभी लोकसभाओं से ज्यादा है। इन 49 महिला सांसदों में से 27 फीसदी अनुसूचित जाति, 5 फीसदी जनजाति और 68 फीसदी सामान्य हैं।

1952 के पहले लोकसभा चुनाव में कुल 1,874 उम्मीदवार मैदान में थे। इनमें 1831 पुरुष व 43 महिलाएँ थीं। 1980 में महिला उम्मीदवारों की संख्या 142 थी और 4478 पुरुषों ने अपना भाग्य आजमाया था। 1984 के चुनाव में 5,149 पुरुष व 164 महिलाओं ने चुनाव लड़ा। 1991 में 8,347 पुरुषों के मुकाबले 325 महिलाएँ सामने आईं। 1996 में यह संख्या बढ़कर 599 हो गई। चुनाव लड़ने वाली महिलाओं की संख्या बढ़ी तो पुरुष उम्मीदवारों की संख्या भी 13,353 थी। 1998 में कुल उम्मीदवार 4,979 थे जिनमें 4,708 पुरुष व 271 महिलाएँ थीं। इसी तरह 1999 के लोकसभा चुनाव में कुल 4,000 उम्मीदवारों में से महिला उम्मीदवार 280 थीं।

आजादी के समय ही एक भारतीय महिला को भारतीय पुरुष के समान मतदान का अधिकार मिल गया था। लेकिन मतदान का उपयोग करने वाली महिलाओं की संख्या हमेशा पुरुषों से कम ही रही है। हालाँकि गुजरे चार दशकों में यह अन्तर 16 फीसदी से कम होकर 10 फीसदी रह गया है। 1952, 1957, 1962 और 1967 में क्रमशः 38.1, 38.7, 46.6, 55.1 फीसदी महिला मतदाताओं ने मतदान किया। 1971, 1977, 1980 और 1984 में 49.1, 54.9, 51.2 और 58.6 महिला मतदाताओं ने लोकसभा के लिए अपना फैसला मत के जरिए सुनाया। 1989, 1991 और 1996 में 57.3, 51.4 और 53.4 फीसदी महिला मतदाताओं ने अपने अधिकार का इस्तेमाल किया। 1999 में यह संख्या 58 फीसदी (अब तक की सर्वाधिक संख्या) थी।

राज्य विधानसभाओं में महिला विधायकों की औसत संख्या राजनीति में महिलाओं की स्थिति पर व्यापक बहस के द्वार खोलती है। 1952 में यह औसत राष्ट्रीय स्तर पर 1.8 फीसदी था जो 1957 में बढ़ कर 6.3 फीसदी हो गया। 1960-65 के दौरान महिला विधायकों की संख्या का औसत 4.9 था जो कि 1967-69 में गिरकर 2.9 फीसदी रह गया। 1970-75 में यह ग्राफ ऊपर उठा और 4.3 तक पहुँच गया। 1977-78 में नीचे आया और 2.8 तक सिमट गया। 1979-83 में 3.8 फीसदी, 1984-88 में

5.3, 1989-92 में 4.5 और 1993-97 में 4.0 फीसदी था।

अलग-अलग राज्यों की स्थिति भी अलग-अलग थी। बिहार विधानसभा में 1952, 1960-65, 1970-75, 1979-83 और 1993-97 के चुनावों में क्रमशः 3.6, 7.9, 3.8, 3.7 और 3.4 फीसदी महिला विधायक चुनीं गई। इन्हीं वर्षों में उत्तर प्रदेश विधानसभा में 1.2, 4.4, 5.9, 5.6 और 4.0 फीसदी महिलाएँ विधानसभा में पहुँची। राजस्थान में 0.0, 4.5, 7.1, 5.0 और 4.5 महिलाओं ने जनता का प्रतिनिधित्व किया। केरलमें 0.0, 3.9, 1.5, 3.2 और 9.3 फीसदी महिलाओं को जनता ने जितवाया। पश्चिम बंगाल में 0.8, 4.8, 1.6, 2.4 और 6.3 महिलाएँ विधानसभा में पहुँची। आन्ध्र प्रदेश में यह आँकड़ा 2.9, 3.3, 9.1, 4.1 और 2.7 फीसदी का रहा। 1998-99 के राजस्थान और आन्ध्र प्रदेश के विधानसभा चुनावों में 7.0 और 9.5 फीसदी महिलाएँ विधानसभा में पहुँची। *(स्रोतः चुनाव आयोग)*

राष्ट्रीय स्तर पर पंचायत समिति में 33.75 फीसदी, ग्राम पंचायत में 40.10 और जिला परिषद में 32.28 फीसदी महिलाएँ अध्यक्ष हैं। देश के अलग-अलग राज्यों में यह आँकड़ा अलग-अलग है। हैरानी की बात यह है कि पश्चिम बंगाल में जिला परिषद स्तर पर एक भी महिला अध्यक्ष नहीं है और दूसरे स्तरों पर भी बहुत कम महिलाएँ प्रतिनिधित्व कर रही हैं। हिमाचल प्रदेश में ग्राम पंचायत में 36.62, पंचायत समिति में 31.94 और जिला परिषद में 33.33 फीसदी महिला अध्यक्ष हैं। कर्नाटक में 33.33, 33.71 और 35.00 फीसदी हैं। मध्य प्रदेश में 38.66, 26.80 और 37.78 फीसदी हैं। उत्तर प्रदेश में 33.81, 41.29 और 30.26 हैं। पश्चिम बंगाल में 4.62, 3.00 और 0.00 फीसदी हैं। *(स्रोत : भारत सरकार)*

महिलाओं पर हिंसा

गृह मन्त्रालय ने हाल में आशंका जताई है कि महिलाओं के खिलाफ अपराधों की दर अगले दशक में जनसंख्या वृद्धि के साथ और बढ़ सकती है। 2010 में 1998 के मुकाबले बलात्कार की घटनाएँ 55.7 फीसदी तक जा सकती हैं। जबकि इसके समानान्तर जनसंख्या में 20.3 फीसदी की वृद्धि होने का अनुमान है। अगर जनसंख्या के अनुपात में ये घटनाएँ बढ़ सकती हैं तो महिलाओं के खिलाफ घरेलू हिंसा बढ़ने की आशंका से भी इंकार नहीं किया जा सकता। नेशनल क्राइम रिकार्ड ब्यूरो ने 1997 के मुकाबले 1998 में यौन उत्पीड़न, दहेज मौत और लड़कियों को विदेश भेजने के मामले में 40, 15.2 व 87.2 फीसदी वृद्धि दर्ज की है। देश भर में भारतीय दंड संहिता के तहत 17,09,576 मामले दर्ज हुए। इनमें 1,15,723 मामले महिलाओं के खिलाफ थे। इसी तरह 1997 और 1998 में दर्ज 17,19,820 व 17,79,111 मामलों में से महिलाओं के खिलाफ दर्ज मामलों की संख्या 1,10,183 और 1,18,962 है।

देश भर में 1990, 1991, 1992, 1993, 1994, 1995, 1996, 1997 और 1998 में बलात्कार के 9,518, 9,793, 11,112, 11,242, 12,351, 13,754,

14,846, 15,330 और 15,031 मामले दर्ज किए गए। दिल्ली में बलात्कार के मामले में 1990 से 1997 तक 27, 21.4, 21.4, 31, 42.3, 38.6, 26 और 33 फीसदी मामलों में सजा सुनाई गई। बीते कुछ सालों से महिलाओं द्वारा घरेलू हिंसा के मामले दर्ज कराने की संख्या बढ़ी है। यह औसत 65.3 का है। 15-24 आयु वर्ग की 78.3, 25-34 आयु वर्ग की और 35 से ऊपर आयु वर्ग की 60.8 और 65.9 फीसदी महिलाओं ने मामले दर्ज कराए। उच्च, निम्न, अनुसूचित और मुस्लिम जाति की महिलाओं की संख्या 44.9, 77.2, 71.2 और 55.8 फीसदी थी। अनपढ़, निम प्राइमरी, उच्च प्राइमरी, माध्यमिक और माध्यमिक से ऊपर शिक्षित महिलाओं की संख्या 75.7, 76.5, 64.8, 40.7 व 43.3 थी। घरेलू, कृषक, मजदूरिन और अन्य काम करने वाली महिलाओं की संख्या 55.6, 54.0, 79.0 और 35.0 थी।

(स्रोत : बिसारिया, 2000)

परिवार में महिला के खिलाफ हिंसा के कई कारण हैं। इनमें वक्त पर भोजन न बनाना, घर और बच्चों की ठीक तरह से देखभाल न करना, आर्थिक तंगी व दूसरे कारण हैं। 80 फीसदी पुरुष महिलाओं के लिए अश्लील भाषा का इस्तेमाल करते हैं। 63 फीसदी शारीरिक प्रताड़ना देते हैं। 52 फीसदी पत्नियों को घर छोड़कर मायके जाने का आदेश देते हैं। 51 फीसदी घर से बाहर फेंकने की धमकी देते हैं। 18 फीसदी पैसा देना बन्द कर देते हैं तो 9 फीसदी बोलचाल बन्द कर देते हैं।

राष्ट्रीय परिवार कल्याण सर्वेक्षण-2, 1998-99 के मुताबिक इस सर्वेक्षण में हिस्सा लेने वाली 90 हजार महिलाओं में से करीब निरक्षर 83 फीसदी, आठवीं से कम पढ़ाई वाली 78, आठवीं पास 80 और हाई स्कूल पास 62 फीसदी महिलाओं ने 6 कारणों में से किसी एक के लिए पत्नी की पिटाई को जायज ठहराया। साक्षी नामक गैर सरकारी संगठन ने 1996 में महिलाओं के खिलाफ हिंसा पर 109 न्यायाधीशों की राय माँगी। 48 फीसदी न्यायाधीशों ने खास कारणों से पति द्वारा पत्नी को थप्पड़ मारना जायज बताया। 74 फीसदी का मानना था कि हिंसा की शिकार होने के बावजूद महिला का मुख्य सरोकार घर को सँभालना ही है। 68 फीसदी की राय में बदनउघाड़ू या कसे हुए कपड़े यौन-उत्पीड़न को निमन्त्रण देते हैं।

रोजगार

1991 की जनगणना के मुताबिक 22.4 करोड़ पुरुष और 9 करोड़ महिलाएँ श्रम शक्ति का हिस्सा हैं। सार्वजनिक क्षेत्र में महिला कर्मचारियों की संख्या पिछले 26 सालों (1971-1997) में तीन गुना बढ़ी है। एक अनुमान के अनुसार घरेलू महिला कामगारों की संख्या 1 करोड़ और 1 करोड़ 20 लाख के आसपास है। अपने देश में 1996 में कृषि के सार्वजनिक और निजी क्षेत्र में एक हजार पुरुषों के पीछे 49.20 और 429.30 फीसदी महिलाओं को रोजगार मिला हुआ था। इसी तरह खनन में 65 व 16.40 फीसदी, उत्पादन में 119.50 व 756.80, बिजली में 36.70 व 1.10 फीसदी,

निर्माण में 61.40 व 4 फीसदी, व्यापार में 15.40 व 25.10 फीसदी, यातायात में 157.60 व 4.5 फीसदी, वित्त में 169.10 व 39 फीसदी, सामुदायिक क्षेत्र में 2634.50 व 1791.90 फीसदी महिलाएँ कार्यरत थीं। स्थिति को ज्यादा स्पष्ट करने के लिए यह बताना जरूरी है कि 1971 में एक लाख महिलाओं के पीछे सार्वजनिक क्षेत्रों में महिलाओं की संख्या 8 और पुरुषों की 92 फीसदी थी। 1981 में यह अनुपात 9.7 और 90.3 फीसदी था। 1991 में 12.3 फीसदी महिलाएँ और 87.7 फीसदी पुरुष थे। 1997 में 13.8 फीसदी महिलाएँ और 86.2 फीसदी पुरुष थे। इसी अवधि में निजी क्षेत्र में महिला और पुरुष की भागीदारी का अनुपात 16-84, 17.5-82.5, 18.7-81.3 और 20.4-79.6 फीसदी था।

कृषि क्षेत्र में महिलाएँ बहुत बड़ी संख्या में काम कर रही हैं। भारत सरकार ने महिला कृषकों की मदद के लिए कई योजनाएँ शुरू की हैं। अपनी भूमि पर सिंचाई व्यवस्था करने के लिए सरकार महिला कृषक को जो ऋण देती है, उस पर 90 फीसदी सब्सिडी है। बीजिंग सम्मेलन के बाद वीमेन इन एग्रीकल्चर स्कीम का विस्तार 12 राज्यों तक कर दिया गया है।

अपने देश में 27 सार्वजनिक उपक्रम बैंक हैं। इन बैंकों के 1997-98 और 1998-99 के बही-खाते बताते हैं कि सरकारी योजनाओं के अन्तर्गत महिलाओं को बाँटे गए ऋण की वापसी कुल ऋण वापसी की 20 से 41 फीसदी तक थी।

(स्रोत : श्रम मन्त्रालय वार्षिक रिपोर्ट 1997-98 और नौवीं योजना दस्तावेज)

अधिकतर बैंकों ने महिलाओं की ऋण सुविधा उपलब्ध कराने के लिए विशेष योजनाएँ चलायी हुई हैं। इंडियन ओवरसीज बैंक ने कामकाजी महिलाओं के लिए 'अभिलाषा' नामक योजना शुरू की है। स्टेट बैंक ऑफ इंडिया ने महिला उद्यमियों के विकास के लिए स्त्री शक्ति योजना चलायी हुई है। केनरा बैंक ने महिला उद्यमियों के लिए एक केन्द्र खोला हुआ है। ऐसे में नौ केन्द्रों ने 140.4 करोड़ का ऋण जारी किया। इस बैंक ने ग्रामीण महिला स्वयं रोजगार प्रशिक्षण संस्था का भी गठन किया है। बैंक ऑफ बड़ौदा ने स्वावलम्बन ग्रामीण नारी योजना शुरू की हुई है। आन्ध्र बैंक स्त्री चक्रा स्कीम के अन्तर्गत कामकाजी महिलाओं को दुपहिया वाहन खरीदने में आर्थिक मदद करता है। इंडियन बैंक ने भी महिला उद्यमियों के लिए एक सैल बनाया हुआ है। द स्माल इंडस्ट्रीज डेवलपमेंट बैंक ऑफ इंडिया (सिडनी) ने महिला उद्यमियों को प्रोत्साहित करने के मकसद से महिला उद्यम निधि स्कीम योजना चलायी है। इस योजना के तहत 31 मार्च 1999 तक 11.4 करोड़ की राशि दी गई।

शिक्षा

भारत सरकार की राष्ट्रीय शिक्षा नीति 1986 के मुताबिक महिलाओं के स्तर में बुनियादी बदलाव लाने के लिए शिक्षा का इस्तेमाल एक औजार के रूप में किया जाएगा। शिक्षा के क्षेत्र में महिलाओं की स्थिति का आकलन करें तो पता चलता है कि

1991 की 39.19 फीसदी महिला साक्षरता-दर 1997 में 50.13 फीसदी तक पहुँच गई। इन्हीं वर्षों में प्राइमरी स्तर पर लड़कियों का नामांकन (प्रति लाख) 41 से 47.9 हो गया। प्राइमरी स्तर पर बीच में पढ़ाई छोड़ने वाली लड़कियों की संख्या में गिरावट आई है। यह आँकड़ा 60 फीसदी से घटकर 38.4 फीसदी हो गया है। इंजीनियरिंग व बी.ए. (प्रति हजार) करने वाली छात्राओं का ग्राफ 26 से 49 को छू गया है यानी 23 फीसदी की वृद्धि हुई है। मेडिसन कोर्स में भी लड़कियों की दिलचस्पी बढ़ने का प्रमाण यह है कि उनकी संख्या 28 फीसदी से बढ़कर 43 फीसदी हो गई।

महिला साक्षरता-दर में हुई वृद्धि ने सामाजिक रूप से अलाभान्वित और दूसरे वर्गों के बीच के फासले को पाटा है। सामाजिक रूप से अलाभान्वित वर्गों में भी अनुसूचित जाति और जनजाति की लड़कियाँ व महिलाएँ ज्यादा लाभान्वित हुई हैं। 1998-99 में सारे भारत में 244.6 करोड़ छात्राओं ने उच्च शिक्षा के लिए नामांकन कराया। उल्लेखनीय है कि केरल, गुजरात और गोवा में उच्च शिक्षा में यह नामांकन 50 फीसदी से भी ज्यादा था। स्नातकोत्तर स्तर पर नामांकन में छात्राओं की भागीदारी 34 फीसदी थी।

(स्रोत : शिक्षा विभाग, भारत सरकार)

इस सबके बावजूद देश में करीब 24 करोड़ 50 लाख महिलाएँ निरक्षर हैं। विभिन्न राज्यों में महिला साक्षरता का आँकड़ा अलग-अलग है। राष्ट्रीय नमूना सर्वेक्षण 1997 के मुताबिक देश में सिर्फ दो राज्यों—केरल व मिजोरम—को ही पूर्ण साक्षर राज्य होने का गौरव प्राप्त है।

मिजोरम व केरल में महिला साक्षरता दर 95 व 90 फीसदी है। उसके बाद गोवा का नंबर आता है जहाँ 79 फीसदी महिलाएँ पढ़-लिख सकती हैं। नगालैंड, मेघालय, सिक्किम, हिमाचल प्रदेश, त्रिपुरा, असम व मणिपुर में भी पढ़ने-लिखने वाली महिलाओं का आँकड़ा गौरतलब है। वहाँ क्रमवार 77, 74, 72, 70, 67, 66 और 66 फीसदी ऐसी महिलाएँ हैं। महाराष्ट्र और पश्चिम बंगाल में एक जैसी स्थिति है अर्थात् 63 फीसदी महिलाएँ साक्षर हैं तो पंजाब इनसे थोड़ा सा पीछे है। वहाँ 62 और तमिलनाडु में 60 फीसदी महिलाएँ साक्षर हैं। गुजरात, हरियाणा में यह आँकड़ा 57 व 52 फीसदी है। सूचना प्रौद्योगिकी की होड़ में शामिल कर्नाटक राज्य की आधी महिलाओं (50 फीसदी) के नाम साक्षरता के खाते में दर्ज हैं। अरुणाचल प्रदेश और जम्मू-कश्मीर, दोनों एक बिन्दु पर इस समय समान हैं अर्थात् दोनों राज्यों में महिला साक्षरता दर 48 फीसदी है। कंप्यूटरीकरण के लिए विख्यात चन्द्रबाबू नायडू के प्रदेश में सिर्फ 43 फीसदी महिलाएँ ही पढ़ना-लिखना जानती हैं। मध्य प्रदेश और उत्तर प्रदेश में 41 फीसदी महिलाएँ इस सूची में आती हैं और उड़ीसा, राजस्थान व बिहार में 38, 35 व 34 फीसदी महिलाएँ साक्षर हैं। उड़ीसा, राजस्थान और बिहार का नाम राज्यों में महिला साक्षरता-दर की सूची में सबसे नीचे है। यही नहीं इन तीनों राज्यों में 41 फीसदी से कम प्रौढ़ महिलाएँ साक्षर हैं।

राज्यों के ब्यौरों से निकल कर अन्तर्राष्ट्रीय साक्षरता मानचित्र का अध्ययन करें तो भारत की स्थिति का पता चलता है। मानव विकास रिपोर्ट 2000 के अनुसार भारत में महिला साक्षरता-दर (50%) सब सहारा अफ्रीका से भी कम है। जांबिया, रवांडा, नाइजीरिया, सूडान और मेडागास्कर में 69, 57, 53, 54 और 54 फीसदी महिलाएँ साक्षर हैं।

6-14 आयु वर्ग की स्कूल जाने वाली लड़कियों की सबसे ज्यादा संख्या केरल और हिमाचल प्रदेश में है। वहाँ 97 फीसदी लड़कियाँ स्कूल जाती हैं। इसके बाद पंजाब, तमिलनाडु, महाराष्ट्र, हरियाणा, कर्नाटक और जम्मू व कश्मीर राज्य का नंबर आता है, जहाँ क्रमशः 90, 89, 87, 86, 78 और 78 फीसदी लड़कियाँ पढ़-लिख रही हैं। उड़ीसा, गुजरात व मध्य प्रदेश में 75, 73 और 71 फीसदी लड़कियों के नाम स्कूल में दर्ज हैं। 71, 69, 63 और 54 फीसदी लड़कियाँ आन्ध्र प्रदेश, उत्तर प्रदेश, राजस्थान और बिहार के स्कूलों में शिक्षा हासिल करने जा रही हैं।

(स्रोत : राष्ट्रीय परिवार स्वास्थ्य सर्वेक्षण-2, 1998-1999)

साक्षरता में लैंगिक अन्तर जानना भी जरूरी है। 1991 की जनसंख्या के अनुसार अपने देश में यह अन्तर 25 फीसदी था जो कि 1997 में 23 फीसदी रह गया। अर्थात् 6 वर्षों में सिर्फ दो फीसदी फासला पटा है। 1997 का आँकड़ा '1997 राष्ट्रीय नमूना सर्वेक्षण' से उद्धृत है। जबकि मध्य प्रदेश में रहने वाली औरत की उम्र केरल की औरत से 15 साल कम होती है। सीधा-सा अर्थ यह है कि मध्य प्रदेश में रहने वाली महिलाओं की औसत उम्र 57 साल है। केरल के बाद पंजाब, महाराष्ट्र, तमिलनाडु, हरियाणा और पश्चिम बंगाल का नंबर आता है। वहाँ क्रमवार औसत आयु 71, 68, 68, 67 और 67 वर्ष है। कर्नाटक, आन्ध्र प्रदेश, गुजरात और बिहार में औसत आयु 65, 64, 63, 62 है। राजस्थान और उत्तर प्रदेश में यह आँकड़ा समान है अर्थात् 61 वर्ष। असम और उड़ीसा की महिलाओं की औसत आयु में 1 वर्ष का फासला है। असम की औरत 59 वर्ष जीवित रह सकती है तो ओडीशा की 58 वर्ष।

भारतीय महिलाओं की औसत उम्र (करीब 63 वर्ष) मंगोलिया, ताजिकिस्तान की औसत महिला उम्र से भी कम है। यही नहीं, अमेरिका (80.2), चीन (72.3), श्रीलंका (72.0), वियतनाम (70.0), इंडोनेशिया (67.5) और पाकिस्तान (65.6) से भी कम है।

भारत में 1998 में शिशु मृत्यु-दर (प्रति हजार) का राष्ट्रीय औसत आँकड़ा 72 था। उस साल 1000 जीवित शिशुओं में से मरने वाले बालक शिशुओं और बालिका शिशुओं की संख्या 70 और 74 थी। ग्रामीण स्तर पर यह आँकड़ा 76 व 79 और शहरी स्तर पर 42 व 49 का था। बालिका शिशु की उम्र का फैसला भी राज्य ही करता है। 1998 में उड़ीसा व मध्य प्रदेश में सबसे ज्यादा बालिका मौतें हुई। इन दोनों राज्यों में एक हजार बच्चों के पीछे 97 बालिका शिशुओं की मौत हो गई। उत्तर प्रदेश, राजस्थान, हरियाणा में 93, 84 और 81 बच्चियाँ मर गईं। बिहार, असम व केरल में

यह 7 से घट कर 6 रह गया है और पश्चिम बंगाल में 21 से 18 पहुँच गया। सबसे आगे मिजोरम निकल गया है। इस राज्य में 1991 में यह अन्तर 7 फीसदी था जो कि 1997 में सिर्फ 1 फीसदी रह गया। राजस्थान इस सन्दर्भ में पीछे गया है। वहाँ अन्तर 35 से बढ़कर 38 फीसदी तक पहुँच गया है।

स्वास्थ्य

11 मई 2000 को भारत की जनसंख्या ने एक अरब का आँकड़ा छू लिया। भारत सरकार ने इस विस्फोट पर काबू पाने के लिए राष्ट्रीय परिवार नियोजन कार्यक्रम को अपनाया। इस कार्यक्रम ने प्रजनन-दर और मृत्यु–दर में कमी लाने में एक सीमा तक मदद की। राष्ट्रीय जनसंख्या नीति 2000 में जनसंख्या स्थिरता के लक्ष्य को हासिल करने के लिए मातृत्व और बाल मृत्यु दर घटाने पर विशेष जोर दिया गया है। मातृत्व मृत्यु-दर का जो आँकड़ा 1992-93 में प्रति लाख 433 था, वह 1998 में घटकर 408 रह गया। 1951 में दर्ज कुल प्रजनन-दर 6.0 से कम होती हुई 1997 में 3.3 फीसदी तक पहुँच गई। 1951 और 1996 में एक पुरुष के जीवित रहने की औसत दर 37.1 फीसदी से 61.5 और महिला की 36.1 से बढ़कर 62.1 फीसदी हो गई थी।

(स्रोत : स्वास्थ्य मन्त्रालय, भारत सरकार)

'भारत में महिलाएँ : कितनी स्वतन्त्र : कितनी समान?' शीर्षक रपट के अनुसार ज्यादातर महिलाओं को लम्बा जीवन नसीब नहीं होता हैं। यही नहीं, उनकी उम्र को बढ़ाने और घटाने में राज्य भी महत्त्वपूर्ण भूमिका निभाता है। मिसाल के तौर पर केरल में जन्मी एक औरत की औसत आयु 75 वर्ष है। यह आँकड़ा एक जैसा कि प्रत्येक राज्य में 67 बच्चियाँ मर जाती हैं। आन्ध्र, गुजरात, तमिलनाडु में 68, 66 और 58 बालिका शिशु मौतें हुई। पंजाब, कर्नाटक और महाराष्ट्र में इन मौतों की संख्या 56 रही। पश्चिम बंगाल और केरल में 48 और 13 बालिका शिशु मौतें हुई। ये सरकारी आँकड़े जन्म लेने के एक साल के भीतर मरने वाली बालिका शिशुओं के हैं। इसके अलावा बालिका भ्रूण-हत्या और बालिका शिशु-हत्या के आँकड़ों का अनुमान भी हैरान करता है। ऐसा अनुमान है कि दो-ढाई करोड़ लड़कियाँ व महिलाएँ भारतीय जनसंख्या से लापता हैं।

गर्भावस्थाजन्य कारण और प्रसव के 40 दिन के भीतर होने वाली किसी महिला की मृत्यु 'मातृत्व मृत्यु' कहलाती है। 1998 में अपने देश में मातृत्व मृत्यु-दर 407 (प्रति लाख जीवित महिला) है। करीब 1 और 1 लाख 20 हजार के बीच महिलाएँ हर साल गर्भावस्था सम्बन्धी कारणों के कारण मर जाती हैं। राष्ट्रीय परिवार स्वास्थ्य सर्वेक्षण-2, 1998-99 के अनुसार (उस सर्वेक्षण की दो साल की अवधि के दौरान) यह आँकड़ा 540 का था। ग्रामीण व शहरी स्तर पर 619 और 267 का था। भारत में मातृत्व मृत्यु-दर (407) का आँकड़ा वियतनाम (160), श्रीलंका (130), चीन (65) और क्यूबा (27) से बहुत ज्यादा है। *(स्रोत : मानव विकास रिपोर्ट : 2000)*

भारत में भी उत्तर प्रदेश में स्थिति अति गम्भीर है। वहाँ यह आँकड़ा सबसे ज्यादा 707 है। इस राज्य में हर मिनट में एक महिला की मौत मातृत्व मृत्यु के खाते में दर्ज होती है। अपने देश में रोजाना करीब 300 महिलाएँ शिशुओं को जन्म देने के दौरान या इससे जुड़े कारणों से मर जाती हैं।

राष्ट्रीय परिवार स्वास्थ्य सर्वेक्षण-दो, 1998-9 में 15-49 आयु वर्ग की करीब नब्बे (90) हजार महिलाओं से बातचीत की गई है। इस सर्वेक्षण के मुताबिक देश के विभिन्न राज्यों में अपने स्वास्थ्य की देखभाल सम्बन्धी निर्णय लेने वाली महिलाओं की संख्या इस प्रकार है– हिमाचल, पंजाब, मिजोरम, गुजरात, तमिलनाडु, बिहार, पश्चिम बंगाल, राजस्थान, उड़ीसा व मध्य प्रदेश में 81, 79, 73, 71, 61, 48, 45, 41, 39 और 37 फीसदी। सारे देश में सिर्फ 52 फीसदी महिलाएँ ही यह फैसला ले पाती हैं। 50 फीसदी विवाहित महिलाओं में खून की कमी है। इस आयु वर्ग की विवाहित महिलाओं में 48 फीसदी महिलाएँ गर्भनिरोधकों का इस्तेमाल करती हैं। 34 फीसदी महिलाओं और 2 फीसदी महिलाओं के पतियों ने नसबंदी कराई हुई है।

इस सर्वेक्षण के मुताबिक 25-49 आयु वर्ग की 64.6 फीसदी युवतियों की शादी 18 साल की उम्र से पहले हो जाती है। ऐसी युवतियों की सबसे ज्यादा संख्या बिहार में (84 फीसदी) है और सबसे कम पंजाब में (23) है। राजस्थान, आन्ध्र, उत्तर व मध्य प्रदेश में 82, 80, 80 और 79 है। महाराष्ट्र, पश्चिम बंगाल, कर्नाटक, हरियाणा में 65, 62, 61 और 60 है। उड़ीसा, गुजरात, तमिलनाडु में 58, 54 और 42 है।

हिमाचल प्रदेश और केरल में 38 व 27 है। भारत में शादी की औसत उम्र 19.7 है। पंजाब में 22.1, महाराष्ट्र में 19.8, उत्तर प्रदेश में 19.0, बिहार और केरल में 18.8 और 21.5 वर्ष है। करीब 60 फीसदी विवाहित महिलाएँ 19 साल की उम्र से पहले ही माँ बन जाती है।

स्त्री की तरह देखना

अर्पिता सिंह से *मंगलेश डबराल* की बातचीत

❑ अर्पिता जी, इतनी लम्बी यात्रा के बाद मुझे लगता है कि आपकी कला में एक तरह की सामाजिक टिप्पणी, एक सामाजिक बोध का प्रवेश हुआ है। हमारे आसपास के जीवन का असर आपके कैनवस पर है और आपने अपने पुराने मुहावरे को विस्तार देते हुए एक ज्यादा बड़ी दुनिया उसमें समेटी है। इस बदलाव के बारे में कुछ बताएँगी?
अर्पिता सिंह : बदलाव क्या है, इसका तो मुझे ठीक-ठीक पता नहीं है। मैं बस काम करती आ रही हूँ। इसमें अपने आप ही कुछ फर्क आता जा रहा है, जैसा कि जीवन बीतने के साथ-साथ मनुष्य में भी आता है। बाकी जो सोशल कमेंट की बात है तो ऐसा नहीं है कि मैं कोई सोशल कमेंट देने के लिए पेंट कर रही हूँ। लेकिन क्योंकि मैं एक सामाजिक प्राणी हूँ, एक खास संरचना में, एक खास समय में रह रही हूँ, इसलिए इसका असर मेरे काम पर होगा ही। मेरे जीवन या मेरे आसपास के जीवन को लेकर मेरे काम में कोई टिप्पणी अपने आप आ जाती होगी।

❑ अपने आप आना भी शायद कला की प्रक्रिया है। पिकासो की एक बात यहाँ याद आती है। एक जगह उन्होंने कहा है कि कला में हम कुछ खोजते नहीं, बल्कि पाते हैं। सो इस खोजने और पाने के बीच जो सम्बन्ध है, क्या उसके बारे में कुछ बताएँगी क्योंकि मुझे लगता है कि आपकी प्रक्रिया में खोजने से ज्यादा महत्त्वपूर्ण पाने का तत्त्व है?
अर्पिता : मेरा खयाल है, कोई भी लेखक या कलाकार एक "ड्राइव" लेकर पैदा होता है। वही शक्ति उसे आगे बढ़ाती है और क्योंकि आँखों को खुला रखना ही होता है, इसलिए चलते-चलते और भी बहुत-सी चीजें मिलती जाती हैं। अब यह आपके ऊपर है कि आप उसमें से कौन-कौन-सी चीजें चुनते हैं। एक चीज चुनने के बाद हमें एक लालच हो जाता है कि थोड़ा आगे जाने पर हमें कुछ और भी मिलेगा। इस तरह चीजें

मिलती जाती हैं और यह मैं कहूँगी कि बहुत बड़ा वरदान है, इस तरह चीजों का मिलना।

❒ आपको क्या लगता है कि आपके भीतर ऐसी कोई खोज बढ़ती जा रही है या कि वह पूर्ण हो गई है? ऐसा कोई सेंस ऑफ अराइवल?
अर्पिता : नहीं, मुझे ऐसा लगता है कि यह तो बढ़ती ही जा रही है। सेंस ऑफ अराइवल तो बिलकुल नहीं है।

❒ आपको और परमजीत सिंह को कला जगत की एक महत्त्वपूर्ण जोड़ी माना जाता है– कलाकार के रूप में भी और दंपत्ति के रूप में भी। क्या कला में आप दोनों ने एक-दूसरे को किसी तरह प्रभावित किया है? खासकर यह देखते हुए कि आपका काम पूरी तरह आकृतिमूलक रहा है और परमजीत के काम में आकृतियाँ प्रायः नहीं रही हैं। वह प्रकृतिमूलक है। आप दोनों के दृश्यों की दुनिया अलग-अलग है या उनमें कोई समानता है?
अर्पिता : दरअसल पेंटिंग तो एक सम्बन्ध को स्थापित करती है–रंग, संरचनाओं और रूपों के बीच। उस लिहाज से हम तकरीबन एक ही जैसा काम करते हैं। हम दोनों ही गाढ़े रंग और टेक्स्चर अप्लाई करना पसन्द करते हैं। यह जरूर है कि परमजीत का काम लैंडस्केप पर आधारित है और मेरे काम में मानवाकृतियाँ हैं। असल में तो वह एक ही फॉर्म है। उनके लिए पेड़-पौधे हैं और मेरे लिए मनुष्य। लेकिन डील तो हम फॉर्म्स को ही करते हैं। मनुष्याकृति होने से मेरे यहाँ एक निश्चित टिप्पणी आ जाती है। बस यही एक फर्क है। बाकी सब तो लगभग वही है। तो हमने एक-दूसरे को प्रभावित किया भी है और नहीं भी।वैसे हम अलग-अलग जगह पेंट करते हैं और हमारे स्टूडियो अलग-अलग हैं। दरअसल जो फर्क दो इंसानों के बीच होता है वही हम दोनों में, हम दोनों के काम में भी है।

❒ आपका काम शुरू से ही काव्यात्मक रहा है। पहले की आपकी पेंटिंग्स में भी स्त्रियाँ बहुत आई हैं और वे आम तौर पर अकेली हैं और उनके आसपास के वातावरण में फूल हैं, चिड़ियाँ हैं, वनस्पति है, आसमान है। बाद में कुछ खिलौने, गाड़ियाँ, हवाई जहाज वगैरह उसमें आए। इन सभी प्रतीकों, बिम्बों के बीच स्त्री अकेली है। इस तरह चिड़िया से लेकर हवाई जहाज के आने तक आपकी दुनिया का विस्तार भी हुआ है। लेकिन यह जो पूरा मेटाफर, पूरा रूपक है, इसका अभिप्राय क्या है?
अर्पिता : यह मेटाफर क्या है, अगर यही पता मुझे लग जाए तो आगे काम करना ही बन्द कर दूँ। अगर मेरी कोई खोज है तो यही कि ये सब चीजें क्या हैं या कि कौन-सी स्मृतियाँ ऐसी पड़ी हुई हैं जो इन चीजों के जरिये उभरकर आ रही हैं।यह तो मुझे मालूम नहीं है, किसी को भी मालूम नहीं हो सकता। मैं इस तरह पेंट क्यों करती हूँ,

यह औरत अकेली है या नहीं है, यह मुझे नहीं मालूम। लेकिन मैं यह करती हूँ और जब करती हूँ तो मुझे लगता है कि यही मैं करना चाहती थी और यही मुझे करना भी चाहिए था।

उसके चारों तरफ खुशनुमा परिवेश है, यह आपको इसलिए लगता होगा कि उसके आसपास जो रंग इस्तेमाल किए गए हैं, वे बहुत चटख हैं। इसकी वजह यह है कि मैं वही रंग इस्तेमाल करती हूँ, जो इस देश में, इस देश की रोशनी में मुझे मिले हैं। अगर मैं कहीं और की होती तो हो सकता है, बिल्कुल फर्क रंग लगाती। लेकिन मैं यह नहीं बता सकती कि जो मैं पेंट करती हूँ वह क्यों करती हूँ। बता भी दूँ तो वह सही नहीं होगा। मैं बनाकर ही आपको बता सकती हूँ। क्योंकि जो स्मृति आ रही है, वह ऐसा नहीं है कि मेरे जन्म की या मेरे बचपन की ही हो, बहुत सारी स्मृतियाँ हमें विरासत में मिलती हैं। एक स्ट्रोक में कोई एक स्मृति चली आती है—कुछ पता नहीं चलता कि यह कहाँ से शुरू हुई और कहाँ जाने वाली है।

❐ स्मृति और कल्पना में आप क्या रिश्ता मानती हैं?

अर्पिता : कल्पना स्मृति से ही पैदा होती है। हालाँकि यह मैं नहीं बता सकूँगी कि मुझे यह याद आ रहा था तो यह बना लेकिन क्योंकि मेरी एक खास किस्म की मानसिक स्थिति है, उसमें से ही एक खास किस्म की कल्पना निकल कर आती है। समझ लीजिए कि कल्पना मेरी उसी मानसिक स्थिति का एक विस्तार है। साथ ही मैं यह भी सोचती हूँ कि कल्पना भी एक तरह की वास्तविकता है। वह झूठ नहीं है। लेकिन हम तर्क के हिसाब से उसकी व्याख्या नहीं कर सकते, उसे ब्लैक एंड वाइट में परिभाषित नहीं कर सकते। हाँ, कल्पना का भी अपना तर्क होता है। जैसे मैं बताऊँ कि एक दिन मुझे अचानक लगा कि एस. पी. बैठे हुए हैं। हालाँकि मुझे मालूम था कि ऐसा नहीं है, लेकिन साथ ही मुझे यह भी लगा कि यह झूठ नहीं है। यह कहीं से बिल्कुल सच भी है क्योंकि ऐसा मैंने सोचा था।

❐ एक मनुष्य की स्मृति तो उसका अतीत नहीं है। हमारी जो उम्र बीत गई है, वह हमारा अतीत नहीं है क्योंकि वह उम्र तो हमारे भीतर है। लेकिन इसी के साथ आपके चित्रों में जो अकसर दिखायी देता है वह यथार्थ और अतियथार्थ का द्वन्द्व है। वह चाहे फूल और खिलौनों के बिम्ब हों या चिड़िया और हवाई जहाज के– ऐसा लगता रहता है कि यह जो वास्तविकता है, वह कभी भी उस दूसरी वास्तविकता में जा सकती है और दूसरी वास्तविकता पहली वास्तविकता में आ सकती है। उनमें इस तरह की एक आवाजाही है।

अर्पिता : वह तो हमेशा, हम सभी के साथ होता है, जैसे अगर हम जागे हुए हैं तो हम कुछ और हैं और जब सो जाते हैं तो कहीं और चले जाते हैं। लेकिन ये दोनों स्थितियाँ हैं तो हमारे ही वजूद का हिस्सा। ये दोनों दुनियाएँ होती तो हमारी ही हैं।

❑ यानी यह कहा जा सकता है कि आपकी कला स्वतःस्फूर्त्त है, आप पहले से कुछ सोचकर नहीं चलतीं। कंपोजीशन करते-करते ही आपकी कला में कोई वक्तव्य भी बनता चलता है।

अर्पिता : मैं सोचकर चल ही नहीं सकती। मैं एक कदम लेने से पहले तक का तो सोच सकती हूँ, लेकिन जब एक कदम ले लिया, उसके बाद तो कुछ और सोचना ही पड़ेगा। उस पहली सोच से तो चलेगा नहीं। इसे इस तरह समझ लीजिए कि कोई कविता लिख रहा है तो यह जरूरी नहीं कि जो उसकी थीम है, जो कथ्य है वही स्टेटमेंट हो, वक्तव्य भी हो। वह जिस तरह, जिस ढंग से, जिस भाषा में लिख रहा है, वह भी एक कमेंट हो सकता है। मुझे लगता है कि मेरा काम भी इसी तरह का है। यह नहीं कि मैं कोई वक्तव्य कंपोज कर रही हूँ। मैं बिल्कुल एक छोटी-सी चीज से शुरू करती हूँ जो मुझे अपने किसी पहले के काम से मिली होती है। फिर चीजें अपने आप अपनी शक्ल पा लेती हैं। लेकिन यह मेरे बस की बात नहीं है कि मैं उसमें से किसी चीज को इधर या उधर करूँ।

❑ क्या आपको कभी लगता है कि जो आप चाहती थीं, वह वक्तव्य पूरा नहीं हो सका?

अर्पिता : दरअसल, मैं इस तरह की कोई खास चीज कहना ही नहीं चाहती इसलिए इस तरह का कोई अहसास भी मुझे नहीं होता। मेरा काम दरअसल सिर्फ कहना या न कहना ही नहीं है, उस व्यवस्था तक पहुँचना है जो प्राकृतिक या कहिए ब्रह्मांड में जो एक स्थिति है, जिसकी वजह से हम हैं, जिसकी वजह से विकास हो रहा है, जो एक गति है और साथ में एक व्यवस्था भी है। जब हम वहाँ पहुँच जाते हैं तो समझ लीजिए कि काम पूरा हो गया। नहीं, तो नहीं। तो एक वक्त आता है जब मुझे लगता है कि मैं वहाँ पहुंच गई और यह काम पूरा हो गया। उसी से यह भी तय होता है कि अगला काम कहाँ से शुरू करना है।

❑ क्या कलाकार एक समान्तर सृष्टि की रचना करता है?

अर्पिता : समान्तर सृष्टि कहिए या यह कहिए कि जो सृष्टि है, उसी का विस्तार करता है। यह तो मैं नहीं कहूँगी कि वह एक समान्तर सृष्टि की रचना करता है। इतनी शक्ति तो हमारी नहीं है, लेकिन जो सृष्टि है, उसी को समझने के लिए सारी चीजें हैं। विज्ञान, कला, कविता, साहित्य--सब उसी को समझने के लिए है। जैसे-जैसे हमारी समझ का एक चरण पूरा होता है, तो समझ लीजिए कि एक रचना, एक पेंटिंग पूरी हो गई।

❑ कुछ साल पहले 'देश' पत्रिका के शारदीय अंक के लिए आपने मुखपृष्ठ बनाया था जिसमें दुर्गा हाथ में पिस्तौल लिए हुए थी। उस पर कुछ विवाद भी हुआ था। उसके बाद आपने कई चित्रों में हिंसा और ताकत के उपकरण बनाये हैं। इसका क्या कारण है?

अर्पिता : मेरे खयाल से पिस्तौल का इस्तेमाल मैंने इराक-कुवैत की लड़ाई के बाद दिया था। अभीक सरकार ने जब मुझे दुर्गा की पेंटिंग देने के लिए कहा तो मैंने कहा कि मैं पारम्परिक दुर्गा तो नहीं बना सकती। हाँ, जिस तरह का काम मैं करती हूँ, अगर वह चल जाए तो देख लीजिए। लेकिन उस काम में और मेरे उस समय के दूसरे काम में कोई फर्क नहीं है। तब वह दुर्गा थी, दुर्गा न होती तो कोई और औरत होती। बाद में मैंने पिस्तौल का इस्तेमाल अपनी "मदर ऐंड डॉटर" वाली सीरीज में भी किया। इसमें पुत्री को एक छोटी महिला के रूप में लिया गया है। दोनों ही औरतें हैं। लेकिन एक बड़ी है, एक छोटी। दूसरी जो है वह उसी का विस्तार है। लेकिन माँ जो है वह हाथ में पिस्तौल लेकर रक्षा कर रही है। मुझे लगता है जीवन "माँ से बेटी से बेटी..." इस तरह बह रहा है। इसलिए मुझे लगता है कि यह बहुत महत्त्वपूर्ण है कि उसकी रक्षा की जाए।

❒ इस पिस्तौल का इस्तेमाल आपके बाद के काम में भी हुआ। क्या इस रूपक के अर्थ बदलते रहे हैं ?

अर्पिता : अर्थ तो दरअसल जब चीज बन जाती है, तब पैदा होता है। वह पहले से नहीं होता। पहले तो यों होता है कि एक हाथ है तो उसमें कुछ होना चाहिए.... तो चलो पिस्तौल, नहीं तो कोई फल, कोई गिलास। कुछ भी हो सकता है। उस हाथ में आप जो भी देते हैं, उससे उसका अर्थ बदल जाता है। लेकिन यह पहले से तय नहीं होता कि हाथ में क्या देना है।

❒ "मदर" और "डॉटर" की जो अवधारणा आपने बतायी, उसमें क्या आपने पहले से यह नहीं सोचा था कि माँ उस बेटी की रक्षा करती हुई दिखायी पड़े ?

अर्पिता : ऐसा कुछ नहीं था। जिस पेंटिंग के बारे में मैं बता रही हूँ उसमें एक औरत बैठी हुई है और उसके शरीर में एक दूसरी, छोटे आकार की औरत है। बैठी हुई औरत के हाथ में मैंने पिस्तौल पकड़ा दी और उसका अर्थ एकदम बदल गया। अब वह एक दूसरे जीवन की रक्षा करने लगी वही जीवन, जो बाद के जीवन को आगे बढ़ायेगा।

❒ अर्पिताजी, रूस की एक गुड़िया है, मत्र्योश्का। उस पर मेरी एक कविता भी है। मेरे खयाल से मत्र्योश्का एक बहुत बड़ा रूपक है। हमारे यहाँ भी ऐसे खिलौने बनते हैं, जिनमें खिलौने के भीतर खिलौना होता है...। इसी तरह मत्र्योश्का भी है। वह जीवन के भीतर जीवन, जीवन के भीतर जीवन का रूपक है। इस तरह एक जीवन अपने भीतर एक और जीवन को सुरक्षित किये हुए चलता है। आपकी कला के पैटर्न में भी बाहर तो फूल कढ़े हुए होते हैं और भीतर जीवन को बहुत ताकत के साथ सुरक्षित किया गया है।

अर्पिता : दरअसल बॉर्डर सिर्फ अलंकरण के लिए सजाने के लिए ही नहीं होता।

एक बॉर्डर तो प्रकृति में हो सकता है और दूसरी तरह से कई बार जैसे कोई जगह है, उसके बाहर बाग है, उस बाग को बताने के लिए बॉर्डर बना दिया जाता है। मैं पहले हैंडलूम बोर्ड में काम करती थी। उस जमाने में बहुत सारे डिजाइनों के साथ मेरा सम्बन्ध था। उससे मुझे पता चला कि किस तरह किसी खास जगह का मोटिफ वहाँ की जीवन शैली के साथ जुड़ा होता है, जैसे अलग-अलग अंचलों की लोककलाएँ हैं। फिर बाद में मुझे लगा कि पूरे बाग की जगह उसका कुछ हिस्सा, कुछ फूल-पत्तियाँ ही उसे दिखाने के लिए बना दी जाएं।

❐ कला के लोक अभिप्रायों के अलावा और किन चीजों से आपने सीखा?
अर्पिता : एक तो मेरे अध्यापक रहे हैं शैलोज मुखर्जी। उनका जो रंग लगाने का तरीका था, उसका मुझ पर बहुत असर रहा है। अमृता शेरगिल की पेंटिंग से हमने पेंटिंग को समझना सीखा। हम नेशनल गैलरी में जाकर उनका काम देखते थे। इनके अलावा कुछ बाहर के चित्रकार हैं– जैसे पाल क्ले या मातीस या शागाल। इनका भी, खास कर शागाल का मुझ पर बहुत असर रहा। वह इसलिए कि उनका काम लोकसंगीत और लोककथाओं को लेकर रहा और मुझे भी ये चीजें बहुत आकर्षक लगती हैं। इसके साथ औरतों के जो व्रत वगैरह हैं, वे भी मुझे बहुत दिलचस्प लगते हैं। उनमें एक कहानी चलती है और उनका एक खास तरीका भी होता है जिससे औरतों की प्रवृत्तियों का, दिलचस्पियों का पता चलता है।

❐ एक पुरुष कलाकार जब रंग का प्रयोग करता है और एक स्त्री जब करती है, तो आपको क्या उन दोनों की टेकनीक में कोई खास फर्क दिखायी पड़ता है?
अर्पिता : इस बारे में मैं सिर्फ कहूँगी कि पहले तो प्रकृति ने ही स्त्री और पुरुष को अलग-अलग बनाया है। फिर अपने-अपने समाज के हिसाब से वे अलग-अलग ढंग से विकसित होते हैं। इससे भी उनकी मानसिक संरचना बदल जाती है। लेकिन मैं यह नहीं कह सकूँगी कि उनमें टेकनीक के स्तर पर कोई फर्क होता है कि नहीं। मैं जो रंग लगाती हूँ, निश्चित तौर पर एक औरत के रूप में लगाती हूँ। पुरुषों के रूप में वे किस तरह लगाते हैं, यह मैं कैसे कह सकती हूँ? देखने में तो दोनों का काम एक जैसा ही होगा, लेकिन रंगों का चुनाव, उन्हें लगाने का तरीका, कितना दबाव रखना है, कब ब्रश लगाना है, ये सब चीजें पुरुष कैसे करता है– मैं स्त्री होने के कारण नहीं बता सकती।

❐ क्या ऐसा नहीं है कि महिलाएँ आम तौर पर छोटे कैनवस करती हैं और पुरुष बड़े-बड़े कैनवसों से उलझे रहते हैं... पुरुषों को एक ज्यादा बड़ा स्पेस पहले से ही मिला हुआ है। एक सामाजिक स्पेस, वह चाहे कला हो, संगीत हो, कविता हो। स्त्रियों के लिए जो जगह है वह बस आँगन-भर है– मधुबनी तो आँगन की ही कला कही जाती

को बार-बार लिखते हैं तो इससे आपकी लिखावट बदल जाएगी। वह और किस्म की हो जाएगी। किसी चीज को बनाने के लिए हमें एक चीज को बार-बार दुहराना होता है।

❒ कला के उद्देश्य के बारे में आप क्या सोचती हैं? कलाकार सृष्टि को दर्ज करता है या उसे रचता है? वह रिकॉर्डर है या क्रियेटर?

अर्पिता : दरअसल किसी भी कला का उद्देश्य एक आदमी की कृतियों तक सीमित नहीं होता। वह एक समय या एक समाज का उद्देश्य होता है जो आपके जरिये या बहुत सारे लोगों के जरिये अपने आपको विस्तार देता है। दरअसल समय को जो चीज चाहिए होती है उसी का परिणाम हम होते हैं। हम तो सिर्फ माध्यम होते हैं।

दरअसल रिकॉर्डर और क्रियेटर तो बिल्कुल मनुष्यीकृत "टर्म्स" हैं। जो हो रहा है, वह तो हो ही रहा है। हम नहीं भी चाहेंगे तो भी वह होगा और हमारे ही जरिये होगा। जीवन जो है, वह आपको ले जा रहा है, वह जैसे चाहेगा आपको ले जाएगा। हम-आप उसी के पैटर्न में चल रहे है। कला उसमें एक दृश्य संरचना है।

है– वह भी इसके बावजूद कि आज बहुत सारी महिला कलाकार बाकायदा सक्रिय हैं।

अर्पिता : आजकल महिलाएँ भी बड़े-बड़े कैनवसों पर काम कर रही हैं। यह दरअसल इस पर निर्भर करता है कि किसको कितनी सुविधा मिली है। अब सिर्फ वह आँगन नहीं रहा। अब कई महिला कलाकार मेन रोड पर आकर काम कर रही हैं और बहुत अच्छा काम कर रही हैं जो बिल्कुल घरेलू नहीं है। घरेलू, मतलब अब उनका काम टाइम पास करने के लिए नहीं है। और मुझे लगता है कि नई पीढ़ी के कलाकार, खास कर लड़कियों ने बहुत अच्छा काम किया है। मैं यह नहीं कहूँगी कि वे पुरुषों के मुकाबले काम कर रही हैं, पर कई काम तो उन्होंने पुरुष कलाकारों से भी बहुत अच्छे किए हैं। उनमें जो एक खास बात है, वह यह कि वे घर की अपनी बहुत अन्तरंग चीजों को, जैसे रसोई की चीजों को लेकर आई हैं। सत्तर के आखिरी वर्षों में नलिनी मलानी, नीलिमा शेख और मैं, हम तीनों ने अलग-अलग जगहों पर वाटर कलर में काम शुरू किया और बिल्कुल अपनी घरेलू चीजों और परिवेश को लेकर शुरू किया। मुझे लगता है कि महिला कलाकारों के लिए यह चीज, इस तरह की शुरुआत बहुत अहम है। एक और चीज जो उन्होंने दी, वह यह है कि स्त्री देह को देखने का एक अलग तरीका विकसित किया। यह तरीका पुरुष-दृष्टि से बिल्कुल अलग था। उसमें एक तो सुन्दर देह के लिए बिल्कुल आकर्षण नहीं है। एक फंक्शनिंग बॉडी उनके यहाँ है जो उस हर चीज को चिह्नित करती है जिससे जीवन आगे बढ़ता है।

❐ ये चीजें क्या आपको महिलाओं के उस "एसर्शन" से जुड़ी हुई लगती हैं जो इधर भारतीय समाज में एक बड़ी घटना, एक विस्फोट की तरह सामने आया है?

अर्पिता : देखिए, समाज जो है, वह हर समय आगे बढ़ना चाहता है क्योंकि उसे जीना है, क्योंकि उसे रहना है। इसके लिए वह अवसर पैदा करता है। यह आपके ऊपर है कि आप इस अवसर को किस तरह लेते हैं और समाज को कहाँ ले जाते हैं। इससे पहले औरतों ने घर के अलावा और किसी चीज के बारे में सोचा ही नहीं था, जैसा कि व्रत वगैरह से पता चलता है। उन्होंने सोचा होगा कि परिवार को सम्भालने से ही समाज का विकास हो सकता है। पर बाद में जब उनकी शिक्षा बढ़ी, उन्हें कुछ पेशों की वजह से बाहर जाना पड़ा तब उन्हें कुछ और किस्म के अनुभव हुए, कुछ और किस्म की अभिव्यक्तियों की जरूरत महसूस हुई। यह हो सकता है कि इसी के चलते कुछ लड़कियों ने पेंटिंग को प्रोफेशन के रूप में अपनाया हो। पहले तो ऐसा था कि फर्स्ट ईयर में बहुत सारी लड़कियाँ होती थीं, जो बाद में शादी कराकर चली जाती थीं। आर्ट उनके लिए बस शादी के लिए एक अतिरिक्त योग्यता ही होता था।

❐ अच्छा, अर्पिता जी, क्योंकि समाज में अनुभव और अभिव्यक्ति का रूप बदल रहा है, पिछले दस साल में भूमंडलीकरण नाम की एक बड़ी घटना समाज में हुई है। इसके चलते मीडिया में औरत की छवि भी बदली है। क्या इससे आपके कैनवस में भी स्त्रियों

में भी कोई परिवर्तन आया है?

अर्पिता : मेरे कैनवस में परिवर्तन बिल्कुल मेरी निजी जरूरत चलते आया है। पहले मैं अपने पड़ोस की एक मुस्लिम लड़की आयशा किदवई को लेकर पेंट करती थी। प्रकृति में जो दुहराव है उसमें मेरी बहुत दिलचस्पी रही है, जैसे एक बूँद है जो बार-बार गिरती है– और इस तरह वह बारिश का रूप धारण करती है, इसी तरह इतिहास में भी घटनाएँ बार-बार अपने को दुहराती हैं। उस मुस्लिम परिवार में भी इंटर मैरिज होने के कारण कुछ नाक-नक्श बार-बार रिपीट होते जाते थे, इसलिए मुझे उस परिवार में बहुत दिलचस्पी थी। उस परिवार की वह लड़की आयशा, जो मेरी बेटी की उम्र के बराबर थी, हमारे यहाँ बहुत आती-जाती थी। उसको लेकर मैंने कई साल लगातार पेंट किया।

ऐसा लगता था कि उसके चेहरे का मैं जो करना चाहती थी, वह हो गया। मुझे लगता था कि उसके फीचर्स मुझमें जज्ब हो गए हैं। फिर वह बड़ी हो गई, उसकी शादी हुई और वह चली गई। तब मुझे लगा कि मेरे काम में एक खालीपन पैदा हो गया है। मुझे कल्पना में चेहरों की तलाश करनी पड़ी। मेरे भीतर क्योंकि आत्मविश्वास बहुत कम है, इसलिए पहले मैंने छोटी-छोटी चीजें बनायीं, करते-करते एक चेहरा मुझे मिला जो मुझे लगता है कि जो चीज मैं बनाना चाहती हूँ उसके लिए पूरी तरह उपयुक्त है और वह ऐसा नहीं कि बहुत सुन्दर चेहरा हो। मेरी टेकनीक ही ऐसी नहीं थी। लेकिन उससे मुझे बहुत सहारा मिला। तो यह भी एक परिवर्तन ही हुआ।

❑ पिछले दिनों आपने कुछ न्यूड्स भी बनाये हैं। यह शायद आपकी कला में एक नई बात है और एक बड़ी सामाजिक टिप्पणी भी इससे बनी है। पहले आप खूब कपड़ों में लिपटी महिलाएँ बनाती थीं। न्यूड्स की जरूरत आपको क्यों पड़ी? और जो बाकी लोगों के न्यूड्स है, मसलन सूजा के, जिनमें बेहद मांसलता है, आपके न्यूड्स किस तरह अलग हैं?

अर्पिता : जरूरत ऐसे हुई कि अगर कपड़े बनाओ तो उसके लिए एक रंग सोचना पड़ता है जो एक ब्रेक पैदा करता है। मैं वह ब्रेक नहीं चाहती थी। मैं चाहती थी कि मैं उस शरीर को पूरा बना सकूँ। इसलिए मुझे कोई जरूरत नहीं थी कि मैं एक और रंग से उसे ढाँप दूँ। दूसरे, सूजा के न्यूड्स मुझे बहुत अच्छे लगते हैं। उनमें एक अजीब-सी ऊर्जा है, एक शक्ति– जिससे वे आपको एक दूसरे ही स्तर पर ले जाते हैं। मेरे न्यूड्स वैसे नहीं हैं। सूजा के न्यूड्स इरोटिक हैं पर बहुत ऊर्जावान भी हैं, बहुत विगरस। वे आपको कभी अश्लील नहीं होने देते। वे आपको एक और ही दुनिया में ले जाते हैं जहाँ आप प्यूरीफाइड हो जाते हैं। उनके फॉर्म को लेकर आपमें कामुकता का भाव नहीं जागता। दरअसल जो जितना अच्छा चित्र होता है, वह उतना ही अच्छा शीशा भी होता है जिसमें आप अपने आपको देख पाते हैं।

❐ कुछ महिलाएँ जो पुरुष न्यूड्स को लेकर काम करती हैं, उन्हें आज भी सामाजिक स्वीकृति उस तरह नहीं मिलती जैसी महिला न्यूड्स पर काम करने वालों की है। क्या आपको लगता है कि महिला चित्रकार ऐसा काम करके आज भी जोखिम उठाती हैं?

अर्पिता : कोई भी काम करेंगे, उसमें आपको जोखिम तो लेना ही होगा। दरअसल समाज में स्त्री न्यूड्स स्वीकार्य हैं। उसे चाहे आदमी करे या औरत करे, वह अब उतना वर्जित नहीं है। नलिनी मलानी ने इधर बहुत अच्छे पुरुष न्यूड्स किए हैं और उसका अपने परिवार के साथ बहुत अच्छा सम्बन्ध है। यह दरअसल इस पर निर्भर करता है कि आप किस पृष्ठभूमि से आए हैं। लेकिन यह भी है कि न्यूड्स को अभी तक किसी समाज में पूरी मान्यता नहीं मिली है। थोड़े से लोग हैं जो उसको स्वीकार करते हैं। यूरोप में भी यही स्थिति है। इसका कारण शायद यह है कि वह आम तौर पर देखने में नहीं आती, उसके हम आदी नहीं होते।

मुझे याद है कि जब हम न्यूड स्टडी करते थे, तो कुछ लड़कियां घबरा जाती थीं, क्योंकि वे आदी नहीं थीं वह सब देखने की। मेल न्यूड की क्लास में वे नहीं आती थीं। एक पाकिस्तानी लड़की आई थी यहाँ। उसे आर्ट कॉलेज में ले जाया गया और उसके क्लास अटेंड करने का प्रबंध कर दिया गया। लेकिन जब जाकर पूछा कि कैसा काम कर रही है तो पता चला कि वह मेल मॉडल के सामने आने पर उसकी तरफ पीठ कर लेती है। दरअसल हर कला के लिए हमें एक अलग ढंग से साहस की जरूरत पड़ती है।

❐ तो महिला चित्रकारों की कला का मूल्यांकन पुरुष चित्रकारों से कुछ अलग तरह से होगा?

अर्पिता : पेंटिंग के पूरा होने के बाद उसके देखने के अनुभव को आप दूसरे से अलग नहीं कर सकते। तब वे सारी कलाकृतियाँ, चाहे महिलाओं ने बनायी हों या पुरुषों ने, उन्हें हम एक ही श्रेणी में रखेंगे। उनके अपने अस्तित्व के मूल्यांकन होते हैं। यह नहीं होता कि किसी पुरुष की पेंटिंग के लिए हमारा सौन्दर्यबोध अलग हो जाएगा।

❐ किसी पुरुष चित्रकार और किसी महिला चित्रकार की कृति को एक ही कसौटी पर देखा ज़ाना क्या गलत नहीं लगता? साहित्य में स्त्री रचनाकारों की बराबर यह मांग है कि उनके लिए एक अलग आलोचना दृष्टि विकसित की जानी चाहिए?

अर्पिता : नहीं, मेरा कहना है कि जब वे रचना करते हैं, तब हो सकता है अलग तरीके से करते हों क्योंकि देखने का तरीका दोनों का अलग-अलग है। वैसे भी हममें से हरेक का देखने का ढंग अलग-अलग होता है। लेकिन जब रचना पूरी हो जाती है, तो उसे जज करने का तरीका एक होना चाहिए।

❐ पिछले दिनों हमने मनजीत बावा की चर्चा सुनी कि उनकी कुछ फेक कृतियाँ बिक

रही हैं। हुसेन साहब की कला के साथ भी ऐसा होता रहता है। लेकिन स्त्रियों की फेक कृतियों की चर्चा कभी नहीं सुनी, ऐसा क्यों?

अर्पिता : कोई महिला कलाकार शायद उतनी लोकप्रिय नहीं होगी। मेरे पास एक चीज कोई लेकर आया था कि यह आपकी बनायी हुई है, लेकिन मेरी बनायी हुई बिल्कुल नहीं थी। दरअसल मेरी शैली, मेरा टेक्स्चर इतना मुश्किल है कि कोई उसको बना ही नहीं सकता। इसीलिए जब एक बार एक काम में मैंने सोचा कि सहायक को रख लूँ, तो इसीलिए नहीं किया कि अगर वह कुछ बना भी देगा तो मुझे कोई फायदा नहीं होगा, मुझे उसे फिर से बनाना पड़ेगा। मनजीत और हुसेन साहब का बाजार दरअसल बहुत मजबूत है, उनकी मांग भी ज्यादा है, इसलिए उनके फेक होने की बहुत गुंजाइश है।

❐ कला में कुछ समय से बिग मनी का प्रवेश हुआ है। राष्ट्रीय-अन्तर्राष्ट्रीय बाजार का दबाव है। आपको क्या लगता है कि बाजार ने आपकी कला को प्रभावित किया है?

अर्पिता : दरअसल हर तरह की कला में दो तरह की धाराएँ होती हैं— एक तो मुख्यधारा और एक पार्श्वधारा। बाजार का जो प्रवेश है वह साइडस्ट्रीम पर हुआ है। वहां लोग बाजार की मांग पर काम करते हैं। उनका कोई योगदान भी नहीं होता। कभी-कभी बेशक वे अच्छे काम भी कर लेते हैं। लेकिन ज्यादा काम वे बाजार के लिए ही करते हैं। बाकी हिन्दुस्तान के कला-जगत की मुख्यधारा में बाजार का अभी तक कोई दखल नहीं है। कुछ गैलरियाँ जरूर हैं जो बाजार की मांग पर काम कर रही हैं। मुझे लगता है जब तक बाजार रहेगा, तब तक इन चीजों पर सोचने का कोई फायदा नहीं है। उसमें कई स्तर की चीजें होती ही रहेंगी। कई किस्म की दूकानें हैं जिनके बारे में सोचना बेकार है।

❐ आपकी कला में जो दृश्य हैं, जो रंग हैं, वे कुछ ऐसे हैं जैसे कोई झील हो और जो पत्तों से ढँक दी गई हो। यानी पत्तों के रहते हुए भी वह झील ही है और जब आप पत्ते हटाकर देखते हैं, तब भी वह एक झील है। क्या कला को इस तरह देखा जाना चाहिए?

अर्पिता : लोग कहते हैं, जो सतह है उसे झाड़कर गहराई में ढूँढ़िए। मैं कहती हूँ कि सरफेस भी ढूँढ़िए। आपको पता लग जाएगा कि गहराई में क्या है। दरअसल सरफेस ही सब कुछ बनाता है, लेकिन हम लोगों के पास उसे देखने की नजर नहीं है।

❐ प्रकृति के दुहराव या कि कैसे एक बूँद बार-बार गिरकर बारिश की रचना करती है जैसी बात आपके काम को भी एक सिनेमाई गुण देती है। क्या आप भी इसी तरह देखती हैं?

अर्पिता : दुहराव आपको एक ताकत भी देता है। जैसे आप लिखते समय एक शब्द

को बार-बार लिखते हैं तो इससे आपकी लिखावट बदल जाएगी। वह और किस्म की हो जाएगी। किसी चीज को बनाने के लिए हमें एक चीज को बार-बार दुहराना होता है।

❒ कला के उद्देश्य के बारे में आप क्या सोचती हैं? कलाकार सृष्टि को दर्ज करता है या उसे रचता है? वह रिकॉर्डर है या क्रियेटर?

अर्पिता : दरअसल किसी भी कला का उद्देश्य एक आदमी की कृतियों तक सीमित नहीं होता। वह एक समय या एक समाज का उद्देश्य होता है जो आपके जरिये या बहुत सारे लोगों के जरिये अपने आपको विस्तार देता है। दरअसल समय को जो चीज चाहिए होती है उसी का परिणाम हम होते हैं। हम तो सिर्फ माध्यम होते हैं।

दरअसल रिकॉर्डर और क्रियेटर तो बिल्कुल मनुष्यीकृत "टर्म्स" हैं। जो हो रहा है, वह तो हो ही रहा है। हम नहीं भी चाहेंगे तो भी वह होगा और हमारे ही जरिये होगा। जीवन जो है, वह आपको ले जा रहा है, वह जैसे चाहेगा आपको ले जाएगा। हम-आप उसी के पैटर्न में चल रहे है। कला उसमें एक दृश्य संरचना है।